工业和信息
规划教材

21 世纪高

宏观经济学

MICROECONOMICS

◆ 黄邦根 主编

◆ 李刚 郑美华 副主编

PLANNED
TEXTBOOKS OF
ECONOMICS

人民邮电出版社

北 京

图书在版编目（CIP）数据

宏观经济学 / 黄邦根主编. -- 北京：人民邮电出
版社，2017.3（2021.8重印）
21世纪高等学校经济学系列规划教材
ISBN 978-7-115-44293-2

Ⅰ. ①宏… Ⅱ. ①黄… Ⅲ. ①宏观经济学－高等学校
－教材 Ⅳ. ①F015

中国版本图书馆CIP数据核字(2016)第296913号

内 容 提 要

本书系统地阐释了国民收入核算和 GDP 的短期波动与长期增长的决定因素，比较详细地讨论了消除或减轻 GDP 的短期波动，加快一国经济长期增长的方法与措施。全书共有 10 章。其中，第一章是宏观经济学导论；第三章到第八章阐述 GDP 短期波动的原因与对策；第九章阐释 GDP 长期快速增长的源泉；第十章概括地介绍了新古典综合派、货币主义、供给学派、新古典宏观经济学与新凯恩斯主义五个当代主要宏观经济学流派之间有关国民收入短期波动问题的争论。另外，每章都配有题型丰富的练习题。

本书既可以作为我国高等院校经济管理类学科各专业的本科生与专科生的"宏观经济学"课程的教材，也可以作为"宏观经济学"课程的初学者与初教者的自学或教学参考资料。

◆ 主　　编　黄邦根

　　副 主 编　李　刚　郑美华

　　责任编辑　刘向荣

　　责任印制　沈　蓉　彭志环

◆ 人民邮电出版社出版发行　　北京市丰台区成寿寺路 11 号

　　邮编　100164　　电子邮件　315@ptpress.com.cn

　　网址　http://www.ptpress.com.cn

　　北京天宇星印刷厂印刷

◆ 开本：787×1092　1/16

　　印张：15.5　　　　　　　　2017 年 3 月第 1 版

　　字数：396 千字　　　　　　2021 年 8 月北京第 8 次印刷

定价：42.00 元

读者服务热线：(010)81055256　印装质量热线：(010)81055316
反盗版热线：(010)81055315

前言 Preface

　　"西方经济学"课程不仅重要，而且较多地涉及历史学、统计学与数学等相关学科，内容博大精深，被萨缪尔森称为社会科学的皇后，难学也难教。西方经济学由微观经济学与宏观经济学两部分组成。相对于产生较早、也已成熟的微观经济学来说，产生较迟、尚未发展成熟的宏观经济学，更加难以教学。

　　为了帮助高校经济管理类各专业的本科生在较短的时间内扎实地掌握"宏观经济学"基本原理，真正学好"宏观经济学"，我们根据新古典综合或正统凯恩斯主义的理论体系，精心编写了本书。本书不仅对高校经济管理类各专业的本科生来说极为有用，而且对任何初学宏观经济学课程的读者，都是极为有益的。本书具有以下 5 个特色。

　　（1）体系完整，内容新颖。本书包含了初级宏观经济学教材应有的章节内容，体系十分完整。另外，为了使教材与时俱进，我们在编写时，将萨缪尔森的《经济学》（第 19 版，2014 年）、曼昆的《经济学原理》（第 7 版，2015 年）等国外经典教材作为主要参考书，努力吸收现代主流经济学最新的重要进展。例如，在第 10 章"宏观经济学主要流派的简介"中，增添了新古典宏观经济学与新凯恩斯主义的很多内容。

　　（2）结构合理。我们根据国内大多数高校通行的课程教学大纲，在参照国内外经典教材的基础上，按照"宏观经济学"本身内容的内在逻辑与内在联系，合理安排教材的结构框架，做到章与章之间以及每章的节与节之间相互联系，首尾呼应，使宏观经济学形成一个有机整体。

　　（3）文字表述简明扼要，深入浅出。本书尽量用简洁和流畅的语言，准确且通俗易懂地叙述博大精深的宏观经济学的基本概念与基本原理，做到既有利于学生自学，又让老师有发挥的余地。

　　（4）教材内容的深浅程度比较适当。本书主要用文字与图形来叙述宏观经济学基本原理，将数学作为一种辅助性的说明工具，而且使用的数学工具以微积分为限。这样做可以克服学生学习宏观经济学的畏难情绪，培养学生的学习兴趣，有助于学生快速理解宏观经济学的基本原理。

（5）重视几何图形与数学工具在"宏观经济学"教材中的地位。本书在叙述宏观经济学的重要原理时，常常先用文字说明，然后利用画图进行直观的分析，最后用数学工具精确描述与证明。三管齐下，不仅可以加深学生的记忆，还有助于锻炼和提高学生分析问题与解决问题的能力。

本书由安徽财经大学经济学院的黄邦根、李刚、郑美华、周泽炯、廖信林与李强6位教师共同编写。具体分工如下。

黄邦根编写第一章～第四章、第十章；李刚编写第五章；郑美华编写第九章；周泽炯编写第八章；廖信林编写第七章；李强编写第六章。全书由黄邦根审定。

编写本书所参考的主要文献资料，附录于本书后面。我们向这些参考书的作者深表敬意与感谢。

由于我们水平有限，加之编写时间仓促，书中肯定存在不少遗漏与错误。敬请读者批评指正，以便再版时改进。

黄邦根

2016 年 12 月

目录 Contents

本章主要阐述宏观经济学的研究对象和研究方法、现代宏观经济学的产生与发展 3 方面内容。

第一节 | 宏观经济学的研究对象和研究方法

一、宏观经济学的研究对象

经济学是研究人们如何合理配置和充分利用稀缺资源，以便最大限度地满足人类日益增长的需要或欲望的科学。经济学由微观经济学与宏观经济学构成。如果说微观经济学是有关一国在市场经济条件下，如何合理配置稀缺资源，以增加整个社会福利的科学，那么，宏观经济学就是研究一国如何充分利用稀缺资源，以促进国民经济增长的学说。一国的经济增长常用国民收入增长来衡量。因此，宏观经济学主要研究一国如何充分利用稀缺资源，以促进国民收入增长。

任何国家的收入增长都是一种波浪式的推进或螺旋式的上升过程。国民收入增长率在短期会波动，有时增长很快，出现较高的通货膨胀率；有时增长很慢甚至下降，产生大量的失业。较高的通货膨胀率与失业率都是不好的，会明显减少社会福利。在长期，各国的国民收入虽然都呈现增长的趋势，但一些国家的收入增长较快，而另一些国家的收入增长缓慢。人们总是希望国民收入能以比较快的速度持续、稳定地增长。宏观经济学主要研究一国收入的短期波动与长期增长的决定因素。宏观经济学试图弄清一国收入短期波动的原因，找出消除或减轻收入波动的手段或措施，以促进实际国民收入在长期沿着充分就业收入轨迹稳定增长。宏观经济学的研究以国民收入为核心，故宏观经济学又叫国民收入决定理论。

本教材紧紧围绕"国民收入的短期波动与长期增长的决定因素"这两个宏观经济学的核心问题，编写而成。共 10 章，各章的顺序与主要内容简介如下。

第一章，导论。简略阐释宏观经济学的研究对象和研究方法，介绍古典宏观经济学说与凯恩斯经济学说的主要内容及其差异或对立。

第二章，国民收入核算理论。阐述国民收入的涵义，介绍国民收入的两大核算方法——支出法和收入法，为分析国民收入的决定与变动奠定基础。本章是宏观经济学的序幕。

第三章，简单国民收入决定理论。撇开货币市场、劳动市场与外汇市场，仅仅分析产品市场上的国民收入决定与变动。后面的章节，将逐渐引进货币市场、劳动市场与外汇市场。从第三章到第八章，用 6 章的篇幅阐述国民收入的短期决定与变动。

第四章，产品市场和货币市场的同时均衡。引进货币市场，通过投资函数，将产品市场与货币市场联系起来。构建 IS-LM 模型，分析产品市场与货币市场的收入决定与变动。

第五章，财政政策和货币政策。在分别讨论单市场、两市场收入的决定过程中，也分别阐释了消费不足、投资不足的原因。消费不足与投资不足，即封闭经济中的有效需求不足，必然导致实际国民收入小于充分就业国民收入。为了增加就业与收入，政府有必要实施总需求管理政策。本章利用 IS-LM 模型，阐释财政政策和货币政策对国民收入的作用机制与作用大小的决定因素。

第六章，总需求——总供给模型。引进劳动市场与一般价格水平变量，在产品市场、货币市场与劳动市场等三市场中，从总需求与总供给两个方面，分析国民收入的决定与总需求管理政策对宏观经济的调控作用。

第七章，通货膨胀与失业理论。首先利用总需求与总供给模型，分别讨论通货膨胀和失业的涵义、种类、原因、对经济的不利影响以及对策。然后，利用菲利普斯曲线，将通货膨胀和失业联系起来，阐释正统凯恩斯主义与货币主义对总需求管理政策有效性的不同看法。

第八章，开放经济中国民收入的决定。引进外汇市场，构建 IS-LM-BP 模型。在产品市场、货币市场、劳动市场与外汇市场等市场中，分析国民收入的决定与变动，讨论财政政策与货币政策在不同汇率制度下对收入的不同作用。

第九章，经济周期与经济增长。分析国民收入短期波动的原因与机制，阐释国民收入长期增长的源泉，讨论国民收入在长期沿着其自然趋势增长的条件与可能性。

第十章，宏观经济学主要流派简介。主要阐释正统凯恩斯主义、货币主义、供给学派、新古典宏观经济学派与新凯恩斯主义等五大流派，对市场机制的宏观有效性与政府调控宏观经济活动的必要性这两大问题的不同看法。学习本章，一定会加深对国民收入短期波动与长期增长的决定因素的看法，即加深对宏观经济学的理解。

二、宏观经济学的研究方法

宏观经济学除了采用静态均衡分析法、比较静态均衡分析法和动态均衡分析法等微观经济学的研究方法以外，还采用总量分析和非均衡分析等独特的研究方法进行研究。

（一）总量分析法

宏观经济学采用总量分析法，研究一国经济的整体运行情况，着重讨论总体经济运行中的两大问题：一是一国的总产出、失业率和一般价格水平的短期波动，即商业循环；二是一国的总产出和居民生活水平的长期变动趋势，即经济增长。这与主要研究单个经济决策主体的经济行为的微观经济学采用的个量分析法明显不同。尽管总量是由众多的个量组成的，总量分析应该以个量分析为基础。但总量不是个量简单的机械的相加。对于某种经济现象，总量分析和个量分析得到的结论不尽相同。例如，在一个国家，某位经济决策主体获得更多的货币，他的生活境况肯定会改善。但如果所有的经济决策主体都获得更多的货币，整个社会就会发生通货膨胀，各个经济决策主体的境况不仅得不到改善，甚至将变得更糟。在经济学中，常常将那种认为既然整体是由众多个体组成的，那么有利于个体或局部的事情，也一定有利于整体的思维所犯的错误，称为合成谬误。

（二）非均衡分析法

宏观经济学不仅采用均衡分析法，也采用非均衡分析法研究一国整体经济的运行状况。而传统的微观经济学或新古典经济学仅仅采用均衡分析法进行研究。

新古典经济学家相信，在瓦尔拉斯均衡体系中，在弹性的价格、工资、利率的及时调节下，即在市场机制这只"看不见的手"的指引下，所有市场的供求都会持续相等，即市场持续出清，社会资源会得到充分利用。

在实际生活中，一方面，市场上并不存在拍卖人和"重订契约的特权"；另一方面，信息的不完全和信息成本（包括为获取供求信息而花费的金钱和时间）决定了从非均衡向均衡的调整速度不会很大，更不用说接近无限了。因此，在非均衡状态出现之后和调整到新均衡之前这一段时间内，就会出现"错误"交易。

假定非均衡条件下出现了交易。根据自愿交易原则，此时的实际交易量不能大于供求量中较小的那个。假设需求量较小，则交易量便不能大于需求量，否则就违反了自愿交易原则（因为强迫需求一方购买了超过其需求的数量）；同样，假设供给量较小，则交易量不能大于供给量，否则就是强迫供给方出卖超过其供给的数量。根据互利原则，交易量也不能小于供求量中较小的那个，如果小了，则增加交易量对交易双方都会有好处。例如，假设需求量较小，则实际交易量不可能小于需求量，否则，交易双方都没有穷尽其最大利益。同样，如果供给量较小，交易量也不可能小于供给量。

自愿交易和互利原则合在一起就意味着：交易量必定等于供求量中较小的那一个，即交易量由供求量中较小的那个量决定。这就是所谓的"短边原则"。假定整个社会只有产品市场与劳动市场两种市场，那么产量应等于商品需求和商品供给中较小的那个，就业量应等于劳动需求和劳动供给中较小的那一个。可以将一般均衡条件下决定产量和就业量的"等边原则"（交易量既等于需求量又等于供给量）看成是"短边原则"的一个特例。因为在一般均衡条件下，需求量等于供给量，供求量中较小的那一个既可以是需求量，也可以是供给量，从而交易量既等于需求量又等于供给量。在这种情况下，供求两边相等，"短边原则"退化为"等边原则"。

从决定交易量的"短边原则"中可以看到，影响人们决策的因素不仅有价格信号，还有数量信号，而且数量信号比价格信号更加重要。厂商与家户主要不是根据价格信号来选择，而是根据数量信号来选择。例如，当市场上工业品的供给小于需求，计划存货减少时，根据成本加成原则制定的工业产品的价格可能不变，但厂商会增加供给量。在瓦尔拉斯体系中，价格调整会立即消除供求失调。实际上，不完全的市场信息等因素使价格调整推迟进行，经济体系会对数量调整做出反应。而数量调整往往导致经济的非均衡状态，即导致资源闲置和生产能力过剩等经济萧条现象发生。宏观经济学的主要任务就是采用非均衡分析法，解释宏观经济非均衡产生的原因，并找出适当的措施来避免或消除这种非均衡状态。

第二节 现代宏观经济学的产生和发展

"宏观经济学"（macroeconomic）这一概念，最早由挪威经济学家拉格尔·弗里希于 1933 年在《动态经济学中的传播问题与推动问题》一文中提出。作为与"微观经济学"相对应的术语，"宏观经济学"则是美国学者肯尼斯·博尔丁在《经济分析》（纽约，1948 年）一书中首先使用的。而真正的宏观经济学是凯恩斯首创的。1936 年凯恩斯的著作《就业、利息和货币通论》的出版，标志着现代宏观经济学的产生。凯恩斯创立的现代宏观经济学是对古典宏观经济学的否定或者革命。为了更深刻地理解现代宏观经济学，必须先了解古典宏观经济学。

一、古典宏观经济学

（一）古典学派的范围与基本观点

人们对古典学派的范围有不同的理解。主流经济学家将斯密出版《国富论》的 1776 年到 19 世纪 70 年代边际革命以前的经济学称为古典经济学，边际革命到 1936 年凯恩斯发表《通论》之间的经济学，称为新古典经济学。

在凯恩斯看来，古典经济学是指存在于《通论》出版之前的主流经济学。古典学派不仅包括亚当·斯密、大卫·李嘉图、约翰·斯图亚特·穆勒，而且包括"李嘉图之后继者，即那些接受李嘉图经济学而加以发扬光大的人"。例如，其老师马歇尔与师兄庇古，在凯恩斯看来，都是古典经济学家。

凯恩斯的这种观点与传统的经济学流派的划分产生了分歧，因为他把马歇尔与庇古也纳入古典学派之中。考虑到新古典学派从古典学派分离出来的大部分理论进展发生于微观经济领域，在宏观经济学领域，新古典学派与古典学派的观点基本相同，因为它们都强调市场机制能自动实现与维持充分就业均衡。因此，凯恩斯将 19 世纪 70 年代尤其是 1890—1936 年的经济理论与更早的经济理论归属为同一类的做法，具有一定的合理性。

古典宏观经济学认为，市场经济具有一种强大而又灵敏的自我矫正机制，面对任何冲击，具有灵活性的价格、货币工资与利率等变量会迅速做出反应，使所有市场的供给与需求持续相等，保证宏观经济始终在充分就业轨迹上运行。如果说市场机制在微观方面因垄断、外部性等因素可能产生低效率现象，那么在宏观方面，市场机制绝对是有效的，能自动实现与维持充分就业。因此，政府应该让宏观经济活动自由运行。政府为稳定宏观经济运行而实施的各种干预措施，不仅没有必要，而且达不到预期目标，常常导致宏观经济更大的波动。

（二）古典宏观经济模型的主要内容与假定

在《通论》出版之前，没有统一的古典宏观经济理论。古典宏观经济学的结构基本产生于 1936 年以后，是人们为了与凯恩斯的经济理论相比较而构筑的。这种做法，虽然显得历史性不够精确，但是，分析起来却很有用。同时，通过该模型与凯恩斯模型的对比，能更好地理解 1936 年以后的宏观经济理论的发展。虽然没有一个古典经济学家持有下面将介绍的所有观点，但在前凯恩斯时期的经济文献中，确实存在这样一些思想，使我们可以将古典宏观经济学理论看作一个同凯恩斯理论相比具有明显特征的思想体系。

1. 古典宏观经济模型的主要内容

古典宏观经济模型主要用来说明市场经济系统是如何实现充分就业均衡的。该模型对一国的实际收入、实际工资、货币工资、实际利率和价格水平等主要宏观经济变量的决定做出了一种解释。该模型主要说明以下 3 部分内容。

（1）就业和产出等真实变量值的决定；

（2）真实变量值决定的理论基础——萨伊定律；

（3）名义变量值的决定——货币数量论。

前两个部分说明真实变量值是如何决定的。第三部分解释名义变量值是如何被决定的。显然，古典宏观经济模型将经济分为相互分离的两个部门：真实部门与货币部门（两分法）。古典经济学家相信，货币数量的变化只影响名义变量值，不会影响产量、就业量等真实变量的均衡值，即货币是中性的。

2. 古典宏观经济模型的假定

古典宏观经济模型有以下假定。

（1）为两部门经济，撇开政府与国际部门。

（2）所有经济当事人都是理性的，他们的行为目标是最大化自己的利益，且没有货币幻觉。

（3）所有市场都是完全竞争的，经济当事人拥有完全信息和稳定的预期。

（三）就业与产量的决定

假定社会仅使用劳动（N）与资本（K）两种要素从事生产，用 A 表示技术进步率，Y 表示实际支出，则宏观生产函数为：

$$Y=AF（N，K） \tag{1.1}$$

式（1.1）的宏观生产函数表明，实际产出的多少取决于要素投入的多少与技术水平的高低。在短期内，假定资本与技术水平固定，只有劳动可变，则短期宏观生产函数的形式为：

$$Y = f(N, \bar{K}) \tag{1.2}$$

显然，短期中的实际产出是就业量的函数。受边际报酬递减规律的影响，短期实际产出曲线为一条从原点出发的抛物线，如图 1-1 所示。

在图 1-1 中的短期宏观产量曲线 $Y = f(N, \bar{K})$ 上，给定就业量 N_0，就有一特定的实际产出 Y_0 与其相对应。因此，为了决定实际产出水平，必须先决定就业量。

就业量由劳动需求与劳动供给共同决定。劳动需求是实际工资的减函数。在完全竞争条件下，厂商雇佣劳动的利润最大化原则为劳动的边际产品价值等于名义工资率，若用 VMP_L 表示劳动的边际产品价值，MP_L 表示劳动的边际产量，w 表示工资率，P 表示产品的价格，则有：

$$\text{VMP}_L=w \tag{1.3}$$

或为：

$$\text{MP}_L \cdot P=w，从而有：\text{MP}_L=\frac{w}{P} \tag{1.4}$$

显然，厂商总是根据劳动的边际产量与实际工资相等的原则决定劳动的雇佣量。由于劳动的边际产量递减，只有在实际工资下降的情况下，厂商才有可能增加劳动的雇佣量。因此，劳动需求是实际工资的减函数，劳动需求曲线向右下方倾斜，如图 1-2 所示。

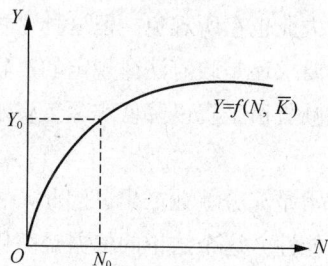

图 1-1　短期总产量曲线

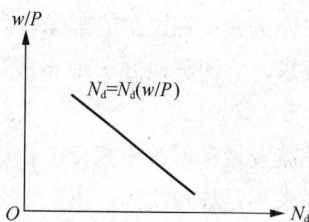

图 1-2　劳动需求曲线

既然单个厂商的劳动需求是真实工资的减函数，那么，将所有厂商的劳动需求函数加总得到的社会总劳动需求，也是真实工资的减函数。若用 N_d 表示市场劳动需求，则有：

$$N_d=N_d\left(\frac{w}{P}\right) \tag{1.5}$$

劳动供给是实际工资的增函数。假定闲暇的需求收入弹性大于零，劳动具有负效用，闲暇的价格用劳动的价格来衡量。实际工资的提高，一方面，使闲暇显得更加昂贵，人们将减少闲暇，增加劳动供给量。这就是闲暇价格效应中的替代效应；另一方面，实际工资的提高，增加了人们的收入，使人们能买得起更多的闲暇，减少劳动供给。这就是闲暇价格效应中的收入效应。古典宏观经济模型假定替代效应大于收入效应，这意味着劳动供给是实际工资的增函数。若用 N_s 表示市场劳动供给，则有：

$$N_s = N_s \left(\frac{w}{P} \right) \tag{1.6}$$

从而劳动供给曲线向右上方倾斜，如图 1-3 所示。

在市场完全竞争、货币工资弹性的假定条件下，实际就业量一定等于均衡就业量或充分就业量，如图 1-4 所示。

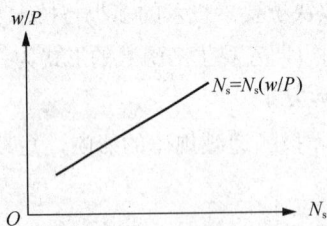

图 1-3　劳动供给曲线

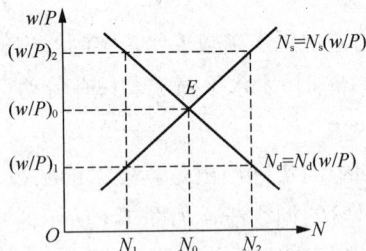

图 1-4　均衡就业量的决定

在图 1-4 中，劳动市场供求曲线的交点 E 决定的均衡就业量与均衡实际工资率分别为 N_0、$(w/P)_0$。如果实际工资水平高于均衡水平，例如在 $(w/P)_2$ 上，则劳动供给量大于需求量，劳动市场存在超额劳动供给 N_1N_2。此时，工人为了找到工作，相互之间会展开激烈的竞争。这种竞争会降低实际工资，减少超额劳动供给，最终使劳动供求重新相等。若实际工资水平低于均衡水平，例如在 $(w/P)_1$ 上，则劳动需求量大于供给量，劳动市场存在超额劳动需求 N_1N_2。此时，厂商为了雇佣到足够数量的劳动，相互之间也会展开激烈的竞争。这种竞争会提高实际工资水平，减少超额劳动需求，最终使劳动供求重新相等。可见，完全竞争市场保证了实际就业量总是等于均衡就业量。

古典经济学家只承认摩擦性失业和自愿失业，但不承认存在非自愿失业的可能性。因为在完全竞争的劳动市场上，货币工资的弹性保证了劳动市场的均衡，所有愿意按均衡实际工资率工作的人都可以找到工作。当然，古典经济学家也很清楚，如果工会的垄断力量或政府的最低工资法使得实际工资水平超过均衡水平，则从表面上来看，似乎非自愿失业也在所难免。但这种"古典式失业"本质上属于自愿失业：在民主的国家，高工资无论是工会要求还是政府法律规定的产物，都是出自大家的共同要求。它的解决办法是非常简单的，这就是削减货币工资以降低实际工资水平，恢复充分就业均衡。

由于实际就业量常常等于充分就业量，实际产出就常常是充分就业产出。因此，古典宏观经济模型否认总需求不足导致实际产出低于充分就业产出的可能性。这个结论的依据是萨伊定律。

（四）萨伊定律

萨伊在 1803 年出版的《政治经济学概论》提出了"生产给产品创造需求"这样一个著名的观点，被后人称为萨伊定律。萨伊定律有强弱两种版本。弱版本的萨伊定律仅仅强调总产出与总需求相等，即不论产出是多少，总产出总能找到销路。但它不保证与总需求相等的总产出一定就是充分就业产出。强版本的萨伊定律认为，总产出不仅与总需求相等，而且与总需求相等的总产出一定就是充分就业产出。一般我们总是在强版本的意义上来使用萨伊定律。

萨伊定律在物物交换中自然成立。在物物交换经济中,"卖"同时就是"买",买卖结合在一起,供给一种商品意味着需求其他一些商品。绝大多数古典经济学家尤其是李嘉图与穆勒都拥护萨伊定律。他们认为,萨伊定律不仅在物物交换经济中成立,在以货币为媒介的交换经济中也同样成立。因为货币只不过是交换的媒介,它方便了交换,但不会改变交换的实质。例如销售最终产品的收入在两部门经济中转化为居民的可支配收入,可支配收入扣除消费以后的剩余部分就是储蓄。

古典经济学家将利息看成是延期消费或储蓄的报酬,利率越高,人们就越愿意增加储蓄以未来消费替代现时消费。因此,储蓄是利率的增函数。即

$$S=S(r) \tag{1.7}$$

储蓄在资本市场上代表着可贷资金的供给。故资本供给与利率正相关,资本供给曲线向右上方倾斜,如图 1-5 所示。

在古典模型中,对资本品的支出代表着资本市场上对可贷资金的需求,即投资就是资本的需求。投资取决于预期收益率与利率两个因素。在投资的预期收益率既定时,利率越低,投资的成本就越低,从而投资就越多。因此,投资是利率的减函数,即

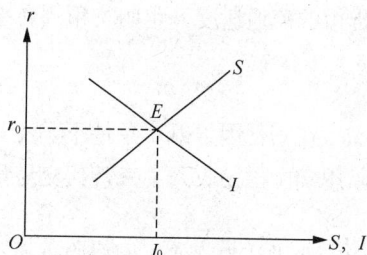

图 1-5 均衡利率的决定

$$I=I(r) \tag{1.8}$$

从而资本需求曲线向右下方倾斜。在资本市场上,具有灵活性或弹性的利率保证了资本供求相等,即保证了储蓄与投资的相等,如图 1-5 所示。

两部门经济的总需求由消费与投资组成:

$$AD=C+I \tag{1.9}$$

两部门经济的总供给或收入由消费与储蓄组成:

$$Y=C+S \tag{1.10}$$

当投资等于储蓄,即 $I=S$ 时,总需求与总供给便必然相等,即 $I+C=S+C \Rightarrow AD=Y$。

可以看出,在古典模型中,利率具有灵活性是多么重要。正是利率的及时变动,才使得储蓄与投资相等,最终使得总供给与总需求相等。如果某种原因使消费减少、储蓄增加,则均衡利率随之下降,刺激投资量增加。显然,投资支出的增加能够抵消消费支出的减少,总需求的组成发生了变化,但需求总量不变,仍然等于充分就业收入。因此,具有灵活性的利率保证了实际收入始终是充分就业收入。

萨伊定律的一个重要推论是社会不可能产生普遍性的生产过剩。萨伊并不否认个别产品的供给可能过多,超过市场需求。但萨伊认为,某种产品之所以过剩,是因为其他产品供给不足。而且,某种产品存在超额供给或超额需求的状况也是暂时的,市场机制会迅速平衡供求,使所有市场都出清。

总之,古典宏观经济模型依靠萨伊定律以及价格、工资与利率的灵活性,得出了市场机制能实现与维持充分就业的结论。他们承认供给与需求的结构性不平衡,但不承认总供求的不平衡或总需求的持久不足与非自愿失业。

上面的讨论,说明了就业量、产量与实际利率等真实变量值的决定,没有分析一般价格水平和其他名义变量值的决定。下面用货币数量论来弥补这方面的不足。

(五)传统货币数量论与一般价格水平的决定

传统货币数量论是关于货币流通量与一般价格水平之间数量关系的理论。它的基本论点是:商

品的价格水平和货币的价值是由货币数量决定的。如果其他因素（商品数量、货币流通速度等）不变，则商品的价格水平与货币数量正相关，货币价值与货币数量负相关。

传统货币数量论由来已久。其完整的体系由英国学者大卫·休谟在 1752 年建立（《论货币》）。但我们现在提及的传统货币数量论却直接来源于英国的马歇尔、庇古和美国的欧文·费雪的相关文献。

美国学者欧文·费雪在 1911 年出版的《货币的购买力》一书中，对古老的货币数量论做了系统深入的论述。他提出了如下的交易方程式。

$$MV=PT \tag{1.11}$$

其中，P 表示一般价格水平；T 代表一定时期某一社会的交易量；M 为货币供应量；V 是单位货币的流通速度，也叫货币周转率，等于名义交易量与货币存量的比率，即

$$V = \frac{PT}{M} \tag{1.12}$$

在其他因素既定条件下，交易量与实际国民收入常常是正相关的。故在费雪交易方程式中，可以用实际国民收入 y 来替代交易量 T，从而有等式：

$$MV=Py \tag{1.13}$$

费雪认为，实际国民收入是充分就业国民收入，在长期稳定增长，在短期固定不变。货币流通速度取决于支付习惯与支付制度等因素，也可以假定固定不变。由于假定货币流通速度与实际国民收入不变，价格就唯一地取决于货币数量，与货币数量正相关。即

$$P= \frac{MV}{y} \tag{1.14}$$

【例题1-1】 设实际国民收入 $y=1\,000$，$V=4$。当货币供给量从500单位增加到1 000单位时，一般价格水平将如何变化？

解：根据费雪交易方程，在货币供给量为500单位的情况下，一般价格水平为：

$$P_0 = \frac{M_0 V}{y} = \frac{500 \times 4}{1\,000} = 2$$

费雪交易方程中的V代表单位货币的流通速度，表示单位货币每年参与交易的次数。这里的$V=4$，意味着单位货币每年流通4次，即每单位货币每年完成4单位名义国民收入的交易。则500单位的货币供给量，一年内完成2 000单位的名义国民收入的交易。由于实际国民收入只有1 000，名义国民收入是实际国民收入的2倍，故一般价格水平为2，即GDP折算指数为200%。

如果其他因素不变，名义货币供给增加到1 000，则1 000单位的货币供给量，一年内完成4 000单位的名义国民收入的交易。由于实际国民收入只有1 000，名义国民收入是实际国民收入的4倍，则价格将上升到4，即GDP折算指数为400%。

$$P_1 = \frac{M_1 V}{y} = \frac{1\,000 \times 4}{1\,000} = 4$$

费雪的交易方程式表明，在实际国民收入与货币流通速度不变的条件下，货币数量的变动仅引起一般价格水平同比率的变动，对实际国民收入没有任何影响，即货币是中性的。

英国经济学家庇古在 1917 年出版的《货币的价值》一书中明确区分了货币需求（M_d）与货币供给（M）。他认为，人们的货币需求，是出于日常交易的需要，与交易量正相关。若用 k 表示货币需求量即人们愿意在手头上持有的名义货币余额（M_d）与交易量或名义国民收入（Py）的比率，

则有：

$$k = \frac{M_d}{Py} \tag{1.15}$$

从而得到剑桥方程式：

$$M_d = kPy \tag{1.16}$$

k 取决于收入与支出的时间间隔、支付习惯与支付制度等因素。庇古承认 k 在短期可以发生变动，但是在传统的表述中，k 被假定不变；y 为充分就业收入，在短期固定不变，长期稳定增长。

剑桥方程式是关于货币需求的理论。货币需求是从商品购买者的角度下定义的：消费者为了满足能够随时购买商品的需要，自愿牺牲利息收入而将货币保存在身边。为了解释货币供给量如何决定价格水平，必须引入货币供给。假设货币供给（M）由货币当局决定，并令货币供给等于货币需求，则有：

$$M = M_d = kPy \text{，或} P = \frac{M}{ky} \tag{1.17}$$

显然，由于 k 与 y 被假定固定不变，则 P 唯一地由 M 决定。P 与 M 正相关。

在剑桥方程中，货币供给增加引起价格水平上升的机制为：货币供给的增加使居户与厂商发现自己持有的货币余额多于自己意愿持有的水平，多余的货币余额就被用来增加对商品与服务的购买。由于商品与服务的供给受制于预先已决定了的充分就业产出水平，故商品市场上的超额需求必将导致一般价格水平上升。

【例题1-2】 设实际国民收入 $y = 1000$，人们愿意在手头上持有的名义货币余额与名义国民收入的比率 $k = \frac{1}{4}$。当货币供给量从500增加到1 000时，一般价格水平将如何变化？

解： 根据剑桥方程，货币供给量为500单位时的价格

$$P_0 = \frac{M_0}{ky} = \frac{500}{\frac{1}{4} \times 1000} = 2$$

剑桥方程中的 k 代表人们愿意持有的名义货币余额与名义国民收入（Py）的比率。$k = \frac{1}{4}$ 意味着人们愿意持有的名义货币量与名义国民收入的比例为1：4。按此比例，现有500单位的名义货币存量，则名义国民收入为2 000。由于实际国民收入为1 000，名义国民收入是实际国民收入的2倍，故一般价格水平为2，即GDP折算指数为200%。

如果其他因素不变，货币供给增加到1 000。人们发现手头上实际持有的名义货币余额与名义国民收入的比例为1：2，超过了意愿的水平。为了将手头上持有的名义货币余额与名义国民收入的比例维持在意愿的水平上，人们会额外花费货币，增加对商品与服务的购买。由于实际产出不变，总需求的增加必然导致物价上升到4，并使货币供给与货币需求重新相等。即

$$P_1 = \frac{M_1}{ky} = \frac{1000}{\frac{1}{4} \times 1000} = 4$$

也可以这样理解：货币供给增加到1 000以后，由于人们愿意持有的名义货币量与名义国民收入

的比例为1:4，则名义国民收入应增加到4 000。由于实际收入仍然是1 000，则名义国民收入是实际国民收入的4倍，故一般价格水平为4，即GDP折算指数为400%。

（六）古典宏观经济模型

综合上述内容，可以构造如下的古典宏观经济模型。

$$\begin{cases} N_d(\dfrac{w}{P}) = N_s(\dfrac{w}{P}) \\ Y = f(N) \\ P = \dfrac{MV}{Y} \\ S(r) = I(r) \end{cases}$$

就业、产量与价格水平的决定过程如图1-6所示。

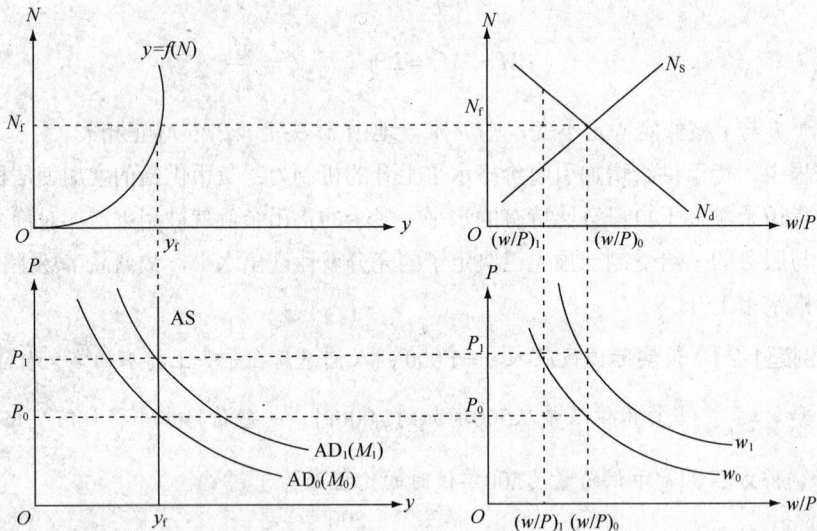

图1-6　就业、产量与一般价格水平的决定

在图 1-6 中，由于就业量始终是充分就业量，从而总产出量也始终是充分就业产量，故总供给曲线为一条垂线，表示实际产出与价格水平无关。若货币周转率 V 给定不变，货币供给量既定，则总需求（$MV=Py$）曲线向右下方倾斜，为一条正双曲线：当价格上升1倍时，人们能够购买的商品与服务的数量即实际总需求必然减少二分之一，但名义总需求不变。货币供给量增加会使总需求曲线右移。设初始的价格为 P_0，名义工资为 w_0，实际就业量为充分就业量 N_f，总需求曲线为 AD_0，货币供给为 M_0。

现在货币当局为了增加就业而货币供给增加到 M_1，使总需求曲线右移到 AD_1。在既定的价格水平 P_0 上，总需求超过总供给，从而引起价格上升到 P_1，实际工资下降，产生超额劳动需求。厂商之间的竞争使名义工资上升到 w_1，实际工资恢复到原先的均衡水平，从而就业量与产量不变。但价格与名义工资上升。可见，货币扩张的结果是价格水平、名义工资与名义利率上升，但所有的实际变量值都不变。

（七）古典宏观经济模型的结论

（1）在劳动市场竞争、货币工资弹性条件下，实际就业量一定是均衡就业量或充分就业量，从而实际国民收入一定是充分就业国民收入。失业不是自然的，就是自愿的，不存在有效需求不足引起的非自愿失业。只有在工会要求高工资，或者政府实施最低工资法，阻碍劳动市场竞争，使实际工资超过劳动边际产量的条件下，才会存在非自愿失业。减少这种非自愿失业的有效措施是排除一切不利于劳动市场竞争的因素，通过降低货币工资以降低实际工资，使劳动市场恢复均衡。

（2）储蓄在利率机制的作用下，必然转化为投资，增加资本存量，加速社会生产的发展。所以，减少消费、增加储蓄、勤俭节约，不仅有利于个人，而且也会促进经济增长，增加整个社会的福利。

（3）由于富人的消费倾向总是低于穷人的消费倾向，从而富人的储蓄倾向总是高于穷人的储蓄倾向，故社会财富与收入分配的不均，在市场经济条件下，不仅难以避免，而且会促进经济增长。

（4）货币数量（总需求）的变动仅仅影响价格水平和名义变量，对实际变量值（就业与产量）没有任何影响，货币是中性的。

（5）市场机制（灵活变动的价格、工资与利率机制）能够保证社会充分利用资源，不会出现普遍性的生产过剩情况。市场机制虽然会产生微观意义上的失灵现象，但决不会产生宏观意义上的低效率。政府对宏观经济活动的干预不仅是多余的，而且往往引起或加剧经济波动，给社会带来危害。

二、凯恩斯经济学——现代宏观经济学的产生

1929 年爆发的空前严重的世界经济大危机，不仅给发达国家的社会生产与生活带来了不可估量的损失，而且也使得传统经济理论难以自圆其说。尽管著名的古典经济学家庇古（Pigou）仍然宣称持久、普遍的失业不可能出现，认为当时的失业是自愿失业，而不是非自愿失业。然而大多数经济学家却很难忽视当时庞大的失业大军。古典经济学无法解释这种大规模且持久的资源闲置现象。为了解释经济剧烈波动的原因，提出避免或者减轻经济波动的措施，凯恩斯在 1936 年出版《就业、利息与货币通论》，创立了现代宏观经济学说。

与传统的或古典经济学理论相比较，凯恩斯经济学在理论基础、经济政策和分析方法等方面有明显的不同。

（1）在理论基础方面，凯恩斯否定了萨伊定律，认为不是供给创造需求，而是需求决定供给。根源于私人经济活动的有效需求不足，在黏性的货币工资作用下，往往导致非自愿失业，使实际收入低于充分就业收入。因此，低于充分就业是资本主义市场经济的一种常态，而充分就业则是例外。

（2）在经济政策方面，鉴于市场机制不能保证充分就业，政府必须采取扩张性的财政政策与货币政策干预经济，增加总需求，以消除非自愿失业，实现充分就业均衡。相对于货币政策，财政政策在增加有效需求、促进就业方面的作用更加显著。

（3）在分析方法上，开创了现代宏观经济分析方法。首先，采用总量分析，研究总就业量、一般价格水平与国民收入等宏观经济总量的决定与变动。而传统经济理论则主要采用个量分析，因为他们认为总量总是处于充分就业水平上，无需研究；其次，否定"货币中性"，认为货币数量对实际经济变量值可以有一定影响；最后，采用非均衡分析法，强调从非均衡走向均衡过程中的数量调节机制而不是价格调节机制。

凯恩斯发起的宏观经济学革命，当时席卷了整个经济学界，从根本上改变了经济学家和政府对商业周期与经济政策的看法。

三、宏观经济学主要流派的争论与综合——现代宏观经济学的发展

自从凯恩斯出版《就业、利息与货币通论》以来，经济学家围绕以下两个问题展开了激烈的争论：

（1）市场经济体系是否具有强大的内在矫正机制，以保证宏观经济沿着充分就业轨迹稳定增长？

（2）政府是否需要采取货币政策和财政政策，调控宏观经济活动？

在围绕上述两个问题的争论中，先后产生了新古典综合派或正统凯恩斯主义、货币主义、供给学派、新古典宏观经济学和新凯恩斯主义等主要宏观经济学流派。所有信仰古典学说的经济学家（货币主义者、供给学派学者与新古典宏观经济学家等），都认为市场经济体系具有强大的内在矫正机制，所有市场能够持续出清，充分就业是一种常态。因此，他们常常怀疑政府采取适当的政策稳定商业周期的必要性。他们认为，旨在增加总需求的宏观经济政策不仅会导致通货膨胀升级，而且会延缓长期经济增长。古典学派经济学家担心政府对宏观经济的干预给投资和经济增长可能带来的长期的不利影响。例如，他们认为，政府赤字会挤出私人投资，增加花费在高速公路或环境上的公共支出，会使资源从工厂、机器等方面的生产领域转移到公共部门。

而新旧凯恩斯主义者都认为，宏观经济容易出现波动，高失业率与通货膨胀常常交替出现。政府能够通过货币政策和财政政策改变总需求，进而影响实际经济活动。为了保证经济稳定增长，在存在通货膨胀压力时，政府应采取紧缩性措施抑制总需求；而在经济衰退时，应采取扩张性措施刺激总需求。

总之，凯恩斯主义者与自由主义经济学家争论的核心是经济体系是否具有强大的自我矫正机制，即能否通过灵活的价格和工资来维持充分就业水平。自由主义经济学家一般强调经济能够实现长期的均衡增长，主张放弃稳定商业周期的政策。而凯恩斯主义经济学家则主张通过适当的货币政策和财政政策调控商业周期，以保证经济长期稳定增长。

以萨缪尔森为代表的新古典综合派或正统凯恩斯主义，在 1948 年初次综合新古典经济学与凯恩斯经济学的基础上，不断地将宏观经济学其他主要流派的合理成分吸收到自己的体系之中，始终保持自己在宏观经济学中的主流地位。

在宏观经济学各种主要流派的激烈争论与新古典综合的与时俱进过程中，现代宏观经济学日趋成熟与完善。

经济学家简介

约翰·梅纳德·凯恩斯

约翰·梅纳德·凯恩斯（John Maynard Keynes，1883.6.5—1946.4.21.）1883年6月5日出生于英国的剑桥市，父亲是一位很有声望的经济学家，是马歇尔的早期学生。

凯恩斯从小就很聪明，学习成绩很好。1902年，凯恩斯进入剑桥大学皇家学院学习数学，

1905年毕业，获数学学士学位。毕业后，为参加文官考试跟随马歇尔学习经济学。马歇尔让庇古教授指导凯恩斯学习经济学。在文官考试中，凯恩斯获得第二的好成绩，但经济学部分的分数最低。1906年，凯恩斯被派到英国政府的印度事务部工作。1908年辞去职务，应马歇

尔的邀请,到剑桥大学讲授经济学原理与货币理论,任该校皇家学院研究员。在马歇尔的推荐下,1911年,任英国皇家经济学会季刊、著名的《经济学杂志》主编,一直到1944年。

1919年,凯恩斯代表英国财政部参加巴黎和会。6月7日,凯恩斯辞职。12月,发表的《凡尔赛和约的经济后果》一文使他一举成名。凯恩斯曾依靠一位银行家的贷款从事高风险的国际金融投机,积累了200多万美元的财产。1925年,

他与俄罗斯芭蕾舞舞蹈家利迪娅·洛普科娃结婚。1929—1933年,凯恩斯主持英国财政经济顾问委员会工作。1941年,凯恩斯任英格兰银行董事。1944年,任国际货币基金组织和国际建设开发银行两个国际组织的董事。1946年4月21日,凯恩斯猝死于心脏病。凯恩斯的著作很多,其中最主要的是1936年出版的作为现代宏观经济学创立标志的《就业、利息与货币通论》。

练习题

一、单项选择题

1. 宏观经济学主要研究一国如何（　　　），以促进一国经济增长。
   A. 合理配置资源　　　　　　　　B. 充分利用资源
   C. 合理配置与充分利用资源　　　D. 妥善处理效率与公平的关系

2. 一国的经济增长通常用（　　　）来衡量。
   A. 国民收入增长　　　　　　　　B. 就业率增长
   C. 一般价格水平上升　　　　　　D. 人均寿命的延长

3. 从短期来看,任何国家的国民收入增长率都会（　　　）。
   A. 持续增长　　　　　　　　　　B. 保持不变
   C. 持续下降　　　　　　　　　　D. 波动,高通货膨胀率与高失业率交替

4. 从长期来看,任何国家的国民收入都会（　　　）。
   A. 持续增长,且各国的增长率相同　　B. 保持不变
   C. 持续增长,且各国的增长率可以很不相同　D. 持续下降

5. 古典经济学家认为,实际就业量（　　　）。
   A. 总是等于均衡就业量与充分就业量　　B. 总是小于均衡就业量与充分就业量
   C. 总是大于均衡就业量与充分就业量　　D. 总是等于均衡就业量且小于充分就业量

6. 在古典经济学家看来,总供给曲线（　　　）。
   A. 垂直在充分就业收入水平上
   B. 向右上方倾斜
   C. 向右下方倾斜
   D. 在充分就业收入之前,呈水平状;在充分就业收入处垂直

7. 古典货币数量论认为（　　　）。
   A. 实际收入与货币存量正相关　　B. 实际收入与货币存量负相关
   C. 一般价格水平与货币存量正相关　　D. 一般价格水平与货币存量负相关

8. 萨伊定律认为（　　）。

    A. 供给创造需求 B. 需求决定供给　　　C. 供给大于需求　　　D. 供给小于需求。

9. 凯恩斯认为，在私人经济活动中，（　　）。

    A. 供给创造需求 B. 需求决定供给　　　C. 供给等于需求　　　D. 供给小于需求

10. 在（　　）等两个问题上，古典经济学与凯恩斯经济学存在根本分歧。

    A. 市场机制能否维持汇率稳定，政府是否有必要为稳定汇率而调控外汇市场

    B. 市场机制能否保证收入公平分配，政府是否有必要为实现收入公平分配而干预私人经济活动

    C. 市场机制能否维持充分就业，政府是否有必要为实现充分就业而调控宏观经济活动

    D. 市场机制能否有效配置资源，政府是否有必要为提高资源配置效率而干预微观经济活动

二、名词解释

1. 宏观经济学　2. 萨伊定律　3. 短边原则　4. 费雪交易方程　5. 剑桥方程　6. 古典货币数量论

三、简答题

1. 为什么宏观经济学又叫国民收入决定理论？

2. 凯恩斯革命有哪些主要特征？

3. 凯恩斯主义者与自由主义经济学家争论的核心问题有哪些？

四、论述题

1. 简述古典宏观经济模型有关就业与产量决定的理论。

2. 为什么古典经济学家都信奉"萨伊定律"？结合我国实际，谈谈你对"萨伊定律"的看法。

3. 简述费雪交易方程与剑桥方程的含义，并比较它们的异同。

五、案例分析题

英国病与《通论》。英国经济在20世纪20年代初期的不景气由于统治者的错误决策而加深。当时的英国政府并没有意识到英国经济已经开始走下坡路，依然按照维多利亚时代行之有效的原则来制定经济政策。为了提高英国在国际金融界的信誉，巩固伦敦作为世界金融市场的地位，英国政府于1925年恢复了金本位制，使英镑价值固定在黄金上，结果是提高了英镑的汇率，造成进口增加，出口减少。在这种情况下，为了维持国际收支平衡，只能通过提高利率以减少资本净输出，来平衡外贸方面的净出口的减少。但提高利率却造成国内投资需求不振，失业人数增加。

庞大的失业大军造成一系列社会问题，如何降低失业率便成为英国朝野共同关心的问题。由于金本位制的恢复，很难用扩张性的货币政策来刺激就业，因此自20年代起，就不断有人提倡以公共工程来减少失业，也就是靠扩张性的财政政策来刺激就业。但是以新古典学派的理论为基调的"财政部观点"反对用公共工程缓和失业。结果英国经济在20年代的萧条状态一直持续到大危机爆发。

20世纪20年代的英国病，虽然不是凯恩斯《通论》产生的直接社会原因，但它对《通论》的发表起了以下作用：

（1）使凯恩斯较早便开始考虑失业问题。

（2）20年代英国恢复金本位制的后果使凯恩斯更清楚地看到了通货紧缩与失业增加之间的关系。

（3）公共工程问题的讨论使凯恩斯考虑了财政政策与失业之间的关系，使卡恩提出乘数概念，为凯恩斯日后的乘数理论奠定了基础。

问题：推动宏观经济学发展的原因有哪些？

国民收入核算理论 | 第二章

宏观经济学是有关国民收入短期波动与长期增长的决定因素的学说。本章是宏观经济学的序幕，主要阐述国民收入的涵义、国民收入的两种核算方法和国民收入核算恒等式等问题，为以后分析国民收入的决定与变动奠定基础。

第一节 | 国民收入的涵义

一、国民收入的定义

国民收入是指一国在一年内生产的、进入市场的、按市场价格计算的最终产品和服务的价值总和。国民收入的定义有以下 5 个限定。

（1）一国。这里的"一国"有两种含义。一是指一国的居民。凡是本国居民生产的收入都算作本国的国民收入，而不管这种收入是在本国领土上生产的，还是在外国领土上生产的。与"一国"的这种含义相对应的国民收入指标，为国民生产净值（net national product，NNP），或国民生产总值（gross national product，GNP）。二是指本国的领土。凡是本国领土上生产的收入都算作本国的国民收入，而不管这种收入是本国居民生产的，还是外国居民生产的。与"一国"的这种含义相对应的国民收入指标，是国内生产净值（net domestic product，NDP），或国内生产总值（gross domestic product，GDP）。显然，国内生产总值与国民生产总值是两个涵义不同的量。例如在"一带一路"建设中，我国在外国投资获得的利润，不计入我国的 GDP 之中，但计入我国的 GNP 之中。本书中的国民收入，默认为国内生产净值或国内生产总值。

（2）一年。国民收入是指一国在一年内新创造的价值。国民收入是一个流量，每时每刻都在源源不断地生产出来。因此，核算国民收入时必须规定一个时间单位。以年为时间单位，仅仅是由于约定俗成。与国民收入流量相对的存量，是国民财富。

（3）生产的。国民收入是指一国在一年内生产出来的物品的价值。西方经济学中的生产性活动或劳动，以三次产业分类法为准。所有从事三次产业活动的人，都是生产者，他们的收入都是生产性收入。募捐、政治宣传、传教等活动都不是生产性活动，这些活动得到的收入都不计入国民收入。

（4）用于交换的。国民收入仅仅计算进入市场用于交换的产品价值。自给自足的产品与服务价值，不属于国民收入。

（5）最终产品。国民收入是指一国在一年内生产的、进入市场的最终产品和服务的价值总和。一国生产的并用于交换的产品分为最终产品与中间产品两大类。最终产品是指一国生产的不再进入本国生产领域的产品（消费品与出口产品），以及一国生产的虽然进入本国生产领域，但在本年度未被消耗掉的产品。进入本国生产领域的产品统称为投资品，分固定投资与存货投资两种。固定投资中的折旧部分，作为中间产品的价值，已经转移到其他产品的价值中去了。扣除折旧后的净固定投资才属于最终产品。存货投资指企业当年新增加的存货，包括当年新增的库存原材料、库存产成品与在产品三部分，等于年末的库存原材料、库存产成品、在产品与年初的库存原材料、库存产成品、在产品的差额。企业的净固定投资与存货投资之和，叫做企业净投资。因此，一国的最终产品包括消费品、出口产品与企业的净投资品。除了最终产品以外的产品，都是中间产品。国民收入仅仅核算最终产品的价值，不计入中间产品价值。撇开中间产品的原因，是为了避免重复计算。因为中间产品的价值已经转移到最终产品的价值中去了。

总之，一年的产成品如果未被出售，则一定是最终产品。如果已经出售，可能是中间产品，也可能是最终产品。出售给个人、政府与国外的产品一定是最终产品。出售给企业的分成两部分：一部分是净固定投资与新增原材料，属于最终产品；其他的属于中间产品。在产品或半成品是不能出售的，故属于最终产品。

二、名义国民收入与实际国民收入

最终产品种类繁多，只能在价格或价值形态上相加。国民收入就是按照市场价格计量的所有最终产品的价值总和。按照选择的价格不同，国民收入分为名义国民收入与实际国民收入两种。

名义国民收入是指按现行价格或当期价格计算的国民收入，即

$$名义国民收入 = \sum_{i=1}^{n} p_i q_i \tag{2.1}$$

在式（2.1）中，n 为最终产品的种类；p_i 为第 i 种最终产品的现行或当年的市场价格；q_i 为第 i 种最终产品的数量。显然，名义国民收入取决于最终产品的价格与产量两个因素。其中，纯粹由价格上升引起的名义国民收入增加，是一种虚假的增加。在比较不同时期国民收入增长率的高低时，必须撇开。撇开了价格变动因素的国民收入叫做实际国民收入。

实际国民收入是指按不变价格或基期价格计算的国民收入，即

$$实际国民收入 = \sum_{i=1}^{n} \bar{p}_i q_i \tag{2.2}$$

在式（2.2）中，$\bar{p}_i$ 为第 i 种最终产品的不变价格或基期价格。实际国民收入等于名义国民收入除以一般价格指数，即

$$实际国民收入 = \sum_{i=1}^{n} \bar{p}_i q_i = \sum_{i=1}^{n} \frac{\bar{p}_i}{p_i} p_i q_i = \sum_{i=1}^{n} \frac{p_i q_i}{p_i / \bar{p}_i} \tag{2.3}$$

实际国民收入常用来衡量一国经济的长期增长水平。假定最终产品只有一种，其数量为 Q，其可变价格与不变价格分别为 P、$\bar{P}$。则有：

$$实际国民收入 = \bar{P}Q = \frac{\bar{P}}{P} PQ = \frac{PQ}{P / \bar{P}} \tag{2.4}$$

式（2.4）中的 $\frac{P}{\bar{P}}$ 与 100% 的积，叫做国民收入折算指数或国民收入紧缩指数：将由价格变动引起的国民收入的虚假变动"折算掉或紧缩掉"。由式（2.4）可得

$$国民收入折算指数 = \frac{名义国民收入}{实际国民收入} \times 100\% \tag{2.5}$$

式（2.5）表示，国民收入紧缩指数是指名义国民收入与实际国民收入的比率。

劳动市场与产品市场同时均衡时的国民收入，叫做充分就业国民收入，又叫潜在国民收入。凯恩斯主义者认为，实际国民收入经常与潜在国民收入不相等。如果现有的国民收入大于潜在国民收

入，即存在国民收入的膨胀性缺口，就会出现通货膨胀；反之，若现有的国民收入小于潜在国民收入，即存在国民收入的紧缩性缺口，必然产生非自愿失业。只有当实际国民收入等于潜在国民收入时，通货膨胀与非自愿失业这两大宏观经济弊病才会消失。由于充分就业国民收入本身会随着技术进步与要素投入的增长而持续增加，所以，宏观经济学研究的主要目标与核心内容，就是努力使实际国民收入沿着潜在国民收入的运行轨迹增长。我国近几年的国内生产总值及其增长速度如图 2-1 所示。

图 2-1　2011—2015 年中国国内生产总值及其增长速度

资料来源：中华人民共和国国家统计局网站（http://www.stats.gov.cn/）。

第二节　国民收入的核算方法

为了使实际国民收入沿着潜在国民收入的增长轨迹增长，有必要核算实际国民收入，了解实际国民收入到底是多少，是否与潜在国民收入相等。第一节中的式（2.1）表明，一国的名义国民收入等于一国所有最终产品的数量与其价格的乘积的总和。然而按照这种方法核算国民收入，存在以下两个弊病：

（1）任何两个商品只要稍微有点差异，就是两种不同的商品。因此，最终产品的种类繁多，核算过程会相当繁杂。

（2）由于未对各种产品进行适当的分类，按此方法计算得到的国民收入，将是一堆杂乱无章的总量，没有清晰的内在结构，无法或者很难说明国民收入是如何决定的，并将怎样变动。故这种核算结果不符合宏观经济学研究的需要。

鉴于上述理由，经济学家另辟蹊径，提出了以下两种核算国民收入的方法。

一、支出法

支出法是从一国购买最终产品的角度来核算国民收入。可以将整个国民经济购买最终产品的主体划分为个人、企业、政府与国际部门等 4 个部门。在这里，个人仅作为消费者存在。他购买产品的目的，纯粹是消费，获得效用。企业则作为投资与生产者存在。企业购买产品是为了从事生产，获取利润。政府为了维持生存，发挥其职能，也必须购买产品与服务。国际部门的业务假定仅限于产品与服务的进出口贸易，不考虑国与国之间的资本项目交易。尽管个人与政府可以从事投资，企业也从事进出口贸易。但政府与个人的投资活动，统统归到企业投资项目中。企业的国际贸易则被归到国际部门。所谓支出法，就是将个人、企业、政府与国际部门等 4 个部门在一年内购买最终产品所支付的货币额相加，计算国民收入的方法。

先撇开国际部门，仅核算三部门经济即封闭经济中的国民收入。封闭经济中一国购买最终产品的支出，等于个人、企业与政府等三部门购买最终产品的支出之和。

个人购买最终产品的支出从属于个人总支出。要从个人总支出中得到个人对最终产品的支出，首先扣除非购买支出（如开车闯红灯被罚款等），得到个人购买支出。然后从个人购买支出中，扣除购买非产品支出（如购买股票、债券等），得到个人购买产品支出。个人购买产品的目的是消费。故个人购买产品支出，就是个人对最终产品的支出，简称个人消费支出，用 C 表示。个人消费支出是国民收入最重要的组成部分。第二次世界大战结束以来，个人消费支出在美国的比重一直超过 60% 且有逐年上升的趋势。个人消费支出分成 3 大类：耐用品、非耐用品与服务。其中服务支出的增长最快。需要注意的是，个人对住房的购买支出，算作企业投资，不包含在个人消费支出之中。而个人的租房支出，算作个人消费支出。2015 年中国居民人均消费支出及其构成如图 2-2 所示。

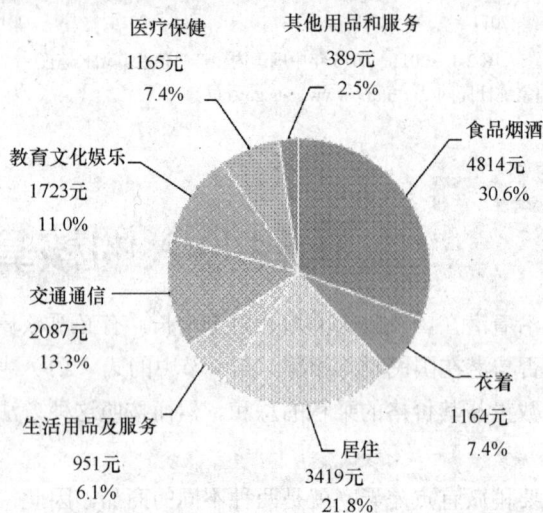

图 2-2　2015 年中国居民人均消费支出及其构成

资料来源：中华人民共和国国家统计局网站（http://www.stats.gov.cn/）。

企业对最终产品的支出包含在企业总支出之中。企业总支出扣除非购买支出与购买非产品支出以后，剩下的就是企业购买产品支出。企业购买的产品分为固定资产（如建筑物与设备等）与原材料两部分。对固定资产的购买称为固定投资。固定投资与折旧的差额称为净固定投资。个人的新增住宅投资，包含在企业的净固定投资之中。净固定投资属于最终产品，而折旧是中间产品，因为折旧的价值已经转移到其他产品之中。在企业购买的原材料中，当年未消耗掉的部分，即库存原材料，属于最终产品。考虑到生产具有连续性，年初也有库存原材料。因此，只有年末库存原材料与年初库存原材料的差额，即新增库存原材料，才算作今年生产的最终产品。

企业的存货投资，除了新增库存原材料以外，还包括当年新增库存产成品与新增在产品。新增库存产成品等于年末库存产成品与年初库存产成品之差；新增在产品等于年末在产品与年初在产品之差。这两部分产品符合最终产品的定义，属于最终产品。在支出法中，由于新增库存产成品与新增在产品暂时没有买主，可假定企业自己将它们买了下来。

企业对最终产品的支出等于净固定投资与存货投资的总和，叫企业净投资，用 I_n 表示。净固定投资是固定投资与折旧的差额。存货投资由新增库存原材料、新增库存产成品与新增半成品构成。

总之，在国民收入核算体系中，企业净投资是指一年内一国的建筑物、设备、软件产品以及存货等有形资本存量的增加部分。显然，这种企业净投资的定义，忽略了现代企业日益增加的大部分无形投资——研发费用与教育支出。

政府购买最终产品支出，等于政府总支出与政府非购买支出之差额。政府非购买支出的主要部分就是政府转移支付，即政府无偿地对个人与企业的支付。政府转移支付的项目很多，如失业救济金、退伍军人的抚恤金、老年人与残疾人的补助金以及给企业经营的补贴等等。由于转移支付本身与最终产品的交易无关，因而不能计入国民收入。何况政府的转移支付，常常化作个人消费支出与企业投资。而个人的消费支出与企业投资已经计入国民收入之中，如果将政府的转移支付计入国民收入，就会犯重复计算的错误。政府购买最终产品的支出，简称政府购买，常用 G 表示。

因此，封闭经济中一国对最终产品的支出，等于个人消费、企业净投资与政府购买之和，即

$$封闭经济中一国对最终产品的支出 = C + I_n + G \tag{2.6}$$

从封闭经济扩大到开放经济，一国对最终产品的支出，必须在式（2.6）的基础上，进行以下两项修正。

（1）增加出口的产品价值。因为个人消费支出、企业净投资与政府购买等三项指标，都没有包含外国购买本国产品的支出。

（2）减去进口产品价值。在个人消费支出、企业净投资与政府购买等三项指标中，都可能包含对国外产品的支出。

令 X 表示出口产品的价值，M 表示进口产品的价值，$(X-M)$ 就称为净出口。于是，开放经济中一国对最终产品的支出，等于个人消费支出、企业净投资、政府购买与净出口之和。即

$$一国对最终产品的支出 = C + I_n + G + (X-M) = NDP \tag{2.7}$$

由式（2.7）得到的国民收入，叫做国内生产净值。国内生产净值这个指标很难测算。因为固定资产的损耗或折旧很难准确计算，从而净固定投资与企业净投资很难计算。

为了便于实际操作，干脆不计算折旧，将折旧加到净固定投资之中，用总固定投资代替净固定投资，从而用总投资代替净投资。按这种方式计算出来的国民收入，叫做国内生产总值。令 I 代表企业总投资，等于 I_n 与折旧之和，则有

$$C + (I_n + 折旧) + G + (X-M) = C + I + G + (X-M) = GDP \tag{2.8}$$

式（2.8）表明，国内生产总值等于国内生产净值与折旧之和，即

$$GDP = NDP + 折旧 \tag{2.9}$$

国内生产净值与国内生产总值这两个指标相比较，各有优缺点。国内生产总值包含了折旧，其优点是容易测算，其缺点是含有重复计算或"水分"。国内生产净值撇开了折旧，其优点是没有任何重复计算或"水分"，其不足之处是很难测算。

二、收入法

在市场经济条件下，收入由企业创造出来以后，总是按照各种生产要素在生产中所做贡献的多少，分配给要素所有者。所谓收入法，就是将一国境内各种要素参与生产所得到的收入相加，核算

国民收入的方法。

单个企业销售产品或服务得到的总收益，扣除在生产过程中消耗的原材料与固定资产等中间产品价值后的余额，就是该企业创造的能够分配的收入。企业的这笔收入在初次分配过程中，分解为间接税、工资、利息、地租和非公司业主收入或公司利润等5部分。间接税是政府对企业销售产品环节所征的税收，如汽油税与营业税等。工资、利息、地租分别归工人、借贷资本家、地主所有。非公司业主收入或公司利润归企业所有者，可大可小，可有可无。由于扣除了中间产品的价值，从整个社会来看，所有企业的间接税、工资、利息、地租、非公司业主收入与公司利润等收入之和，必然等于一国生产的最终产品的价值总和，从而等于国内生产净值。即

$$间接税+工资+利息+地租+非公司业主收入+公司利润=NDP \qquad (2.10)$$

可以举个简单的例子说明这一点。假定一国一年内生产的最终产品只有一个面包，其价格为10元。因此，国内生产净值等于10元。设面包中包含的面粉价值为4元（面粉代表面包生产过程中消耗的所有中间产品的价值）。面粉厂为了生产4元的面粉，需要消耗3元的小麦（小麦代表面粉生产过程中消耗的所有中间产品的价值）。农场主生产3元的小麦不消耗任何中间产品。于是，面包厂商、面粉厂商与农场主销售产品的收入分别为10元、4元与3元。扣除生产过程中消耗的中间产品的价值后，剩余的收入分别为6元、1元与3元，被面包厂商、面粉厂商、农场主分别用于支付间接税与各种要素报酬，其总和10元，正好等于面包这个最终产品的价值，即等于国内生产净值。

因此，从收入法核算的国内生产总值，等于整个社会的间接税、工资、利息、地租、非公司业主收入、公司利润与折旧之和，即

$$间接税+工资+利息+地租+非公司业主收入+公司利润+折旧=GDP \qquad (2.11)$$

在式（2.10）与式（2.11）中的工资，也称作员工薪酬，包括雇员的工资与各种补助。利息项目不包括政府支付的公债利息。政府不是生产部门，政府支付的公债利息来源于税收。而税收项目已经计入按收入法核算的NDP或GDP之中。如果将公债利息计入NDP或GDP之中，必然犯重复计算的错误。地租项目还包括各种租金，如房租收入。如果是住自己的房屋，则被认为是在向自己付租金。这种假设有助于真实地衡量一国居民实际得到或享有的收入。非公司业主收入是指单人业主制企业主与合伙制企业主的收入。

除了国内生产总值与国内生产净值以外，国民收入核算体系还涉及狭义国民收入、个人收入与个人可支配收入等三个指标。狭义国民收入，常叫做国民收入（National Income，NI），是指一国在一年内所有生产要素所有者出售要素所得报酬的总和，等于国内生产净值与间接税之差，即

$$NI = NDP－间接税 = 工资+利息+地租+非公司业主收入+公司利润 \qquad (2.12)$$

个人收入（Personal Income，PI），是指个人从各个途径得到的收入总和。狭义国民收入中的利息与地租，分别是借贷资本家与地主的个人收入。工资在发给工人之前，需要扣除社会保险税，交给社会保险部门，以保障工人在生病、失业与退休时的生活。公司利润在分配之前，必须交纳公司所得税。税后可支配公司利润分为两部分，一部分以股息、红利的形式发给股东，另一部分作为公司存留利润，用于公司本身的发展。这样，工资中的社会保险税，公司利润中的公司利润所得税与公司存留利润未进入个人收入。另外，政府对个人的转移支付以及个人购买公债所得到的利息，也构成个人收入。因此，个人收入等于狭义国民收入扣除社会保险税、公司所得税以及公司存留利润等三项因素后，再加上政府对个人的转移支付以及个人购买公债所得到的利息。即

$$PI = NI - \left(\begin{matrix} 社会 \\ 保险税 \end{matrix} + \begin{matrix} 公司 \\ 所得税 \end{matrix} + \begin{matrix} 公司 \\ 存留利润 \end{matrix} \right) + \begin{matrix} 政府对个人 \\ 的转移支付 \end{matrix} + \begin{matrix} 个人所得 \\ 公债利息 \end{matrix} \tag{2.13}$$

个人收入与个人所得税的差额，就是个人可支配收入（disposable personal income，DPI）。个人可支配收入总是用于消费与储蓄两个方面，即

$$DPI = PI - 个人所得税 = 消费 + 储蓄 \tag{2.14}$$

因此，个人储蓄被定义为用于消费以后剩余的个人可支配收入。2011—2015 年我国居民人均可支配收入及其增长速度如图 2-3 所示。

图 2-3　2011—2015 年全国居民人均可支配收入及其增长速度

资料来源：中华人民共和国国家统计局网站（http://www.stats.gov.cn/）。

下面举例说明国民收入的两种核算方法，如表 2-1 所示。

表 2-1　　　　　　　　2007 年美国的国内生产总值（单位：10 亿美元，当年价格）

支出法		收入法	
1. 个人消费支出	9 710	1. 员工薪酬	7 812
耐用品	1 083	2. 利息	664
非耐用品	2 833	3. 个人地租与租金收入	40
服务	5 794	4. 非公司业主收入	1 056
2. 企业投资	2 130	5. 税前公司利润	1 642
住宅投资	630	公司所得税	477
非住宅固定投资	1 504	股息	657
存货投资	−4	公司存留利润	508
3. 政府购买支出	2 675	6. 折旧	1 721
联邦政府	976	7. 企业间接税、统计	
州与地方政府	1 696	误差与调整项	872
4. 商品与服务的净出口	−708		
出口	1 662		
进口	2 370		
国内生产总值	13 808	国内生产总值	13 808

资料来源：保罗·萨缪尔森，威廉·诺德豪斯. 经济学（第 19 版）. 北京：商务印书馆，2014.

第三节 国民收入核算恒等式

一、三大国民收入核算恒等式

国民收入核算恒等式有以下三个。

（1）按支出法核算的国内生产总值，恒等于个人消费、企业投资、政府购买与净出口之和，即

$$GDP \equiv C + I + G + (X - M) \tag{2.15}$$

（2）按收入法核算的国内生产总值恒等于间接税、工资、利息、地租、非公司业主收入与公司利润以及折旧之和，即

$$GDP \equiv 间接税 + 工资 + 利息 + 地租 + 非公司业主收入 + 公司利润 + 折旧 \tag{2.16}$$

（3）按支出法核算的国内生产总值恒等于按收入法核算的国内生产总值。支出法从一国各部门一年内购买最终产品的支出角度核算国内生产总值，收入法则从一国所有企业一年内销售最终产品的收入角度核算国内生产总值。这两种核算方法的核算对象相同，都是一国一年内生产的最终产品；核算的尺度也相同，都按照市场价格核算。因此，按支出法核算的国内生产总值恒等于按收入法核算的国内生产总值，即

$$C + I + G + (X - M) \equiv 间接税 + 工资 + 利息 + 地租 + 非公司业主收入 + 公司利润 + 折旧 \tag{2.17}$$

上述三个核算恒等式中，根源于支出法的核算恒等式中的各项支出都用字母表示，显得比较简洁。而根源于收入法的核算恒等式中的各项收入却用文字表述，书写不便。为了统一两种核算恒等式的表达形式，也为了书写方便，特对式（2.16）即根源于收入法的核算恒等式的右边整理如下。

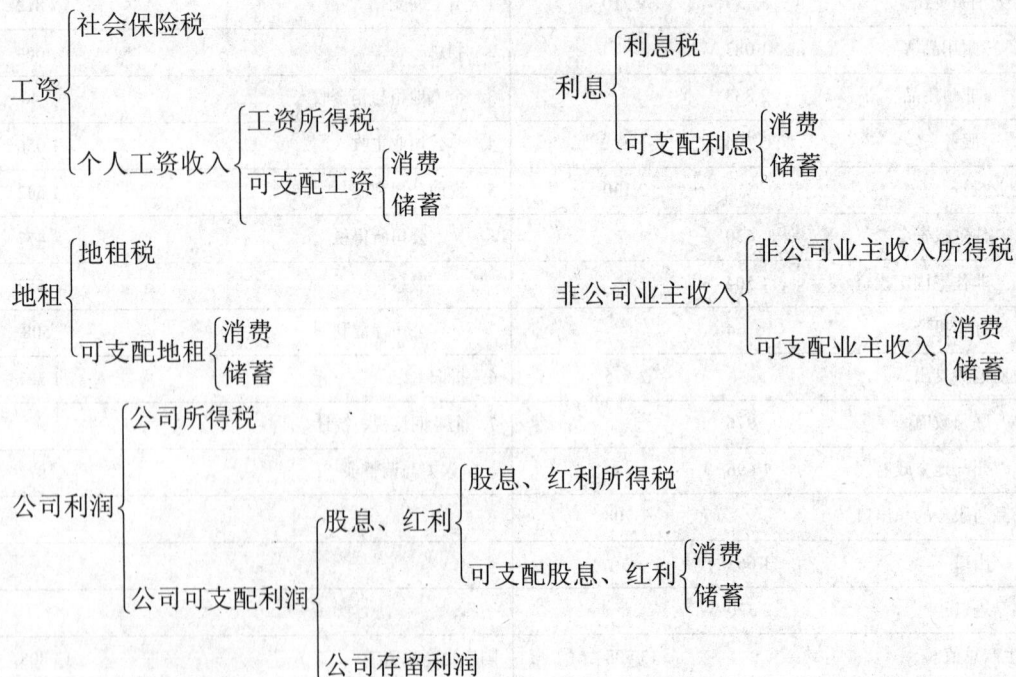

工资 { 社会保险税；个人工资收入 { 工资所得税；可支配工资 { 消费；储蓄 } }

利息 { 利息税；可支配利息 { 消费；储蓄 } }

地租 { 地租税；可支配地租 { 消费；储蓄 } }

非公司业主收入 { 非公司业主收入所得税；可支配业主收入 { 消费；储蓄 } }

公司利润 { 公司所得税；公司可支配利润 { 股息、红利 { 股息、红利所得税；可支配股息、红利 { 消费；储蓄 } }；公司存留利润 } }

公司存留利润与折旧之和，可以当作企业储蓄。令 T 代表税收，等于间接税与所有直接税的总

和；C代表用于个人消费的收入；S代表储蓄，等于所有个人储蓄与企业储蓄的总和。则按收入法核算的国内生产总值，恒等于消费、储蓄与税收之和，即

$$GDP \equiv C + S + T \qquad (2.18)$$

如用Y代表GDP，简称国民收入或收入，则四部门经济中的国民收入核算恒等式为

$$\begin{cases} Y \equiv C + I + G + (X - M) \\ Y \equiv C + S + T \\ C + I + G + (X - M) \equiv C + S + T \Rightarrow I + G + (X - M) \equiv S + T \end{cases}$$

撇开国际部门，三部门经济中的国民收入核算恒等式为

$$\begin{cases} Y \equiv C + I + G \\ Y \equiv C + S + T \\ C + I + G \equiv C + S + T \Rightarrow I + G \equiv S + T \end{cases}$$

撇开国际部门与政府部门，则两部门经济中的国民收入核算恒等式为

$$\begin{cases} Y \equiv C + I \\ Y \equiv C + S \\ C + I \equiv C + S \Rightarrow I \equiv S \end{cases}$$

二、国内生产总值指标的重要性与不足

国内生产总值指标体系的创立，具有重大的理论意义与实践意义。从理论上说，国内生产总值指标体系的建立是现代宏观经济学创立和发展的基础。因为现代宏观经济学本质上是有关国民收入或GDP短期波动与长期增长的决定因素的学说。国民收入是贯穿宏观经济学的主线，正像价格是贯穿微观经济学的主线一样。萨谬尔森认为，国内生产总值是20世纪最伟大的发明之一。它与凯恩斯创立的宏观经济学之间的关系就好像是计算机的硬件与软件的关系。没有国内生产总值指标体系的创立，很难想象有今天如此完整的宏观经济学体系。

从实践上看，国内生产总值是宏观经济运行情况的显示器。国内生产总值能够提供经济运行状况的完整图像。GDP增长率过高会引发通货膨胀；GDP增长率过低则失业率上升。因此，GDP的增长情况，能够帮助各国的政府首脑和央行负责人判断经济形势是趋于萎缩还是趋于膨胀，是需要刺激还是需要控制。没有像国内生产总值这样的总量指标，政策制定者就会陷入杂乱无章的数字海洋而不知所措。国内生产总值和有关数据就像灯塔一样，帮助政策制定者引导经济向着主要的经济目标发展。

国内生产总值指标也有很多不足。在GDP统计过程中，不仅忽略很多有价值的活动，遗漏不少经济活动的消极外部性，而且计入了许多值得怀疑的项目。

能够计入GDP的仅仅是进入市场交易的部分产品价值，但许多有意义的经济活动发生在市场之外。例如高校学生在人力资本方面的投资，国民收入账户体系中仅仅记录了学费支出，忽略了学生受高等教育的机会成本。有些研究表明，在美国，教育领域和其他领域的非市场性的投资份额，是美国国民储蓄份额的两倍多。GDP账户也不包含自给自足活动的价值。据评估，美国居民的家务活动，例如做饭、搞卫生、洗衣服与照顾小孩等活动创造的价值，相当于计入GDP中的个人消费额的50%。GDP账户最大的忽略是闲暇的价值。闲暇是一种好的或正常的商品，其需求收入弹性大于零。

但 GDP 核算不考虑闲暇。萨缪尔森估计，现在美国人的闲暇时间几乎等同于工作时间[①]。至于地下经济行为，如贩毒、非法移民与走私等，由于是坏的，理当忽略。

　　GDP 指标常常未扣除某些经济活动导致环境污染与资源耗竭所引起的社会成本。煤炭、石油、发电、钢铁与制药等行业的发展，都会破坏自然环境，产生巨大的消极外部性。但这些行业中的厂商并没有为这些外部性支付足够的成本。此外，GDP 指标计入了无益于民生的经济活动的价值。假如社会自然灾害频发，或者社会犯罪活动猖獗，那么在 GDP 指标中，势必增加救灾物资与防盗产品的价值以及监狱看守的工资收入。

拓展阅读

扩充的国民收入账户[②]

　　20世纪90年代以来，包括非市场性的和市场性的经济活动的扩充的国民收入账户（augmented national accounts）取得了巨大的进展。该账户总的原则是记录尽可能多的经济活动，无论这些活动是市场性的，还是非市场性的。举例来说，扩充的国民收入账户中，包括对研发费用与人力资本投资的估价、对未计报酬的家务活动的估价、对森林与休闲时间的估价，等等。

　　1994年，美国商务部公布的扩充国民收入账户中，包括了环境账户（有时也称绿色账户），用来统计自然资源和环境资源对国民收入的贡献。第一步工作是设计用来统计石油、天然气、煤炭等地下资源对经济贡献的账户。然后是设计气候变暖与空气污染等环境损害的统计账户。这些账户完善之后，我们对国民经济的了解将更为全面。许多人对绿色账户的分析结果感到震惊。环境批评家指出，美国人喜欢浪费的生活方式，并正在挥霍宝贵的自然资源。

经济学家简介

西蒙·库兹涅茨

　　西蒙·库兹涅茨（Simon Kuznets，1901年4月30日—1985年7月8日），俄裔美国著名经济学家，1971年诺贝尔经济学奖获得者。

　　库兹涅茨出生在俄国哈尔科夫市的一个皮毛商人的家庭里。十月革命之后，进入列宁格勒大学攻读政治经济学。1922年，西蒙·库兹涅茨只身前往美国，考入哥伦比亚大学插班攻读经济学，同时对数学有浓厚的兴趣。1923年获得经济学与数学两个专业的学士学位，并考入哥伦比亚

大学的研究生院进一步学习经济学。1924年，库兹涅茨仅用一年时间就取得了硕士学位，受到学界前辈的重视。美国制度经济学派创始人米切尔教授对他很赏识，把库兹涅茨招到自己的门下，亲自担任他的指导老师。

　　制度学派创始人之一米切尔教授的学术思想，着重从社会制度的角度论述制度与经济发展的关系，强调制度因素对经济生活有着相当重要的作用。库兹涅茨继承了他的学术思想，

① 保罗·萨缪尔森，威廉·诺德豪斯. 经济学（第19版）（中文版）. 北京：商务印书馆，2014.
② 保罗·萨缪尔森，威廉·诺德豪斯. 经济学（第17版）（中文版）. 北京：人民邮电出版社，2004.

于1925年发表《美国零售和批发贸易的周期波动》的长篇博士论文，集中表达了制度学派和米切尔思想的精髓。从此，库兹涅茨正式登上学术论坛。同时，他加入了美国国籍。

1926年，经米切尔推荐，库兹涅茨到美国社会科学研究理事会任职。在这里，他整天忙于处理繁杂的事务，加之制度经济学超出了传统经济学规定的研究范围，容易使人失去明确的研究对象。因此，他辞掉理事会的工作，并逐渐远离制度学派。库兹涅茨的这一决定，是他学术生涯中的转折点。此后，他利用自己已经掌握的制度学派研究方法，结合自己的特点，形成了新的思想体系，创立了经验统计学。

库兹涅茨认为，具体而真实的数据最能反映问题的实质，最富有说服力。所以，他常常利用工作之便，访问许多总经理、总会计师和经济法庭的律师，同时查阅了大量的资料，如各个国家的国民生产总值、工农业生产与销售状况，从而获得几十万个真实的数据，并做了几万张卡片，为他的研究打下了扎实的基础。

第二次世界大战期间，库兹涅茨被美国政府任命为华盛顿战时生产局计划统计处副处长。战后，他被派往中国担任国民党政府资源委员会的顾问。从1946年起，他游历了中国的大中城市和农村，走访了许多银行、企业、公司、钱庄及交易所，了解中国的政治、经济，考察发达国家对不发达国家进行经济渗透，给这些地区在经济增长及国民生产总值方面带来的影响。1948年底回到美国，1949年被美国统计学会选举为会长。1950年，他被派往印度，任印度国民收入机构总局的顾问。库兹涅茨两次共计8年的东方之行，

使他目睹贫穷落后国家的经济状况，深知帝国主义国家对半殖民地经济侵略的后果，并为他研究经济增长史积累了丰富的资料。

1954年，库兹涅茨卸任回国，任约翰·霍普金斯大学政治经济学教授。同年，在美国经济学年会上发表了《高收入阶层在收入和储蓄中占有的份额》的论文，受到与会者的高度评价，被推举为会长。1960年，库兹涅茨接受哈佛大学聘请，任经济统计学教授。这是他研究国民生产总值的高潮时期。1961年，他于60岁诞辰之际发表了《美国经济中的资本》一书。他在书中介绍了自己多年研究国民收入及国民收入分配与经济增长方面的成果，建立起"收入革命"的理论。这一理论是他关于福利经济学和资本积累理论的主体。1966年，他又出版了《现代经济增长》一书，书中涉及美国经济增长过程的分析、增长率的变动、资本的供给（储蓄）和需求（投资）、资本形成的作用、经济结构的变化、人口和生产率的增长以及收入分配的变动等内容。加利福尼亚大学的乔治·墨菲曾这样评价这本书："库兹涅茨出色地运用他高超的技巧，从纷乱的资料中整理出许多有用的数据，恰如其分地用它来表达他需要的意思。这书有许多附属的和有见识的结论，它确实是很有价值的产物。"1969年，英国剑桥大学授予库兹涅茨经济学、经济统计学荣誉教授。

1971年，由于库兹涅茨在研究人口发展趋势以及人口结构与经济增长和收入分配关系方面，做出了巨大贡献，获得诺贝尔经济学奖。

练习题

一、单项选择题

1. 国内生产净值是（ ）的市场价值。

　　A. 一年内一个国家所有交易

    B. 一年内一个国家生产的所有商品和服务

    C. 一年内一个国家用于交换的所有最终商品和服务

    D. 一年内一个国家生产的且用于交换的所有最终商品和服务

2. 下列哪一项应当计入当年国内生产总值?（   ）

    A. 当年生产的一辆汽车   B. 去年生产而在今年销售出去的汽车

    C. 在二手市场转卖的一辆旧车   D. 一辆报废的汽车

3. 国内生产总值小于国民生产总值，意味着本国居民在外国获得的要素收入，（   ）外国居民在本国获得的要素收入。

    A. 大于   B. 小于   C. 等于   D. 小于或等于

4. 国内生产总值和国内生产净值的差额为（   ）。

    A. 间接税   B. 直接税   C. 折旧额   D. 个人可支配收入

5. 下列哪一项属于经济学上所说的投资?（   ）

    A. 某人购买价值10万元的债券   B. 某企业发行价值5万元的股票

    C. 某企业新建一座厂房   D. 某君购买一幅价值8万元的宋代名画

6. 实际GDP是通过（   ）得到的。

    A. 名义GDP乘以GDP缩减指数   B. 名义GDP除以GDP缩减指数

    C. 名义GDP乘以消费物价指数   D. 当期GDP除以消费物价指数

7. 假设第1年的收入为10 000，如果第8年GDP缩减指数翻了一倍而实际产出增加了50%，则第8年的名义收入等于（   ）。

    A. 2 000   B. 30 000   C. 40 000   D. 15 000

8. 如果某国的资本存量在年初为1 000亿美元，在本年度追加了100亿美元的生产投资，本年度生产资本的耗费为30亿美元。该国本年度的总投资和净投资分别为（   ）亿美元。

    A. 1 100和30   B. 1 100和70   C. 100和30   D. 100和70

9. 政府的社会保障支出属于（   ）。

    A. 政府购买支出   B. 转移支付   C. 消费支出   D. 投资支出

10. 按照支出法核算GDP包括的项目有（   ）。

    A. 工资   B. 利息   C. 利润   D. 个人消费

11. 若C=3 000亿美元，I=500亿美元，G=200亿美元，X=80亿美元，M=30亿美元，则GDP等于（   ）亿美元。

    A. 3 500   B. 3 700   C. 3 750   D. 3 780。

12. 用收入法计算GDP等于（   ）。

    A. 厂商收入-消耗的中间产品价值

    B. 间接税+工资+利息+地租+非公司业主收入+公司利润+折旧

    C. 工资+利息+消耗的中间产品价值+间接税+利润

    D. 消费+投资+政府支出+净出口

13. （   ）不是要素收入。

    A. 总统薪水   B. 股息

    C. 公司对灾区的捐献   D. 从银行存款取得的利息

14. 若个人收入为550元，所得税为80元，消费为430元，个人储蓄为40元，那么个人可支配收入为（　　）元。

    A. 500　　　　　　B. 480　　　　　　C. 470　　　　　　D. 440

二、名词解释

1. 国内生产总值　2. 国民生产总值　3. 名义GDP　4. 实际GDP　5. 潜在GDP　6. GDP折算指数　7. 最终产品　8. 国内生产净值　9. 狭义国民收入　10. 可支配收入

三、简答题

1. 国内生产总值与国内生产净值各有哪些优缺点？

2. 计算国内生产总值时，为什么要把中间产品剔除在外？如果计算了这些商品的价值，结果会如何？

3. 为什么要区别名义国内生产总值和实际国内生产总值？

4. 为什么购买公司债券得到的利息计入GDP，而公债利息不计入GDP？

四、论述题

1. 试述核算国内生产总值的支出法与收入法。

2. 简述GDP指标的重要性及其不足。

五、计算题

假设某国某年的国民收入统计资料如表2-2所示。

表2-2　　　　　　　　　　　某国某年国民收入账户（单位：10亿美元）

资本损耗补偿	356.4	红利	66.4
雇员酬金	1 866.3	社会保险税	253.0
企业支付的利息	264.9	个人所得税	402.1
间接税	266.3	政府支付的利息	105.1
个人租金收入	34.1	政府转移支付	347.5
公司利润	164.8	个人消费支出	1 991.9
非公司业主收入	120.3		

请计算：（1）国内生产总值；（2）国内生产净值；（3）狭义国民收入；（4）个人收入；（5）个人可支配收入；（6）个人储蓄。

六、案例分析题

GDP的"批判"。美国参议员罗伯特·肯尼迪在1968年竞选总统时，激烈地批评了传统GDP这个经济衡量指标："国内生产总值"并没有考虑到我们孩子的健康、他们的教育质量、或者他们游戏的快乐。它也没有包括我们的诗歌之美或者婚姻的稳定，没有包括我们关于公共问题的争论的智慧或者我们公务员的廉政。它既没有衡量我们的勇气、我们的智慧，也没有衡量我们对祖国的热爱。简言之，它衡量一切，但并不包括使我们的生活有意义的东西。有些经济学家提出了一套衡量国家进步的指标，其中包括计算财富分配的状况。1995年联合国环境署提出的可持续发展指标，包括社会（目标是消除贫穷）、经济、环境、政府组织及民间方面的指标。同年世界银行开始利用绿色GDP来衡量一国或地区的真实国民财富。

问题：GDP指标有哪些不足？试设计一种改良的GDP核算方法。

第三章 | 简单国民收入决定理论

在宏观经济学中，市场按交易对象分类，可划分为产品市场、货币市场、劳动市场和外汇市场4种市场。本章撇开其他市场，仅仅分析产品市场上均衡国民收入的决定和变动。故曰简单国民收入决定理论。以下几章将在产品市场收入决定的基础上，逐步引进其他市场，更广泛深入地探讨国民收入决定。

本章分析建立在以下两个假定基础之上。

第一，总需求小于总供给，厂商的部分产品销售不出去。为了减少积压产品，厂商会减少生产与劳动需求，进而导致部分资源闲置。

第二，社会总需求的变动，只会引起总产量或实际收入的变动，不会引起一般价格水平变动。例如，随着社会总需求的增加，市场上产品将供不应求。厂商必然增加生产，增加劳动需求。由于社会存在闲置的劳动资源，劳动需求增加时，劳动价格即工资率可能不变。工资构成产品价格的主要部分，工资率不变，意味着产品价格不变。

在价格不变的条件下，市场主要通过数量机制而不是价格机制达到均衡。另外，由于价格不变，所有的变量值都可以看作是实际变量值。

第一节 | 国民收入均衡公式

一、国民收入核算恒等式不能作为国民收入均衡公式

均衡国民收入是指与总需求相等的国民收入。为了说明均衡收入的决定，首先必须给出国民收入的均衡公式。第二章给出的四部门经济中的国民收入核算恒等式如下。

$$\text{GDP} \equiv C + I + G + (X - M) \tag{3.1}$$

$$\text{GDP} \equiv C + S + T \tag{3.2}$$

$$C + I + G + (X - M) \equiv C + S + T \tag{3.3}$$

国民收入核算恒等式不能作为国民收入均衡公式，用来分析均衡国民收入的决定过程。作为均衡公式，要求各种变量都能够变动，从而均衡公式的两端暂时可以不等。而在国民收入核算恒等式中，无论是支出中的个人消费、企业投资、政府购买、净出口，还是收入中用于个人消费的收入、私人储蓄、政府税收等指标，都是既定不变的量，且式子左右两端恒等。各种支出与收入指标的既定以及式子左右两端的恒等，排除了使用国民收入核算恒等式分析均衡国民收入如何决定的可能性。因此，国民收入核算恒等式不可能成为国民收入的均衡公式。

二、国民收入均衡条件

均衡国民收入与核算中的国民收入不同。核算中的国民收入是已经生产出来的国民收入，它与总需求既可以相等，也可以不等。而均衡国民收入总是与总需求相等。因此，国民收入均衡的条件，

就是总需求等于国民收入（总供给）。如果总需求小于国民收入，一部分产品卖不出去，为了减少产品积压，厂商就会缩减生产，导致国民收入减少；如果总需求大于国民收入，产品供不应求，厂商就会扩大生产，导致国民收入增加。只有当社会总需求恰好等于国民收入时，社会生产既不缩小，也不扩大，国民收入才处于"均衡"状态。因此，国民收入的均衡条件为：

$$总需求=国民收入（总供给） \tag{3.4}$$

总需求可以理解为总的意愿支出。意愿支出反映了支出者的计划和打算，与国民收入核算恒等式中已经实现了的支出——实际支出不同。实际支出包括意愿的和非意愿的两种。显然，非意愿支出不属于总需求。在把总需求看成是总意愿支出后，式（3.4）表示的国民收入均衡条件就变为：

$$总意愿支出=国民收入 \tag{3.5}$$

三、国民收入均衡公式

社会总的实际支出分解为个人实际消费、企业实际投资、政府实际购买与国际部门的实际净出口等4个部分。与此相适应，社会总意愿支出也可以分解为个人意愿消费、企业意愿投资、政府意愿购买和国际部门的意愿净出口等4个部分。产品市场上的国民收入决定理论，主要研究在需求不足引起部分资源闲置条件下的国民收入决定和变动。在这种假设条件下，供给可以随着需求增加而增加。因此，除了企业部门以外，其他三个部门在"买"的方面非常自由：愿意买就可以买，不愿意买就可以不买。因此，它们的意愿支出一定等于实际支出，即

$$个人意愿消费=个人实际消费=C \tag{3.6}$$
$$政府意愿购买=政府实际购买=G \tag{3.7}$$
$$意愿净出口=实际净出口=X-M \tag{3.8}$$

企业部门之所以是例外，是因为企业虽然能够愿意买就可以买，但却不能不愿意买就可以"不买"：如果市场需求减少，企业已经生产出来准备销售的产品有一部分卖不出去，企业自己就不得不把它"买"下来，成为非意愿的或非计划的产成品存货投资。此时，实际的产成品存货投资就大于意愿的产成品存货投资；反过来，如果市场需求增加，企业的产量不足以满足市场需求。此时，企业实际的产成品存货投资就小于意愿的产成品存货投资，意味着企业的非计划存货投资小于零。

由于市场供求经常变动，企业实际的存货投资与计划的存货投资往往不等，导致企业的实际投资与计划投资不等。但无论如何，企业的意愿投资总是等于实际投资与非计划存货投资之差，即：

$$企业的意愿投资=实际投资-非计划存货投资=I-非计划存货投资 \tag{3.9}$$

根据式（3.6）～式（3.9），可得：

$$社会总意愿支出=C+（I-非计划存货增量）+G+（X-M） \tag{3.10}$$

将式（3.10）代入式（3.5），并用 GDP 表示国民收入，得：

$$C+（I-非计划存货增量）+G+（X-M）=GDP \tag{3.11}$$

根据式（3.2）和式（3.11），可得：

$$C+（I-非计划存货增量）+G+（X-M）=C+S+T \tag{3.12}$$

式（3.11）与式（3.12）就是国民收入均衡公式。它们分别从核算恒等式（3.1）与式（3.3）转化而来：只要把式（3.1）与式（3.3）中的各种实际支出分别用相应的意愿支出来代替，并把恒等号改成等号即可。但恒等式（3.2）无法转化为均衡公式，因为该式中没有表示实际支出的项目，从而不可能用意愿支出来替代实际支出。因此，国民收入恒等式有三个，而国民收入均衡公式只有两个。

为了书写方便，以后仍然用 I 表示企业的意愿投资。这样 I 就有两种含义：实际投资与意愿投资。

到底是哪一种含义，可根据上下文加以辨别。国民收入用 Y 表示，简称收入。于是，上述国民收入均衡公式就变为：

$$Y=C+I+G+（X-M） \tag{3.13}$$
$$C+I+G+（X-M）=C+S+T \tag{3.14}$$

第二节 两部门经济中的国民收入决定

一、两部门经济中的国民收入均衡公式

假定经济中不存在政府和国际部门，只有居民户与企业。于是，国民收入均衡公式（3.13）、（3.14）就简化为：

$$Y=C+I \tag{3.15}$$
$$I=S \tag{3.16}$$

两部门国民收入均衡公式中包含消费、投资和储蓄三个变量。假定投资为一个自发变量，与收入无关，即投资函数为

$$I = I_0 \tag{3.17}$$

根据式（3.17），可画出一条水平状的投资曲线，如图 3-1 所示。

在投资量既定条件下，只要说明消费与储蓄，就能解决两部门经济中的收入决定问题。为简化分析，假定企业的未分配利润与折旧都等于零，即企业储蓄等于零，于是，个人储蓄就是社会储蓄。

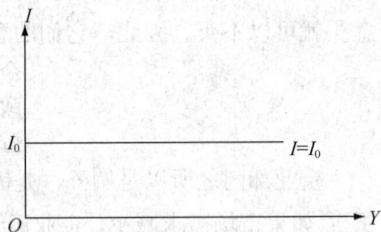

图 3-1 投资曲线

二、消费函数

（一）影响消费的因素与消费函数

消费支出是指全体居民户在 1 年内购买的消费品与服务的价值总和。影响消费支出的因素主要有可支配收入、消费者的财富、价格水平、生命阶段、节欲的程度和利率 6 个因素。

在其他条件不变的情况下，消费与可支配收入正相关：可支配收入越多，消费也越多。

消费者拥有的财富数量也是影响消费的重要因素。较多的财富往往导致较多的消费，这种现象称为财富效应。通常情况下，财富每年变化不大，故财富效应较小。然而有时也会出现例外。一些经济学家相信，1929 年股票市场崩溃之后，财富的急剧下降，减少了消费开支，加深了大萧条。

价格水平的变动通过影响消费者的实际可支配收入，进而影响消费。当价格水平的上升幅度大于名义可支配收入上升幅度时，实际可支配收入减少，从而实际消费支出也减少；当价格水平的上升幅度小于可支配收入的上升幅度时，实际可支配收入增加，实际消费支出也随之增加。

在不同的生命阶段上，居民户的消费支出也往往不同。平均而言，把可支配收入的较大部分用于消费支出的是有孩子的青年人家庭。壮年人家庭则把较小部分的可支配收入用于消费支出。

个人之间或家庭之间节欲程度的差别很大。一些人慷慨地消费，而不担心背上债务，另一些人则较为节俭。在同等条件下，前者的消费支出在可支配收入中的比重总是大于后者。

利率水平越高，消费支出水平越低，两者负相关：高利率由于使消费信贷的代价提高和更能吸引人们储蓄而抑制了消费。

凯恩斯认为，在上述影响消费支出的 6 个因素中，最重要的是可支配收入。假定其他因素既定不变，则消费支出随可支配收入变动而变动，是可支配收入的函数。如果以 C 代表消费，Y_d 代表可支配收入，则消费函数可以表示为：

$$C = f(Y_d) \tag{3.18}$$

（二）消费与可支配收入的关系

凯恩斯认为，消费是现期可支配收入的函数。消费与可支配收入之间存在以下三方面的关系。

（1）在短期，无论可支配收入多少，是否等于零，消费支出总是大于零。可支配收入等于零时的消费支出，来源于从前的储蓄或现在的借债。这部分消费支出与可支配收入无关，称为自发消费。

（2）随着可支配收入的增加，消费也增加。随可支配收入变动而变动的消费称为引致消费。

（3）消费支出的增加量少于可支配收入的增加量。

假定消费函数为线性。则凯恩斯的消费函数可以具体表示为：

$$C = C_0 + cY_d \tag{3.19}$$

其中，C 为消费支出，Y_d 为可支配收入，C_0 与 c 均为常数，且 $C_0 > 0$，$0 < c < 1$。C_0 为自发消费，cY_d 为引致消费。消费支出等于自发消费与引致消费之和。根据式（3.19）画出的消费曲线，如图 3-2 所示。

在图 3-2 中，横轴代表可支配收入 Y_d，纵轴代表消费支出 C，虚线为 45° 线。消费曲线 C 与纵轴相交于原点之上，表明在可支配收入等于零时，消费大于零。其纵截距 C_0 为自发消费。消费曲线向右上方倾斜表明，随着可支配收入的增加，消费也增加。消费曲线的倾斜角小于 45°，表明消费的增加量小于收入的增加量。

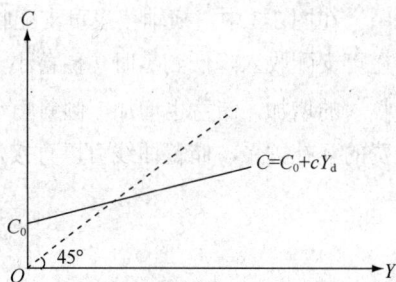

图 3-2 消费曲线

消费支出在可支配收入中所占的比重，称为平均消费倾向（average propensity to consume，APC）。

$$APC = \frac{C}{Y_d} = \frac{C_0}{Y_d} + c \tag{3.20}$$

由于 C_0、c 均为大于零的常数，故随着可支配收入的增加，平均消费倾向递减。

边际消费倾向（marginal propensity to consume，MPC）是指每增加一单位可支配收入所增加的消费量，等于消费的变动量除以可支配收入的变动量。

$$MPC = \frac{\Delta C}{\Delta Y_d} = c，或者 MPC = \frac{dC}{dY_d} = c \tag{3.21}$$

即边际消费倾向为一个常数 c。由于消费增量只是可支配收入增量的一部分，因此边际消费倾向总是大于零而小于 1。但某一时期的平均消费倾向可能大于、等于或小于 1，因为消费支出可能大于、等于或小于可支配收入。

平均消费倾向递减的结论，也可以从边际消费倾向小于平均消费倾向这个关系中得到。平均消费倾向递减意味着，随着收入增加，整个社会的消费越来越相对减少。

三、储蓄函数

（一）储蓄函数的推导

居民户的可支配收入用于消费以后剩下来的部分就是储蓄。由于储蓄与消费具有互补性，故影响消费的所有因素也都会同时影响储蓄。另外，既然假定消费是可支配收入的函数，那么，储蓄也是可支配收入的函数。储蓄函数的一般形式为：

$$S = S(Y_d) \tag{3.22}$$

储蓄等于可支配收入与消费支出之差。因此，可从消费函数中导出储蓄函数：

$$S = Y_d - C = Y_d - (C_0 + cY_d) = -C_0 + (1-c)Y_d \tag{3.23}$$

令 $-C_0 = S_0$，$(1-c) = s$，则有：

$$S = S_0 + sY_d \tag{3.24}$$

其中，S 为储蓄；Y_d 为可支配收入；S_0、s 均为常数。$S_0 < 0$，为自发储蓄，与可支配收入无关。$0 < s < 1$。假定可支配收入增加 ΔY_d，则储蓄增加量为 $\Delta S = s\Delta Y_d$。sY_d 称为引致储蓄。储蓄等于自发储蓄与引致储蓄之和。储蓄与可支配收入之间存在以下关系。

（1）可支配收入为零时，储蓄小于零。

（2）随着可支配收入的增加，储蓄也增加。

（3）储蓄的增加量小于可支配收入的增加量。

根据式（3.24）画出的储蓄曲线，如图 3-3 所示。

在图 3-3 中，横轴代表可支配收入 Y_d，纵轴代表储蓄 S。储蓄曲线与纵轴相交于原点之下表明，在可支配收入降低到零时，储蓄小于零。其纵截距 S_0 为自发储蓄。向右上方倾斜表明，随着可支配收入的增加，储蓄也增加。倾斜角小于 45° 表明，储蓄的增加量小于收入的增加量。根据储蓄与消费的互补关系，储蓄曲线可以直接从消费曲线中导出，如图 3-4 所示。

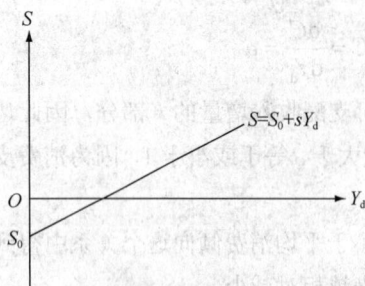

图 3-3 储蓄曲线

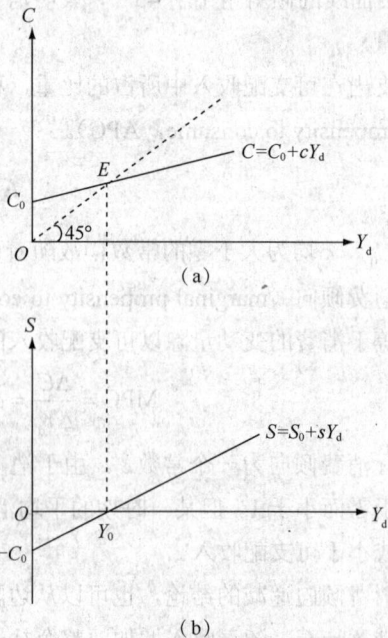

图 3-4 储蓄曲线的推导

在图 3-4（a）中，消费曲线与 45° 虚线交于 E 点。与 A 点对应的可支配收入为 Y_0，此时，消费支出等于可支配收入，储蓄为零。可支配收入为零时，自发消费支出为 C_0，对应的储蓄量等于 $-C_0$，即 S_0。由此可得图 3-4（b）中的线性储蓄曲线。

（二）储蓄倾向

储蓄倾向有平均储蓄倾向和边际储蓄倾向两种。平均储蓄倾向（average propensity to saving，APS）是指储蓄在可支配收入中所占的比重，等于储蓄除以可支配收入。

$$APS = \frac{S}{Y_d} = \frac{S_0}{Y_d} + s \tag{3.25}$$

由于 S_0、s 均为常数，且 $S_0 < 0$，$0 < s < 1$，显然，随着可支配收入的增加，平均储蓄倾向递增。

边际储蓄倾向（marginal propensity to save，MPS）是指每增加一单位可支配收入所增加的储蓄量，等于储蓄的变动量除以可支配收入的变动量。

$$MPS = \frac{\Delta S}{\Delta Y_d} = s \text{ 或 } MPS = \frac{dS}{dY_d} = s \tag{3.26}$$

即边际储蓄倾向为一个常数 s，且大于平均储蓄倾向。

（三）储蓄倾向与消费倾向的关系

储蓄倾向与消费倾向之间有密切的关系：

（1）平均储蓄倾向与平均消费倾向之和等于 1。

$$由 C + S = Y_d，$$

$$得 APC + APS = \frac{C}{Y_d} + \frac{S}{Y_d} = 1 \tag{3.27}$$

（2）边际储蓄倾向与边际消费倾向之和等于 1。

$$由 \Delta C + \Delta S = \Delta Y_d，$$

$$得 MPC + MPS = \frac{\Delta C}{\Delta Y_d} + \frac{\Delta S}{\Delta Y_d} = 1 \tag{3.28}$$

四、社会消费函数与储蓄函数

以上分析的是居民户的消费函数和储蓄函数及其相互关系。宏观经济学关心的是整个社会的消费函数，即社会总消费与总可支配收入之间的关系。社会消费函数并不是居民户消费函数的简单加总。要从所有居民户的消费函数中求得社会消费函数，还必须考虑以下三个主要因素。

（1）收入分配的公平程度。根据消费倾向递减法则，富人的消费倾向较低，而穷人的消费倾向较高。因此，国民收入分配越不均等，社会消费倾向就越小，社会消费就越是相对不足。

（2）政府的税收政策。如政府实行累进个人所得税政策，将富人原来可能用于储蓄的一部分收入征收过来，并以各种形式转移支付给穷人。穷人在可支配收入增加后，必然增加个人消费，从而提高社会消费倾向。

（3）公司的未分配利润在税后利润中的比例。公司的未分配利润是一种储蓄。公司的未分配利润在公司税后利润中所占的比重越大，社会储蓄倾向就越大，从而社会消费倾向就越小。

五、两部门经济中国民收入决定

在两部门经济中，收入均衡公式有式（3.15）和式（3.16）。其中，式（3.15）强调总需求在国民收入决定中的作用，式（3.16）强调投资（即意愿投资）与储蓄（实际投资）相等的重要性。下面就从这样两个角度分析收入的决定。

（一）两部门收入决定：使用消费函数分析

由消费函数、投资函数和两部门收入均衡公式（3.15），可建立两部门收入决定模型。

$$\begin{cases} Y = C + I \\ C = C_0 + cY \\ I = I_0 \end{cases}$$

将消费函数和投资函数代入收入均衡公式，可得两部门均衡收入：

$$Y = \frac{1}{(1-c)}(C_0 + I_0) \tag{3.29}$$

两部门经济中收入的决定过程，如图 3-5 所示。

在图 3-5 中，横轴表示总收入（Y），纵轴表示两部门经济中的总需求，由消费与投资组成。由于投资曲线与横轴平行，只要将消费曲线垂直向上移动投资量的距离，就可得到两部门总需求曲线 $C+I$，它与 45° 线交于 E_0 点。与 E_0 点对应的收入 Y_0，正好等于总需求 $(C+I)_0$。故 Y_0 就是均衡收入。

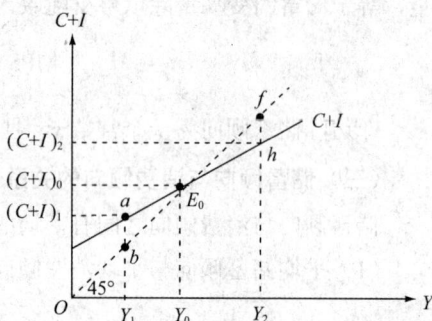

图 3-5 采用消费函数分析的两部门收入的决定

如果实际收入为 Y_1，小于均衡收入 Y_0。此时，相应的总需求为 $(C+I)_1$，大于收入 Y_1，意味着产品供不应求。为了满足市场需求，企业必然增加生产，从而使国民收入增加。

如果实际收入为 Y_2，大于均衡收入 Y_0。此时，相应的总需求 $(C+I)_2$，小于收入 Y_2，意味着产品供大于求，导致企业的产品积压或非计划存货增加。为了消除非计划存货，企业必然减少生产，从而使国民收入减少。

可见，任何不等于均衡收入的收入都是不稳定的，它们都将朝着均衡收入移动。在均衡收入上，由于总需求等于总收入，实际存货等于意愿存货，企业既不扩大也不缩小生产，收入便稳定下来。故与总需求相等的收入就是稳定的均衡收入。如果消费函数与投资函数既定不变，则这种收入水平将一直维持下去。

市场机制可分为价格机制与存货机制两大类。在上述均衡国民收入的决定过程中，起调节作用的不是价格机制，而是数量机制或存货机制：当总需求大于收入或总供给时，企业的存货便下降到意愿的或计划的水平以下，从而促使企业通过增加生产将存货恢复至计划的水平，最终使总产出与总需求相等；反之，当总需求小于收入或总供给时，企业便存在非计划存货，从而促使企业通过减少生产来减少非计划存货，最终使总产出与总需求相等。

（二）两部门收入决定：使用储蓄函数分析

由投资函数、储蓄函数与两部门收入均衡公式（3.16），可构造两部门国民收入决定的另一种模型：

$$\begin{cases} I = S \\ S = S_0 + sY \\ I = I_0 \end{cases}$$

求解该模型，可得两部门均衡收入：

$$Y = \frac{1}{(1-c)}(C_0 + I_0)。$$

与使用消费函数分析得到的均衡收入完全一样。使用储蓄函数分析的两部门收入决定过程，如图 3-6 所示。

在图 3-6 中，横轴表示收入（Y）；纵轴既表示投资（I），又表示储蓄（S）。投资曲线与横轴平行，其高度由投资量决定。储蓄曲线向右上方倾斜，与投资曲线交于 E 点。在 E 点上，投资等于储蓄。故与 E 点对应的收入 Y_0，就是均衡收入。

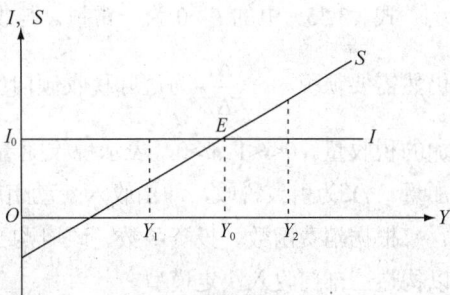

图 3-6　使用储蓄函数分析的两部门收入的决定

如果实际收入为 Y_1，小于均衡收入。此时，投资大于储蓄。由于储蓄恒等于实际投资，因此，投资大于储蓄，意味着意愿投资大于实际投资，即企业的实际存货小于计划存货，非计划存货投资小于零。为了把实际存货增加到计划的水平，企业必然扩大生产，从而使收入上升。如果实际收入为 Y_2，大于均衡收入。此时，投资小于储蓄，意味着意愿投资小于实际投资，即非计划存货投资大于零。为了把实际存货量减少到意愿或计划的水平，企业必然缩减生产，从而使收入下降。

可见，任何投资与储蓄不相等时的收入，都不是均衡收入，从而都是不稳定的，它们都将朝着均衡收入方向变动。一旦投资等于储蓄，即意愿投资等于实际投资，非计划存货投资等于零，企业生产既不增加也不减少，于是，均衡收入就会稳定下来。故投资与储蓄相等的收入就是稳定的均衡收入。

第三节
三部门和四部门经济中的国民收入决定

一、三部门经济中国民收入决定

在三部门经济中，国民收入均衡公式为：

$$Y = C + I + G \tag{3.30}$$
$$I + G = S + T \tag{3.31}$$

下面采用式（3.30）分析三部门收入的决定。

在式（3.30）中，决定收入的有消费、投资、政府购买与税收等 4 个变量。其中税收隐藏在消费函数之中，即税收通过影响可支配收入而影响消费。

$$C = C_0 + cY_d = C_0 + c(Y - T) \tag{3.32}$$

消费与投资两个变量在上一节中已经说明，下面仅阐释政府购买与税收这两个变量。假定政府购买为自发变量，与收入无关。即

$$G = G_0 \tag{3.33}$$

税收分两种。一种为总量税收，即税收量固定不变，不随收入的变动而变动。

$$T = T_0 \tag{3.34}$$

另一种为比例税收，即按收入的一定比率征税。比例税随收入的变动而同方向变动。

$$T = T_0 + tY \tag{3.35}$$

式（3.35）中的 $T_0 > 0$ 为一常量，与收入无关，称为自发税收。如果收入等于零，政府为了生存，仍然需要征税。$t = \dfrac{\Delta T}{\Delta Y}$ 为边际税收倾向或边际税率（marginal tax rate），表示每增加一单位收入所增加的税收量。$0 < t < 1$。$t > 0$，表示税收随着收入的增加而增加；$t < 1$，表明税收的增加量小于收入的增加量。tY 为引致税收，即由收入变动引起的税收。

根据消费函数、投资函数、政府购买函数、税收函数公式（3.34）和收入均衡公式（3.30），可以构造三部门收入决定模型。

$$\begin{cases} Y = C + I + G \\ C = C_0 + c(Y - T) \\ T = T_0 \\ I = I_0 \\ G = G_0 \end{cases}$$

求解该模型，可得三部门经济中的均衡收入。

$$Y = \frac{1}{1-c}(C_0 + I_0 + G_0 - cT_0) \tag{3.36}$$

将政府税收看成是总量税收，不随收入的变动而变动，尽管有简化分析的作用，但与现实脱节太大。如果采取式（3.35）表示的比例税收函数，则三部门均衡收入为

$$Y = \frac{1}{1-c(1-t)}(C_0 + I_0 + G_0 - cT_0) \tag{3.37}$$

三部门国民收入的决定过程与两部门国民收入的决定过程或决定机制雷同，故不赘述。

二、四部门经济中国民收入决定

四部门经济或"开放经济"中的国民收入均衡公式为：

$$Y = C + I + G + (X - M)$$
$$I + G + (X - M) = S + T$$

下面采用式（3.13）分析四部门经济中的收入决定。

在式（3.13）中，决定收入的有消费、投资、政府购买、税收、出口和进口等 6 个变量。其中消费、投资、政府购买和税收等 4 个变量已经说明，下面仅阐释出口和进口这两个变量。

出口是指一国的产品与服务出售给其他国家与地区。假定一国的出口不受该国收入水平的影响，为自发变量，即

$$X = X_0 \tag{3.38}$$

进口是指一个国家购买其他国家与地区的产品和服务。假定一国的进口仅受该国收入水平的影响，与该国的收入正相关，且一国的进口是其收入的线性函数，则进口函数为：

$$M = M_0 + mY \tag{3.39}$$

在式（3.39）中，$M_0 > 0$，为一常量，与收入无关，称为自发进口。自发进口与消费函数中的自

发消费相对应：在可支配收入为零时的自发消费中，包含着对进口品的消费。m 为边际进口倾向，表示每增加一单位收入所增加的进口量，$0<m<1$。$m>0$，表示进口随着收入的增加而增加；$m<1$，表明进口的增加量小于收入的增加量。mY 为引致进口，即由收入引起的进口。

出口与进口之差就是净出口。显然，净出口也是收入的函数，即

$$X - M = X_0 - (M_0 + mY) \tag{3.40}$$

根据消费函数、投资函数、政府购买函数、税收函数、出口函数、进口函数和收入均衡公式（3.13），可以构造四部门收入决定模型：

$$\begin{cases} Y = C + I + G + (X - M) \\ C = C_0 + c(Y - T) \\ T = T_0 \\ I = I_0 \\ G = G_0 \\ X = X_0 \\ M = M_0 + mY \end{cases}$$

求解该模型，可得四部门经济中的均衡收入：

$$Y = \frac{1}{1 - c + m}(C_0 + I_0 + G_0 + X_0 - cT_0 - M_0) \tag{3.41}$$

在该模型中，税收函数采取了自发税收的形式。如果税收为比例税，则四部门经济中的均衡收入为：

$$Y = \frac{1}{1 - c(1-t) + m}(C_0 + I_0 + G_0 + X_0 - cT_0 - M_0) \tag{3.42}$$

四部门经济中的国民收入的决定过程，也与两部门经济中的收入决定过程基本相同，故不赘述。

经济学家简介

保罗·安东尼·萨缪尔森

萨缪尔森（Paul Anthony Samuelson，1915—2009年）是新古典综合派的创立者和最主要的代表。1915年5月15日出生于印第安纳州的加里市。其父亲是一位药剂师，为波兰犹太人后裔。萨缪尔森少年时，全家移居芝加哥。他所在的海德公园中学就在芝加哥大学附近。萨缪尔森在小学与中学阶段，连连跳级，当时的理想就是到芝加哥大学上学，最后在1931年如愿以偿。大学二年级时他决定主修经济学专业。1935年获芝加哥大学科学学士学位。

尽管芝加哥大学的新古典经济学水平处于

世界领先地位，他也愿意永远待在芝加哥大学深造。但他没有在芝加哥大学继续研究生的学业。1935年他得到了美国社会科学研究委员会颁发的首届研究基金，该基金同年被授予全美国8位最好的经济学专业毕业生，用来资助他们攻读博士学位。但附加条件是他们不能在母校继续研究生的学习。1935年，萨缪尔森来到哈佛大学攻读博士，并直接选修研究生二年级的课程。在哈佛，他得到了熊比特、列昂惕夫和汉森等很多名师的指点，受益匪浅，以至于他在1970年获得诺贝尔经济学奖回国时，曾对欢

迎他的人们说："我可以告诉你们，怎样才能获得诺贝尔奖金，诀窍之一就是要有名师指点。"

1936年获哈佛大学文学硕士。23岁（1938年）时他的父亲去世，他觉得遗传基因有可能使他像他父亲那样过早地离开人世，因此，应该尽快完成自己该做与想做的事情。于是他更加勤奋地学习与工作。1939年，与其老师汉森合作发表的论文《乘数分析和加速原理的相互作用》，对经济周期理论研究的发展做出了重要的贡献。1941年获哈佛大学哲学博士（1937年，参加了哈佛大学有声望的由24个不同领域中的名人组成的青年社团，他们可以自由地干自己想干的事情，但被禁止在3年内取得任何学位或完成博士论文）。其博士毕业论文《经济分析的基础》，被授予1941—1942年度哈佛大学最佳经济学论文大奖：戴维·韦尔斯（David A. Wells）奖。1947年公开发表以后，被认为是经济学的经典著作，奠定了他在经济学界的显赫地位。

1940年，他到麻省理工学院任经济系助理教授，1947年任正教授。1970年，萨缪尔森由于发展了静态与动态经济理论，提高了经济理论的科学分析水平而获得诺贝尔经济学奖。萨缪尔森是一位全才学者，几乎在经济学的各个领域，萨缪尔森都有独到的补充和发展，都取得了杰出的成就。他的主要著作有《经济分析的基础》（Foundations of Economic Analysis，1947）、《经济学》（Economics，1948）。他撰写的《经济学》教科书，因观点折中且与时俱进而发行量巨大，影响广泛和深远，对现代经济学的发展和传播起到了非常重要的作用。

萨缪尔森曾担任美国经济学会会长（1961年）、经济计量学会会长（1951年）、国际经济学会会长（1965—1986年）与美国总统经济顾问委员会委员等重要职务。2009年12月13日逝世，享年95岁。

第四节　国民收入的变动——乘数理论

一、两部门经济中的国民收入的变动——投资乘数

国民收入既然是由总需求决定的，那么总需求的变动，必然引起国民收入变动。在图形中，总需求的变动意味着总需求曲线的移动，使得总需求曲线与45°线的交点变动，最终引起国民收入变动。

总需求由自发需求与引致需求组成。引致需求等于边际需求倾向乘以收入。在收入既定条件下，决定总需求的因素有自发需求和边际需求倾向两个。它们的变动将引起总需求变动，进而引起国民收入变动。下面假定边际需求倾向不变，仅仅讨论自发总需求变动引起的国民收入变动。

在两部门经济中，影响总需求与国民收入变动的因素有消费函数与投资函数两个变量。消费函数与投资函数的任何变动都会引起国民收入的变动。经验数据表明，消费函数比较稳定。故假定消费函数既定不变。于是，在两部门经济中，国民收入变动主要由投资函数的变动即自发投资的变动引起。自发投资变动引起的收入变动如图3-7所示。

在图3-7中，横轴表示收入，纵轴表示两部门经济中的总需求。初始的总需求曲线（$C+I$）与45°线的交点E_0决定的均衡收入为Y_0。现在假定投资增加ΔI，其他因素不变。于是，总需求曲线向上垂直移动到（$C+I+\Delta I$），并与45°线交于E_1点，决定的均衡国民收入为$Y_0+\Delta Y$。其中，ΔY是自发投资增加ΔI所增加的收入。它到底有多大呢？

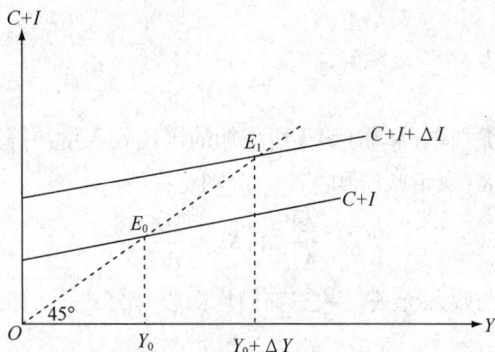

图 3-7　投资变动引起的收入变动

投资增加 ΔI 的最初结果是出售资本品的企业增加了一笔与 ΔI 等量的收入。假定企业的未分配利润与折旧等于零，那么在两部门经济中，这笔收入就以工资、利息、利润和租金等形式流入各种生产要素的所有者手中，增加了居民的可支配收入，进而增加消费。个人消费的增加量为可支配收入增加量的一部分，即 $c\Delta I$（c 为边际消费倾向）。个人消费的增加，使出售消费品的企业增加了一笔与 $c\Delta I$ 等量的收入。这笔收入最终又变成个人可支配收入的增加量。可支配收入的再次增加必然引起消费的再次增加。此时，个人消费的增加量为 $c^2\Delta I$。这样，出售消费品的企业又增加了一笔与 $c^2\Delta I$ 等量的收入。这笔收入最终又变成个人可支配收入的增加量，从而又引起消费的增加与收入增加。这种由投资增加引起的国民收入增加过程将一直持续下去。于是，从最初的投资增量 ΔI 中产生了一系列的收入增加量：

$$\Delta I \text{、} c\Delta I \text{、} c^2\Delta I \text{、} \cdots \text{、} c^{n-1}\Delta I \cdots$$

设由投资增量 ΔI 产生的一系列收入增量的总和为 ΔY，即

$$\Delta Y = \Delta I + c\Delta I + c^2\Delta I + \cdots + c^{n-1}\Delta I = \Delta I(1 + c + c^2 + \cdots + c^{n-1}) = \frac{1}{1-c}\Delta I \tag{3.43}$$

由于 $c<1$，故 $\Delta Y = \dfrac{1}{1-c}\Delta I > \Delta I$，即一定的投资增加量创造出了比自身更多的国民收入增加量。这就是投资的乘数效应。每增加一单位投资所增加的国民收入量称为投资乘数，它等于国民收入的变动量与投资的变动量之比。如果用 K_I 表示投资乘数，根据式（3.43），可得：

$$K_I = \frac{\Delta Y}{\Delta I} = \frac{1}{1-c} \tag{3.44}$$

投资乘数也可以表示为：

$$K_I = \frac{\mathrm{d}Y}{\mathrm{d}I} = \frac{1}{1-c} \tag{3.45}$$

式（3.45）表明，投资乘数与边际消费倾向正相关，边际消费倾向越大，投资乘数也越大。如果 $c=0$，则 $K_I = 1$，即投资增加一单位，国民收入也增加一单位；如果 $c=1$，则 $K_I = +\infty$，即投资增加一单位，国民收入将无限增加。由于 $0<c<1$，故 $1 < K_I < +\infty$。

二、三部门经济中的国民收入的变动

在三部门经济中，政府购买、税收和转移支付的变动，都将引起均衡收入变动。因此，在三部门经济中，除了投资乘数以外，还有政府购买乘数、税收乘数、平衡预算乘数和转移支付乘数

等 4 种乘数。

（一）政府购买乘数

政府购买乘数是指每增加一单位政府购买所增加的国民收入量，等于国民收入的变动量与政府购买的变动量之比。如果用 K_G 表示政府购买乘数，则有：

$$K_G = \frac{\Delta Y}{\Delta G} \text{ 或 } K_G = \frac{dY}{dG} \tag{3.46}$$

假定税收为总量税收，与收入无关，从三部门均衡收入公式（3.36）中，可得到政府购买乘数的计算公式：

$$K_G = \frac{1}{1-c} \tag{3.47}$$

式（3.47）表明，政府购买乘数等于投资乘数，与边际消费倾向正相关。实际上，政府购买与企业投资都是对最终产品的直接购买，它们对总需求的作用是相同的。因此，不管是三部门经济，还是四部门经济，政府购买乘数恒等于投资乘数，它们常常被合称为支出乘数。

如果税收为比例税收，即税收随着收入的变动而变动，则政府购买乘数的计算公式为：

$$K_G = \frac{1}{1-c(1-t)} \tag{3.48}$$

式（3.48）表明，政府购买乘数的大小与边际消费倾向正相关，与边际税收倾向负相关。由于 $0<c<1$，$0<t<1$，故 $\frac{1}{1-c(1-t)} < \frac{1}{1-c}$，即比例税收下的支出乘数小于总量税收下的支出乘数。这是因为当投资增加 ΔI 时，直接引起出售投资品的企业增加了一笔与 ΔI 等量的收入。在总量税收条件下，这笔收入将全部转化为个人可支配收入。可支配收入的增加必然引起消费的增加。个人消费的增加量等于边际消费倾向与可支配收入增加量的乘积，即 $c\Delta I$（c 为边际消费倾向）。这样，国民收入将按边际消费倾向 c 等比地持续增加。于是，从最初的投资增量 ΔI 中产生的一系列收入增量为：

$$\Delta I、c\Delta I、c^2\Delta I、\cdots、c^{n-1}\Delta I\cdots$$

而在比例税收下，当投资增加 ΔI 时，直接引起出售投资品的企业增加了一笔与 ΔI 等量的收入，但这笔收入不能全部转化为个人可支配收入。因为无论是企业还是个人，都要向政府按一定的税率纳税。纳税以后的收入即 $(1-t)\Delta I$ 才是个人新增加的可支配收入。可支配收入的增加又引起消费的增加。消费的增加量等于边际消费倾向与可支配收入增加量的乘积，即 $c(1-t)\Delta I$。这样，国民收入将按边际消费倾向与 1 减边际税收倾向 t 的乘积，即 $c(1-t)$ 等比地持续增加，即从最初的投资增量 ΔI 中产生的一系列收入增量为：

$$\Delta I、c(1-t)\Delta I、c^2(1-t)^2\Delta I、\cdots、c^{n-1}(1-t)^{n-1}\Delta I\cdots$$

因 $c(1-t)<c$，故比例税收条件下的自发支出增加引起的收入增加量小于总量税收条件下的自发支出增加引起的收入增加量，最终使得比例税收下的支出乘数小于总量税收下的支出乘数。

（二）税收乘数

税收乘数是指每增加一单位税收所减少的国民收入量，等于国民收入的减少量与税收的增加量之比。如果用 K_T 表示税收乘数，则税收乘数可以表示为：

$$K_T = \frac{\Delta Y}{\Delta T} \text{ 或 } K_T = \frac{dY}{dT} \tag{3.49}$$

若税收为总量税收，与收入无关，则三部门经济中的税收乘数：

$$K_T = \frac{-c}{1-c} \tag{3.50}$$

如果税收为比例税收，即税收随收入增加而按固定的比率增加，则三部门经济中的税收乘数：

$$K_T = \frac{-c}{1-c(1-t)} \tag{3.51}$$

$K_T < 0$，表示国民收入与税收反方向变动，增加税收将引起国民收入减少。税收乘数与政府购买乘数相比，不仅符号相反，而且绝对值也小：税收乘数的绝对值小于政府购买乘数。

税收乘数的绝对值小于政府购买乘数的原因显而易见：政府购买的增加量直接就是支出的增加量，而税收的减少量并不直接等于支出增加量，其中的一部分作为储蓄在收入的增加过程中"漏出"了，没有发挥增加收入的作用。例如，政府购买增加 ΔG，总需求就直接增加 ΔG。如果边际消费倾向为 c，那么在总量税收条件下，从最初的政府购买增量 ΔG 中产生的一系列收入增量为：

$$\Delta G、c\Delta G、c^2\Delta G、\cdots、c^{n-1}\Delta G\cdots$$

当税收减少 ΔT 时，个人可支配收入就直接增加 ΔT。个人新增加的可支配收入分成两部分：一部分即 $s\Delta T$ 作为储蓄，另一部分即 $c\Delta T$ 用于消费。因此，政府税收减少 ΔT 直接引起的总需求增加量为 $c\Delta T$。这样，从最初的税收减少量 ΔT 中产生的一系列收入增量为：

$$-c\Delta T、-c^2\Delta T、-c^3\Delta T、\cdots、-c^n\Delta T\cdots$$

如果 ΔG 与 ΔT 的绝对值相等，由于 $c < 1$，则政府购买增加 ΔG 所引起的每一轮收入增加量都大于税收减少 ΔT 所产生的每一轮收入增加量。因此，政府购买乘数必然大于税收乘数的绝对值。

（三）平衡预算乘数

平衡预算乘数是指政府同时等量地增加购买与税收时，政府每增加一单位购买或税收所增加的收入量。平衡预算乘数等于政府购买乘数与税收乘数之和。如用 K_B 表示平衡预算乘数，则有：

$$K_B = K_G + K_T \tag{3.52}$$

在三部门经济中，如果税收不随收入的变动而变动，则平衡预算乘数正好等于 1。

$$K_B = \frac{1}{1-c} + \frac{-c}{1-c} = 1 \tag{3.53}$$

式（3.53）表明，在三部门经济中，在总量税收条件下，政府同时等量地增加购买与税收，将引起收入增加，而且收入的增加量正好等于政府购买的增加量或税收的增加量。

如果税收随收入的变动而变动，则三部门经济中的平衡预算乘数小于 1。

$$K_B = \frac{1}{1-c(1-t)} + \frac{-c}{1-c(1-t)} = \frac{1-c}{1-c(1-t)} < 1 \tag{3.54}$$

式（3.54）表明，在三部门经济中，如果税收为比例税，政府同时等量地增加购买与税收，虽使收入增加，但收入的增加量小于政府购买的增加量或税收的增加量。

（四）政府转移支付乘数

政府转移支付的变动，会引起个人可支配收入的变动，进而引起消费、总需求和收入的变动。然而，无论是在国民收入核算恒等式中，还是在国民收入均衡公式中，都撇开了政府转移支付。这是因为政府转移支付已经包含在个人消费之中。

为了说明政府转移支付变动引起的国民收入变动，必须将政府转移支付这个变量引入国民收入决定模型之中。可通过区分净税收和实际税收的做法，达到该目的。

净税收 T 是指政府实际征收的赋税与政府转移支付的差额。如果用 T_g 表示政府实际征收的赋税，TR 表示政府的转移支付，则净税收：

$$T = T_g - TR \qquad (3.55)$$

将式（3.55）代入包含税收的消费函数式（3.32），可得到包含政府转移支付的消费函数：

$$C = C_0 + c(Y - T) = C_0 + c(Y - T_g + TR) \qquad (3.56)$$

假定政府实际税收是收入的函数，即

$$T_g = T_{g0} + tY \qquad (3.57)$$

再假定转移支付为自发变量，与收入无关，即

$$TR = TR_0 \qquad (3.58)$$

根据三部门收入均衡公式、消费函数、实际税收函数、转移支付函数、投资函数和政府购买函数，可以构造新的三部门收入决定模型：

$$\begin{cases} Y = C + I + G \\ C = C_0 + c(Y - T) = C_0 + c(Y - T_g + TR) \\ T_g = T_{g0} + tY \\ TR = TR_0 \\ I = I_0 \\ G = G_0 \end{cases}$$

求解该模型，得三部门均衡收入：

$$Y = \frac{1}{1 - c(1-t)}(C_0 + I_0 + G_0 + cTR_0 - cT_{g0}) \qquad (3.59)$$

式（3.59）表明，政府转移支付的变动与其他支出变量变动一样，也会影响收入。一定量的转移支付变动将引起多少收入变动，由政府转移支付乘数决定。

政府转移支付乘数是指政府每增加一单位转移支付所增加的国民收入量，等于国民收入的增加量与政府转移支付的增加量之比。如果用 K_{TR} 表示政府转移支付乘数，则有：

$$K_{TR} = \frac{\Delta Y}{\Delta TR} \text{ 或 } K_{TR} = \frac{dY}{dTR} \qquad (3.60)$$

如果实际税收为总量税收，则政府转移支付乘数：

$$K_{TR} = \frac{c}{1-c} \qquad (3.61)$$

如果实际税收为比例税，则政府转移支付乘数：

$$K_{TR} = \frac{c}{1-c(1-t)} \qquad (3.62)$$

政府转移支付乘数与政府购买乘数都大于零，表明政府转移支付与政府购买变动对收入的作用方向相同。但政府转移支付乘数小于政府购买乘数。其原因与税收乘数的绝对值小于政府购买乘数的原因相同，这里不赘述。

政府转移支付乘数与税收乘数相比较，两者符号相反，表明对收入的作用方向相反；但绝对值相同，表明对收入的作用力度相同。

【例题3-1】 假定政府当前预算赤字为75亿元，边际消费倾向 $c=0.8$，边际税率 $t=0.25$，政府为降低通货膨胀率减少政府支出200亿元。在封闭经济中，政府支出的减少能否消灭赤字？

解： 三部门经济中政府购买支出乘数 $K_G = \dfrac{1}{1-c(1-t)} = \dfrac{1}{1-0.8(1-0.25)} = 2.5$

政府支出减少200亿元引起的收入变动量 $\Delta Y = \Delta G \cdot K_G = -200 \times 2.5 = -500$ 亿元；

收入减少500亿元引起的税收变动量 $\Delta T = 0.25 \times (-500) = -125$ 亿元；

财政预算变动量 $\Delta BS = \Delta T - \Delta G = -125 - (-200) = 75$ 亿元。

政府减少支出200亿元时，政府预算将增加75亿元，正好消灭赤字。

三、四部门经济中的国民收入的变动

在四部门经济中，一定量的出口与进口变动所引起的均衡收入变动，可以通过出口乘数和进口乘数来说明。

（一）出口乘数

出口乘数是指每增加一单位出口所增加的国民收入量，等于国民收入变动量与出口变动量之比。如果用 K_X 表示出口乘数，则出口乘数可以表示为：

$$K_X = \frac{\Delta Y}{\Delta X}, \text{ 或者 } K_X = \frac{\mathrm{d}Y}{\mathrm{d}X} \tag{3.63}$$

如果税收为定量税收，即税收不随收入变动而变动，根据式（3.41），则出口乘数：

$$K_X = \frac{1}{1-c+m} \tag{3.64}$$

如果税收为比例税，税收随收入的变动而变动，根据式（3.42），则出口乘数：

$$K_X = \frac{1}{1-c(1-t)+m} \tag{3.65}$$

由于边际进口倾向 $m > 0$，与三部门经济中的支出乘数相比较，四部门经济中的支出乘数变小了，意味着四部门经济中的支出增量在增加国民收入上的作用力度下降了。这一结果可以解释如下：在三部门经济中，所有支出均是对国内最终产品的支出，故支出的增加会全部参与国民收入增加。而在四部门经济中，支出不仅包括对国内最终产品的支出，而且包括对进口产品的支出，而进口产品不属于国民收入范围。因此，支出的增加只有一部分参与本国国民收入增加，另外一部分则跑到国外用来增加他国的收入去了。

（二）进口乘数

进口乘数是指每增加一单位进口所减少的国民收入量，等于国民收入的变动量与进口的变动量之比。如果用 K_M 表示进口乘数，则进口乘数可以表示为：

$$K_M = \frac{\Delta Y}{\Delta M} \text{ 或 } K_M = \frac{\mathrm{d}Y}{\mathrm{d}M} \tag{3.66}$$

假定税收为总量税收，根据式（3.41），可得进口乘数：

$$K_M = \frac{-1}{1-c+m} \tag{3.67}$$

如果税收为比例税，根据式（3.42），可得进口乘数：

$$K_M = \frac{-1}{1-c(1-t)+m} \tag{3.68}$$

进口乘数小于零，表明进口增加将导致收入减少。进口乘数的绝对值与购买支出乘数的绝对值相等，表明出口与进口对收入作用的力度相同。

另外，在四部门经济中，政府的平衡预算乘数将变得更小。如果税收为总量税收，则平衡预算乘数：

$$K_B = \frac{1-c}{1-c+m} \qquad (3.69)$$

如果税收为比例税收，则平衡预算乘数：

$$K_B = \frac{1-c}{1-c(1-t)+m} \qquad (3.70)$$

四、乘数效应正常发挥的条件

乘数效应反映了现代经济体系中各部门相互联系的特征。由于各部门之间密切联系，某一部门支出的增加必然引起其他部门的连锁反应，导致总需求和国民收入更多的增加。从这种意义上说，支出的乘数效应在现代各国经济中普遍存在。

乘数效应的正常发挥以社会具有一定的闲置资源为前提。在一般情况下，支出或需求的增加有两个结果：一是价格水平上升，二是供给或收入增加。只有当经济因需求不足而存在大量的闲置资源时，需求增加才有可能不提高价格水平，而全部作用于收入的增加，乘数效应才得以充分发挥。如果已经实现了充分就业，社会没有闲置资源，需求的增加就只能提高价格，不会增加供给，即没有乘数效应。可见，乘数理论仅仅适用于由需求不足导致的萧条经济。

有时，尽管经济中有很多闲置资源，但由于某种重要资源的供给处于"瓶颈状态"，支出乘数效应的发挥也会受到限制：一些重要资源的供给不足，使社会不可能利用其他闲置资源。

另外，在萧条经济中，乘数效应的发挥还受到以下因素的制约。

（1）投资和储蓄决定的独立性程度。如果储蓄和投资的决定有一定的联系，即储蓄不仅与收入有关，而且与利率有关，则由投资增加引起的利率上升会增加储蓄减少消费，降低边际消费倾向，从而部分抵消由投资增加所引起的收入增加，缩小乘数效应。

（2）货币供给量能否适应支出增加的需要。如果投资增加时，货币供给不能随货币需求的增加而增加，利率就会上升。更高的利率不但鼓励储蓄、抑制消费，而且减少投资，最终将缩小乘数效应。

第五节 凯恩斯消费函数的不足与修正

一、凯恩斯消费函数的不足

凯恩斯认为，消费是现期可支配收入的函数。假定消费函数为线性，则凯恩斯的消费函数可表示为：

$$C = C_0 + cY_d$$

其中，C 为消费支出，Y_d 为可支配收入，C_0 与 c 均为常数，且 $C_0 > 0$，$0 < c < 1$。C_0 为自发消费，cY_d 为引致消费。由于边际消费倾向（$\mathrm{MPC} = \dfrac{\Delta C}{\Delta Y_d} = c$）小于平均消费倾向（$\mathrm{APC} = \dfrac{C}{Y_d} = \dfrac{C_0}{Y_d} + c$），随着可支配收入的增加，平均消费倾向递减。

凯恩斯关于消费函数的这种假说，虽然较好地解释了某一时点上的家庭收入水平越高，其平均消费倾向越低的现象，也与任一短期消费的经验数据一致，但与长期消费的经验数据不一致。1946年，美国经济学家西蒙·库兹涅茨在研究了美国 1869—1933 年每 30 年左右的长期消费资料后，发现长期平均消费倾向相对稳定且缓慢增长，如表 3-1 所示。

表 3-1 美国的长期平均消费倾向

时期	1869—1898 年	1884—1913 年	1904 年
平均消费倾向	0.867	0.867	0.879

如果长期平均消费倾向比较稳定，不随收入的增加而递减，则长期消费函数为：

$$C = cY_d \qquad\qquad (3.71)$$

显然，凯恩斯关于消费倾向递减的假说与人们对长期的消费统计资料进行分析研究得出的消费倾向比较稳定的结论相矛盾。为了解释短期消费函数与长期消费函数的不一致，经济学家们提出了多种各具特色的消费理论。下面主要介绍杜森贝利的相对收入假说、弗里德曼的持久收入理论、莫迪利安尼的生命周期理论等 3 种消费理论。

二、杜森贝利的相对收入假说

美国经济学家 J·S·杜森贝利提出的相对收入假说有两个。第一个相对收入假说认为，一个家庭的消费，不仅取决于自己的绝对收入水平，还取决于该家庭收入在整个国民收入中的比重，或者取决于该家庭在国民收入分配中的地位，即该家庭的相对收入。这是消费具有"示范效应"的结果。杜森贝利认为，人们总是具有一种不断提高自己消费水平的冲动。另外，人们也总是希望取得较高的社会地位，赢得他人的尊重。而较高的社会地位常常通过较高的消费水平表现出来。因此，高收入家庭的高消费会对低收入家庭的消费产生示范效应：低收入家庭为了获得表面上较高的社会地位，常常在消费方面努力向高收入家庭的高消费水平看齐。

消费的"示范效应"不仅表现为低收入家庭努力向高收入家庭的高消费水平看齐，还表现为在同一收入水平集团内，各个家庭在消费方面的相互模仿。

在同一收入水平集团内，如果一个家庭收入的增加幅度与其他家庭相同，即这个家庭的相对收入不变，则该家庭的平均消费倾向保持不变。如果一个家庭收入的增加幅度低于其他家庭，即这个家庭的相对收入下降，该家庭仍将维持与其他家庭相同的消费水准。此时，该家庭平均消费倾向上升；如果一个家庭收入的增加幅度高于其他家庭，即这个家庭的相对收入上升，该家庭可能仿效其他家庭的消费行为，不提高自己的消费水准。此时，该家庭的平均消费倾向下降。家庭消费的示范效应，既使不同收入阶层的平均的消费倾向不递减，又使同一收入阶层中所有家庭的平均的消费倾向不递减，最终使得整个社会的平均消费倾向不递减。

杜森贝利的第二个相对收入假说认为，家庭在本期的消费不仅受其本期收入的影响，还受其前期收入与前期消费水平的影响。

杜森贝利认为，消费者的消费决策往往不是理性的，在很大程度上受消费习惯的影响。而家庭在收入最高峰所达到的消费水准对消费习惯的形成具有决定性的意义。因此，消费水平常常具有不可逆性：即易于提高，而难于降低。消费的这种不可逆性，被称作消费的"棘轮效应"。消费的"棘轮效应"使消费变动与现期收入变动不对称：收入增加时，消费会按照其长期趋势相应增加；但收入减少时，短期内，家庭的消费并不相应减少，而是通过减少储蓄来努力维持原来的消费水平。如图 3-8 所示。

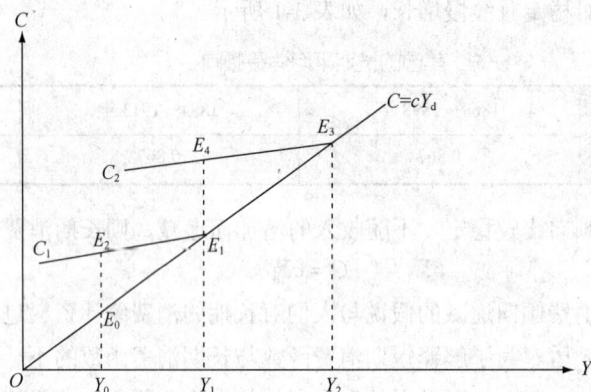

图 3-8　消费的"棘轮效应"

在图 3-8 中，横轴为可支配收入，纵轴为消费。经过原点的曲线 $C = cY_d$ 为长期消费曲线，它反映了一定的消费习惯。与长期消费曲线相交的两条曲线 C_1、C_2 为两条短期消费曲线。设初始的收入为 Y_1 时，消费为 E_1。若现期收入因经济衰退降低到 Y_0，按照长期消费函数，消费应降到 E_0。但是，受消费"棘轮效应"的影响，人们会动用过去的储蓄，力图维持已经达到的消费水平，现期消费将沿着短期消费曲线 C_1 从 E_1 左移到 E_2，使短期平均消费倾向上升；如果经济复苏，收入恢复到原来的 Y_1，消费将缓慢增加到原来的 E_1，此时，短期平均消费倾向递减。假如经济高涨，收入 Y_1 增加到 Y_2，消费会沿着长期消费曲线增加到 E_3，但平均消费倾向不变。同理，若发生经济危机使收入 Y_2 减少到 Y_1，短期内的消费只减少到 E_4，而不是 E_1，短期平均消费倾向又因收入减少而上升。

总之，从短期看，消费的"棘轮效应"使社会的平均消费倾向随收入增加而递减：收入减少时，平均消费倾向上升；收入增加时，平均消费倾向下降。但从长期来看，平均消费倾向不变。

三、弗里德曼的持久收入理论

美国经济学家米尔顿·弗里德曼提出的持久收入理论认为，家庭消费主要取决于它的持久收入，而不是它的现期收入。多数家庭希望在长期内保持消费水平相对稳定。

家庭收入可以分为持久收入与暂时收入，持久收入是指一个家庭在较长时期内凭借自己所拥有的各种资产获得的收入，比较稳定。持久收入包含着家庭对未来收入的预期。暂时收入指偶然变动的意料之外的收入，它可能是正值，如意外获得的奖金；也可能是负值，如偶然失窃造成的损失。家庭任一年可观察到的收入可以大于持久收入（暂时收入大于零），也可以小于持久收入（暂时收入小于零）。

与家庭收入分为持久收入和暂时收入相对应，家庭消费也可以分为持久消费和暂时消费。持久消费是指家庭在长期按照持久收入确定的消费。暂时消费是指计划之外的偶然的消费。它可能是正值，也可能是负值，取决于家庭在正常消费基础上是增加了还是减少了消费。任何时期内，家庭消费等于持久消费与暂时消费的和。

弗里德曼认为持久收入和暂时收入之间不存在相关关系，暂时收入是使家庭收入围绕持久收入随机波动的一个变量。同样，持久消费和暂时消费之间也不存在相关关系，暂时消费是使家庭消费围绕持久消费随机波动的一个变量。

暂时消费和暂时收入之间也不存在固定关系。暂时性收入的增加或减少不会导致消费的增加或减少，只会引起储蓄的增加或减少，即暂时收入的边际消费倾向等于零。

但持久收入和持久消费之间存在固定的比例关系，这种比例关系并不随收入的变动而变动。因此，持久消费是持久收入的稳定函数，而且不同收入水平的家庭的平均消费倾向相同。只要储蓄的意图在于拉平各年的消费，那么，持久收入悬殊的家庭必然具有相同的储蓄率，从而必然具有相同的平均消费倾向。

弗里德曼认为，短期边际消费倾向之所以小于长期边际消费倾向或平均消费倾向，或短期平均消费倾向之所以递减，是因为当现期收入增加时，人们无法确定这种收入的增加能否长期维持，从而就不能根据这种收入的增加充分调整自己的消费。但是，如果下一期的收入仍像上一期的收入那样增加，人们就会在下一期根据已经提高了的收入水平充分调整自己的消费。持久消费与持久收入之间的关系如图 3-9 所示。

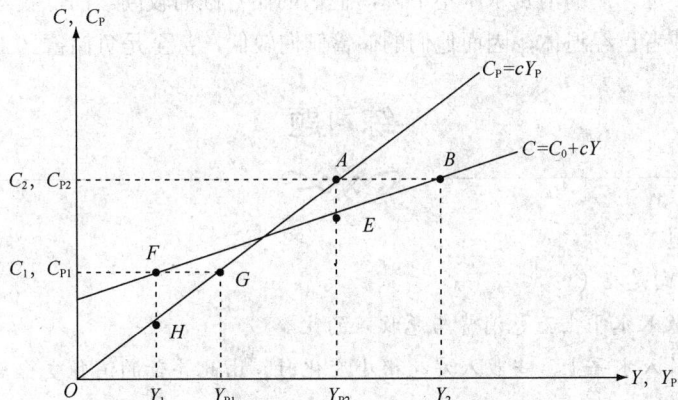

图 3-9　持久消费与持久收入之间的关系

在图 3-9 中，横轴为可支配收入，纵轴为消费。经过原点的曲线 $C_P = cY_P$ 为长期消费曲线，该曲线表明持久消费 C_P 是持久收入 Y_P 的稳定函数。与持久消费曲线相交的 $C = C_0 + cY$ 为暂时消费曲线或短期消费曲线。

设初始的实际收入 Y_2 为经济高涨时的收入，而当时的持久收入为 Y_{P2}，与该持久收入对应的持久消费为 C_{P2}。此时，实际收入大于持久收入，即暂时收入大于零。由于暂时收入的消费倾向为零，所以现实的消费 C_2 等于持久消费。收入增加时，现实的平均消费倾向小于获得持久收入时的平均消费倾向，即 $\dfrac{C_2}{Y_2} < \dfrac{C_{P2}}{Y_{P2}}$。如果经济衰退使实际收入降到 Y_1，而当时的持久收入为 Y_{P1}，与该持久收入对应的持久消费为 C_{P1}。此时，实际收入小于持久收入，即暂时收入小于零。由于暂时收入的消费

倾向为零，所以现实的消费不会减少，为 C_1，等于持久消费。这样，收入减少时，现实的平均消费倾向大于获得持久收入时的平均消费倾向，即 $\dfrac{C_1}{Y_1} > \dfrac{C_{P1}}{Y_{P1}}$。因此，现实的平均消费倾向从短期看具有递减的性质，但从长期看，则保持不变。

四、莫迪利安尼的生命周期理论

美国经济学家 F·莫迪利安尼提出的生命周期理论认为，人在一生中的收入将会有规律地波动。一般来说，个人收入在生命的早期与末期较低，而在生命的中期较高。为了在一生中维持稳定的并略微趋于上升的消费水平，人们会将一生的预期收入合理地分配在不同的生命周期阶段上。在生命的早期，消费大于收入，人们靠借贷来维持消费水平；在生命的中期，收入大于消费，其差额部分用于偿还生命早期的债务与储蓄起来留作养老；在生命的末期，消费大于收入，其差额动用壮年时期的储蓄来弥补。因此，个人的消费与储蓄水平，主要不是取决于现期收入，而是取决于一生的预期收入，取决于个人所处的特定的生命周期阶段。

生命周期理论认为，在短期内，各个不同的生命周期阶段上的平均消费倾向随着收入的增加而递减。但在长期内，即在整个生命周期内，平均消费倾向保持不变。

生命周期理论可以解释一些实际问题。例如，家庭预算的横截面资料表明，高收入家庭的平均消费倾向低于低收入家庭。根据生命周期理论，大部分高收入家庭的主要成员可能正处于一生收入的高峰时期，为了使退休后的消费水平不下降，他们的储蓄倾向较高。而低收入家庭的主要成员或者是刚参加工作，或者已经退休，因而他们的储蓄倾向较低，甚至是负储蓄。

练习题

一、单项选择题

1. 边际消费倾向是指（　　　）。

　　A. 在任何收入水平上，总消费与总收入的比率

　　B. 在任何收入水平上，当收入发生微小变化时，由此导致的消费支出与收入变化的比率

　　C. 在任何收入水平上，由于收入变化而引起的消费支出的变化

　　D. 以上答案都不正确

2. 凯恩斯的消费函数 $C = C_0 + cY_d$（$C_0 > 0$，$0 < c < 1$）表明，平均消费倾向（　　　）。

　　A. 大于边际消费倾向　　　　　　　　　B. 等于边际消费倾向

　　C. 小于边际消费倾向　　　　　　　　　D. 大于或等于边际消费倾向

3. 凯恩斯的消费函数 $C = C_0 + cY_d$（$C_0 > 0$，$0 < c < 1$）表明，平均消费倾向随可支配收入增加而（　　　）。

　　A. 递减　　　　　　B. 递增　　　　　　C. 不变　　　　　　D. 先递减然后递增

4. 在两部门经济中，国民收入在（　　　）时达到均衡。

　　A. 储蓄等于实际投资　　　　　　　　　B. 消费等于实际投资

　　C. 储蓄等于计划投资　　　　　　　　　D. 消费等于计划投资

5. 在产品市场收入决定模型中，实际GDP高于均衡GDP，意味着（　　）。

    A. 储蓄大于实际投资　　　　　　　　B. 储蓄小于实际投资

    C. 储蓄大于计划投资　　　　　　　　D. 储蓄小于计划投资

6. 在单市场两部门经济模型中，如果边际消费倾向值为0.6，那么，投资乘数等于（　　）。

    A. 1.6　　　　　　B. 2.5　　　　　　C. 4　　　　　　D. 5

7. 在其他因素不变的情况下，征收所得税会使（　　）。

    A. 税收乘数和支出乘数都变小　　　　B. 税收乘数变小，支出乘数增大

    C. 税收乘数增大，支出乘数变小　　　D. 税收乘数和支出乘数都变大

8. 产品市场上三部门经济中的投资乘数（　　）四部门经济中的投资乘数。

    A. 等于　　　　　　　　　　　　　　B. 大于

    C. 小于　　　　　　　　　　　　　　D. 既可以大于也可以小于

9. 三部门经济中的平衡预算乘数是指（　　）。

    A. 政府预算平衡（即赤字为零）时的乘数

    B. 政府购买和税收等量变动引起的国民收入变化量与政府购买或税收量变化量之比

    C. 政府支出和税收等量变动引起的国民收入变化量与政府支出或税收量变化量之比

    D. 政府转移支付和税收等量变动引起的国民收入变化量与政府转移支付或税收量变化量之比

10. 总量税收下的平衡预算乘数（　　）比例税下的平衡预算乘数。

    A. 大于　　　　　　B. 小于　　　　　　C. 等于　　　　　　D. 小于等于

二、名词解释

1. 边际消费倾向　2. 平均消费倾向　3. 投资乘数　4. 政府购买乘数　5. 税收乘数　6. 平衡预算乘数　7. 政府转移支付乘数　8. 消费的"棘轮效应"　9. 节俭悖论

三、简答题

1. 产品市场上国民收入均衡时，计划存货投资和非计划存货投资是否都为零？

2. 什么是消费倾向？能否说边际消费倾向和平均消费倾向都总是大于零而小于1？

3. 为什么政府购买乘数大于税收乘数的绝对值？

4. 投资乘数效应的充分发挥需要哪些前提条件？

四、论述题

1. 消费与可支配收入之间有哪些关系？为什么平均消费倾向随着可支配收入的增加而递减？

2. 一些西方经济学家为什么断言，将富人的一部分收入转移支付给穷人，会增加社会总需求，进而增加国民收入？

3. 在三部门经济中，为什么总量税制下的平衡预算乘数等于1，而比例税制下的平衡预算乘数小于1？

五、计算题

1. 假设在两部门经济中，社会消费函数 $C = 100 + 0.75Y$，投资为 $I = 50$。

（1）计算均衡收入；

（2）如果当时实际产出（即收入）为1 000，试求企业的非计划存货投资。

2. 设消费函数为 $C = 150 + 0.8Y_d$，投资 $I = 50$，政府购买 $G = 100$，税收 $T = 50 + 0.25Y$，出口 $X = 40$，进口 $M = 20 + 0.1Y$。

（1）计算均衡收入；

（2）计算净出口。

3. 假设某经济社会的消费函数为 $C = 100 + 0.8Y_d$（Y_d 为可支配收入），投资 $I = 200$，政府购买支出 $G = 100$，政府转移支付 $TR = 62.5$，税收 $T = 0.25Y$。

（1）计算均衡收入；

（2）计算投资乘数、政府购买乘数、税收乘数、转移支付乘数和平衡预算乘数；

（3）假定该社会达到充分就业所需的国民收入1 325，试问通过增加政府购买、减少税收以及增加政府购买和税收同一数额来实现充分就业国民收入，各需增加多少？

4. 假定某经济社会的消费函数 $C = 30 + 0.8Y_d$，税收 $T = 50$，投资 $I = 60$，政府购买支出 $G = 50$，净出口函数 $NX = 50 - 0.05Y$，求：

（1）均衡收入；

（2）在均衡收入水平上的净出口余额；

（3）投资乘数；

（4）投资从60增加到70时的均衡收入和净出口余额；

（5）当净出口函数 $NX = 50 - 0.05Y$ 变为 $NX = 40 - 0.05Y$ 时的均衡收入和净出口余额。

六、案例分析题

节约悖论。这里的节约是指减少消费或增加储蓄。由于储蓄可以获得利息，故一个家庭越是节约，就越富有。然而，如果所有家庭都节约、增加储蓄的话，社会总需求就会减少，企业的非计划存货投资增加，导致企业减少生产，进而使国民收入减少，引起经济萧条。储蓄变动对国民收入的影响如图3-10所示。

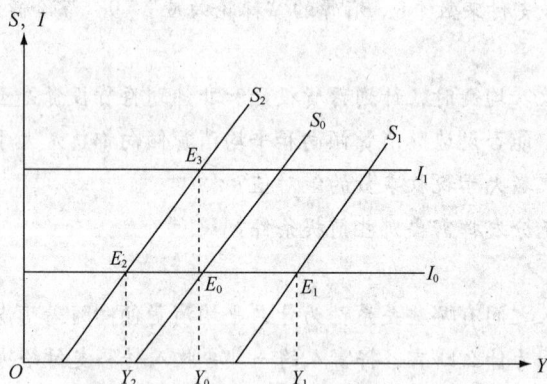

图 3-10 储蓄变动对国民收入的影响

在图3-10中，设初始的储蓄曲线为 S_0，与投资曲线 I_0 交于 E_0 点，决定的均衡收入为 Y_0。现在若储蓄减少，储蓄曲线 S_0 右移到 S_1，并与投资曲线 I_0 交于 E_1 点，决定的均衡收入为 Y_1。显然，$Y_1 > Y_0$；若储蓄增加，储蓄曲线 S_0 左移到 S_2，与投资曲线 I_0 交于 E_2 点，决定的均衡收入为 Y_2。显然，$Y_2 < Y_0$。可见，所有居民户增加消费、减少储蓄，会增加总需求，引起国民收入增加，经济趋于繁荣；反之，所有居民户减少消费、增加储蓄，会减少总需求，引起国民收入减少，经济趋于萧条。因此，节约虽然对个人来说是件好事，但对整个社会来说却是件坏事。这种现象就是所谓的"节约悖论"。

问题："节约悖论"产生的主要原因是什么？如何消除这种"节约悖论"？

本章在单市场国民收入决定理论的基础上，引进货币市场，构建 IS-LM 模型，在产品市场与货币市场两市场中，说明国民收入的决定。本章仍然假定有效需求不足导致经济处于低于充分就业状态，需求增加只增加收入，不会提高价格。

第一节 | 投资函数

一、投资的含义与种类

本章中的投资是指国民收入均衡公式中的投资，即企业在国内的总意愿投资，包括固定投资与存货投资两方面。

企业投资可分为重置投资与净投资两种。重置投资是指企业为补偿厂房设备等的损耗而进行的投资，在价值形态上等于折旧。净投资是指企业为增加资本存量而进行的投资。重置投资与净投资的和构成总投资。投资与资本存量之间的关系，就是流量与存量的关系。投资流量来源于资本存量，又会增加资本存量。为了简化分析，假定重置投资或折旧等于零，则投资就是资本存量的变动量，即：

$$I = \Delta K \tag{4.1}$$

投资是总需求的一个组成部分。尽管消费需求在总需求中的份额较大，在美国通常占总需求的三分之二。但经验数据表明，消费函数比较稳定，而投资经常变动，并通过乘数效应，对总需求产生较大的影响。所以，从某种意义上说，是投资变动决定了总需求变动，进而决定了国民收入变动。本章放弃投资为外生变量的假定，将投资看成是收入决定模型中的一个重要的内生变量。

二、影响投资的主要因素

企业只有在预期现在的投资能在将来带来利润，即预期投资收益大于投资成本时，才会进行投资。因此，要理解企业的投资决策或得到投资函数，首先必须理解投资成本、投资收益与预期等三个因素。

企业的投资成本包括购买投资品的费用、用来购买投资品的货币所放弃的利息收入和政府税收等三部分。首先，投资品在使用中会逐渐磨损直至最后报废，所以，购买投资品的费用理所当然地构成投资成本的一个组成部分。其次，购买投资品的资金，不管是来源于贷款还是来源于企业自身未分配利润，它按市场利率计算的利息，都成为投资成本的另一个组成部分：如果这部分资金来源于贷款，为贷款支付的利息直接就是成本；如果来源于存留利润，因投资所放弃的利息就是投资的机会成本。最后，税收也会影响投资成本。当政府提高公司所得税率时，公司的投资成本必然上升。

厂房与机器设备等投资形成的资本品往往能使用许多时期，在每一时期都能带来一定的收益，直至最后损耗完毕。所以，投资收益只有在未来，经过若干时期后才能全部得到。

厂商投资时，总是预期未来的投资收益能够弥补现在的投资成本并带来利润。因此，在投资决策中，预期起着十分重要的作用。凯恩斯认为，由于缺少进行正确预期所必需的有关未来的知识，投资者很难做出正确的预期。另外，投资者的预期不仅受当时容易变动的经济的与非经济的各种因素的影响，而且还受投资者本人身体状况与心理状况的影响。因此，企业投资不仅容易产生失误，而且经常变动，十分不稳定。

为了简化分析，下面在讨论投资收益、推导投资函数的过程中，撇开预期的不确定性因素，假定投资的预期收益是稳定不变的。

三、资本边际效率

投资品现在购买，投资收益未来才能得到。由于人们对消费或收入具有时间偏好，不同时点上的投资成本与收益不能直接比较。企业进行投资决策时，必须将投资的未来收益贴现，以便比较投资成本与投资收益，进而决定是否增加投资。将投资的未来收益转化为现值的贴现率，被凯恩斯叫作资本边际效率（marginal efficiency of capital，MEC）。

资本边际效率是一种贴现率，这种贴现率使一项资本品预期收益的现值正好等于该项资本品的供给价格。如果用 P_K 表示资本品的供给价格，用 MEC 表示资本边际效率，R_1、R_2、$\cdots$、R_n 表示某项投资从第 1 期到第 n 期各期的收益。则有：

$$P_K = \frac{R_1}{(1+\text{MEC})} + \frac{R_2}{(1+\text{MEC})^2} + \cdots + \frac{R_n}{(1+\text{MEC})^n} \tag{4.2}$$

式（4.2）表明，资本边际效率取决于资本品的供给价格与投资的预期收益两个因素。若资本品的供给价格不变，资本边际效率与投资的预期收益正相关，投资的预期收益越提高，资本边际效率也越高；若投资的预期收益既定，资本边际效率与资本品供给价格负相关，资本品供给价格越高，资本边际效率就越低。

随着投资增加，资本边际效率具有递减的趋势。首先，从短期看，投资增加，引起对资本品的需求增加。由于资本品的供给不变，资本品的价格必然上升；其次，从长期来看，投资增加使得资本存量增加，产品的生产能力扩大，导致产品供给增加，引起产品价格下降，进而使投资的预期收益减少。因此，资本边际效率必然随投资的增加而递减，如图 4-1 所示。

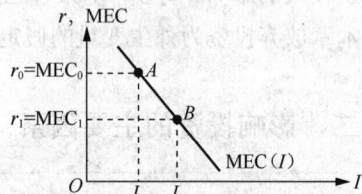

图 4-1 资本边际效率曲线与投资曲线

在图 4-1 中，横轴 I 表示企业的投资量，纵轴表示资本边际效率（MEC）与利率（r）。资本边际效率曲线向右下方倾斜，表示随着投资的增加，资本边际效率越来越低。如在投资量 I_0 上，相应的资本边际效率为 MEC_0。在投资量 I_1 上，资本边际效率为 MEC_1。

四、投资函数

企业的投资量取决于资本边际效率与利率的相对高低。资本边际效率本质上就是投资的预期利润率。若资本边际效率大于利率，意味着同样的一笔资金用于投资所得到的收益，多于存入银行所得到的利息，即投资收益大于投资成本（利息是投资的机会成本）。此时，厂商必然增加投资；反之，若资本边际效率小于利率，意味着同样的一笔资金用于投资所得到的收益，少于存入银行所得到的利息，即投资收益小于投资成本。此时厂商必然减少投资。当资本边际效率等于利率时，同样的一笔资金用于投资所得到的收益等于存入银行所得到的利息，即投资收益等于投资成本。此时，企业既不减少投资，也不增加投资，投资处于均衡状态。因此，投资的均衡条件就是资本边际效率等于利率。若用 r 代表利率，投资的均衡条件可以表示为：

$$MEC = r \qquad (4.3)$$

给定资本边际效率不变，企业的投资量将随利率的降低而增加，与利率反方向变动，如图 4-1 所示。

在图 4-1 中，给定的资本边际效率曲线 MEC 向右下方倾斜。假定初始的利率 r_0 等于资本边际效率 MEC_0，此时的均衡投资量为 I_0。若利率从 r_0 降到 r_1，在原先的投资量 I_0 上，现在的资本边际效率高于利率，即投资收益大于投资成本，企业必然将投资增加到 I_1。

显然，企业的均衡投资量总是随着利率的降低，沿着一条既定的资本边际效率曲线而增加。资本边际效率曲线正好反映了投资量与利率反方向变动的关系。因此，资本边际效率曲线同时就是投资曲线，该曲线表明，投资是利率的减函数，投资量与利率负相关。投资函数的一般式为：

$$I = I(r) \qquad (4.4)$$

为讨论方便起见，假定投资函数是线性的，其具体形式为：

$$I = I_0 - ir \qquad (4.5)$$

其中，$I_0 > 0$ 为自发投资。$i > 0$ 为投资对利率变动的反应程度，表示每提高一单位利率所减少的投资量，即：

$$i = -\frac{\Delta I}{\Delta r} \qquad (4.6)$$

影响投资的因素，除了利率以外，还有预期、收入等其他因素。利率的变动，将引起投资量沿着一条既定的投资曲线变动；除利率以外的其他因素的变动，将导致投资曲线本身的移动。

第二节 | 包含利率变量的产品市场均衡——IS 曲线

一、IS曲线的推导

假定投资是利率的函数，在两部门经济中，包含利率变量的产品市场收入决定模型为：

$$\begin{cases} I = S \\ I = I_0 - ir \\ S = S_0 + sY \end{cases}$$

求解该模型，可得包含利率变量的产品市场两部门均衡收入：

$$Y = \frac{1}{1-c}(I_0 + C_0 - ir) \qquad (4.7)$$

在式（4.7）中，c、I_0、C_0 和 i 皆为常量。显然，均衡收入不再是唯一的，将随利率变动而变动。根据式（4.7），可得到一条反映产品市场上均衡收入和利率相互关系的 IS 曲线，如图 4-2 所示。

在图 4-2 中，横轴表示国民收入 Y，纵轴表示利率 r。IS 曲线向右下方倾斜，表示均衡收入随着利率下降而增加。IS 曲线的推导过程如图 4-3 所示。

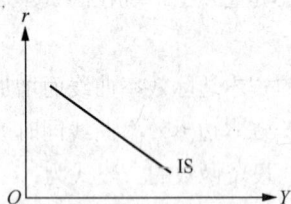

图 4-2　IS 曲线

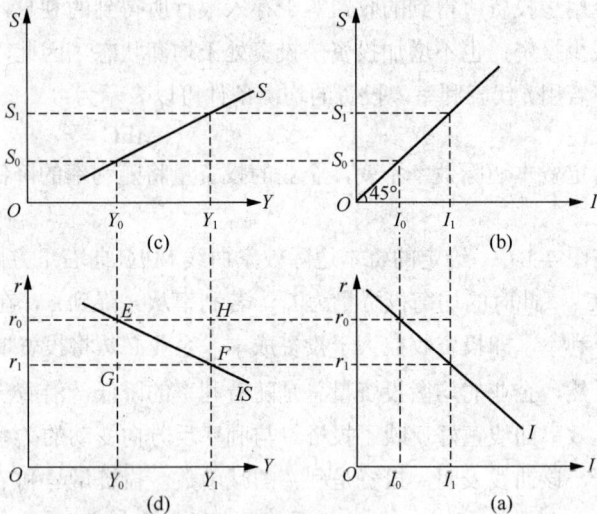

图 4-3　IS 曲线的推导

图 4-3（a）～图 4-3（c）分别代表上述包含利率变量的产品市场两部门收入均衡模型中的投资函数、均衡条件和储蓄函数。

在图 4-3（a）中，横轴表示投资，纵轴表示利率，投资曲线向右下方倾斜。

在图 4-3（b）中，横轴表示投资，纵轴表示储蓄，45°线表示均衡条件，因为 45°线上的任何一点到两轴的距离都相等。

在图 4-3（c）中，横轴表示收入，纵轴表示储蓄，储蓄曲线向右上方倾斜。

在图 4-3（d）中，横轴表示收入，纵轴表示利率。向右下方倾斜的 IS 曲线，可由图 4-3（a）～图 4-3（c）导出。

从图 4-3（a）开始。假定开始时的利率为 r_0。根据既定的投资曲线，可以得到相应的投资量 I_0。在图 4-3（b）中的 45°线上，可以看出，与投资 I_0 相等的储蓄为 S_0。当储蓄为 S_0 时，根据图 4-3（c）的储蓄曲线，可以得到相应的收入 Y_0。显然，Y_0 就是与利率 r_0 对应的均衡收入。把坐标（r_0，Y_0）标在图 4-3（d）上，即为 E 点。

现在假定利率从 r_0 下降到 r_1。根据投资曲线，可以得到相应的投资量 I_1。在图 4-3（b）中的 45°线上，可以看出，与投资 I_1 相等的储蓄为 S_1。当储蓄为 S_1 时，根据图 4-3（c）的储蓄曲线，可以得到相应的收入 Y_1。Y_1 就是与利率 r_1 对应的均衡收入。把坐标（r_1，Y_1）标在图 4-3（d）上，即为 F 点。

由于投资函数和储蓄函数都假定为线性，故由它们导出的 IS 曲线也应当是线性的。这样，连接 E 点和 F 点得到的曲线就是 IS 曲线。IS 曲线名副其实，因为这条曲线是根据投资与储蓄相等的原则并由投资曲线和储蓄曲线推导出来的。

IS 曲线是产品市场上均衡收入与利率各种组合的轨迹。IS 曲线上的任一点对应的收入都是均衡收入，都满足产品市场中投资与储蓄相等的均衡条件。IS 曲线上有无数个点，因此均衡收入不再是唯一的：对于每一利率，总有一均衡收入与其相对应。

IS 曲线以外的任何点对应的收入都不是均衡收入，都不满足产品市场中的均衡条件。具体地说，任何处于 IS 曲线右上方的点对应的收入的不均衡状态，都是投资小于储蓄，即 $I<S$；任何处于 IS 曲线左下方的点对应的收入的不均衡状态，都是投资大于储蓄，即 $I>S$。只要把 IS 曲线以外的点与 IS 曲线上的点作一比较，就能得到这一结论。

例如，在图 4-3 中，IS 曲线以外的点 H 与 IS 曲线上的点 E 相比较，利率相同而收入偏大。利率相同，意味着投资相同；收入偏大，表示储蓄偏大。由于 E 点对应的收入是投资与储蓄相等的均衡收入，那么，H 点对应的收入必定是投资小于储蓄的不均衡收入。H 点是 IS 曲线右上方的任意一点，所以，该结论可以推广：任何位于 IS 曲线右上方的点对应的收入，都是投资小于储蓄的不均衡收入。

再分析 IS 曲线左下方的 G 点。G 点与 IS 曲线上的点 F 相比较，利率相同而收入偏小。利率相同，意味着投资相同；收入偏小，表示储蓄偏小。由于 F 点对应的收入是投资与储蓄相等的均衡收入，那么，G 点对应的收入必定是投资大于储蓄的不均衡收入。由于 G 点是 IS 曲线左下方的任意一点，所以，该结论可以推广：任何位于 IS 曲线左下方的点对应的收入，都是投资大于储蓄的不均衡收入。

二、IS曲线的方程与斜率

根据式（4.7），可以得到两部门经济中 IS 曲线的方程：

$$r = \frac{C_0 + I_0}{i} - \frac{1-c}{i} Y \tag{4.8}$$

式（4.8）表明，两部门经济中 IS 曲线的斜率为 $-\frac{1-c}{i}$。由于 $0<c<1$，$i>0$，故 $-\frac{1-c}{i}<0$，即 IS 曲线向右下方倾斜。对此的解释是：利率下降，投资成本降低，刺激投资增加。通过乘数作用，总需求量大大增加。在部分资源闲置的条件下，总需求量的增加，必然导致均衡收入增加。即：

$$r\downarrow \to I\uparrow \to AD\uparrow \to Y\uparrow$$

从式（4.8）中可以看到，在两部门经济中，IS 曲线的斜率的绝对值取决于边际消费倾向（c）与投资需求对利率变动的反应程度（i）等两个因素。

如果投资需求量对利率变动的反应程度既定，则 IS 曲线斜率的绝对值与边际消费倾向负相关，边际消费倾向越大，IS 曲线的斜率的绝对值就越小。这是因为边际消费倾向越大，投资乘数（$\frac{1}{1-c}$）就越大，从而当一定量的利率变动引起一定量的投资变动时，收入的变动量就越多。一定量的利率变动，对应着较多的收入变动，IS 曲线必然比较平坦。反之，边际消费倾向越小，IS 曲线就越陡峭。

若边际消费倾向既定，则 IS 曲线斜率的绝对值与投资需求对利率变动的反应程度负相关。投资需求对利率变动的反应程度越大，IS 曲线斜率的绝对值就越小。这是因为投资需求对利率变动的反应程度越大，即投资曲线越平坦，一定量的利率变动将引起投资量的较多变动。在投资乘数既定的条件下，较多的投资变动量必然引起较多的收入变动。一定量的利率变动，对应着较多的收入变动，IS 曲线必然比较平坦。反之，投资需求对利率变动的反应程度越小，即投资曲线越陡峭，IS 曲线也就越陡峭。

三、三部门和四部门经济中的IS曲线

三部门经济中，IS 曲线的模型为：

$$\begin{cases} Y = C + I + G \\ C = C_0 + c(Y - T) \\ I = I_0 - ir \\ G = G_0 \\ T = T_0 - tY \end{cases}$$

求解该模型，可得包含利率变量的产品市场三部门均衡收入：

$$Y = \frac{1}{1 - c(1-t)}(I_0 + C_0 + G_0 - ir - cT_0) \tag{4.9}$$

根据式（4.9），可得三部门经济中 IS 曲线的方程。

$$r = \frac{C_0 + I_0 + G_0 - cT_0}{i} - \frac{1 - c(1-t)}{i}Y \tag{4.10}$$

三部门经济中 IS 曲线的斜率为 $-\dfrac{1-c(1-t)}{i}$。在边际消费倾向（c）与投资对利率变动的反应程度（i）既定的条件下，IS 曲线斜率的绝对值与边际税率（t）正相关。边际税率越高，IS 曲线的斜率的绝对值就越大。因为在边际消费倾向既定的条件下，边际税率越大，投资乘数（$\dfrac{1}{1-c(1-t)}$）就越小。在投资函数既定条件下，一定量的利率变动引起一定的投资量变动时，投资乘数越小，收入变动量也就越少。一定量的利率变动，对应着较少的收入变动，IS 曲线必然比较陡峭。同理，边际税率越低，IS 曲线就越平坦。

四部门经济中的 IS 曲线的模型为：

$$\begin{cases} Y = C + I + G + (X - M) \\ C = C_0 + c(Y - T) \\ I = I_0 - ir \\ G = G_0 \\ T = T_0 - tY \\ X = X_0 \\ M = M_0 + mY \end{cases}$$

求解该模型，可得包含利率变量的产品市场四部门均衡收入：

$$Y = \frac{1}{1 - c(1-t) + m}(I_0 + C_0 + G_0 + X_0 - ir - cT_0 - M_0) \tag{4.11}$$

根据式（4.11），可以得到四部门经济中 IS 曲线的方程：

$$r = \frac{C_0 + I_0 + G_0 + X_0 - cT_0 - M}{i} - \frac{1 - c(1-t) + m}{i}Y \tag{4.12}$$

四部门经济中 IS 曲线的斜率为 $-\dfrac{1-c(1-t)+m}{i}$。在边际消费倾向、投资对利率变动的反应程度和边际税率既定条件下，IS 曲线斜率的绝对值与边际进口倾向（m）正相关，边际进口倾向越高，IS 曲线斜率的绝对值就越大。在边际消费倾向和边际税率既定的条件下，边际进口倾向越大，投资

乘数（$\dfrac{1}{1-c(1-t)+m}$）就越小。在投资函数既定，一定量的利率变动引起一定量的投资变动时，投资乘数越小，收入的变动量就越少。一定量的利率变动，对应着较少的收入变动，IS 曲线必然比较陡峭。同理，边际进口倾向越低，IS 曲线就越平坦。

四、IS曲线的移动

根据四部门经济中 IS 曲线的方程，可以看出，消费函数、投资函数、政府购买函数、税收函数、出口函数和进口函数等因素的变动，都将引起 IS 曲线移动。

为了简化分析，假定边际消费倾向（c）、边际税收倾向（t）、边际进口倾向（m）和投资对利率变动的反应程度（i）不变，那么，自发消费、自发投资、政府购买和出口等因素的增加，或者自发税收、自发进口等因素的减少，都将导致 IS 曲线右移，如图 4-4 所示。

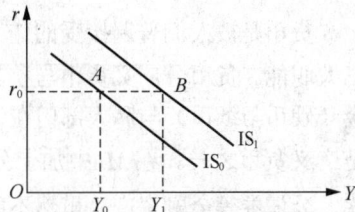

在图 4-4 中，设初始的 IS 曲线为 IS_0，利率为 r_0，收入为 Y_0。若自发投资增加，引起收入增加到 Y_1。既然在任意给定的利率水平 r_0 上，由于自发投资增加，收入增加了 Y_0Y_1，那么，在每一可能的利率水平上，自发投资的增加都会导致收入增加 Y_0Y_1，意味着 IS 曲线右移 Y_0Y_1，从 IS_0 右移到 IS_1。

图 4-4　自发支出增加引起的 IS 曲线的移动

同理，自发消费、自发投资、政府购买和出口等因素的减少，或者自发税收、自发进口等因素的增加，将导致 IS 曲线左移。

第三节　利率的决定

一、利息的含义与利率的决定因素

经济学家对利息的含义有不同的看法。古典经济学家认为，人们对收入或消费有时间偏好，同样的一元钱，现在消费得到的效用总是多于未来消费得到的效用。要让人们减少眼前消费，就必须给人一定的报酬。这种报酬就是利息。因此，古典经济学家将利息定义为人们延期消费的报酬。

但凯恩斯认为，利息是放弃流动性偏好的报酬。流动性是指一项资产在保持原值的情况下，转换成货币的难易程度。资产的流动性由"保值性"与"还原性"等两个因素构成。资产有多种形式，例如有货币、债券、股票、不动产和其他形式的资产等。在所有这些资产中，货币具有最大的流动性。一方面，货币不需要转换，具有 100% 的还原性；另一方面，如果价格不变，货币具有 100% 的保值性。因此，货币简直就是流动性。

人们都偏好持有流动性强的资产，即都偏好流动性或者货币。如果让人们放弃流动性偏好，即放弃货币，就必须给予一定的报酬，这种报酬就是利息。因此，在凯恩斯看来，利息就是放弃流动性偏好或暂时放弃货币所得到的报酬。

利息的多少由利率决定。既然利息是暂时放弃货币的报酬，那么，利息的多少或利率的高低一定与货币供求相关。在货币供给既定的条件下,利率的高低与流动性偏好即货币需求正相关。流动性偏好越强,货币需求越多,利率就越高。因为在货币需求非常强烈,人们都不大愿意放弃货币而持有其他资产的情况下,借钱比较困难,必须给予很高的报酬才能诱使人们放弃货币;在货币需求既定的条件下,货币供给越多,利率就越低,利率的高低与货币的供给量负相关。因为货币供给量较多,借钱就比较容易,从而只要给予少量的报酬就可以诱使人们暂时放弃一部分货币。

二、货币供给

货币是被人们普遍接受的作为交易媒介的物品。货币主要有价值尺度、交易媒介与储藏手段等三大职能。货币分广义货币与狭义货币两种。狭义货币,是指除银行体系以外的私人部门持有的现金(硬币与纸币)与私人部门在银行的活期存款,常用 M_1 表示。在 M_1 基础上加定期存款就是 M_2,是广义货币之一。在 M_2 中加上公债券、商业票据等其他金融资产,就是其他的广义货币。定期存款、公债券等金融资产,虽然不能直接充当交易媒介,但可以比较容易地转换为现金或活期存款,在很大程度上具有货币的性质。为了简化分析,假定货币为狭义的货币,仅包括公众的手持现金与活期存款。

货币供给量或货币存量由货币当局或央行决定,为一外生变量,其多少与利率高低无关。若用 M 表示货币供给,则货币供给:

$$M = M_0 \qquad (4.13)$$

货币供给曲线如图 4-5 所示。

在图 4-5 中,纵轴代表利率,横轴代表货币供给量。货币供给曲线 M 垂直于横轴,表示货币供给量与利率无关,为外生变量。

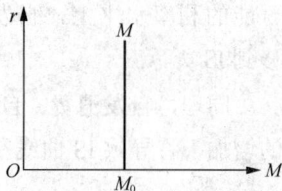

图 4-5 货币供给曲线

拓展阅读

我国的货币分类

1994年10月28日颁布的《中国人民银行货币供应量统计和公布暂行办法》,规定了我国货币存量的含义与分类。

一、货币存量含义

货币供应量,即货币存量,是指一国在某一时点流通手段和支付手段的总和,一般表现为金融机构的存款、流通中现金等负债,亦即金融机构和政府之外,企业、居民、机关团体等经济主体的金融资产。

二、货币存量分类

货币供应量按层次统计。根据国际通用原则,以货币流动性差别作为划分各层次货币供应量的标准。根据我国实际情况,拟将我国货币供应量划分为 M_0、M_1、M_2、M_3。各层次的货币内容如下。

(一) M_0:流通中现金(货币供应量统计的机构范围之外的现金发行)。

(二) M_1:M_0+企业存款(企业存款扣除单位定期存款和自筹基建存款)+机关团体部队存款+农村存款+信用卡类存款(个人持有)。

(三) M_2:M_1+城乡居民储蓄存款+企业存款中具有定期性质的存款(单位定期存款和自筹基

建存款）+外币存款+信托类存款。

（四）M_3：M_2+金融债券+商业票据+大额可转让定期存单等。

M_1即狭义货币；M_2即广义货币；M_2-M_1即准货币。M_3系出于金融创新不断出现的现状考虑而设，目前暂不编制这一层次货币供应量指标。

三、货币需求

货币需求是指除银行以外的经济决策主体在每一利率下愿意且有能力持有的货币量。凯恩斯认为，货币需求根源于交易、预防和投机三种动机。

货币的交易动机或交易需求是指公众为应付日常的交易需要而持有货币。交易动机产生于人们的收入和支出在时间上的间隔。在收入和支出的时间间隔为零的极端情况下，根本没有必要为交易目的而持有货币。影响货币交易需求量的因素主要有收入与支出的时间间隔、利率和收入等三个。

首先，货币交易需求量与收入和支出的间隔长短正相关，间隔越长，交易货币需求量就越大。

其次，货币交易需求量与利率负相关：利率越高，手持货币的机会成本就越高，人们就会减少货币持有量。当利率上升时，家庭在月初可能会将用于本月交易的货币量的一半存入支票账户，另一半存入储蓄账户。到该月的 15 日时，再将储蓄账户中的款项转存入支票账户，以满足后半个月的交易需要。通常情况下，对家庭来说，这样做的收益微不足道，但对于拥有巨额货币交易需求的企业来说，则意义重大。因此，许多大公司都花费较多的精力管理现金。

最后，货币交易需求量与交易数量的多少正相关：交易数量越多，货币交易需求量也就越多。在一般情况下，交易数量与国民收入正相关，故货币交易需求量也与收入正相关。

凯恩斯认为，影响货币交易需求的主要因素是收入。货币交易需求是收入的增函数，其一般形式为：

$$L_1 = L_1(Y) \tag{4.14}$$

其中，L_1 表示交易货币需求量，Y 表示国民收入。假定交易货币需求函数是线性的，则交易货币需求函数为：

$$L_1 = kY \tag{4.15}$$

k 表示交易货币需求量对收入变动的反应程度，即 $k = \dfrac{\Delta L_1}{\Delta Y} > 0$。交易货币需求曲线如图 4-6 所示。

在图 4-6 中，横轴表示收入，纵轴表示交易货币需求量。交易货币需求量随收入增加而增加，故交易货币需求曲线向右上方倾斜。例如在收入为 Y_0 时，交易货币需求量为 L_1^0。另外，如果收入为零，则无

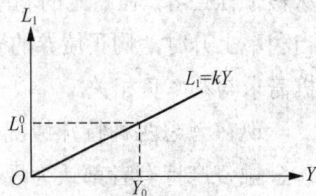

图 4-6　货币的交易需求曲线

需为交易目的而保留货币，交易货币需求量也等于零，故交易货币需求曲线经过原点。

货币的预防动机或预防需求是指公众为应付意外情况而持有货币。货币的预防需求产生于收入和支出的不确定性，它有助于人们对付意外的支出增加和收入延迟。货币的预防需求量也是收入的增函数。收入较高，应付意外事件的费用就较多，从而货币的预防需求量也就较多。鉴于交易需求与预防需求都是收入的增函数，可以把预防需求与交易货币需求综合在一起，统称为交易货币需求，并以式（4.14）或式（4.15）表示货币的交易需求函数。交易货币需求量是收入的增函数。其曲线如

图 4-6 所示。

图 4-6 中，货币交易需求曲线向右上方倾斜。假定收入为 Y_0，则交易货币需求量为 L_1^0。若用纵轴表示利率，横轴代表货币的交易需求量，则货币的交易需求曲线为垂线，如图 4-7 所示。

在图 4-7 中，垂直的货币交易需求曲线 L_1 表明，货币交易需求量与利率无关，无论利率如何变化，交易货币需求量始终不变。

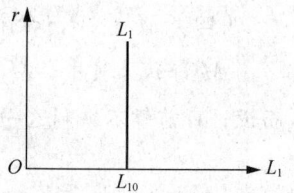

图 4-7 货币的交易需求曲线

货币的投机动机或投机需求是指人们为了在未来利率上升、债券价格下跌时，购买收益率较高的债券而持有货币。货币的投机需求根源于未来利率的不确定性，即根源于人们对未来利率可能上涨、债券价格可能下跌的预期。债券价格与利率负相关：

$$有期限的债券价格 = \frac{R}{1+r} + \frac{R}{(1+r)^2} + \cdots + \frac{R}{(1+r)^n} + \frac{F}{(1+r)^n} \tag{4.16}$$

其中，R 代表每期的债息，F 代表到期应付本金，n 代表期限，r 代表利率。由式（4.16）可知，债券价格取决于债券利息、到期应付本金、债券期限和利率等 4 个因素。给定债券利息、到期应付本金和期限等因素不变，则债券价格与利率负相关，利率越高，债券价格越低。

到底是购买债券还是持有货币，取决于预期利率的高低。人们心目中都有一种标准利率或正常利率。如果现期利率高于正常利率，金融资产（货币与债券）持有者就认为现行利率过高，预期利率在未来将下降，于是现在就放弃货币、购买债券。这样做不仅在目前可以得到较高的利息收益，而且在将来利率下降、债券价格上升时通过出售债券获得很多的资本收益。

如果现期利率低于正常利率，金融资产持有者就会认为现行利率过低，预期未来利率将上升，于是人们现在就会出售债券而持有货币。这是因为，当利率较低时，因放弃债券而失去的利息较少。如果持有债券，则当将来利率上升、债券价格下跌时，资本损失会很多，将大大超过利息收入，使得持有债券的损失大于持有货币的损失。

在上述行为假设条件下，对于任何单个金融资产持有者来说，对货币与债券的选择必然是单一的：现期利率高于正常利率时，选择债券；现期利率低于正常利率时，则选择货币。但一国有数量众多的金融资产持有者，各个金融资产持有者心目中的正常利率常常不同。当一些人认为现行利率较高，试图用货币购买债券时，另一些人可能认为现行利率较低，愿意出售债券而持有货币。这样，从整个社会看，在一定的利率变动范围之内，购买债券的人与出售债券的人同时并存。但无论如何，当利率上升时，购买债券的人总是趋于增加，从而货币投机需求量总是趋于减少。因此，货币的投机需求与利率负相关。

现在考虑两种特殊情况：利率特别高和特别低时的投机货币需求。当利率特别高，以至于全体金融资产持有者都认为现行利率高于正常利率时，人们都会购买债券，放弃货币。即使万一利率再上升，债券价格下跌，也无关紧要，因为极高的利息收益完全可以补偿债券价格下跌造成的资本损失。因此，在极高的利率水平上，货币投机需求量为零；当利率特别低，以至于全体金融资产持有者都认为目前利率低于正常利率时，人们都会放弃债券，持有货币。如果购买债券，注定吃大亏，因为极低的利息收益根本无法弥补债券价格下跌带来的资本损失。因此，在极低的利率水平上，货币投机需求量无穷大。总之，货币投机需求是利率的减函数。货币投机需求函数可以表示为：

$$L_2 = L_2(r) \tag{4.17}$$

货币投机需求曲线如图 4-8 所示。

在图 4-8 中，横轴代表投机货币需求量，纵轴代表利率。投机货币需求曲线由垂直、向右下方倾斜和水平 3 部分组成。垂直（与纵轴重合）部分代表极高利率时的情况，此时货币投机需求为零；水平部分代表极低利率时的情况，此时，人们无论增加多少货币，都不会再去购买债券，而是留在手中，货币投机需求量无穷大。水平部分常被称为流动性偏好

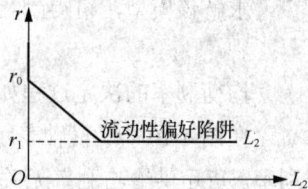

图 4-8　货币投机需求曲线

陷阱。流动性偏好陷阱是指利率极低、货币投机需求无穷大时的状况。此时，中央银行即使增加很多货币供给，也不会使利率下降。古典经济学家只承认货币的交易需求，否认货币投机需求。货币投机需求是凯恩斯首创的。而在流动性偏好陷阱中，投机货币需求得到了充分的表现。故流动性偏好陷阱又称凯恩斯陷阱。

货币总需求等于货币交易需求（包括预防货币需求）与货币投机需求的和。由式（4.14）和式（4.17），可得货币需求函数：

$$L = L_1(Y) + L_2(r) \qquad (4.18)$$

式（4.18）表明，货币需求是收入与利率的二元函数。本节仅考察货币市场上利率的决定与变动，不涉及产品市场。因此，假定收入既定，货币需求仅仅是利率的函数，即：

$$L = L_1(Y_0) + L_2(r) \qquad (4.19)$$

其中，Y_0 为任意给定的收入量。与收入为一常量相适应，货币交易货币需求量也为一常量。根据式（4.19），可得货币需求曲线，如图 4-9 所示。

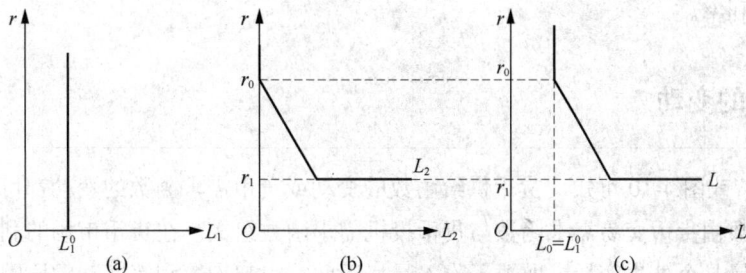

图 4-9　货币需求曲线的推导

图 4-9（c）中的货币需求曲线由图 4-9（a）的货币交易需求曲线和图 4-9（b）的货币投机需求曲线的横标相加而成。其中，图 4-9（a）与图 4-7 完全相同，图 4-9（b）与图 4-8 完全相同。给定一利率 r_0，根据图 4-9（a），有交易货币需求量 L_1^0；根据图 4-9（b），有投机货币需求量 L_2^0。故总的货币需求量为 $L_0 = L_1^0 + L_2^0$。对于每一利率水平，均可照此法求出总的货币需求量。实际上，由于交易货币需求曲线为垂直线，将图 4-9（b）的投机货币需求曲线向右移动 L_1^0 个单位，即得图 4-9（c）的货币需求曲线 L。

四、均衡利率的决定

均衡利率是指货币供给与货币需求相等或货币市场出清时的利率。均衡利率的决定模型为：

$$\begin{cases} M = L \\ M = M_0 \\ L = L_1(Y_0) + L_2(r) \end{cases}$$

求解该模型，可得到货币市场上的均衡利率：

$$M_0 = L_1(Y_0) + L_2(r) \tag{4.20}$$

均衡利率的决定过程如图4-10所示。

在图4-10中，横轴表示货币供给量与货币需求量，纵轴表示利率。货币供给与利率无关，故货币供给曲线 M 是一条垂直于横轴的直线，它与原点的距离由货币供给量决定。在货币供给曲线与货币需求曲线的交点——E 点上，货币供求相等，货币市场出清，此时的均衡利率为 r_0。

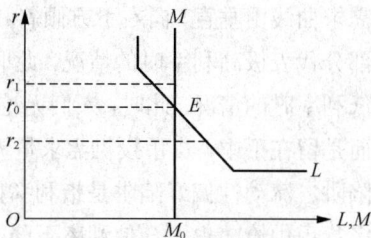

图4-10 均衡利率的决定过程

假定初始利率为 r_1，高于均衡利率。此时，货币供给大于货币需求，意味着人们持有的货币量过多，人们会用多余的货币量购买债券，引起债券需求增加，债券价格上涨，进而导致利率下降。随着利率下降，货币需求（主要是投机货币需求）不断增加。当利率下降到 r_0 时，货币需求与货币供给重新相等，货币市场恢复均衡。若初始利率为 r_2，低于均衡利率。此时，货币供给量小于货币需求量，意味着人们持有的货币量过少，不能满足交易与投机的需要。为了获得更多的货币，人们将出售债券，从而引起债券价格下跌，进而导致利率上涨。随着利率的上涨，货币需求不断下降。当利率上涨到 r_0 时，货币需求与货币供给重新相等，货币市场恢复均衡。

因此，任何高于或低于均衡利率的利率，都是不稳定的，会造成货币供给大于或小于货币需求，市场竞争力量将促使利率下降或上涨，恢复到均衡利率。可见，货币供给与货币需求相等时的利率就是稳定的均衡利率。

五、均衡利率的变动

由式（4.20）或图4-10可知，货币供给函数的变动或货币需求函数的变动都可以引起利率的变动。货币需求函数由货币交易需求函数与货币投机需求函数组成。在货币市场的利率决定模型中，货币的交易需求量是个外生变量，取决于收入量。因此，引起均衡利率变动的原因，主要是货币供给量、收入和货币投机需求函数等三个因素的变动。

货币供给变动引起的利率变动如图4-11所示。

在非凯恩斯陷阱中，货币供给量与均衡利率负相关。货币供给的增加，造成均衡利率下降。如在图4-11中，设初始的货币供给曲线为 M_0，货币需求曲线为 L_0，均衡利率为 r_0。假定现在货币供给量增加，货币供给曲线向右移动到 M_1。如果利率仍然是 r_0，则现在的货币供给大于货币需求，利率将从 r_0 下降到 r_1。

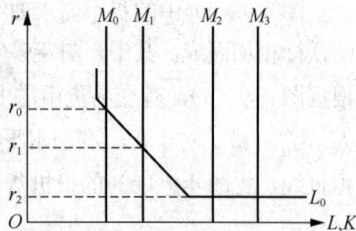

图4-11 货币供给变动引起的利率变动

在凯恩斯陷阱中，货币供给量的变动，不影响利率。在图4-11中，设初始的货币供给曲线为 M_2，货币需求曲线为 L_0，均衡利率为 r_2。现在货币供给量增加，货币供给曲线右移到 M_3，但均衡利率仍然为 r_2。这是因为在流动性偏好陷阱中，利率极低，投机货币需求无穷大。任何货币供给的增加都被公众保持在手头上，不会导入债券市场，降低利率。

收入变动与利率变动正相关，收入增加，将导致利率上升。因为收入越高，交易货币需求量就越多。为了获得更多的货币量用于交易，人们将出售债券，引起债券价格下跌，利率上升。收入变动引起的利率变动过程如图 4-12 所示。

在图 4-12 中，初始的货币供给曲线为 M_0，货币需求曲线为 L_0，均衡利率为 r_0。现在假定收入增加，交易货币需求曲线向右移动，从而货币需求曲线向右移动到 L_1。如果利率仍然是 r_0，则现在的货币供给小于货币需求。于是，均衡利率将从 r_0 上升到 r_1。可见，收入增加提高了均衡利率。

如果收入不断增加，货币需求曲线将不断右移，最终会达到这样一种境界，以至于货币需求曲线的垂直部分与货币供给曲线重合。此时，均衡利率不再是唯一的，而是有无数个，货币供给曲线与货币需求曲线重合部分对应的所有利率都是均衡利率。另外，收入也不可能再增加。否则，整条货币需求曲线将位于货币供给曲线的右方，货币供给曲线与货币需求曲线没有任何交点。这种情况是不可能发生的。因此，收入的增加有赖于货币供给量的相应增加。

货币投机需求与利率正相关，货币投机需求越多，利率就越高。货币投机需求变动引起的利率变动如图 4-13 所示。

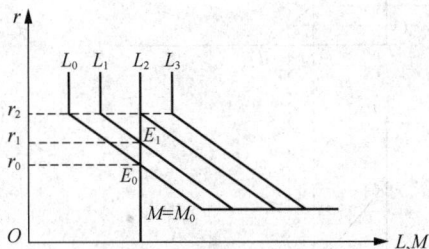

图 4-12　收入变动引起的利率变动

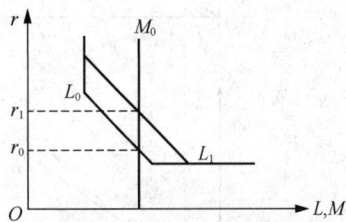

图 4-13　币投机需求变动引起的利率变动

在图 4-13 中，设初始的货币供给曲线为 M_0，货币需求曲线为 L_0，均衡利率为 r_0。现在假定货币投机需求增加，即在每一给定的利率水平上，货币投机需求量都比过去增加了，投机货币需求曲线向右移动，从而引起货币需求曲线向右移动到 L_1。新货币需求曲线与原来的货币需求曲线相比较，水平部分的起始点朝右边移了，但离横轴的距离未变，即最低利率不变。曲线的垂直部分的起始点上升了，但离纵轴的距离未变。曲线的垂直部分的起始点上升，表明在人们心目中，"极高"的利率水平提高了；与纵轴的距离未变，反映了交易货币需求量未变。

货币需求曲线右移到 L_1 以后，在原来的利率 r_0 上，货币供给小于货币需求。为了获得更多的货币，人们会出售债券，引起债券价格降低，利率随之上升到 r_1。可见，货币投机需求的增加会提高均衡利率。同理，货币投机需求减少，会降低利率。

第四节

包含收入变量的货币市场均衡——LM 曲线

一、LM曲线的推导

在上一节讨论的利率决定模型中，如果引进收入变量，那么，货币交易需求量将随收入增加而增加。于是，包含收入变量的利率决定模型为：

$$\begin{cases} M = L \\ M = M_0 \\ L = L_1(Y) + L_2(r) \end{cases}$$

求解该模型，可得包含收入变量的货币市场均衡利率：

$$M_0 = L_1(Y) + L_2(r) \tag{4.21}$$

由式（4.21）可知，均衡利率现在不再是唯一的，它将随着收入变化而变化，有无数个。根据式（4.21），可以作出一条反映货币市场上均衡利率与收入相互关系的曲线——LM曲线，如图4-14所示。

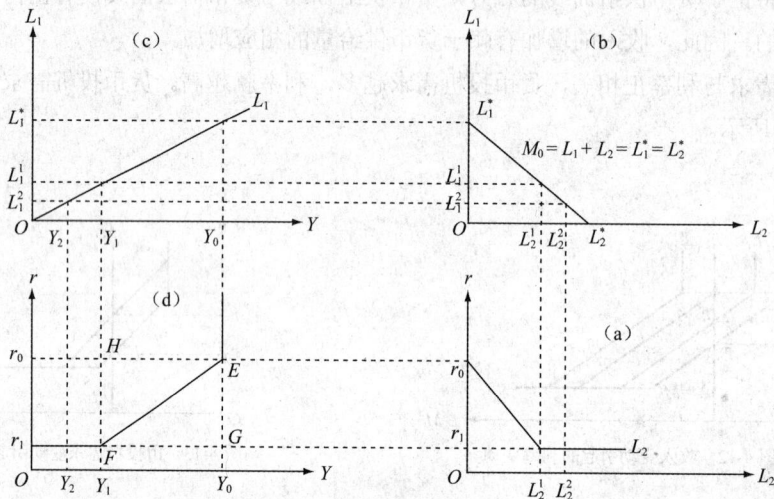

图4-14 LM曲线的推导

在图4-14（a）～图4-14（c）分别代表货币投机需求曲线、均衡条件（包括货币供给函数）和交易货币需求曲线。根据这3个子图，可以推导出一条表示均衡利率与收入相互关系的LM曲线。

图4-14（a）中的横轴代表货币投机需求（L_2），纵轴代表利率。货币投机需求曲线由垂直、向右下方倾斜和水平3部分组成。

图4-14（b）的横轴代表货币投机需求，纵轴代表货币交易需求。货币供给函数和货币市场均衡条件通过该图表现出来。设既定的货币供给量为M_0。为了保证货币市场均衡，要求货币供给量与货币需求量相等，即$M_0 = L_1 + L_2$。既定的货币供给量在货币交易需求量和货币投机需求量之间的分配，由曲线$L_1^* L_2^*$决定。$L_1^* L_2^*$曲线与纵轴上的交点L_1^*点表示，货币供给量全部由货币交易需求吸收，货币投机需求等于零，即$M_0 = L_1^*$；$L_1^* L_2^*$曲线与横轴的交点L_2^*表示，货币供给量全部由货币投机需求吸收，货币交易需求等于零，即$M_0 = L_2^*$。

图4-14（c）中的横轴表示收入，纵轴表示货币交易需求量。当收入为零时，交易货币需求也为零，故交易货币需求曲线经过原点。由于随着收入的增加，交易货币需求也增加，故交易货币需求曲线向右上方倾斜。

设初始的收入为Y_0，根据交易货币需求曲线，可以得到相应的货币交易需求量L_1^*。当交易货币需求量为L_1^*时，为了保证货币需求等于货币供给，货币投机需求量必为零，否则货币市场将失衡。当货币投机需求量为零时，根据图4-14（a）的货币投机需求曲线，相应的均衡利率有无数个，即凡是等于或高于r_0的利率都是均衡利率。这样，从特定的收入Y_0出发，得到r_0和高于r_0的所有均衡利率。把坐标（Y_0，r_0）标在图4-14（d）上，即为E点。由E点往上作一垂直线，即得到LM曲线的垂直部分。

现在假定收入下降到 Y_1。根据图 4-14（c），货币交易需求量相应地减少到 L_1^1。根据图 4-14（b），货币投机需求量则增加到 L_2^1。根据图 4-14（a），利率相应地从 r_0 降到 r_1。把（Y_1，r_1）标在图 4-14（d）上，即为 F 点。连接 E 和 F 两点，得到一条向右上方倾斜的曲线。这就是 LM 曲线的中间部分。

假定收入继续下降到 Y_2，相应的，货币交易需求量减少到 L_1^2，货币投机需求增加到 L_2^2，但利率仍然为 r_1。r_1 是极低的利率，不会随着收入的减少而降低。因此，对于任何低于 Y_1 的收入，利率始终为 r_1，保持不变。于是，连接点 r_1 与 F 的线段 r_1F，为 LM 曲线的水平部分。

可见，LM 曲线就是根据货币供给曲线、货币需求曲线与货币市场的均衡条件作出的，它反映货币市场上均衡利率随收入变动而变动的关系。

二、LM曲线的特征与三大区域

LM 曲线上的任一点对应的利率均满足货币市场均衡条件，都是均衡利率。LM 曲线上有无数个点，从而，均衡利率也有无数个：对于每一收入，都有一个均衡利率与其相对应。

LM 曲线以外任何一点对应的利率，都不是均衡利率。在这些利率水平上，货币供给与货币需求不相等。具体地说，LM 曲线左上方的点对应利率的不均衡状态都是货币供给大于货币需求；LM 曲线右下方的点对应利率的不均衡状态都是货币供给小于货币需求。证明如下。

如图 4-14（d）所示，不均衡点 H 与 LM 曲线上的 E 点相比较，利率相同，收入偏低。利率相同意味着投机货币需求量相等，收入偏低意味着货币交易需求量偏少。在 E 点对应的利率水平上，货币供给正好等于货币需求。那么在 H 点，货币需求一定小于货币供给。该结论可以推广为：任何 LM 曲线左上方的点对应利率的不均衡状态都是货币供给大于货币需求。

再比较不均衡点 G 与 LM 曲线上的 F 点。G 点对应的利率与 F 点相同，但收入偏高。利率相同意味着货币投机需求量相等，收入偏高意味着货币交易需求量偏多。在 F 点对应的利率水平上，货币供给正好等于货币需求。那么在 G 点，货币需求一定大于货币供给。该结论可以推广为：任何 LM 曲线右下方的点对应利率的不均衡状态都是货币供给小于货币需求。

图 4-14（d）表明，LM 曲线由水平、向右上方倾斜以及垂直 3 个部分组成。

LM 曲线的水平部分表示，在极低利率水平上，利率不随收入变化而变化。利率通常有一个最低水平，因为人们在放弃流动性偏好时，总要求得到一定的报酬。当利率降到最低水平，进入流动性偏好陷阱时，货币投机需求无穷大。此时收入下降导致货币交易需求量减少所释放出来的货币量，都被货币投机需求吸收，不会导入债券市场，因而不能降低利率。LM 曲线的水平部分称为凯恩斯区域，因该区域正好对应于货币投机需求曲线的凯恩斯陷阱而得名。

LM 曲线的向右上方倾斜部分表示，随着收入增加，利率会上升。这是因为收入增加，导致货币的交易需求量增加。由于总的货币需求应该等于既定的货币供给量，货币交易需求量的增加必然引起货币投机需求量的减少，最终使利率上升。收入增加引起利率的上升过程，可以简略地表示为：

$$Y\uparrow \to L_1\uparrow \to L_2\downarrow \to r\uparrow$$

LM 曲线的向右上方倾斜部分，称为中间区域。

LM 曲线的垂直部分表示，利率可以变动，但收入不变。这是因为，在利率提高到一定程度，以至于货币投机需求减少到零，全部货币供给量都被货币交易需求吸收以后，如果利率继续上涨，投机货币需求量不再减少，货币交易需求量也不再增加。货币交易需求量是收入的函数，货币交易需求量不变，意味着收入不变。因此，在货币投机需求减少到零以后，利率可以上升，但收入总是既定不变，故 LM 曲线垂直。LM 曲线的垂直部分称为古典区域，因该区域对应于货币投机需求曲线的垂直部分，此时的货币投机需求量等于零，正好符合古典经济学家的只有货币交易需求，不存在货币投机需求的观点。

三、LM曲线的方程与斜率

设货币交易需求曲线与投机货币需求曲线皆为线性，则货币交易需求曲线与货币投机需求曲线的方程可以分别表示为：

$$L_1 = kY \tag{4.22}$$
$$L_2 = J - hr \tag{4.23}$$

其中，$J>0$；k 为货币交易需求量对收入变动的反应程度，即 $k = \frac{\Delta L_1}{\Delta Y} > 0$；$h$ 是货币投机需求量对利率变动的反应程度，即 $h = -\frac{\Delta L_2}{\Delta r} > 0$。将式（4.22）、式（4.23）相加，可得货币需求函数：

$$L = kY + J - hr \tag{4.24}$$

令货币供给（M_0）等于货币需求，可得 LM 曲线的方程为：

$$Y = \frac{M_0 - J}{k} + \frac{k}{h}r \tag{4.25}$$

$$或： r = \frac{J - M_0}{h} + \frac{k}{h}Y \tag{4.26}$$

式（4.26）表明，LM 曲线的斜率为 $\frac{k}{h}$。显然，LM 曲线的斜率与货币交易需求量对收入的敏感度（k）正相关，与货币投机需求量对利率变动的反应程度（h）负相关。

若货币投机需求量对利率变动的反应程度既定，LM 曲线的斜率与货币交易需求曲线的斜率或货币交易需求量对收入的敏感度（k）正相关，货币交易需求量对收入的敏感度越高，LM 曲线的斜率就越大。这是因为货币交易需求量对收入的敏感度越高，增加一定量的收入所需增加的交易货币需求量就越多，在货币供给量既定且货币市场始终保持均衡的条件下，所需减少的投机货币需求量将越多。根据既定的货币投机需求函数，投机货币需求量减少得越多，利率就上升得越高。一定量的收入变动对应着更多的利率变动，意味着 LM 曲线更加陡峭，即斜率更大。反之，货币交易需求曲线的斜率越小，LM 曲线的斜率也就越小。

若货币交易需求量对收入的敏感度既定，LM 曲线的斜率与货币投机需求对利率变动的反应程度（h）负相关，货币投机需求对利率变动的反应程度越大，LM 曲线的斜率就越小。这是因为货币投机需求对利率变动的反应程度越大，意味着提高一定量的利率所减少的投机货币需求量越多，在货币供给量既定且货币市场始终保持均衡的条件下，能增加的交易货币需求量将越多。根据既定的交易货币需求函数，交易货币需求量增加得越多，收入也就增加得越多。一定量的利率上升对应着更多的收入增加，意味着 LM 曲线更加平坦，即斜率更小。反之，货币投机需求对利率变动的反应程度越小，LM 曲线的斜率就越大。

若货币投机需求对利率变动没有反应，即 h 等于零，则利率的变动不会影响货币投机需求量，在货币供给量既定且货币市场始终保持均衡的条件下，货币交易需求量也将保持不变。根据既定的交易货币需求函数，交易货币需求量不变，收入也不变。在利率变动时，收入不变，意味着 LM 曲线垂直。这就是 LM 曲线的古典区域。

若货币投机需求对利率变动的反应无穷大，意味着一定量的利率变动会引起货币投机需求量的无穷大的变动，反过来说，就是一定量的货币投机需求量的变动仅引起无穷小的几乎可以忽略不计的利率变动。因此，在收入变动引起货币交易需求量变动，进而引起货币投机需求量变动时，如果货币投机需求对利率变动的反应无穷大，则利率不变。收入变动时，利率不变，意味着 LM 曲线呈水平状。这就是 LM 曲线的凯恩斯区域。

四、LM曲线的移动

从 LM 曲线的表达式（4.26）中可以看出，引起 LM 曲线移动的因素主要有货币交易需求变动、货币投机需求变动和货币供给变动等 3 个。

首先讨论交易货币需求变动引起的 LM 曲线移动。假定货币交易需求增加，意味着在每一收入水平上，货币交易需求量都比过去增加了。在货币供给量既定且货币市场始终保持均衡的条件下，货币交易需求量增加将引起货币投机需求量减少。根据既定的货币投机需求函数，货币投机需求量的减少导致利率上升。这样，由于货币交易需求增加，每一收入水平上的利率都比过去提高了。这就意味着 LM 曲线向左上方移动。上述推论过程可以表示如下。

$$L_1(Y_0)\uparrow \to L_2\downarrow \to r\uparrow \Rightarrow (r\uparrow，Y_0)\to \text{LM 曲线左移。}$$

反之，如果货币交易需求减少，则 LM 曲线右移。

其次讨论货币投机需求变动引起的 LM 曲线移动。假定货币投机需求增加，意味着在每一利率水平上，现在的货币投机需求量都增加了。在货币供给量既定且货币市场始终保持均衡的条件下，货币投机需求量增加将引起货币交易需求量减少。根据既定的货币交易需求函数，货币交易需求量减少必然导致收入减少。这样，由于货币投机需求增加，现在每一利率水平上的收入都比过去减少了。这意味着 LM 曲线将向左上方移动。上述推论过程可以表示如下。

$$L_2(r_0)\uparrow \to L_1\downarrow \to Y\downarrow \Rightarrow (r_0，Y\downarrow)\to \text{LM 曲线左移。}$$

反之，货币投机需求减少，则 LM 曲线右移。

最后讨论货币供给变动引起的 LM 曲线移动。假定货币供给量增加，新增加的货币供给量都被货币投机需求吸收，货币交易需求量不变。货币投机需求量增加，必然导致利率降低；货币交易需求量不变，则收入不变。在收入不变时，利率降低，意味着 LM 曲线右移。上述推论过程可以表示如下。

$$M_0\uparrow \to \left\{ \begin{matrix} L_1^0 \to Y_0 \\ L_2\uparrow \to r\downarrow \end{matrix} \right\} (r\downarrow，Y_0)\to \text{LM 曲线右移。}$$

反之，货币供给量减少，LM 曲线就会左移。

第五节

产品市场与货币市场的同时均衡——IS-LM 模型

一、两市场中收入和利率的决定——IS-LM模型

IS 曲线描述产品市场上均衡收入与利率之间反方向的变动关系，表明均衡收入随利率变动而变动，

即均衡收入的决定有赖于利率决定。LM 曲线反映货币市场上均衡利率与收入之间的相互关系，表明均衡利率随收入变动而变动，即均衡利率的决定有赖于收入决定。这样，一方面，收入的决定离不开利率的决定，如果不先确定利率水平，就无法真正确定收入水平。因为利率变化会影响投资，进而影响收入；另一方面，利率的决定也离不开收入的决定，如果不先确定收入水平，也无法真正确定利率水平。因为收入变化会影响货币需求，进而影响利率。由于收入与利率的决定相互依赖，为了真正说明收入和利率的决定，就必须把产品市场和货币市场结合起来，构建统一的 IS-LM 模型，同时决定收入和利率。

经济学家简介

约翰·希克斯

约翰·希克斯（John. R. Hicks，1904年4月8日—1989年5月20日）1904年出生于英格兰沃里克。17岁时，希克斯获取奖学金进入牛津大学克利夫顿学院和巴里奥学院学习数学。1923年，他以优异成绩通过了数学学位考试后，转入对"哲学、政治学和经济学"的学习。1925年获牛津大学硕士学位，1932年，获得牛津大学博士学位。1926—1935年，希克斯到伦敦经济学院任助教，后来升任讲师。1935—1938年，在剑桥大学任讲师。在此期间，希克斯撰写了其一生中最重要的著作《价值与资本》（1939年出版）。

1939—1946年，希克斯任曼彻斯特大学首任斯坦利·杰文斯政治经济学讲座教授。1946—1952年，任牛津大学纳菲尔德学院的高级研究员，并参加了该学院的组建工作。1952—1965年，他任该院"德拉蒙德讲座教授"，负责组织研究生教学的工作，并任万灵学院专职研究员，直到退休。1942—1971年，希克斯先后成为英国科学院院士、瑞典皇家科学院院士、意大利林西科学院院士、美国科学院外国院士，并担任牛津

大学纳斐德学院名誉委员、剑桥大学冈维尔与凯斯学院名誉委员、皇家经济学会会长、维也纳大学名誉委员等职务。1964年，被封为爵士。他与美国经济学家肯尼斯·约瑟夫·阿罗（Kenneth. J. Arrow）因在一般均衡理论和福利经济理论方面做出了"首创性"的贡献而共同获得1972年的诺贝尔经济学奖。

希克斯对经济学理论有许多重要贡献。他完善了以序数效用论和无差异曲线来解释的边际效用价值论，发展了一般均衡理论。他在1937年提出的IS-LM模型，把新古典经济学的一般均衡分析与凯恩斯的国民收入决定理论结合在一起，成为现代凯恩斯主义经济学的理论核心。他继卡尔多之后提出了新的补偿标准，在批评庇古福利经济学基础上，建立起新福利经济学理论体系。他还研究了通货膨胀，提出结构性通货膨胀理论。他还修正萨缪尔森提出的乘数-加速数模型，用以阐释经济周期。另外，他在工资理论、货币理论、经济增长理论、资本理论和经济学方法论以及经济史等方面都有所贡献。

IS-LM 模型是指产品市场和货币市场同时均衡的模型。在两部门经济中，该模型可以表示为：

$$\begin{cases} I(r) = S(Y) \\ M_0 = L_1(Y) + L_2(r) \end{cases}$$

其中 $I(r)$ 为投资函数，$S(Y)$ 为储蓄函数，M_0 表示既定的货币供给量，$L_1(Y) + L_2(r)$ 为货币需求函数。求解该模型，可得产品市场与货币市场同时均衡时的收入和利率。IS-LM 模型也可以用图形来表示。产品市场与货币市场的同时均衡如图 4-15 所示。

在图 4-15 中，IS 曲线与 LM 曲线的交点 E 对应的收入 Y_0 与利率 r_0 就是产品市场与货币市场同时均衡时的收入和利率。这是因为 E 点既处于 IS 曲线上，又处于 LM 曲线上：IS 曲线上的任何收入都是产品市场均衡时的收入，而 LM 曲线上的任何利率都是货币市场均衡时的利率。

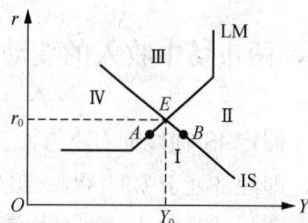

图 4-15　产品市场与货币市场的同时均衡

除了交点以外，在两条曲线的任何其他点上，不是商品市场失衡就是货币市场失衡，二者必居其一。在 LM 曲线上除 E 点以外的任何点上，货币市场均衡，商品市场不均衡。例如，处于 IS 曲线左下方的 A 点，商品市场的失衡类型为投资大于储蓄。在 IS 曲线上除 E 点以外的任何点上，商品市场均衡，货币市场失衡。例如，处于 LM 曲线右下方的 B 点，货币市场的失衡类型是货币需求大于货币供给。

两条曲线以外的点，意味着商品市场和货币市场同时失衡。在图 4-15 中，IS 曲线和 LM 曲线把整个坐标空间划分为 4 个空白区域（除去曲线本身）。4 个区域对应的两市场的失衡状况分别为：

区域 I：$I>S$，$L>M$；区域 II：$I<S$，$L>M$；区域 III：$I<S$，$L<M$；区域 IV：$I>S$，$L<M$。两市场均衡的实现过程如图 4-16 所示。

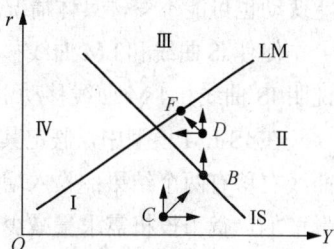

在图 4-16 中，设经济开始处于 C 点。在 C 点上，一方面，$I>S$，收入趋于增加（用向右的水平箭头表示）；另一方面，$L>M$，利率趋于上升（用向上的垂直箭头表示）。它们的合力使经济从 C 点移动到 B 点。B 点位于 IS 曲线上，商品市场已经均衡。但 B 点位于 LM 曲线的下方，货币市场失衡，即 $L>M$。于是利率继续上升，经济从 B 点移动到 D 点。在 D 点，两个市场又同时失衡：$I<S$，$L>M$。于是收入趋于下降（用向左的水平箭头表示），利率继续上升（用向上的垂直箭头表示）。它们的合力使经济从 D 点趋向 F 点。点 F 位于 LM 曲线上，故货币市场均衡；F 点位于 IS 曲线的右上方，故产品市场失衡，即 $I<S$，收入继续下降。可以看出，只要两市场没有同时达到均衡，类似的调整就会一直进行。而随着利率和收入的不断调整，经济体系将日益逼近 IS 曲线和 LM 曲线的交点，最终必然达到商品市场和货币市场同时均衡。

图 4-16　两市场均衡的实现过程

【例题4-1】　在四部门经济中，消费函数 $C=100+0.8Y_d$，投资函数 $I=200-5r$，政府购买 $G=100$，税收函数 $T=20+0.25Y$，出口 $X=50$，进口函数 $M=24+0.1Y$，货币供给 $M=100$，货币需求函数 $L=0.24Y-2r$。求：

（1）四部门经济中 IS 和 LM 曲线的方程；

（2）商品市场和货币市场同时均衡时的收入和利率。

解：（1）根据均衡国民收入 $Y=C+I+G+(X-M)$

$$=100+0.8[Y-(20+0.25Y)]+(200-5r)+100+[50-(24+0.1Y)]$$

可得四部门经济中 IS 曲线的方程为：$r=82-0.1Y$；

由 $M=L$，得 $100=0.24Y-2r$，可得 LM 曲线的方程为：$r=0.12Y-50$。

（2）将 IS 曲线方程和 LM 曲线方程联立：

$$\begin{cases} r=82-0.1Y \\ r=0.12Y-50 \end{cases}$$

可得产品市场与货币市场同时均衡时的收入和利率分别为：$Y=600$，$r=22$。

二、两市场中收入的变动

假定 IS 曲线向右下方倾斜，且与 LM 曲线向右上方倾斜的部分相交，即经济处于中间区域。既然 IS 曲线与 LM 曲线的交点对应的收入和利率，就是两市场同时均衡条件下的收入和利率，那么，IS 曲线或 LM 曲线的变动，必将引起它们的交点变动，进而导致均衡收入和均衡利率的变动，如图 4-17 所示。

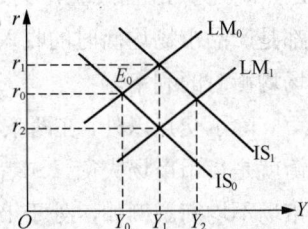

图 4-17 两市场均衡收入的变动

在图 4-17 中，初始的 IS_0 曲线与 LM_0 曲线的交点 E_0，决定的均衡收入及利率分别为 Y_0、r_0。现在假定 LM_0 曲线不变，IS_0 曲线右移到 IS_1，则均衡收入提高到 Y_1，利率上升到 r_1；若 IS_0 曲线不变，LM_0 右移到 LM_1，则均衡收入提高到 Y_1，利率下降到 r_2。如果在 IS_0 右移到 IS_1 的同时，LM_0 右移到 LM_1，则均衡收入增加到 Y_2，利率可能变动也可能不变，具体情况取决于 IS 和 LM 曲线各自右移的程度。

促使 IS 曲线和 LM 曲线移动的因素很多，下面仅以投资函数的变动与货币供给函数的变动为例，说明 IS 曲线和 LM 曲线移动引起的均衡收入的变动。

在 IS-LM 模型中，假定其他条件不变，投资增加。投资增加引起 IS 曲线右移。在中间区域，IS 曲线右移有两个结果：收入增加和利率上升。这是因为投资增加导致收入增加，引起货币交易需求量增加，货币投机需求量减少，利率随之上升。利率上升又导致投资下降和收入下降，抵消一部分原先的投资增加与收入增加。于是，投资增加，最终将引起收入增加和利率上升。同理，投资减少，IS 曲线左移，最终将引起收入减少和利率下降。

在 IS-LM 模型中，假定其他条件不变，货币供给增加。货币供给增加使 LM 曲线右移。在中间区域，LM 曲线右移有两个结果：收入增加和利率下降。这是因为货币供给增加使利率下降，刺激投资增加，进而使收入增加。故货币供给增加最终使收入增加，利率下降。同理，货币供给减少，最终使收入减少，利率上升。货币供给增加引起收入增加的条件是：第一，货币供给增加能使利率下降；第二，利率下降能使投资增加。

练习题

一、单项选择题

1. 当利率降得很低时，人们购买债券的风险（　　）。
   A. 将变得很小　　B. 将变得很大　　　　C. 可能变大，也可能变小　　D. 不变

2. 资本边际效率与（　　）。
   A. 资本品购买价格负相关，投资的预期收益正相关
   B. 资本品购买价格负相关，投资的预期收益负相关
   C. 资本品购买价格正相关，投资的预期收益正相关
   D. 资本品购买价格正相关，投资的预期收益负相关

3. 随着投资增加，（　　），导致资本边际效率递减。
   A. 短期内，投资品的价格下降，长期内，投资的预期收益上升
   B. 短期内，投资品的价格上升，长期内，投资的预期收益上升

  C. 短期内，投资品的价格下降，长期内，投资的预期收益下降

  D. 短期内，投资品的价格上升，长期内，投资的预期收益下降

4. IS曲线上均衡收入和利率的组合点有（ ）。

  A. 一个   B. 一个或无数个

  C. 无数个   D. 一个或无数个都不可能

5. 如果其他因素既定不变，利率降低，将引起人们对货币的（ ）。

  A. 交易需求增加 B. 投机需求增加   C. 投机需求减少   D. 交易需求减少

6. 假定其他因素既定不变，政府购买增加时，IS曲线将（ ）。

  A. 向右平行移动 B. 向左平行移动   C. 变得更加陡峭   D. 变得更加平坦

7. 假定其他因素既定不变，货币的投机需求对利率变动的反应程度提高时，LM曲线将（ ）。

  A. 向右平行移动 B. 向左平行移动   C. 变得更加陡峭   D. 变得更加平坦

8. 假定其他因素既定不变，货币供给增加时，LM曲线将（ ）。

  A. 向右平行移动 B. 向左平行移动   C. 变得更加陡峭   D. 变得更加平坦

9. 如果利率和收入的组合点出现在IS曲线右上方和LM曲线左上方的区域中，则意味着（ ）。

  A. $I>S$, $L<M$ B. $I>S$, $L>M$ C. $I<S$, $L<M$ D. $I<S$, $L>M$

10. 如果利率和收入都能按供求情况自动得到调整，则利率和收入的组合点出现在IS曲线左下方、LM曲线右下方的区域中时，有可能（ ）。

  A. 利率上升，收入增加   B. 利率上升，收入下降

  C. 利率下降，收入增加   D. 利率下降，收入减少

11. 在IS-LM模型中，如果经济处于中间区域，投资增加会（ ）。

  A. 增加收入，提高利率   B. 减少收入，提高利率

  C. 增加收入，降低利率   D. 减少收入，降低利率

12. 净税收和政府购买支出的等量增加，使得IS曲线（ ）。

  A. 不变   B. 向右移动 $K_B \cdot \Delta G$ 单位（K_B 为平衡预算乘数）

  C. 向左平移 $K_B \cdot \Delta G$ 单位   D. 向右平移 ΔG 单位

13. 假定货币供给量和价格水平不变，货币需求为收入和利率的函数，那么，收入减少时有（ ）。

  A. 货币需求增加，利率下降   B. 货币需求增加，利率上升

  C. 货币需求减少，利率下降   D. 货币需求减少，利率上升

14. 货币供给量变动使LM曲线移动，若要使均衡收入变动接近LM曲线的移动量，则要求（ ）。

  A. IS和LM曲线都陡峭   B. IS和LM曲线都平坦

  C. IS曲线陡峭，LM曲线平坦   D. IS曲线平坦，LM曲线陡峭

二、名词解释

1. 资本边际效率 2. IS曲线 3. 流动性偏好陷阱 4. LM曲线 5. 凯恩斯区域 6. 古典区域 7. 货币的交易需求 8. 货币的预防需求 9. 货币的投机需求 10. IS-LM模型 11. 利息

三、简答题

1. 资本边际效率为什么递减？

2. 在凯恩斯看来，人们的货币需求动机有哪些？

3. 什么是"流动性偏好陷阱"？

4. 凯恩斯认为，利率由哪些因素决定？货币供给不断增加时，利率是否将持续降低？

四、论述题

1. IS曲线为什么常常向右下方倾斜？在三部门经济中，IS曲线的斜率主要由哪些因素决定？

2. LM曲线上的凯恩斯区域、中间区域与古典区域为什么分别是水平状、向右上方倾斜与垂直状的？为什么LM曲线的斜率与投机货币需求对利率的敏感度负相关？

3. 为什么要构建IS-LM模型？

五、计算题

1. 在两部门经济中，消费函数$C=100+0.7Y$，投资函数$I=200-3r$，货币供给$M=100$，货币需求函数$L=0.2Y-2r$。求：

（1）两部门经济中IS和LM曲线方程；

（2）商品市场和货币市场同时均衡时的收入和利率。

2. 在四部门经济中，消费函数$C=100+0.8Y_d$，投资函数$I=200-5r$，政府购买$G=100$，税收函数$T=20+0.25Y$，出口$X=50$，进口函数$M=24+0.1Y$，货币供给$M=100$，货币需求函数$L=0.24Y-2r$。求：

（1）四部门经济中IS和LM曲线的方程；

（2）商品市场和货币市场同时均衡时的收入和利率。

3. 设在两部门经济中，货币需求函数为$L=0.2Y-4r$，消费函数为$C=100+0.8Y$，货币供给函数为$M=200$，投资$I=150$。求：

（1）两部门经济中IS和LM曲线方程；

（2）均衡收入和利率；

（3）假设货币供给增加20，其他条件不变，则均衡收入和利率有何变化？

4. 若交易需求$L_1=0.25Y$，投机需求$L_2=200-800r$，求：

（1）货币总需求函数；

（2）当利率$r=0.1$，收入$Y=1\,000$时的货币总需求；

（3）当货币供给$M=500$，收入$Y=1\,200$时，货币的投机需求是多少？

（4）当$Y=1\,000$，货币供给$M=410$时，均衡利率是多少？

六、案例分析题

IS-LM模型与我国需求管理政策的失灵

人们通常将IS-LM模型作为政府选择特定宏观经济政策的理论依据，并运用IS-LM模型分析宏观经济政策的效果。我国在2015年以来，面对国民收入增长乏力、失业率逐渐上升的经济不景气现状，实施了力度较大的扩张性财政政策与货币政策，政府在增加对基础设施建设与重要产业等领域财政投入的同时，央行也多次降低基准利率与法定准备率，增加流通中的货币供给量，试图同时右移IS曲线与LM曲线，增加就业量与实际国民收入，加快经济增长。但经验数据表明，我国以IS-LM模型为依据的凯恩斯主义的需求管理政策并没有取得预期的效果，目前的失业率仍在上升，经济增长依然没有以前那么强劲。显然，我国的需求管理政策在很大程度上失灵了。所以，目前我国政府将宏观经济政策的重心从原先的需求方转向了供给方，加快了供给侧的改革步伐。

请根据IS-LM模型的基本原理与我国目前的经济情况，分析政府支出与货币供给量增加不能有效移动IS曲线与LM曲线，即不能促进就业与收入增长的原因。

第四章的 IS-LM 模型，阐述了产品市场与货币市场两市场中的国民收入决定。本章在介绍财政政策和货币政策的手段、种类与实施原则的基础上，利用 IS-LM 模型，分析财政政策和货币政策的作用机制与作用大小的决定因素。

第一节 宏观经济政策概述

宏观经济政策是指国家或政府为了促进经济稳定增长、增进社会经济福利而制定的解决宏观经济问题的指导原则和措施。任何一项经济政策的制定都以一定的理论为基础，以一定的经济目标为指针，以某些工具为手段。

一、宏观经济政策目标

宏观经济政策追求的目标主要有 4 个：充分就业、物价稳定、经济增长和国际收支平衡。在每一特定时期，宏观政策目标可能有所侧重，各个目标也可能相互抵触，但政府必须顾及总体目标的实现。

（一）充分就业

充分就业是指社会的一切生产要素都参与生产活动的状态。由于测量各种经济资源参与经济活动的程度非常困难，西方经济学家通常以整个社会的实际就业量是否等于劳动市场的均衡就业量，作为衡量充分就业与否的尺度。充分就业并不意味着百分之百地就业，因为劳动市场均衡时，依然存在摩擦性与结构性等种类的失业。

（二）物价稳定

为了控制通货膨胀对经济的冲击，西方国家把价格稳定作为宏观经济政策的第二个目标。物价稳定是指价格总水平或一般价格水平的稳定。由于各种商品价格变化程度不一以及由于统计上的困难，西方学者通常用价格指数表示一般价格水平的变化。价格指数有消费者价格指数、生产者价格指数和国内生产总值折算指数三种。价格稳定不是指每种商品的价格固定不变，也不是价格总水平保持不变，而是指价格指数相对稳定，不出现较严重的通货膨胀或通货紧缩。实际上，西方国家一般把轻微通货膨胀的存在，看做是正常的经济现象。

（三）经济增长

经济增长是指一定时期内 GDP 持续而又均衡地增长，准确地说是指一定时期内经济社会所生产的人均产量或者人均 GDP 的增长。经济增长往往与就业率的变动高度正相关。如何维持较高的增长率以实现充分就业，是西方国家宏观经济政策追求的重要目标之一。

（四）国际收支平衡

国际收支平衡简单地说是指一国净出口与净资本流出相等而形成的平衡。一国的国际收支状况，不仅反映了这个国家的对外经济交往情况，还反映出该国经济的稳定程度。一国国际收支的失衡，将通过汇率的变动，对国内经济形成冲击，影响国内的就业水平、价格水平和经济增长。随着现代化的交通运输工具、通信工具的产生、优化与广泛应用，国际间的经济交往日益密切，国际收支不平衡对一国的不利影响也日益严重。如何平衡国际收支，自然成为现代一国宏观经济政策的重要目标之一。

上述宏观经济政策的四大目标并不总是相互一致的。在宏观经济运行偏离均衡状态时，四大目标之间会相互矛盾和冲突。其中最重要的矛盾是充分就业与物价稳定之间的冲突。例如，当一国的实际就业量低于充分就业时，为了恢复充分就业均衡，政府有必要采取扩张性的财政政策与货币政策，刺激经济。但扩张性货币政策必然引起通货膨胀；反之，当一国出现通货膨胀时，为了维持物价稳定，政府必须实施紧缩性的财政政策与货币政策。而紧缩性政策常常导致经济衰退，失业增加。充分就业与物价稳定，往往难以两全其美。所以，要实现上述四大目标，政府必须同时使用多种政策手段，并让这些政策手段相互配合，协调一致。

二、宏观经济政策种类

宏观经济政策主要有需求管理、供给管理与国际经济政策 3 类。

（一）需求管理政策

需求管理政策是通过调节总需求来实现一定目标的宏观经济政策，包括财政政策和货币政策两类。这是凯恩斯及其追随者推崇的政策。凯恩斯的总需求管理思想产生于 20 世纪 30 年代的大危机时期。在那次经济大危机期间，西方各主要资本主义国家失业增加，资源大量闲置，经济萧条。凯恩斯认为私人资本主义经济运行的主要问题是总需求不足。为了实现充分就业，政府有必要实施能够增加社会总需求的政策。汉森、萨缪尔森等经济学家，继承与发扬了凯恩斯的这种经济思想，形成了注重总需求管理政策的新古典综合或正统凯恩斯主义学派。

需求管理是要通过对总需求的调节，实现总需求等于总供给，达到既无失业，又无通货膨胀的目标。在总需求小于总供给时，经济中会由于需求不足而产生失业，这时就要运用扩张性的政策工具来刺激总需求；在总需求大于总供给时，经济中会由于需求过度而引起通货膨胀，这时就要运用紧缩性的政策工具来抑制总需求，最终实现既无失业也无通货膨胀的经济增长。

（二）供给管理政策

20 世纪 70 年代初期，世界石油危机导致西方国家的经济滞胀，使凯恩斯主义的需求管理政策失灵。于是，一些经济学家重新将注意力集中到供给管理上。这些经济学家相信萨伊定律，认为供给会创造出自己的需求。滞涨问题本质上是由总供给不足引起的。而总供给不足的主要原因，一是税率过高，挫伤了人们储蓄、投资与工作的热情。二是政府对经济活动的管制与干预过多。只有降低税率、放松政府对经济的管制，鼓励自由竞争，才能增加就业与总供给。供给管理政策就是通过调节总供给，来达到宏观经济政策目标。

（三）国际经济政策

现实中每一个国家的经济在一定程度上都是开放的，各国经济之间存在日益密切的往来与相互影响。一国的宏观经济政策目标的实现不仅依赖于国内经济政策，而且受到国际经济环境的影响，这便需要采取相应的国际经济政策，以实现国际收支平衡。因此，宏观经济政策也包括国际经济政策，或者说政府对经济的宏观调控中也包括了对国际经济关系的调节。

国际经济政策不仅要能够促进一国的对外经济交往顺利进行，在对外经济交往中取得经济利益，还要能够推动国内经济沿着充分就业轨迹稳定增长，并削弱国际交往中外来不利因素的干扰，形成对国内经济的有效保护。国际经济政策主要包括：财政政策（关税）、货币政策（汇率和国际资本流动管理）、对外贸易政策（进出口管制）等。

本章仅介绍需求管理政策，即财政政策和货币政策，其他政策工具将在相关章节讨论。

第二节 | 财政政策

财政政策是指为促进就业水平提高、减轻经济波动、防止通货膨胀、实现经济稳定增长而对政府支出、税收和借债水平进行的选择，或对政府收入和支出水平做出的决策。要了解财政政策的内容，只有在了解现代西方财政基本构成的基础上，才能搞清财政政策如何运用。凯恩斯主义推行的是补偿性的财政政策，其理论基础是功能财政思想。功能财政思想否定了传统的预算平衡信条。

一、财政构成与财政制度的自动稳定器

（一）财政构成

西方国家的财政由政府收入和支出两个方面构成。政府支出是指整个国家中各级政府支出的总和，它由许多支出项目构成，主要可分为政府购买和转移支付两类。政府购买是指政府对商品和劳务的购买。如购买军需品、机关公用品、政府支付雇员工资、公共项目工程支出等都属于政府购买。政府购买是一种实质性支出，有着商品和劳务的实际交易，因而是国民收入与社会总需求的一个组成部分。政府转移支付则是指政府在社会福利保险、贫困救济和补助等方面的支出，是收入再分配的一种形式。政府在进行这些支出时，并无相应的商品和劳务的交换发生。因此，转移支付不能算作国民收入与社会总需求的组成部分。政府对新兴产业与农业等行业的补贴也被看做是政府转移支付。

税收是政府财政收入中的最主要部分。税收依据不同标准可作不同的分类。依据课税对象，可分为财产税、所得税和流转税 3 类。财产税是对不动产或房地产即土地和土地上建筑物等征收的税。遗产税一般包含在财产税中。所得税是对个人和公司所得收入征税。在西方国家的税收中，所得税占很大比重。因此所得税税率的变动对经济活动会产生重大影响。流转税是对流通中商品和服务买卖的总额征税。增值税是流转税的主要税种之一。依据收入中被扣除的比例，税收可分为累退税、

累进税和比例税三种。累退税是税率随征税客体总量增加而递减的一种税。比例税是税率不随征税客体总量增加而变动的一种税，即按固定比率从收入中征税，多适用于流转税和财产税。累进税是税率随征税客体总量增加而增加的一种税。西方国家的所得税多属于累进税。这三种税通过税率的高低及其变动来反映赋税负担轻重和税收总量的变化。因此税率的大小及其变动方向对经济活动如个人工作、储蓄和企业投资会产生很大影响。

（二）财政制度的自动稳定器

自动稳定器，亦称内在稳定器，是指经济系统本身存在的一种能自动减轻国民收入波动的机制。它能够在经济繁荣时期自动抑制通货膨胀，在经济萧条时期自动减轻衰退，毋须政府采取任何行动。财政制度本身具有自动稳定经济的功能。当经济发生波动时，财政制度的内在稳定器就会自动发挥作用，"逆经济风向行事"调节社会总需求水平，减轻经济波动的幅度。财政制度的这种内在稳定经济的功能，主要通过以下 3 条途径得到发挥。

首先是所得税的自动变化。所得税的特点是分级累进的税率不变。当经济衰退时，国民产出水平下降，个人收入减少，使纳税人的收入自动进入较低纳税档次，政府税收下降，延缓总需求的下降，从而可起到抑制衰退的作用。反之，当经济繁荣时，失业率下降，人们收入增加，使纳税人的收入自动进入较高的纳税档次，政府税收上升，延缓总需求的上升，从而起到抑制通货膨胀的作用。

其次是政府转移支付的自动变化。转移支付包括政府的失业救济和其他社会福利支出，其特点是有一定的标准。当经济出现衰退时，失业增加，符合救济条件的人数增多，失业救济和其他社会福利支出就会相应增加。这样就可以抑制人们可支配收入的下降，进而抑制消费需求的下降，延缓经济衰退。当经济繁荣时，失业人数减少，失业救济和其他社会福利开支也会自然减少，从而抑制可支配收入和消费的增长，减轻通货膨胀的程度。

最后是农产品价格维持制度。经济萧条时，国民收入下降，农产品价格下降，政府依照较高的支持价格收购农产品，意味着政府对农场主的补贴增加，可避免农场主收入和消费下降，从而延缓总需求的减少与经济衰退。经济繁荣时，国民收入增加，农产品价格上升，政府不必按支持价格收购农产品，意味着政府对农场主的补贴减少，避免农场主收入与消费进一步增加，从而延缓通货膨胀。

自动稳定器虽然构成对抗经济波动的第一道防线，但其作用只有在事后即经济出现波动以后才能发挥。自动稳定器更大的不足是其作用有限，只能稍微降低经济波动幅度，而不能在较短的时间内逆转经济波动趋势，消除经济波动。因此，有必要实施积极的财政政策，以保证经济稳定增长。

二、财政政策的工具、种类与实施原则

财政政策是对政府支出与税收进行规划，以减轻波动，促进经济持续稳定地增长。财政政策需要借助适当的政策工具来实施。财政政策工具是财政当局为实现既定的政策目标所选择的操作手段。财政政策工具主要有变动政府购买支出、改变政府转移支付和变动税收三种。它们都将引起总需求

的变动，最终导致就业与国民收入等因素的变动。

政府购买支出是决定国民收入大小的主要因素之一，其规模直接关系到社会总需求的增减。购买支出对整个社会总支出水平具有十分重要的调节作用。在社会总需求不足时，政府可以提高购买支出水平，如兴办公共工程，增加总需求，以此同衰退斗争。反之，当总需求过高时，政府可以减少购买支出，降低社会总体需求，以此来抑制通货膨胀。因此，变动政府购买支出水平是财政政策的有力手段。

政府转移支付也是一项重要的财政政策工具。一般来说，在社会总支出不足时，失业会增加。这时政府应增加社会福利方面的开支，提高转移支付水平，以增加人们的可支配收入和消费支出，社会有效需求因而增加；在社会总支出水平过高时，通货膨胀率上升。政府应减少社会福利支出，降低转移支付水平，以减少人们的可支配收入和消费支出，进而减少社会有效需求。

税收作为政府收入最主要的来源，也是国家实施财政政策的一个重要手段。税收作为政策工具，既可以通过改变税率来实现，也可以通过变动税收总量来实现，如一次性减税来达到刺激社会总需求的目的。在西方国家，所得税是税收的主要来源。因此，改变税率主要是变动所得税的税率。一般来说，降低税率，减少税收，都会引起社会总需求增加和国民产出的增长；反之则反是。因此在总需求不足时，可采取减税措施来刺激有效需求，抑制经济衰退；在需求过度时，可采取增税措施来抑制总需求，降低通货膨胀率。

根据对总需求的不同作用，财政政策分为扩张性财政政策与紧缩性财政政策两类。扩张性财政政策，就是增加政府支出，减少税收，以刺激或增加总需求，最终达到增加就业与收入的目的。反之，紧缩性财政政策，就是减少政府支出，增加税收，以减少总需求，最终达到降低通货膨胀率，消除经济过热的目的。

为了实现财政政策目标，促进经济稳定增长，政府应审时度势，根据具体的经济形势，选择适当的财政政策。实施财政政策的原则是"逆经济风向行事"，或"相机抉择"。当总需求水平过低，失业率提高，出现经济衰退时，政府应实施扩张性财政政策，通过削减税收、降低税率或增加支出以刺激总需求。反之，当总需求水平过高，出现通货膨胀时，政府应实施紧缩性财政政策，增加税收或削减开支，以抑制总需求。这种根据经济波动情况斟酌使用的扩张性和紧缩性财政政策，称为补偿性财政政策。补偿性财政政策，不仅能起到"熨平经济周期的峰顶与谷底"的作用，而且对于实现公共预算的平衡，也具有较好的效果。

三、财政政策的作用机制与挤出效应

在 IS-LM 模型中，假设经济处于中间区域，则扩张性财政政策的作用过程或作用机制为：政府购买支出的增加通过乘数效应，将多倍地增加总需求与收入。在货币供给量既定且货币供给量必须等于货币需求量的条件下，由收入增加引起的货币交易需求量的增加，必然导致等量货币投机需求量的减少，进而提高利率（因为利率与货币投机需求量负相关）。利率的提高会减少投资，进而减少总需求与收入，对扩张性财政政策增加总需求与国民收入的效果具有一定程度的抵消作用。政府增加支出或削减税收所导致的财政赤字上升，可能提高利率，减少或挤出国内私人投资的现象，被称作财政政策的"挤出效应"。可见，财政政策的挤出效应包含在财政政策的作用机制之中。财政政策的作用机制可简单表述如下。

$$G\uparrow \rightarrow Y\uparrow \rightarrow L_1\uparrow \rightarrow L_2\downarrow \rightarrow r\uparrow \rightarrow I\downarrow \rightarrow Y\downarrow$$

财政政策的作用机制如图 5-1 所示。

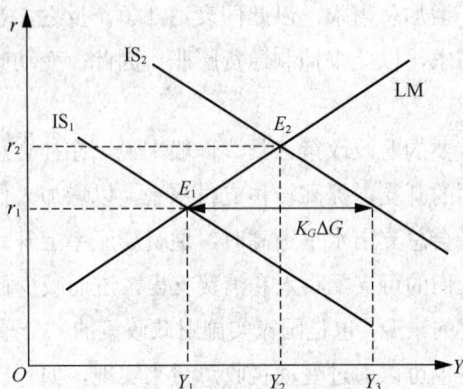

图 5-1　财政政策的作用机制和"挤出"效应

在图 5-1 中，初始的经济状况处于 E_1 点。现在 LM 曲线既定不变，政府购买支出增加 ΔG，使得 IS_1 曲线右移到 IS_2，均衡点从 E_1 移动到 E_2，利率从 r_1 上升到 r_2，收入从 Y_1 增加到 Y_2。若政府购买支出增加 ΔG 时，利率不上升，则收入将从 Y_1 增加到 Y_3。收入的增加量等于政府购买乘数与政府购买的变动量的积，即 $Y_1Y_3 = K_G \cdot \Delta G$。因此，$Y_2Y_3$ 就是挤出效应。

在不同的就业水平下，挤出效应的大小不同。在一个充分就业的社会中，政府购买支出增加，将会等量地减少私人投资，即挤出效应等于 1。这意味着扩张性的财政政策不能增加总需求与收入，只能导致利率上涨。在非充分就业的经济中，挤出效应小于 1。这样，扩张性财政政策多少总能增加一些总需求与收入。

四、财政政策效果大小的决定因素

财政政策的效果大小，是指政府收支变化（包括变动税收、政府购买和转移支付等）使总需求变动对国民收入和就业的影响程度。在 IS-LM 模型中，财政政策效果大小与 IS 曲线和 LM 曲线的斜率紧密相关。

（一）如果 LM 曲线的斜率既定，财政政策效果的大小与 IS 曲线斜率的绝对值正相关

在 LM 曲线斜率既定的条件下，财政政策效果的大小与 IS 曲线斜率的绝对值正相关，如图 5-2 所示。在三部门经济中，假定消费倾向与税收倾向固定不变，则 IS 曲线斜率的绝对值（$\frac{1-c(1-t)}{i}$）与投资需求对利率变动的敏感程度（i）负相关。IS 曲线斜率的绝对值越大，投资需求对利率变动的敏感程度越小，即一定量的 r 变动仅引起少量的 I 变动。因此，当政府支出增加引起 r 上升时，减少的 I 就少，进而减少的总需求与收入也较少，即"挤出效应"较小，财政政策效果就较大。反之，IS 曲线斜率的绝对值越小，意味着投资需求对利率变动的敏感程度越大，即一定量的 r 变动会引起较多的 I 变动。这样，当政府支出增加引起 r 上升时，减少的 I 就多，进而减少的总需求与收入也

较多，即"挤出效应"较大，财政政策效果就较小。

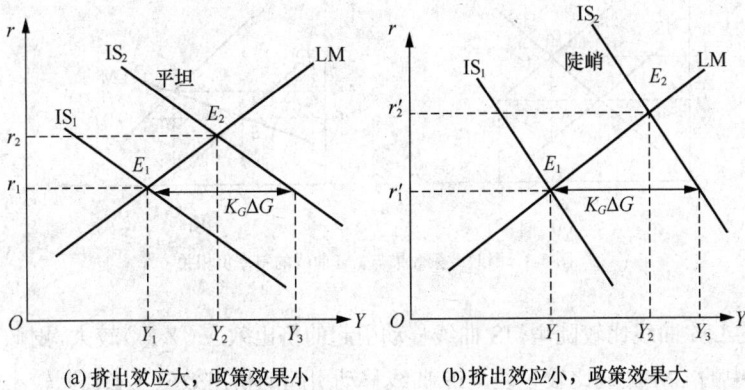

(a) 挤出效应大，政策效果小　　　　(b) 挤出效应小，政策效果大

图 5-2　财政政策效果与 IS 曲线的斜率的绝对值正相关

在图 5-2 中，（a）与（b）两子图中的 LM 曲线的斜率相同，曲线 IS_1 与 IS_2 的水平距离相等，都为 $K_G\Delta G$。但（a）子图中的 IS 曲线的斜率的绝对值较小，更加平坦，（b）子图中的 IS 曲线斜率的绝对值较大，更加陡峭。开始时，经济处于 IS_1 和 LM 曲线的交点 E_1，对应的均衡利率和收入分别为 r_1 和 Y_1。此时，收入较低，经济可能处于衰退之中。现在，政府为了增加就业与收入，实施扩张性财政政策，增加购买支出。政府购买支出增加，使 IS_1 曲线向右移动到 IS_2。经济从 E_1 点移动到 E_2 点，利率上升到 r_2，收入增加到 Y_2。

（a）子图中的 IS 曲线比较平坦，IS 曲线移动引起的挤出效应（Y_2Y_3）较大，财政政策效果（Y_1Y_2）较小。（b）子图中的 IS 曲线比较陡峭，IS 曲线移动引起的挤出效应（Y_2Y_3）较小，财政政策效果（Y_1Y_2）较大。

（二）如果 IS 曲线的斜率既定，财政政策效果的大小与 LM 曲线的斜率负相关

在 IS 曲线的斜率既定的条件下，财政政策效果的大小与 LM 曲线的斜率负相关。LM 曲线的斜率等于货币交易需求（L_1）对收入的敏感度（k）除以货币投机需求（L_2）对利率的敏感度（h）。假定货币交易需求对利率的敏感度不变，则 LM 曲线的斜率与货币投机需求对利率的敏感度负相关，如图 5-3 所示。如果 LM 曲线的斜率越大，意味着 L_2 对 r 变动的反应程度越小，一定量的 r 变动只能引起少量的 L_2 的变动，反过来说就是一定量的 L_2 变动会引起 r 大量变动，进而引起投资大量变动，"挤出效应"较大，财政政策效果就较小。反之，若 LM 曲线的斜率越小，一定量的 L_2 变动只会引起 r 少量变动，进而引起投资少量变动，"挤出效应"越小，财政政策效果也就越大。

在图 5-3 中，（a）与（b）两子图中的 IS 曲线的斜率相同，曲线 IS_1 与 IS_2 的水平距离相等，都为 $K_G\Delta G$。但（a）子图中的 LM 曲线的斜率较大，更加陡峭，（b）子图中的 LM 曲线的斜率较小，更加平坦。开始时，经济处于 IS_1 和 LM 曲线的交点 E_1，对应的均衡利率和收入分别为 r_1 和 Y_1。此时，收入较低，经济可能处于衰退之中。现在，政府为了增加就业与收入，实施扩张性财政政策，增加购买支出。政府购买支出增加使 IS_1 曲线向右移动到 IS_2。经济从 E_1 点移动到 E_2 点，利率上升到 r_2，收入增加到 Y_2。

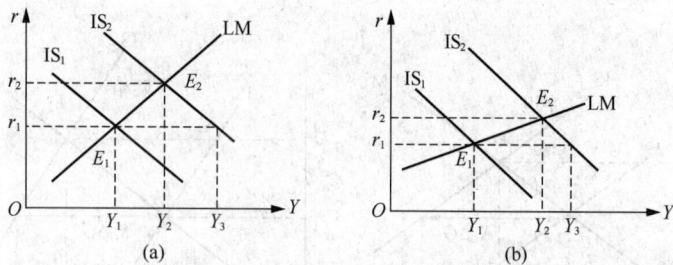

图 5-3　财政政策效果与 LM 曲线的斜率负相关

（a）子图中的 LM 曲线比较陡峭，IS 曲线移动引起的挤出效应（Y_2Y_3）较大，财政政策效果（Y_1Y_2）较小。（b）子图中的 LM 曲线比较平坦，IS 曲线移动引起的挤出效应（Y_2Y_3）较小，财政政策效果（Y_1Y_2）较大。

（三）财政政策的两个特例

1. 凯恩斯主义极端

如果经济处于凯恩斯区域，利率不变，则挤出效应为零，财政政策效果最大，称为凯恩斯主义极端，如图 5-4（a）所示。

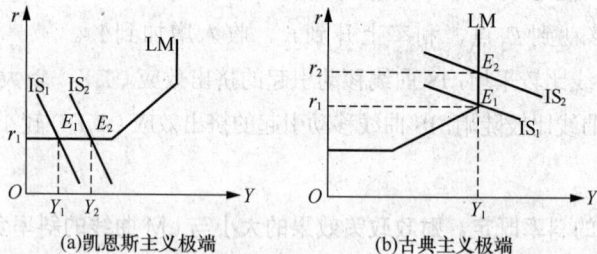

(a)凯恩斯主义极端　　　　　(b)古典主义极端

图 5-4　凯恩斯主义极端与古典主义极端

在图 5-4（a）中，假定经济开始处于 IS$_1$ 和 LM 曲线的交点 E_1，对应的均衡利率和收入分别为 r_1 和 Y_1。此时，利率极低，收入也较少，经济可能处于萧条之中。现在，政府为了增加就业与收入，增加购买支出，使 IS$_1$ 曲线向右移到 IS$_2$。经济从 E_1 点移动到 E_2 点，收入增加到 Y_2，而利率不变。利率不变的原因，在于凯恩斯区域正好对应流动性偏好陷阱，人们的货币投机需求量无穷大，即人们手头上有很多准备在利率上升、债券价格下跌时购买债券但暂时闲置的货币量。扩张性财政政策引起的收入增加所要求增加的货币交易需求量，在凯恩斯区域很容易得到满足，不需要通过出售债券来筹集。由于债券供给不增加，故债券价格不下降，进而利率不上升。利率不变使财政政策的挤出效应等于零，财政政策效果极大。扩张性财政政策引起的收入增加量 $Y_1Y_2 = K_G \cdot \Delta G$。

2. 古典主义极端

如果经济处于古典区域，利率极高，货币投机需求等于零。则挤出效应极大，财政政策效果极小。这种情况叫作古典主义极端。如图 5-4（b）所示。

在图 5-4（b）中，假定经济开始处于 IS$_1$ 和 LM 曲线的交点 E_1，对应的均衡利率和收入分别为 r_1 和 Y_1。此时，利率极高，收入也较多。现在，政府为了进一步增加就业与收入而增加购买支出，使 IS_1 曲线向右移到 IS_2。经济从 E_1 点移动到 E_2 点，利率上升而收入不变。

收入不变的原因，在于古典区域中，利率很高，债券价格很低，个人都手持债券，货币投机需求量等于零。这意味着人们手头上已没有准备在利率上升、债券价格下跌时购买债券但暂时闲置的货币量。在这种情况下，政府为增加购买支出而向私人部门借钱，就必须将公债利率提高到大于私人投资的预期收益率即资本边际效率，让企业将本来用于投资的钱借给政府。于是政府支出的任何增加都将伴随私人投资的等量减少，即政府购买支出对私人投资的"挤出"是完全的。因此，在古典区域中，财政政策具有 100% 的挤出效应，即财政政策效果为零。

（四）财政政策效果的代数分析

财政政策效果也可用财政政策乘数来表示和计量。所谓财政政策乘数，就是指当中央银行的货币政策不变，或者说实际货币供给量不变时，政府支出的变化能使均衡的国民收入变动多少。比如，增加 1 美元的政府支出能使国民收入增加多少。

从上一章我们知道，在三部门经济中，IS 曲线的代数表达式为：

$$Y = \frac{C_0 + I_0 + G_0 - ir - cT_0}{1 - c(1-t)} \tag{5.1}$$

LM 曲线的代数表达式为：

$$r = \frac{J - M_0}{h} + \frac{k}{h}Y \tag{5.2}$$

将 LM 方程代入 IS 方程，整理得：

$$Y = \frac{h(C_0 + I_0)}{h[1-c(1-t)]+ik} + \frac{hG_0}{h[1-c(1-t)]+ik} + \frac{iM_0 - iJ}{h[1-c(1-t)+ik]} \tag{5.3}$$

式（5.3）就是产品市场和货币市场同时均衡时的收入表达式。式（5.3）以 G 为自变量微分可得：

$$\frac{dY}{dG} = \frac{h}{h[1-c(1-t)]+ik} = \frac{1}{[1-c(1-t)]+\frac{ik}{h}} \tag{5.4}$$

式（5.4）就是财政政策乘数表达式。显然，当 c、t、i、k 既定时，若 h 越大，即货币投机需求对利率变动越敏感，即 LM 曲线越平坦，财政政策乘数就越大，财政政策效果越大。若 h 趋于无穷大，LM 曲线成为一条水平线，财政政策效果就极大。反之，若 h 越小，财政政策乘数就越小，即财政政策效果越小。

同样，若其他参数既定，i 越大，即投资对利率变动越敏感，IS 曲线越平坦，财政政策乘数就越小，即财政政策效果越小。反之，i 越小，财政政策乘数越大，即财政政策效果越大。显然，这一结论与财政政策效果大小的几何分析完全一致。

从财政政策乘数中，还可以看到，边际消费倾向 c、边际税率 t 和货币需求对收入变动的反应程度 k 也影响政策效果。这三个变量实际上是通过支出乘数来影响财政政策效果的，而由于边际消费倾向一般被认为是比较稳定的；一国的税率一般来说不会经常变动，比较稳定；货币需求对产出水平的敏感程度主要取决于支付习惯和商业制度，一般也被认为比较稳定。因此挤出效应大小，进而政策效果的大小主要取决于货币需求及投资需求对利率的敏感程度。

五、平衡预算与功能财政思想

逆经济风向行使的财政政策，常常导致财政预算不平衡。不同的经济学家对财政预算平衡的重要性，有很不相同的看法。主要有两种观点，这就是平衡预算与功能财政思想。

（一）平衡预算思想

在1936年凯恩斯的《通论》出版之前，经济学家与政治家普遍认为，公共财政不过是个人当家理财的一种应用与扩大。政府预算同家庭预算一样，应该保持支出与收入的基本平衡，并略有结余。《通论》出版以后，仍然有不少人坚持这种观点。为了更好地理解平衡预算思想，有必要先介绍有关财政预算的基本知识。

1. 财政预算的含义与种类

财政预算是指政府在既定年度内的计划支出与预期收入。在一个财政年度中，如果政府收入超过支出，就会产生预算盈余；政府收入小于支出，就会产生预算赤字；政府收入等于支出，就是预算平衡。财政预算分为实际预算、结构性预算与周期性预算三类。

实际预算是指在既定年度内，政府实际的支出、收入和赤字或盈余。结构性预算也叫充分就业预算，是指经济如果在充分就业水平上运行，即实际收入等于潜在收入条件下，政府的收入、支出与赤字或盈余额。结构性预算平衡的政府被认为是对公民负责的政府。周期性预算是指实际预算与结构性预算的差额，用以衡量商业周期对预算（政府支出、收入和赤字）的影响。如果某年的实际国民收入低于充分就业收入，则税收量减少，而支出增加（自动稳定器），从而该年的预算支出就大于收入，出现赤字。这种赤字是经济运行过程中，受商业周期的影响偏离充分就业轨迹产生的。

区分周期性预算（赤字）与结构性预算（赤字）具有重要意义。周期性预算赤字或者盈余根源于自动稳定器，具有被动性；结构性预算赤字或者盈余根源于财政政策，具有主动性。实际的财政预算赤字或者盈余，既可以随经济波动而变动（周期性预算），也可以随财政政策的变动而变动（结构性预算）。为了区分预算盈余变动的原因，衡量财政预算安排的合理与否，有效消除结构性预算赤字，有必要区分周期性预算（赤字）与结构性预算（赤字）。

2. 平衡预算思想种类

历史上主要有三种平衡预算思想。

（1）年度平衡预算。年度平衡预算要求每个财政年度的收支平衡。政府财政应注意量入为出或量出为入，这样的财政被认为是负责任的财政。这是在20世纪30年代大危机以前各国普遍采取的政策原则。这种思想从理财角度来看是稳定的，但从经济角度看，会使经济波动更加剧烈。这是因为，当经济衰退时，税收必然会随收入的减少而减少。如果坚持年度平衡预算的观点，则为了减少赤字，只有减少政府支出或提高税率，其结果会加剧衰退；当经济过热，出现通货膨胀时，税收必然随收入的增加而增加，为了减少盈余，只有增加政府支出或降低税率，其结果反而会加大通货膨胀的压力。由此，坚持年度平衡预算只会使经济波动更加严重。

（2）周期平衡预算。周期平衡预算是指政府在一个经济周期中保持平衡。在经济衰退时实行扩张政策，出现预算赤字，在经济繁荣时实行紧缩政策，产生预算盈余，以繁荣时的盈余弥补衰退时的赤字，使整个经济周期的盈余和赤字相抵而实现预算平衡。就每一年来看，可能出现预算赤字或预算盈余，但就一个经济周期来看，财政预算则是平衡的。这种思想在理论上似乎非常完整，但实行起来则有一定的困难。这是因为，第一，繁荣与衰退的时间、程度不一定相等，因此，繁荣时的盈余也不一定正好抵消衰退时的赤字。更为严重的是，如果经济衰退持续的时间比经济繁荣时间长、程度剧烈，则政府势必实行紧缩政策，从而使经济难以从低谷中走出来。第二，经济何时开始繁荣，何时开始衰退，事先难以预料，所以无法事先确定预算政策。第三，周期预算应当平衡在什么收入水平上，是在充分就业的收入水平上，还是在低于充分就业的水平上，这也是一个难以确定的问题。此外，经济决策也需要时间，效果也滞后，因此这种预算也难以充分奏效。

（3）充分就业平衡预算。这种思想认为，政府应当使支出保持在充分就业条件下所能达到的税收水平。假定某一年经济中存在大量失业，则实际国民收入一定比充分就业时要低，因而根据既定税率得到的税收也一定比充分就业时要低。这时，政府的支出不必等于该年份的收入，而应等于预计充分就业时应有的税收量。换句话说，该年政府支出可大于收入，以增加总需求，恢复充分就业均衡。总之，政府支出应被限定在充分就业时的税收水平以内。因为在充分就业条件下，已经没有任何采取积极的财政政策增加总需求和就业的必要性了。现在，很多经济学家与政治家，都认同充分就业平衡预算思想，都认为政府应该而且有必要维持充分就业预算平衡。

（二）功能财政思想

功能财政思想是凯恩斯主义的财政思想。这种思想认为，财政的主要功能是实现无通货膨胀的充分就业目标，而不是平衡预算。为了实现无通货膨胀的充分就业目标，即使在经济萧条、财政出现赤字时期，政府也必须通过举借内债增加支出，以刺激总需求。一国的内债再多也无关紧要。因为在民主与法治社会里，政府是为全体公民服务的，即政府是公民的政府，政府向公民借钱，就像一个人左口袋的钱跑到右口袋一样，对公民没有任何不利影响。只有外债才是国家的沉重负担。功能财政思想一方面是斟酌使用的财政政策的理论基础，另一方面是对平衡预算思想的否定。

按照功能财政思想，当实际收入低于充分就业水平（即存在通货紧缩缺口）时，政府有义务实行扩张性财政政策，增加支出或减少税收，以实现充分就业。如果起初存在财政盈余，政府有责任减少盈余，甚至不惜出现赤字；如果起初存在预算赤字，就不必担心赤字扩大，应不惜出现更大赤字而坚定地实行扩张政策。反之，当存在国民收入膨胀性缺口时，政府有责任减少支出，增加税收。如果起初存在预算盈余，不应担心出现更大盈余，而宁肯盈余增大也要坚定实行紧缩性政策；如果起初存在预算赤字，就应通过紧缩减少赤字，甚至出现盈余。

总之，按照功能财政思想，政府应把注意力放在调控宏观经济的运行上，为了实现充分就业和消除通货膨胀，需要赤字就赤字，需要盈余就盈余，而不应为实现财政收支平衡而妨碍政府财政政策的正确制定和实行。

功能财政思想为斟酌的财政政策，即补偿性的财政政策提供了理论依据。显然，它是对原有财政平衡预算思想的否定。功能财政政策对平衡预算政策是一大进步。从理论上讲，通过实施斟酌的财政政策，国民经济可以实现无通货膨胀的充分就业，但这种政策在具体实施时也存在一定的困难。

（三）充分就业预算盈余

预算盈余和赤字的产生，既有政策方面的原因，也有财政制度自动稳定器作用的原因。所以单凭盈余或赤字，难以判断财政政策的扩张或收缩性。充分就业预算盈余不仅能准确反映财政政策对预算状况的影响，而且可以使政策制定者以充分就业为目标，确定预算规模，从而确定财政政策的选择。

按照功能财政思想，实行补偿性的财政政策，会产生预算赤字或者预算盈余。因为当实行扩张性财政政策时，增加政府支出或降低税率，会减少预算盈余或增加预算赤字；而实行紧缩性财政政策时，减少政府支出或提高税率，会增加预算盈余或减少预算赤字。所以财政政策的实施是产生预算赤字和预算盈余的原因。但财政政策并不是产生预算赤字和预算盈余的唯一原因，因为经济自身的原因也会产生预算赤字和预算盈余。当经济扩张时，收入水平上升，税收自动增加，转移支付自动减少，会增加预算盈余或减少预算赤字；当经济收缩时，收入水平下降，税收自动减少，转移支付自动增加，会减少预算盈余或增加预算赤字。所以，单凭预算盈余或预算赤字的变动，难以判断财政政策的扩张与收缩性。为了用预算盈余或预算赤字的变动来衡量财政政策的扩张与收缩性，西方经济学家提出了充分就业的预算盈余概念。在这一概念中，消除了经济周期波动对财政预算的影响，从而可以用预算盈余或预算赤字的变动来判定财政政策的扩张与收缩性。

充分就业的预算盈余指既定的政府预算在充分就业的国民收入水平上产生的政府预算盈余，如果为负值，称为充分就业的预算赤字。它不同于实际的预算盈余，实际预算盈余是以实际国民收入水平衡量出来的。二者的差别在于充分就业的国民收入与实际国民收入之间的差额。实际国民收入大于潜在国民收入时，充分就业的预算盈余小于实际的预算盈余；实际国民收入小于潜在国民收入时，充分就业的预算盈余大于实际的预算盈余；实际国民收入等于潜在国民收入时，充分就业的预算盈余等于实际的预算盈余。

实际的预算盈余可表示为：

$$BS=tY-G_0-TR_0 \tag{5.5}$$

式（5.5）中，BS、t、Y、G_0 和 TR_0 分别表示实际的预算盈余、税率、国民收入、既定的政府购买支出和政府转移支付。

充分就业的预算盈余可表示为：

$$BS^*=tY^*-G_0-TR_0 \tag{5.6}$$

式（5.6）中，BS^* 和 Y^* 表示充分就业时的预算盈余和充分就业国民收入。

充分就业预算盈余与实际预算盈余的差额为：

$$BS^*-BS=t(Y^*-Y) \tag{5.7}$$

充分就业的预算盈余概念具有两大作用。一是把收入固定在充分就业的水平上，消除了收入水平周期性波动对财政预算的影响，就能准确反映财政政策对预算的影响，并为判断财政政策的扩张性与收缩性提供了准确的依据。若充分就业的预算盈余增加或充分就业的预算赤字减少，财政政策就是紧缩的；若充分就业的预算盈余减少或充分就业的预算赤字增加，财政政策就是扩张的。二是使政策制定者注重充分就业问题，以充分就业为目标确定预算规模和财政政策。由于充分就业的国民收入本身就是难以准确估算的，所以这一理论在应用中存在的困难也是明显的。

六、公债的财富效应和李嘉图—巴罗等价定理

（一）赤字与公债

战后一段时期，西方国家信奉凯恩斯主义，普遍实行补偿性的财政政策。其特点是逆经济风向行事，也叫相机抉择。但多数年份采用扩张性政策，结果导致财政赤字上升。弥补财政赤字不能依

靠增加税收或减少财政支出来实现。因为这样达不到克服经济萧条的目的，与增加财政赤字支出的初衷相矛盾。弥补赤字的其他途径有二个：出售政府资产和举债。前者不可取，因为它会削弱政府的功能。因此，只有借债。政府举债有内债和外债之分。外债的增加需要还本付息，实际上是用本国的产品来偿还的，会减少本国居民的福利水平。所以，政府往往向国内私人部门借债。

由于战后西方国家长期实施扩张性财政政策，财政赤字流量逐年增加，积累了巨大的公债存量。这些公债的利息支付又成为政府预算支出中一个庞大的部分。美国在 20 世纪 90 年代初，公债的利息支出已占 GDP 的 3.5%。一国预算赤字等于非利息赤字加利息赤字。非利息赤字指扣除利息支付的政府开支减去政府收入，利息赤字是指预算赤字中因利息支付而增加的部分。这样，即使非利息赤字为 0 或不变，仅仅因为公债利息支出在增长，预算总赤字也会增加。所以，在其他条件不变时，赤字流量增加，必然引起债务存量增加。债务增加引起利息支出增加，又使预算赤字流量进一步增加。如此恶性循环，赤字和公债必然积累性增长。

（二）公债的财富效应

货币主义者认为，纯粹的财政政策（即在不改变货币供给情况下的财政扩张）会完全挤出或取代私人支出，因而对总需求、就业与收入的作用几乎等于零，即财政政策具有 100% 的挤出效应。正统凯恩斯主义经济学家对这种批判做出了反应，他们强调债券融资性的政府支出的增长产生的财富效应，将抵消挤出效应而有余，最终能达到增加总需求与就业的目标，如图 5-5 所示。

在图 5-5 中，设初始的 IS_1 曲线与 LM 曲线的交点 F 决定的收入为 Y_1，政府税收与政府购买 G_1 相等。虽然预算平衡，但收入偏低。现在为了增加收入与就业，政府增加赤字支出到 G_2，IS 曲线随之右移到 IS_2。IS_2 与 LM 曲线的交点 H 决定的收入为 Y_2。在 Y_2 收入上，存在赤字 AB。为了弥补财政赤字，政府便向国内发行债券。私人部门会将持有的公债增加当作财富增加，从而增加消费。这种由公债增加引起个人财富增加进而增加个人消费的现象，就是公债的财富效应。公债的财富效应使 IS 曲线进一步向右移动到 IS_3，收入随之增加到 Y_3。在 Y_3 收入上，财政赤字被消除。

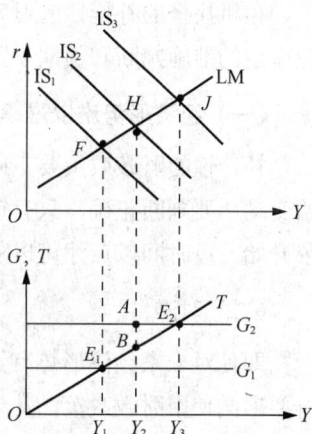

图 5-5 公债的财富效应

显然，将公债的财富效应和政府支出约束纳入 IS-LM 模型，有可能使债券融资性的财政扩张，在抵消其挤出效应后，绰绰有余，非常有效地增加总需求，进而提高就业与收入水平。

（三）李嘉图-巴罗等价定理

对上述凯恩斯主义观点，有许多反对意见。其中最重要的反对意见是李嘉图-巴罗债务等价性定理。该定理最早由古典经济学家李嘉图提出，现代新古典宏观经济学家巴罗对它进行了新的详尽的解释，用来对抗公债的财富效应。李嘉图-巴罗债务等价性定理认为，政府增加的赤字支出，不管是来源于税收的增加还是债券的增加，给私人部门带来的负担都是相等的。因为政府本身不创造收入，对公债还本付息的钱都来源于税收。政府出售债券给私人部门带来的负担就是未来的纳税义务增加，以便支付债券利息和偿还债券本金。若私人部门能理性地考虑到这种未来纳税义务的增加，则未来的纳税义务将被贴现，其现值正好抵消掉所购债券的价值。因此，政府债券将不再被人们看成为财富。恰恰相反，为了履行未来更多的纳税义务，人们在现期将更加节约。从而债券融资性财政扩张并不比依赖税收增加的财政扩张能更有效地提高总需求与收入水平。实际上，它们产生的效应是相同的，即都等于"平衡预算乘数效应"。

凯恩斯主义者提出了一些反对李嘉图-巴罗债务等价性定理的观点。例如，他们认为，如果公债期限很长，那么债券融资性财政扩张带来的未来纳税义务可能落在下一代人身上，则可以认为现在的这一代人较为富有，会增加消费。虽然巴罗认为，由于父母都希望下一代的生活更幸福，这意味着现在的一代人必须更加节约，以增加留给孩子的遗产，用来履行未来的纳税义务。但凯恩斯主义者批评这种观点，认为并非所有的父母都这样有远见，且都这么关心子女，考虑到他们未来的纳税义务。

巴罗所复兴的李嘉图等价原理的政策含义是，如果人人都能理性地认识到公债的实质是未来税收的预征，那么，为了履行未来的纳税义务，政府公债的任何增加都将被私人储蓄的等额增加抵消。结果建立在债券融资基础上的政府赤字支出增加，既不会产生能使总需求与国民收入增加的乘数效应，也不会产生公债能扩张私人消费的财富效应。因此，财政政策是完全无效的。

七、实施财政政策的困难

相机抉择的补偿性的财政政策的实施，依赖于对当前经济形势和未来走势以及政策手段所能发挥作用的准确判断和预期，同时还需要公众的支持，但所有这些均是不确定的。

（一）经济形势难以准确判断

补偿性的财政政策要正确实行，必须准确判断未来的经济形势。未来是衰退还是繁荣，何时开始变动，要判断正确，只有审时度势才能因时制宜、因地制宜，相机抉择。然而，往往在衰退或繁荣开始一段时间以后才可以从统计资料中加以判断，因而正确判断经济形势不容易做到。

（二）时滞

即使对未来经济形势有了正确的预测，政府要抓住时机，对症下药也不是件容易的事。因为政府要斟酌使用财政政策，从认识到决策，从决策到实行，从实行到产生效果，都有相应的时滞，即认识时滞、决策时滞与作用时滞。由于财政政策涉及当事人的切身利益，其中的决策时滞常常很长。因此，很可能衰退或膨胀已经发生，而实行的政策尚未产生效果或者还没有推出相应的政策，等到政策发生作用或推出政策时，也许衰退或膨胀已经逆转，那将使经济更加波动。例如，为消除衰退而实行扩张政策，即增加支出减少税收，但由于政策滞后，当政策实施时，很可能经济已经转入繁荣，结果就会使通货膨胀更为严重。反之，为消除通货膨胀而实行紧缩政策，由于政策滞后，很可能经济已转入衰退，结果反而使衰退更甚。

（三）支出乘数难以精确估计

扩张性或紧缩性的财政政策是通过政府支出和收入的变动来达到政策目标的。政府支出和收入的变动会通过支出乘数引起增量需求或收入成倍变动。因此，扩张或紧缩的力度到底多大，就取决于支出乘数的准确估计，但支出乘数具有变动性和难以估计性，这给补偿性财政政策带来困难。支出乘数估计不准确，政策的作用不是过头就是不够力度。

（四）社会阻力

补偿性财政政策的运用承受的社会阻力比较大。任何一项财政政策举措都会遇到某些阶层和集团的反对。增加税收会引起普遍反对，增大"税收摩擦"；削减转移支付则会受到平民阶层和同情者的反对；减少政府购买会遇到垄断资本的反对；增加公共工程支出也会被认为是与民争利，而受到既得利益集团的反对。此外，财政政策还需考虑预算平衡。无论如何，赤字与债务的日益增加，会相对减少一国的实际资本存量，不利于长期经济增长。一个负责任的政府总是要追求结构性预算的平衡。

【例题5-1[①]】 假定在三部门经济体系中，消费 $C=800+0.63Y$，投资 $I=7\,500-20\,000r$，货币需求 $L=0.162\,5Y-10\,000r$，货币供给量 $M=6\,000$。当政府购买支出从7 500增加到8 500时，挤出了多少私人投资？

解：政府购买支出为7 500时的IS曲线的方程为：

$$Y=C+I+G=800+0.63Y+7\,500-20\,000r+7\,500 \Rightarrow r=\frac{15\,800}{20\,000}-\frac{0.37}{20\,000}Y$$

LM曲线的方程为：

$$6\,000=0.162\,5Y-10\,000r \Rightarrow r=\frac{0.1625}{10\,000}Y-\frac{6}{10}$$

将IS曲线的方程与LM曲线的方程联立，可得初始的两市场均衡收入与利率为：

$Y=40\,000$，$r=0.05$。初始的投资为 $I=7\,500-20\,000r=6\,500$

政府购买支出增加到8 500时的 IS' 曲线的方程为：

$$Y'=C+I+G=800+0.63Y+7\,500-20\,000r'+8\,500 \Rightarrow r'=\frac{16\,800}{20\,000}-\frac{0.37}{20\,000}Y'$$

将 IS' 曲线的方程与LM曲线的方程联立，可得政府购买支出增加后的两市场均衡收入与利率为：

$Y'=41\,438.85$，$r'=0.073\,2$。此时的投资为 $I'=7\,500-20\,000r'=6\,036$。

则政府购买支出从7 500增加到8 500时所挤出的私人投资为：

$\Delta I=I'-I=6\,036-6\,500=-464$。

第三节

货币政策

中央银行控制货币供给量来调节利率进而影响投资和整个经济以达到一定经济目标的行为，就是货币政策。货币政策通过调节利率对总需求施加影响，因而间接地发挥作用。

一、西方国家的银行制度

由于货币政策要通过金融制度来实现，所以要了解货币政策，必须先具备一些西方银行制度的基本知识。西方国家的银行分为两大类：中央银行和商业银行。

---

① 尹伯成. 现代西方经济学习题指南（宏观经济学）（第八版）. 上海：复旦大学出版社，2014.

（一）中央银行

中央银行是一国最高金融当局，是制定和实施货币政策的最高主管机构。它统筹管理全国金融活动，实施货币政策以影响经济。中央银行的经营目的不是赚取利润，而是为了公共利益，特别是要保证完成法律规定的任务。当今世界除了少数国家和地区，几乎所有已独立的国家和地区都设立了中央银行。它在美国是联邦储备银行，在英国是英格兰银行，在法国是法兰西银行，在德国是联邦银行，在日本是日本银行。一般认为，中央银行主要有三大职能。

（1）作为发行的银行，中央银行负责发行货币。

（2）作为银行的银行，中央银行是商业银行的最终贷款人，为商业银行提供贷款（用票据再贴现、抵押贷款等办法），又为商业银行集中保管存款准备金，还为各商业银行集中办理全国的结算业务。

（3）作为国家的银行，中央银行代理国库，向政府提供所需资金，对外代表国家，与外国发生金融业务关系，对内监督、管理全国金融市场活动，并依法执行货币政策。

中央银行的负债项目主要有纸币发行准备券、商业银行及政府在中央银行的存款等。在负债项目中，准备券是最大的项目，它是中央银行发行的纸币。资产项目主要有黄金券、政府债券及向商业银行等发放的贷款、贴现和预付等。在资产项目中，政府债券是其中最大的项目，它受中央银行公开市场业务的调节；贷款、贴现和预付是中央银行贷给商业银行的准备金，它受中央银行信贷、贴现政策的调节。资产数额与负债数额之间的差额就是中央银行的资本项目，主要包括中央银行的办公设备、房产、汽车等。

中央银行的日常业务管理大多由金融及工商界专家组成的董事会负责。西方国家的中央银行一般只向立法机关比如国会负责，但在工作中也与政府的财政部密切配合。例如，在美国，联邦储备银行是中央银行，其管理部门是联邦储备委员会。在联邦储备委员会的成员由总统任命并经议会批准，但在法律上总统并无权干涉他们管理货币的政策。在联邦储备委员会下设的两个机构中，公开市场委员会负责中央银行在金融市场上公开买卖政府债券的操作；而联邦咨询委员会负责向政府和各商业银行解释货币运行状况及货币政策。

（二）商业银行

商业银行是面向厂商及个人经营存贷款业务的金融组织，其主要目的是通过存贷款利息差额，赚取最大利润。商业银行的主要业务是负债业务、资产业务和中间业务。负债业务主要是吸收存款，包括活期存款和定期存款。资产业务主要包括放款和投资两种业务。放款业务是为企业提供短期贷款，包括票据贴现、抵押贷款等。投资业务就是购买有价证券以取得利息收入。中间业务是指代替顾客办理支付事项和其他委托事项，从中收取手续费的业务。

商业银行上述业务的范围和数量受到中央银行的控制和管理，正是这种控制和管理使得中央银行可以控制货币供给量，调节利率，进而影响整个宏观经济的运行。

二、货币乘数

在货币政策调节经济的过程中，货币乘数是一个关键性的变量。

（一）银行创造货币的条件

商业银行体系创造货币的机制与活期存款的流动性和法定准备金制度密切相关。

在西方国家，人们获得款项后，一般均以支票存款的形式存入商业银行，然后用支票进行支付活动。所以支票存款与通货一样，具有相同的流动性。商业银行资金的主要来源是吸收存款。为了应付客户随时提取存款的需要，确保银行的信誉与整个银行体系稳定，银行不能把吸收来的存款全部贷放出去，而必须保留一部分资金。这种经常保留的供提取存款之用的一定金额，称为存款准备金。存款准备金占全部存款的比例称为存款准备率。存款准备率一般由中央银行以法律形式规定，所以称为法定准备率。商业银行在吸收存款后，必须按法定准备率保留准备金，其余部分才可以作为贷款放出。例如，如果法定准备率为20%，那么，商业银行在吸收了100万元存款后，就必须保留20万元准备金，其余80万元方可作为贷款放出。法定准备金一部分作为银行库存现金，另一部分存放在中央银行的存款账户上。由于商业银行都想赚取尽可能多的利润，他们会把法定准备金以上的那部分存款贷放出去或用于短期债券投资。正是这种以较小比率的准备金来支持支票存款的能力，使得银行体系得以创造货币。

（二）活期存款乘数

活期存款乘数，是指央行每增加一单位准备金供给所增加的活期存款量。在公众没有手持现金，商业银行没有超额准备金的条件下，活期存款乘数等于活期存款变动量与准备金变动量的比率。如果用 mm 表示活期存款乘数，ΔD 表示活期存款的变动量，ΔR 表示准备金的变动量，r_d 表示法定准备率，则

$$mm = \frac{\Delta D}{\Delta R} = \frac{1}{r_d} \qquad (5.8)$$

式（5.8）表明，在公众没有手持现金，商业银行没有超额准备金的条件下，活期存款乘数就是法定存款准备率的倒数。式（5.8）的具体推导过程，可举例说明如下。

假定法定准备率 r_d 为20%，私人部门（消费者与企业）得到任何货币以后，总是以活期存款的形式将它全部存放在商业银行（没有手持现金），商业银行按法定准备率贷放款项，没有超额储备金。

现在中央银行在债券市场上向公众购买100万元的公债。私人部门得到100万元现金以后，存放在A银行，于是社会活期存款增加了100万。但此时货币没有增加：仅仅是形式的变换：从现金形式变成了活期存款形式。

A银行根据20%的法定准备率，将80万元款项贷放出去。得到这80万元贷款的私人客户把这笔贷款存入商业银行B，于是社会活期存款就增加了80万。这是真正的货币增加。

商业银行B根据20%的法定准备率，放款64万元。得到这笔贷款的客户又会把它存入商业银行C，于是活期存款或货币又增加了64万。这样的存贷过程可以一直持续下去。央行初始增加的100万准备金或基础货币所增加的活期存款量

$$\Delta D = \Delta R + (1-r_d)\Delta R + (1-r_d)^2\Delta R + \cdots + (1-r_d)^{n-1}\Delta R$$
$$= \frac{1}{r_d}\Delta R = \frac{1}{0.2}100 = 500（万） \qquad (5.9)$$

如果银行找不到可靠的贷款对象、厂商由于预期利润率太低不愿借款，或银行认为给客户贷款的利率太低，而不愿贷款，诸如此类的原因都会使银行的实际贷款低于其本身的贷款能力。这部分没有贷放出去的款项就形成了超额准备金，即超过法定准备金要求的准备金。超额准备金占存款的比率称为超额准备率（用 r_e 表示），法定准备金加超额准备金是银行的实际准备金。法定准备率加超额准备率是实际准备率。

若商业银行有超额准备金时，活期存款乘数缩小为：

$$mm = \frac{\Delta D}{\Delta R} = \frac{1}{r_\mathrm{d} + r_\mathrm{e}} \tag{5.10}$$

另外，如果私人部门将得到的货币款项不全部存入银行，而抽出一定比例的现金留在手上，又会形成一种漏出。若用 r_c 表示公众手持现金率或现金—存款比率，即现金漏出在存款中的比例，则有超额准备率和现金漏出时，活期存款乘数就进一步缩小为：

$$mm = \frac{\Delta D}{\Delta R} = \frac{1}{r_\mathrm{d} + r_\mathrm{e} + r_\mathrm{c}} \tag{5.11}$$

从式（5.11）中可以看到，活期存款乘数除了和法定准备率、超额准备率有关，还和现金—存款比率有关。这一比率上升时，存款创造乘数会变小。

可见，活期存款乘数是法定准备率、超额准备率与现金—存款比率之和的倒数。在这几个变量中，需要对超额准备率进一步加以讨论。第一，超额准备率的高低与银行净存款流量的不确定性相关。一般来说，银行持有超额准备金是为了预防不测事件，这种持有超额准备金的需求类似于个人对货币的预防动机需求。这也是指银行货币收付的不确定性。这种不确定性大，银行就要多持有超额准备金，以避免这种不确定性带来的损失。这种损失的减少可以看成是银行持有超额准备金的收益。但如果这种不确定性小，则没有必要持有较多的超额准备金。所以，银行净存款流量的不确定性与超额准备金是同方向变动的。第二，超额准备率的高低与贴现率相关。银行准备金短缺要付出成本，这种成本受中央银行行为的影响，其中最主要的还是贴现率。因此，一般用贴现率来代表超额准备金不足的成本。这种成本与超额准备金的多少呈同方向变动，即贴现率高，银行持有的超额准备金多，贴现率低，银行持有的超额准备金就少。第三，超额准备率的高低与市场利率相关。在银行的资产中准备金不会赚到利息收入，而贷款与投资可以获得利息。因此，持有超额准备金而放弃的利息收入也是一种成本。减少超额准备金可以增加利息收入，但增加了不确定性带来的损失和向中央银行或其他银行借款要付出的利息。这样，银行就面临着决定留多少超额准备金的选择。银行减少超额准备金增加贷款与投资所带来的利息收入取决于市场利率水平。因此，市场利率水平高，持有超额准备金的成本就越高，银行就要减少超额准备金；相反，市场利率水平低，持有超额准备金的成本就低，银行就要增加超额准备金。市场利率水于与超额准备金的大小反方向变动。

概括起来，活期存款乘数的大小受这样几个因素影响：利率（r）、贴现率（r_D）、准备率（r_d）、现金—存款比率（r_c）、存款流量的变动性（即银行净资产流量的不确定性 σ）。如果用函数的形式来表达活期存款乘数，则有：

$$mm = mm\ (r,\ r_\mathrm{D},\ r_\mathrm{d},\ r_\mathrm{c},\ \sigma) \tag{5.12}$$

（三）货币乘数

货币乘数是指货币存量或货币供给量与基础货币的比率。商业银行的准备金总额（包括法定的和超额的）与非银行部门持有的现金总和，称为基础货币。它是活期存款扩张的基础，会派生出更多的货币或活期存款，因此又称高能货币或强力货币。如果用 C_u 表示非银行部门持有的现金，R_d 表示法定准备金，R_e 表示超额准备金，H 表示基础货币，则有：

$$H = C_\mathrm{u} + R_\mathrm{d} + R_\mathrm{e} \tag{5.13}$$

令 D 代表活期存款总量，狭义货币供给量 M 等于公众手持现金与活期存款之和，即

$$M = C_\mathrm{u} + D \tag{5.14}$$

如果用 K 表示货币乘数，则货币乘数

$$K = \frac{M}{H} = \frac{C_u + D}{C_u + R_d + R_e} \tag{5.15}$$

将式（5.15）中右边的分子分母同除以 D，可得：

$$K = \frac{M}{H} = \frac{\dfrac{C_u + D}{D}}{\dfrac{C_u}{D} + \dfrac{R_d}{D} + \dfrac{R_e}{D}} = \frac{r_c}{r_c + r_d + r_e} \tag{5.16}$$

（四）货币供给量的决定因素

根据式（5.16），可以得到货币供给量：

$$M = \frac{r_c}{r_c + r_d + r_e} H = K \cdot H \tag{5.17}$$

由式（5.17）可以看到，货币供给量的多少取决于以下因素。

（1）基础货币（H）和法定准备率（r_d）：它们由央行决定。

（2）决定超额准备率（r_e）：由商业银行决定。

（3）手持现金率（r_c）：由公众决定。

在货币供给量的决定过程中，央行的作用最大。首先，央行决定基础货币与法定准备率；其次，央行规定的准备率往往过高，使得商业银行的超额准备率在正常情况下等于零；最后公众的手持现金率比较稳定，不会剧烈变动。因此，货币供给量常常被假定为仅由央行决定的一个外生变量。

三、货币政策工具

宏观货币政策是指政府（中央银行）通过控制经济的货币供给总量来调节利率，进而影响整个经济达到既定目标所采取的货币调节措施。控制货币供应量需要相应的工具。货币政策工具主要有以下三种。

（一）变动法定准备率

法定准备率是中央银行控制货币供给量的有力工具。根据货币创造乘数公式，法定准备率与货币创造乘数负相关，当法定准备率下降时，货币创造乘数增大，使货币供给量增加。反之则当法定准备率上升时，货币创造乘数变小，使货币供给量减少。因此，如果经济处于需求过度或通货膨胀的情况下，中央银行可通过提高法定准备率来收缩货币和信贷量，从而提高利率。如果经济处于衰退状态，中央银行可以通过降低法定准备率来增加货币供给量，使银行和金融体系的信贷扩张，从而降低利息率。

因为改变法定准备率通常会使整个经济社会货币供给量成倍地变化，所以不利于货币供给和经济的稳定。此外，中央银行如果频繁地改变法定准备率，也不利于它对商业银行的管理，并且会使商业银行感到无所适从，不利于商业银行开展正常的经营活动。因此，如果不是十分必要，法定准备率是不会轻易被改变的。改变法定准备率以扩张或收缩货币，是一个强有力但却不常用的货币政策。

（二）再贴现率政策

再贴现率是中央银行对商业银行及金融机构的放款利率。贴现是指客户用商业票据或有价证券做抵押向商业银行贷款的行为。商业银行用商业票据或有价证券做抵押向商业银行贷款的行为称为再贴现。本来这种贴现是指商业银行把商业票据出售给当地的联邦储备银行，联邦储备银行按贴现率扣除一定利息后，把货币加到商业银行的准备金账户上，但当前美国主要的办法是银行用自己持有的政府债券作担保而不是用顾客的短期票据向中央银行借款。当这种贴现增加时，意味着商业银行的准备金增加和货币供给量增加；当这种贴现减少时，银行准备金减少，并进而引起货币供应量减少。再贴现率政策是中央银行通过变动给商业银行的贷款利率来调节货币供应量。提高再贴现率会增加银行潜在资金来源的成本，使商业银行向中央银行的借款减少，货币供应量就随银行准备金的减少而多倍地减少；反之，再贴现率的降低会使商业银行向中央银行的借款增加，货币供给量就会随银行准备金的增加而多倍地增加。

贴现率对货币供给量的影响比人们想象的要小得多。因为贴现率不是一个具有主动性的政策，中央银行只能等待商业银行向它借款，而不能要求商业银行这样做。如果商业银行不向中央银行借款，那么，贴现率政策便无法执行。而事实上，商业银行和其他金融机构会尽量避免去贴现窗口借款，以免被人误认为自己财务状况有问题。而且根据美国联储的规定，银行不能依赖贴现窗口进行较长时期的借款，在贴现窗口的借款期限很短，通常是一天到半月。所以商业银行和其他金融机构一般只将它作为紧急求援手段，平时很少加以利用。此外，通过变动贴现率控制货币供给本身也存在一些问题，例如当银行十分缺乏准备金时，即使贴现率很高，银行依然会从联储贴现窗口借款。

再贴现率对货币供给的影响机制可概括为：贴现率上升，贷款轻微下降，货币供给量轻微下降；贴现率下降，贷款轻微上升，货币供给量轻微上升。

可见，通过贴现率变动来控制银行准备金的效果是相当有限的。事实上，再贴现率政策往往作为补充手段而和公开市场业务政策结合在一起进行。正如下面将要看到的那样，当公开市场业务成功地把利息率提高或降低到某一水平时，中央银行也必须把贴现率提高或降低到与该水平相协调的数值。

（三）公开市场业务

公开市场业务是指中央银行在金融市场上公开买卖政府证券（国库券、公债等）以控制货币供给和利率的政策行为。如果经济中出现需求过度或通货膨胀，中央银行认为需要收缩银根，则出售政府证券，使得货币回笼。债券如出售给私人，购买债券的人们会从商业银行提取存款，使银行减少放贷；债券如出售给商业银行，会减少商业银行的超额准备金，使信贷量减少。中央银行抛售债券，将导致债券价格下跌，利息率上升；反之，如果经济中出现萧条，中央银行认为要放松银根，则买进债券，把货币投入市场。这样一方面出售债券的人们得到货币，将其存入商业银行，使银行的存款增加，并通过银行创造货币的作用使货币流通量增加，利息率下降；另一方面，中央银行买进债券，将导致其价格上升，利息率下降。公开市场业务顺利进行的前提条件是：一个国家必须具备发达的证券交易市场。有了这个市场，债券才能大量吞吐，公开市场业务才能作为调节货币供应量的最主要手段。

公开市场业务之所以能成为中央银行控制货币供给量最主要的手段，是因为运用这种政策手段有着比其他手段更多的优点。例如，在公开市场业务中，中央银行可及时按照一定规模买卖政府证券，从而比较易于准确地控制银行体系的准备金。如果中央银行只希望少量地变动货币供给，就只要少量地买进或卖出政府证券；如果希望大量地变动货币供给，只要大量买进或卖出政府证券即可。

由于公开市场业务操作很灵活，因而便于为中央银行及时用来改变货币供给变动的方向，变买进为卖出证券，立即就有可能使增加货币供给为减少货币供给。中央银行可以连续、灵活地进行公开市场操作，自由决定有价证券的数量、时间和方向，而且中央银行即使有时会出现某些政策失误，也可以及时得到纠正，这是贴现率政策和法定准备率政策不可能有的长处。公开市场业务的优点还表现在这一业务对货币供给的影响可以比较准确地预测出来。例如一旦买进一定数量金额的证券，就可以大体上按货币创造乘数估计出货币供给增加了多少。

（四）其他措施

除了以上三种主要的政策工具之外，中央银行还可以利用其独有的货币管理和政策制定方面的特权，运用其他的方式控制商业银行的信贷规模。其主要手段有以下几种。

1. 道义上的劝告

道义上的劝告，就是中央银行运用自己在金融体系中的特殊地位和威望，以口头或书面谈话的方式指导商业银行的行动，影响其贷款和投资的方向，以达到控制信用的目的。尽管中央银行道义上的劝告不具有法律或行政上的约束力，但由于中央银行所具有的信息和地位的优势，商业银行往往很重视这些劝告，因而该手段在实践中仍能达到一定的效果。

2. 借款垫头规定

就是人们在购买证券时，必须自行垫付一部分比例的现金，不能百分之百地用借款购买，以此来遏制借款人的借款数量。垫头比例越大，借款数量就越少。

3. 宽严信贷条件

中央银行可以通过对商业银行的监管来实现货币政策目标。例如，中央银行可以严格或放宽抵押贷款中抵押物的种类、获得贷款的数量，在消费信贷管理中可以增加或降低首期付款的数额等。在执行扩张性货币政策时，中央银行可以放宽抵押物的品种，提高抵押贷款的数量等；在执行紧缩性货币政策时，则严格抵押物的种类，降低获得贷款的数量。

4. 贴现配额

中央银行也可以规定商业银行再贴现的种类和数额。例如，中央银行可以规定所有行业发行的债券均可以到中央银行贴现，也可以规定只有某些行业甚至某些企业发行的债券才能进行贴现，还可以规定某个商业银行贴现的最高上限。此类手段也采取逆经济风向行事，与贴现率政策一起间接控制商业银行的准备金。

四、货币政策种类及其使用原则

与财政政策一样，货币政策一般也分为扩张性的和紧缩性的两种。扩张性货币政策，是指央行通过运用一定的货币政策工具，增加货币供给，降低利率，刺激投资，以达到增加总需求与收入的目的。央行可运用三大政策工具增加货币供给量。首先，央行在市场上购买公债券，增加商业银行的准备金或基础货币。其次，降低法定准备率，提高货币乘数。最后，央行降低贴现率，增加商业银行的贴现，进而增加商业银行的准备金或基础货币。由于货币供给量等于基础货币量与货币乘数的积，基础货币的增加，或者货币乘数的提高，都会增加货币存量。

紧缩性货币政策是指，央行运用一定的货币政策工具，减少货币供给，提高利率，抑制投资，以达到降低总需求与通货膨胀率的目的。央行可用三大政策工具减少货币供给量。首先，央行在市场上出售公债券，减少商业银行的准备金或基础货币。其次，提高法定准备率，降低货币乘数。最后，央行提高贴现率，减少商业银行的贴现，进而减少商业银行的准备金或基础货币。基础货币的减少，或者货币乘数的减低，都会减少货币存量。

货币政策使用原则，也是相机抉择，逆经济风向行事。经济衰退、失业率较高时，采用扩张性的货币政策。在经济过热、通货膨胀比较严重时，采用紧缩性的货币政策。

五、货币政策的作用机制与作用大小的决定因素

（一）货币政策的作用机制

货币政策的作用机制是指，货币政策通过改变货币供给量最终影响总需求与国民收入的过程。在 IS-LM 模型中，扩张性货币政策的作用机制为：货币供给增加，使得货币供给大于货币需求。人们会用多余的货币购买债券。债券需求增加，引起债券价格上升，导致利率下降。利率的下降会增加投资，最终使总需求和国民收入增加。即：

$$M \uparrow \rightarrow L_2 \uparrow \rightarrow r \downarrow \rightarrow I \uparrow \rightarrow Y \uparrow$$

扩张性货币政策的作用机制如图 5-6 所示。

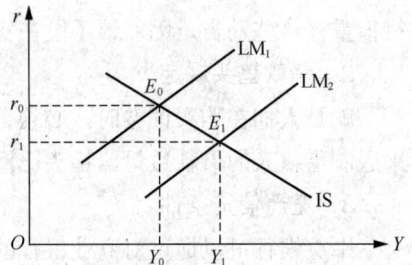

图 5-6 货币政策的作用机制

在图 5-6 中，设初始的经济状态由 IS 曲线与 LM$_1$ 曲线的交点 E_0 决定，利率为 r_0，收入为 Y_0。央行认为初始收入太低。为了增加就业与收入，央行实施货币扩张，购买债券，增加货币供给量，使 LM$_1$ 右移到 LM$_2$，导致经济从 E_0 点移动到 E_1 点，利率下降到 r_1，收入增加到 Y_1。

（二）货币政策作用大小的决定因素

从 IS-LM 模型看，货币政策作用或效果是指 LM 曲线移动对国民收入变动的影响。货币政策效果的大小，取决于 IS 曲线和 LM 曲线斜率的大小。

1. 在 LM 曲线的斜率不变时，货币政策效果与 IS 曲线斜率的绝对值负相关

在 LM 曲线的斜率不变时，IS 曲线斜率的绝对值（$\frac{1-c}{i}$）越小，投资对利率变动的敏感度（i）越大，即投资曲线越平坦，一定量的利率变动会引起很多投资量的变动。当中央银行增加 M 进而引起 r 下降时，i 越大，投资的增加量就越多，从而总需求与收入的增加量也就越多，货币政策效果就越大。反之，IS 曲线斜率的绝对值越小，投资对利率变动的敏感度（i）越小，即投资曲线越陡峭，一定量的利率变动只能引起较少的投资量变动。因此，当中央银行增加 M 进而引起 r 下降时，i 越小，投资的增加量就越少，从而总需求与收入的增加量也就越少，货币政策效果就越小，如图 5-7 所示。

在图 5-7（a）、图 5-7（b）中，LM 曲线的斜率相同，扩张性货币政策使 LM$_1$ 向 LM$_2$ 移动的水平距离相等，初始的与最终的经济状态都分别处于 E_0、E_1 点。但图 5-7（a）中的 IS 曲线比图 5-7（b）平坦，导致图 5-7（a）中的货币政策效果明显大于图 5-7（b）。

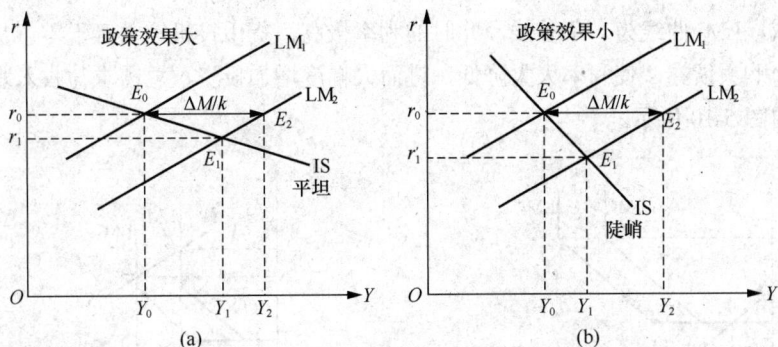

图 5-7　货币政策效果与 IS 曲线的斜率的绝对值负相关

2. 若 IS 曲线的斜率既定，货币政策的作用与 LM 曲线的斜率正相关

在 IS 曲线的斜率不变时，LM 曲线的斜率（$\frac{k}{h}$）越大，货币投机需求量（L_2）对利率（r）变动的反应程度（h）越小，反过来说，就是 r 对 L_2 变动的反应程度越大，即一定量的 L_2 的变动会引起 r 反方向的大量变动。因此，当中央银行增加 M，引起 L_2 增加时，r 会大幅度下降，从而使投资量和收入大幅度增加，货币政策的作用就较大。反之，如果 LM 曲线的斜率（$\frac{k}{h}$）越小，L_2 对 r 变动的反应程度（h）越大，反过来说，就是 r 对 L_2 变动的反应程度越小，即一定量的 L_2 的变动只能引起 r 反方向的少量变动。因此，当中央银行增加 M，引起 L_2 增加时，r 的下降幅度较小，进而投资和收入的增加量较少，货币政策的作用就较小，如图 5-8 所示。

在图 5-8（a）、图 5-8（b）中，IS 曲线的斜率相同，扩张性货币政策使 LM_1 向 LM_2 移动的水平距离相等，初始的与最终的经济状态都分别处于 E_0、E_1 点。但图 5-8（a）中的 LM 曲线比图 5-8（b）平坦，导致图 5-8（a）中的货币政策效果明显小于图 5-8（b）。

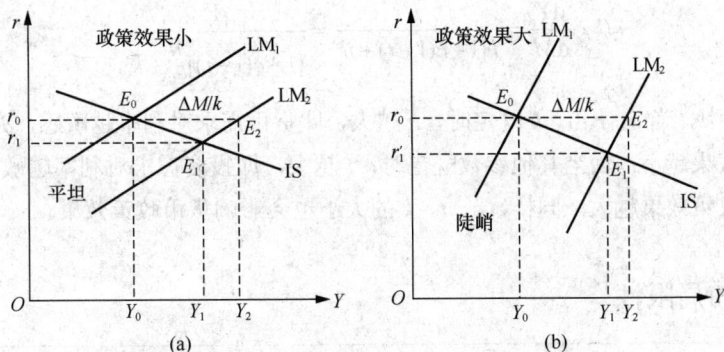

图 5-8　货币政策效果与 LM 曲线的斜率正相关

3. 货币政策作用的两个特例

在凯恩斯区域，LM 曲线是一条水平线。此时，利率极低，货币投机需求量无穷大。货币供给量的任何增加，都不会被导入债券市场，提高债券价格。由于债券价格不变，因而利率不变，进而投资、总需求与收入不变，即货币政策效果为零，如图 5-9 所示。

图 5-9 中，开始的均衡点为 E_1，均衡收入和均衡利率分别为 Y_1 和 r_1。如果央行采取扩张性的货币政策，使 LM_1 曲线向右移动到 LM_2，均衡点不变，从而均衡收入也不变。

在古典区域，LM 曲线为一条垂线，此时的利率极高，货币投机需求等于零。货币供给量的增加都被人们用来购买债券，使利率大大降低，进而大幅度增加投资、总需求与收入水平，即货币政策效果极大，如图 5-10 所示。

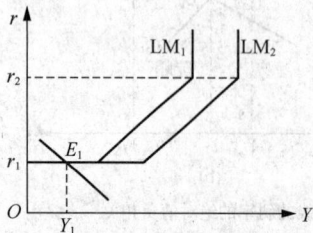

图 5-9　凯恩斯区域中，货币政策效果极小　　　图 5-10　古典区域中，货币政策效果极大

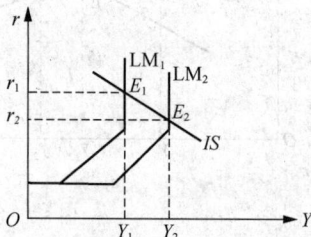

图 5-10 中，开始的均衡点为 E_1，均衡收入和均衡利率分别为 Y_1 和 r_1。此时，如果中央银行实施扩张性的货币政策，增加货币供给量，使 LM_1 曲线向右移至 LM_2，利率降低到 r_2，收入增加到 Y_2。均衡收入的增加量与 LM 曲线移动的距离相等，意味着货币政策效果极大。

（三）货币政策效果的代数分析

货币政策效果的大小，还可以用货币政策乘数加以计量。所谓货币政策乘数，是指当 IS 曲线不变或者产品市场均衡情况不变时，实际货币供给量变化能使均衡国民收入变动多少，或者说，1 美元实际货币供给量的增加能带来多大国民收入的增加。

由式（5.3）IS-LM 曲线方程：

$$Y = \frac{h(C_0 + I_0)}{h[1 - c(1-t)] + ik} + \frac{hG_0}{h[1 - c(1-t)] + ik} + \frac{iM_0 - iJ}{h[1 - c(1-t) + ik}$$

可推导出货币政策乘数：

$$\frac{\mathrm{d}Y}{\mathrm{d}M} = \frac{i}{h[1 - c(1-t) + ik} = \frac{1}{[1 - c(1-t)]\dfrac{h}{i} + k} \tag{5.18}$$

在式（5.18）中，当 c、t、i、k 既定时，h 越大，即货币需求对利率越敏感，亦即 LM 曲线越平坦，则货币政策效果越小；而当其他参数既定时，i 越大，即投资需求对利率越敏感，亦即 IS 曲线越平坦，则货币政策效果越大。同样，c、t、k 的大小也会影响货币政策效果。

六、货币政策的局限性

货币政策是政府干预经济的重要手段之一，它通过影响货币供给量而对利息率产生影响，并影响投资，最终影响收入。但在实际应用中，货币政策对国民收入的影响会受到下列因素的制约。

（一）流动性偏好陷阱

在凯恩斯区域，即经济处于流动性偏好陷阱时，货币投机需求量无穷大。无论货币供给量增加多少，都将被私人部门持有在手头上，而不会导入债券市场，因而利息率不降低。这样，货币政策刺激投资的作用就相当微弱。

进一步地，即使不存在流动性偏好陷阱，在经济衰退时期实行扩张性的货币政策，其效果也不明显。那时，厂商对经济前景的预期非常悲观，即使中央银行松动银根，降低利率，投资者也不肯增加贷款从事投资活动，即萧条时期，投资对利率的敏感性较低。更何况，银行为安全起见，也不肯轻易贷款。这样，作为反衰退的货币政策，其效果就十分有限。所以，一些西方经济学家认为，货币政策在反通货膨胀方面效果比较明显，而在反衰退方面的效果就不明显。但即使从反通货膨胀看，货币政策的作用也仅限于反对需求拉上的通货膨胀，而对成本推进的通货膨胀，货币政策的效果就很小。

（二）时滞

与财政政策一样，货币政策的效果也受到政策时滞的影响。从中央银行对经济形势做出判断、分析、制定政策实施，到经济对货币政策起反应，都会产生时滞。因而，货币供给量变动以后要经过相当长一段时间才会充分发挥作用。这些滞后制约着货币政策准确有效地发挥作用。

（三）货币乘数的不稳定

如果货币乘数不变或者完全可以预期，则中央银行就可以通过控制高能货币准确调节货币供给量，并有效影响经济。但实际上，货币乘数非常不稳定，中央银行也无法准确预期货币乘数的变动情况。中央银行就无法准确决定货币存量，从而对经济的调节也就不会总是令人满意的。这也是货币政策实施中的困难之一。

（四）货币政策需要公众的配合

货币政策不像财政政策那样政府可以直接加以实施。比方说，变动再贴现率是中央银行间接控制商业银行准备金的重要手段，但这种手段的效果受到商业银行行为的制约。例如，当中央银行降低再贴现率时，商业银行未必增加贴现，至少不一定按照中央银行的意图增加再贴现数量；而当中央银行提高再贴现率时，商业银行未必减少贴现。公开市场业务也有这方面的问题，中央银行卖出公债时，需要公众的购买来配合，中央银行买进公债时，需要公众的出售来配合。其他次要手段也都要公众的配合。

货币政策在实践中存在的问题还远不止这些，但仅从这些方面看，货币政策作为平抑经济波动的手段，其作用也是有限的。普遍认为，货币政策是调节宏观经济运行的间接手段，它对通货膨胀的影响程度要大于对收入的影响。

七、财政政策与货币政策的选择与配合

财政政策与货币政策都可以调节总需求，进而影响就业与国民收入。因此，为达到某个既定目标，决策者既可以选择货币政策，也可以选择财政政策。但在不同的区域，即在不同的经济形势下，财政政策与货币政策效果不同。在凯恩斯区域，财政政策效果极大，货币政策无效。而在古典区域，财政政策无效，货币政策效果极大。由于财政政策和货币政策各具有自身的优点与局限性，就有如何选择政策组合，并使之协调的问题。下面举例说明。

假定某一时期经济处于衰退状态。若政府只采用扩张性的财政政策，在增加总需求与收入的同时，伴随利率上升，抑制私人投资，产生挤出效应，降低财政政策的效果。此时，如果央行采用扩张性的货币政策加以配合，就可以抑制利率上升，消除挤出效应，使总需求与收入水平获得更大的提高，增强财政政策的效果，如图 5-11 所示。

在图 5-11 中，假定充分就业的收入为 Y_2，初始的经济处于 E_0 点，收入为 Y_0，利率为 r_0。为实现充分就业，政府实施扩张性财政政策，使得 IS_0 曲线将右移到 IS_1。新的均衡点为 E_1，利率上升到 r_1，收入增加到 Y_1。由于存在"挤出效应"，实际收入 Y_1 依然小于充分就业收入 Y_2。此时如果央行增加货币供给，将 LM_0 曲线右移到 LM_1，可使利率恢复到原先的水平，消除财政政策的挤出效应，最终使收入增加到 Y_2，达到充分就业状态。

总之，政府与央行应当在认清经济运行情况的条件下，根据财政政策与货币政策的固有特征，选择适当的财政政策与货币政策组合，以调控宏观经济活动，保证经济沿着充分就业轨迹稳定增长。

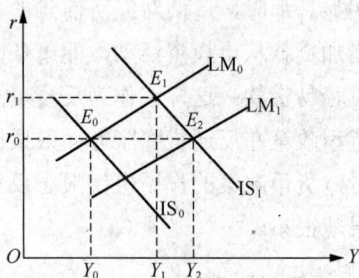

图 5-11　财政政策与货币政策的配合

经济学家简介

大卫·李嘉图

大卫·李嘉图（David Ricardo，1772年4月18日—1823年9月11日），英国著名古典经济学家。生于伦敦一个犹太人家庭，父亲为证券交易所经纪人。12岁到荷兰商业学校学习，14岁随父从事证券交易。21岁时，违背其父母的意愿，取基督教贵格派教徒的女儿为妻，被剥夺继承权。于是自己打拼，独立开展证券交易与借贷活动，并取得巨大成功，25岁时拥有200万英镑财产。随后在经商的同时，李嘉图开始钻研数学、物理学等科学。1799年在阅读亚当·斯密《国富论》后开始研究经济问题。1814年，李嘉图退出商界，潜心写作。1815年，出版《论谷物低价对资本利润的影响》，首次阐述了资本与土地等生产要素的增量所得报酬递减规律。1817年，由这本小册子扩充而成的《政治经济学及赋税原理》的出版，奠定了李嘉图在经济学研究领域中的显赫地位。李嘉图反对政府实施谷物法与其他对经济的管制，认为自由贸易与减轻税收负担是促进经济增长的最好办法。1819年选为上议院议员。1823年9月11日，因耳朵上的伤口感染而去世。不管李嘉图是否是有史以来最伟大的经济学家，但他确实是有史以来最富有的经济学家。

练习题

一、单项选择题

1. 以下4种宏观经济政策中，属于需求管理的是（　　　）。

   A. 财政政策　　　B. 收入政策　　　　　C. 人力政策　　　　　D. 指数化政策

2. 以下哪一种情况下会产生挤出效应？（　　　）

   A. 货币供给的下降提高利率，从而挤出了对利率敏感的私人支出

   B. 对私人部门税收的增加引起私人部门可支配收入和支出的下降

   C. 政府支出增加使利率提高，从而挤出了私人部门的支出

   D. 政府部门支出下降导致消费支出下降

3. 扩张性财政政策会对经济产生的影响是（　　）。

A. 缓和了经济萧条，减少了政府债务　　　　B. 缓和了经济萧条，但增加了政府债务

C. 缓和了通货膨胀，减少了政府债务　　　　D. 缓和了通货膨胀，但增加了政府债务

4. 按照凯恩斯货币理论，货币供给增加将（　　）。

A. 降低利率，从而减少投资　　　　　　　　B. 降低利率，从而增加投资

C. 提高利率，从而减少投资　　　　　　　　D. 提高利率，从而增加投资

5. 紧缩性货币政策的运用将导致（　　）。

A. 货币供给量增加，利率提高　　　　　　　B. 货币供给量增加，利率降低

C. 货币供给量减少，利率降低　　　　　　　D. 货币供给量减少，利率提高

6. 一般而言，实行扩张性货币政策的主要目的是（　　）。

A. 抑制投资需求的不断增长　　　　　　　　B. 刺激社会总需求增长

C. 控制通货膨胀进一步加剧　　　　　　　　D. 防止物价上涨得太快

7. 当经济出现"滞涨"局面时，政府进行宏观调控应选择的宏观经济政策是（　　）。

A. 扩张性财政政策与紧缩性货币政策　　　　B. 扩张性财政政策与扩张性货币政策

C. 紧缩性财政政策与紧缩性货币政策　　　　D. 紧缩性财政政策与扩张性货币政策

8. 当经济处于繁荣时期，社会总需求明显大于社会总供给时，政府进行宏观调控应选择的宏观经济政策是（　　）。

A. 扩张性财政政策与紧缩性货币政策　　　　B. 扩张性财政政策与扩张性货币政策

C. 紧缩性财政政策与紧缩性货币政策　　　　D. 紧缩性财政政策与扩张性货币政策

9. 当经济处于萧条时期，社会商品总供给过剩，失业过多时，政府进行宏观调控应选择的宏观经济政策是（　　）。

A. 扩张性财政政策与紧缩性货币政策　　　　B. 扩张性财政政策与扩张性货币政策

C. 紧缩性财政政策与紧缩性货币政策　　　　D. 紧缩性财政政策与扩张性货币政策

10. 当一国采用扩张性财政政策，而不采用紧缩性的货币政策时，一定会使（　　）。

A. 产出上升、利率上升　　　　　　　　　　B. 产出上升、利率不确定

C. 产出不确定、利率上升　　　　　　　　　D. 产出不确定、利率下降

11. 以下关于收入政策，错误的是（　　）。

A. 收入政策的目的是制止工资成本推动的通货膨胀

B. 收入政策的理论基础是需求拉上的通货膨胀理论

C. 收入政策是一种既能防止失业，又能遏制通货膨胀的措施

D. 收入政策又称为工资与物价控制政策

12. 以下哪一项不属于指数化政策的手段？（　　）

A. 工资指数化　　　B. 税收指数化　　　　C. 利率指数化　　　　D. 汇率指数化

13. 在（　　）情况下，财政政策稳定经济的效果最佳。

A. 衰退期间增加政府支出减少税收，通货膨胀时减少政府支出增加税收

B. 保持预算平衡

C. 通货膨胀期间产生财政赤字，衰退期间发生财政盈余

D. 保持财政盈余

二、名词解释

1. 自动稳定器 2. 挤出效应 3. 充分就业预算盈余（或赤字） 4. 周期性预算盈余（或赤字） 5. 存款准备金 6. 法定准备率 7. 基础货币 8. 活期存款乘数 9. 货币乘数 10. 再贴现率 11. 公开市场业务 12. 李嘉图—巴罗等价定理

三、简答题

1. 简述宏观经济政策的目标及其相互关系。

2. 什么是财政政策与货币政策？

3. 平衡预算的财政思想和功能财政思想有何主要区别？

4. 货币政策的主要工具有哪些？

5. 若经济进入"凯恩斯陷阱"，为摆脱萧条局面，应当采取何种政策？为什么？

6. 假设政府考虑用两种扩张政策：一是直接增加购买支出；二是降低税率。简要分析这两种政策对收入、利率和投资的影响。

四、论述题

1. 货币政策在实践中的局限性体现在哪些方面？

2. 简述财政政策的作用机制与作用大小的决定因素。

3. 简述货币政策的作用机制与作用大小的决定因素。

4. 为什么货币政策效果好于财政政策效果？

五、计算题

1. 假定现金—存款比率 $r_c = 0.38$，准备率（包括法定的和超额的）$r = 0.18$。试问活期存款乘数为多少？若增加基础货币100元，货币供给变动多少？

2. 某商业银行体系共持有准备金300亿元，公众持有的通货数量为100亿元，中央银行对活期存款规定的法定准备率为15%，据测算，流通中现金漏损率（现金/活期存款）为25%，商业银行的超额准备金率为5%。试求：

（1）活期存款乘数；（2）货币乘数（指狭义货币 M_1）；（3）狭义货币供应量 M_1。

3. 假定政府当前预算赤字为75亿元，边际消费倾向 $c = 0.8$，边际税率 $t = 0.25$，政府为降低通货膨胀率减少政府支出200亿元。通过计算回答政府支出的变化能否消灭赤字。

4. 假定现金—存款比率为0.32，法定准备率为10%，超额准备率为8%。计算：

（1）货币乘数；

（2）增加基础货币100亿元时，货币供给的变动量。

5. 已知法定准备率是10%，商业银行没有超额准备金，对现金的需求为1 000亿元。计算：

（1）总准备金为400亿元时的货币供给量；

（2）其他条件不变，若法定准备率提高到20%时，货币供给的变动量；

（3）其他条件不变，若中央银行买进10亿元政府债券时，货币供给的变动量。

六、案例分析题

1. 2015年3月，财政部宣布2015年中央政府安排财政赤字16 200亿元，比去年增加2 700亿元，赤字率从去年的2.1%提高到2.3%，这是积极财政政策的重要体现。

从支出角度看，2015年的积极财政政策除了扩大赤字规模、赤字率提高0.2个百分点外，还进一步加大了支出强度，推动积极的财政政策增效。主要体现在以下三个方面。

一是中央财政动用以前年度结转资金1 124亿元。结合2015年财政收入形势和消化应对"三期叠加"①的影响，动用以前年度结转资金加大支出，但不能再列收列支，仅在支出安排时加以注释或说明，是不计入赤字的，用于弥补收支缺口的支出。

二是增加安排地方政府专项债券1 000亿元并纳入地方政府性基金预算管理，主要用于有一定收益的公益性项目建设支出。

三是相应加大地方支出力度或减轻地方支出压力的事项。如经国务院批准，近期财政部已下达地方存量债务1万亿元置换债券额度，允许地方把一部分到期的高成本债务转换成地方政府债券，政府债券利率一般较低，这样地方政府一年可减少利息负担400亿～500亿元，这既缓解了部分地方支出压力，也为地方腾出一部分资金用于加大其他支出。

财政赤字支出的增加，对我国的总需求与国民收入将产生怎样的影响？

2. 中国央行再出"双降"组合拳稳增长

2015年10月23日晚，中国人民银行宣布下调存贷款基准利率各0.25个百分点、降低存款准备金率0.5个百分点，并同时宣布放开存款利率上限。这是继8月25日之后2个月内央行第二次打出"双降"组合拳。

中国央行有关负责人表示，此次降低存贷款基准利率，主要是根据整体物价的变化，保持合理的实际利率水平，促进降低社会融资成本，加大金融支持实体经济的力度，体现了稳增长、调结构、促改革的综合考量，有利于为中国宏观经济运行创造良好环境。

在"双降"的同时，央行宣布对商业银行和农村合作金融机构等不再设置存款利率浮动上限。

存款利率放开是金融改革最难啃的骨头之一。放开存款利率上限意味着我国利率市场化基本完成，金融市场主体可按照市场化的原则自主协商确定各类金融产品定价。

当前中国经济处在新旧产业和发展动能转换接续关键期，需要加快推进利率市场化改革。同时，近年来科技进步、互联网发展及其与金融的不断融合，对加快推进利率市场化改革提出了迫切要求。

试问2015年10月23日央行的"双降"，将对我国的总需求与国民收入产生怎样的影响？

---

① "三期叠加"是指增长速度进入换档期、结构调整面临阵痛期和前期刺激政策消化期的相互作用。

第六章 | 总需求—总供给模型

IS-LM 模型讨论的收入决定有以下三点不足。

（1）没有考察劳动市场，不知道两市场均衡时的收入是否是充分就业收入。

（2）没有说明一般价格水平对总支出与均衡收入的影响。

（3）没有分析总供给变动对收入的影响。

本章引进一般价格水平与劳动市场，在产品市场、货币市场与劳动市场等三市场中，从总需求和总供给两个方面，研究国民收入与一般价格水平的决定。

在没有引入一般价格水平之前，所有变量都可以看成是实际变量。引入一般价格水平以后，变量有名义变量与实际变量之区分。它们之间的关系为：

$$实际变量值 = \frac{名义变量值}{一般价格水平}$$

第一节 | 总需求

一、总需求的涵义、构成与限定

一国的总需求是指在每一一般价格水平上对一国最终产品和劳务的需求总量。总需求由个人消费、企业投资、政府购买和净出口构成。如果用 AD 表示总需求，则：

$$AD = C + I + G + (X - M) \tag{6.1}$$

在第三章和第四章中，假定收入由总需求决定。当总需求大于收入时，收入将增加；总需求小于收入时，收入将减少；一旦收入与总需求相等，收入就处于均衡状态。因此，均衡收入恒等于总需求，即单市场中的均衡收入与两市场中的均衡收入都可以当做总需求。由于本章对收入决定的研究已经扩大到三市场之中，故将两市场中的均衡收入，即 IS 曲线与 LM 曲线交点对应的收入，称为总需求。

二、一般价格水平影响总需求的机制

总需求与一般价格水平紧密相关，是一般价格水平的函数。总需求函数通常表示为：

$$AD = AD(P) \tag{6.2}$$

式（6.2）中的 AD 表示总需求，P 是指一般价格水平，即整个社会的物价水平。在封闭经济中，一般价格水平影响总需求的机制，主要体现在财富效应和利率效应两个方面。

一般价格水平变动的财富效应是指，一般价格水平的变动会影响财富的实际价值，进而影响消费，最终影响总需求。即

$$P\downarrow \to \frac{名义财富量}{P}\uparrow \to C\uparrow \to AD\uparrow$$

一般价格水平变动的利率效应是指，一般价格水平的变动会影响实际货币供给量，进而影响利率与投资，最终影响总需求。即：

$$P\downarrow\to\frac{M_0}{P}\uparrow\to r\downarrow\to I\uparrow\to AD\uparrow$$

经济学家简介

让·巴蒂斯特·萨伊

让·巴蒂斯特·萨伊（Jean-baptiste Say 1767—1832年）生于法国里昂一个商人家庭。少年时代萨伊就开始学习商业。随后赴英国伦敦附近一商业学校求学，得以目睹英国产业革命的情况，并接触到亚当·斯密的经济学说。1789年法国爆发大革命时，他正在一家人寿保险公司任职，拥护当时大资产阶级的执政，积极参加政治活动并一度从军。雅各宾派上台后，他感到不满转而反对革命。1794—1799年，萨伊任《哲学、文艺和政治》旬刊的主编，在该刊发表经济文章，批评国民大会活动，得到拿破仑的赏识，被委任为法官，又临时派往财政委员会工作。1803年，他出版《论政治经济学，或略论财富是怎样产生、分配和消费的》（简称《政治经济学概论》）一书，宣扬斯密的贸易自由放任思想。由于拒绝拿破仑要他彻底修改全书的要求而被降职，最后被迫辞去公职。1805年他与别人合伙开办机器纺纱厂，至1813年停办。1815年，波旁王朝复辟，他又受到重视，被派往英国考察工业。1816年起，先后在法国阿森尼大学和工艺学院讲授政治经济学，他把讲稿整理为《实用政治经济学全教程》（共6卷），在1828—1829年间出版。1830年萨伊还担任过法兰西学院政治经济学教授。

三、总需求曲线的推导

假定一般价格水平的变动只产生利率效应，没有财富效应。则在两部门经济中，总需求模型为：

$$\begin{cases} I(r) = S(Y) \\ \dfrac{M}{P} = L_1(Y) + L_2(r) \end{cases}$$

根据上述总需求模型，可以导出总需求曲线。总需求曲线的具体推导过程如图6-1所示。

在图6-1中，设初始的一般价格水平为 P_1 时，LM_1 曲线与 IS 曲线相交于 E_1 点，对应的均衡收入和利率分别是 Y_1 和 r_1，Y_1 就是与价格水平 P_1 相对应的总需求。这样，(P_1, Y_1) 便构成总需求曲线上的一点，如图6-1中的 D_1 点。现在，令一般价格水平下降到 P_2。由于名义货币供给量不变，价格水平下降意味着实际货币供给增加，导致 LM 曲线向右平移到 LM_2，并与 IS 曲线相交于 E_2 点，使总需求量增加到 Y_2。这样，(P_2, Y_2) 构成总需求曲线上的另一点，即图6-1中的 D_2 点。以此类推，随着一般价格水平的变动，可以得到与不同价格水平相对应的总需求量，即总需求量与一般价格水平一一对应。将这些不同的一般价格水平

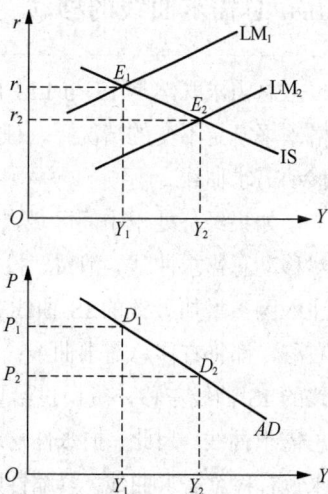

图6-1 总需求曲线的推导

与总需求量的组合点用一条平滑的曲线连接起来，就可以得到一条向右下方倾斜的总需求曲线AD。

四、总需求曲线向右下方倾斜的原因

总需求与一般价格水平负相关，即总需求曲线是一条向右下方倾斜的曲线。导致总需求曲线向右下方倾斜的原因主要有以下4个。

（1）一般价格水平上升时，实际货币供给下降，使货币供给小于货币需求，导致利率上升，投资下降，总需求量减少。这就是价格上升的利率效应——左移LM曲线。

（2）价格总水平上升时，消费者的实际财富下降，导致消费减少。这就是价格变动的财富效应——左移IS曲线。

（3）价格总水平上升时，居民的名义收入增加，使居民进入更高的纳税等级，从而增加居民的税收负担，减少居民的可支配收入，进而减少消费与总需求。

（4）国内物价水平上升，在短期汇率不变的条件下，使进口商品的价格相对下降，出口商品的价格相对上升，导致进口增加，出口减少，即净出口减少，最终引起总需求减少。

一般价格水平变动对消费的影响较小，可以忽略不计；而一般价格水平变动对净出口的影响，将在"国际部门"一章中讨论，这里撇开不谈。因此，本章假定价格水平变动对总需求的影响，只有利率效应，即仅仅移动LM曲线，而不移动IS曲线。

【例题6-1】 某经济社会的总消费 $c = 0.8y + 50$，投资 $i = 200 - r$，货币需求 $l = 0.2y - 4r$，当名义货币供给量为200时，试推导该社会的总需求曲线。

解：由产品市场的均衡条件 $y = c + i$，可得：$r = 250 - 0.2y$；

由货币市场的均衡条件 $L = M$，可得：$\dfrac{M}{P} = 0.2Y - 4r$；

已知 $\dfrac{150 - 100}{100} \times 100\% = 50\%$，当产品市场和货币市场同时均衡时，可得 $\dfrac{200}{P} = 0.2Y - 4 \times (250 - 0.2Y)$，即总需求曲线的表达式为 $Y = \dfrac{200}{P} + 1\,000$。

五、总需求曲线的移动

总需求既然是 IS 与 LM 曲线交点对应的收入，那么，在一般价格水平既定不变的情况下，任何移动 IS、LM 曲线的因素，都有可能移动需求曲线。

如果经济处于中间区域，任何移动 IS 或 LM 曲线的因素，都必然移动总需求曲线。消费、投资、政府购买和出口等各种自发支出或注入因素增加导致的 IS 曲线右移，货币供给量增加导致的 LM 曲线右移，都将右移总需求曲线；而储蓄、税收与进口等漏出因素增加导致的 IS 曲线左移，货币供给量减少导致的 LM 曲线左移，都将左移总需求曲线。因此，扩张性财政政策与扩张性货币政策都将增加总需求，右移总需求曲线；紧缩性财政政策与紧缩性货币政策都将减少总需求，左移总需求曲线，如图 6-2 所示。

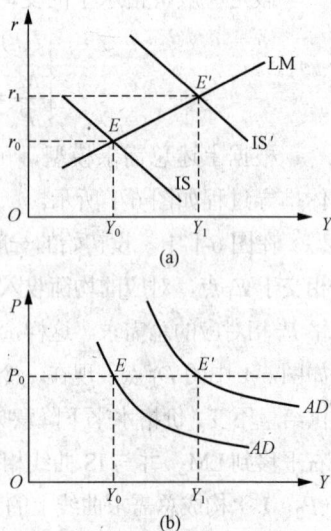

图 6-2 总需求曲线的移动

在图 6-2 中，设初始的总需求曲线为 AD，当一般价格水平为 P_0 时，总需求量为 Y_0，由 IS 曲线和 LM 曲线的交点 E 决定。现在假定一般价格水平不变，但政府增加购买支出，IS 曲线便右移到 IS′。IS′ 与 LM 曲线的交点 E' 决定的总需求量为 Y_1。在既定的价格水平 P_0 上，政府购买支出增加引起的总需求增加用图形来描绘，就是总需求曲线的右移，即总需求曲线由 AD 右移到 AD′。

在非中间区域，IS 曲线的移动或 LM 曲线的移动不一定能移动 AD 曲线。在凯恩斯区域，LM 曲线的移动不能移动总需求曲线。假定一般价格水平不变，货币供给增加，LM 曲线右移。凯恩斯区域对应着凯恩斯陷阱，利率极低，债券价格极高，货币投机需求无穷大。央行增加的货币供给都被私人部门保持在手头上，不会导入债券市场，从而不会提高债券价格与降低利率。由于利率不变，故投资量不变，最终总需求不变。而在古典区域，IS 曲线的移动不能移动总需求曲线。因为在古典区域，扩张性财政政策产生的挤出效应极大，完全抵消了政府购买的乘数效应，以至于总需求不变。

第二节
总供给

西方经济学家对总需求曲线的认识基本相同，但对总供给曲线的看法存在较大分歧。本节从短期和长期两个维度对总供给曲线进行分析。

一、一般价格水平影响总供给的机制

总供给是指一国在每一一般价格水平上愿意且有能力销售的最终产品和服务的总量。总供给常常用总供给函数来描述。总供给函数表示总产量与一般价格水平之间的关系。即

$$AS = AS(P) \tag{6.3}$$

式（6.3）中的 AS 代表总供给，P 代表一般价格水平，即整个社会的物价水平。

一般价格水平影响总供给的过程分三步。第一步，一般价格水平的变化影响实际工资水平。在名义工资不变的情况下，实际工资与价格水平变化方向相反。第二步，实际工资水平影响实际就业量。实际就业量由劳动供求双方共同决定。一般来说，劳动的市场供给与实际工资水平同方向变动，劳动需求与实际工资水平反方向变动。第三步，实际就业量决定总产量或总供给。在其他条件不变的情况下，实际就业量增加时，总供给量随之增加；实际就业量减少时，总供给量随之减少。如果用 w 代表名义工资率，Y 表示总供给，则一般价格水平变动影响总供给的机制可以表示为：

$$P \rightarrow \frac{w}{P} \rightarrow N(N_d, N_s) \rightarrow Y$$

（一）短期宏观生产函数

一国的总供给取决于生产过程中的要素投入量和要素投入的效率或技术水平等两方面因素。假设社会仅使用资本和劳动两种要素进行生产，则宏观生产函数可以表示为：

$$Y = Af(N, K) \tag{6.4}$$

式（6.4）中的 Y 表示总供给或总产量，A 表示技术水平，N 表示总就业量，K 表示资本总量。该函数式说明，一国的总产出取决于该国的技术水平、就业量和资本存量。

在短期，假定技术水平和资本存量不变，则总产量取决于就业量，即总产量是就业量的函数，记为：

$$Y = f(N) \qquad (6.5)$$

短期宏观生产函数具有两个基本性质：一是总产量随着总就业量的增加而增加；二是总产量的增加受边际报酬递减规律的制约，随总就业量的增加而呈现出递减的增长趋势。因此，短期总产量曲线是一条向右上方倾斜且凹向横轴的曲线，如图 6-3 所示。

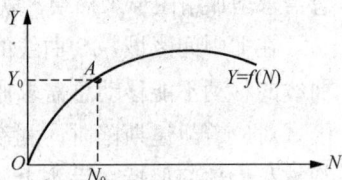

在图 6-3 中，根据短期总产量曲线，给定一个就业量 N_0，就得到一个特定的总供给量 Y_0。因此，要确定总供给或总产量，首先必须确定总就业量。

图 6-3　短期总产量曲线

（二）就业量的决定

总就业量由劳动需求和劳动供给共同决定。

1. 劳动需求函数与劳动需求曲线

厂商对劳动需求的原则是劳动的边际收益产品等于劳动的边际要素成本，即

$$MRP_L = MFC_L \qquad (6.6)$$

假定产品市场和劳动市场都为完全竞争市场，令劳动的价格即工资率为 w，则有 $MRP_L = VMP_L$，$MFC_L = w$。所以，有 $VMP_L = w$，或者 $MP_L \cdot P = w$，即

$$MP_L = \frac{w}{P} \qquad (6.7)$$

在式（6.7）中，w 表示货币工资率，即单位劳动时间的工资，P 表示产品价格，$\frac{w}{P}$ 就是实际工资率，MP_L 为劳动的边际产量。因此，在完全竞争市场上，厂商为了获得最大利润，就必须使劳动的使用量始终处于实际工资率等于劳动的边际产量这种状态中。在给定劳动的边际产量不变的条件下，如果实际工资下降，则有 $MP_L > \frac{w}{P}$，厂商会增加劳动需求；若实际工资上升，即 $MP_L < \frac{w}{P}$，厂商会减少劳动需求。因此，劳动需求是实际工资的减函数。如用 N_d 表示劳动需求量，则劳动需求函数可以表示为：

$$N_d = N_d\left(\frac{w}{P}\right) \qquad (6.8)$$

由于厂商对劳动的需求量总是确定在实际工资率等于劳动的边际产量这种状态下，因此，厂商对劳动的需求曲线与劳动的边际产量曲线重合。劳动的边际产量曲线受边际报酬递减规律的作用向右下方倾斜，故厂商对劳动的需求曲线向右下方倾斜。整个社会的劳动需求是由每个厂商的劳动需求加总形成的，因此，整个社会劳动的需求曲线也是向右下方倾斜的，如图 6-4 所示。

2. 劳动供给函数与劳动供给曲线

微观经济学的生产要素价格理论认为，在不考虑产品价格的条件下，市场劳动供给是货币工资率的增函数。如果考虑产品价格变动因素，决定劳动供给量的工资率应该是实际工资率，而不是名义工资率，即劳动供给量是实际工资率的增函数。如用 N_s 表示劳动供给量，则劳动供

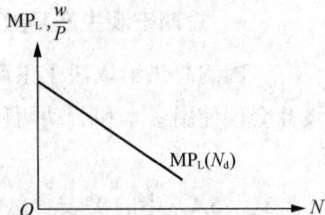

图 6-4　劳动需求曲线

给函数可表示为：

$$N_s = N_s\left(\frac{w}{P}\right) \tag{6.9}$$

在式（6.9）中，N_s 表示劳动总供给量。由于劳动供给量与实际工资率正相关，故劳动总供给曲线向右上方倾斜，如图 6-5 所示。

在完全竞争市场上，实际就业量由劳动供给与劳动需求共同决定，等于均衡就业量。所谓均衡就业量，就是劳动供给与劳动需求相等，即劳动市场出清时的就业量。此时，所有愿意按现行工资率工作的人都找到了工作。故均衡就业量又称为充分就业量。均衡就业量的决定模型可以简单地表示为：

图 6-5　劳动供给曲线

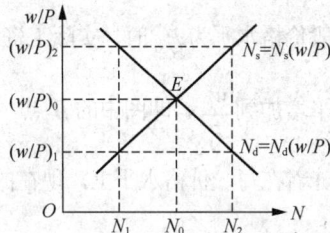

$$N_d\left(\frac{w}{P}\right) = N_s\left(\frac{w}{P}\right) \tag{6.10}$$

3. 均衡就业量的决定

均衡就业量是指劳动市场上的供求相等，即劳动市场出清时的就业量。在劳动市场出清时，所有愿意按现行工资率工作的人都能找到工作，故均衡就业量又叫充分就业量。均衡就业量的决定模型为：

$$\begin{cases} N_d = N_s \\ N_d = N_d\left(\dfrac{w}{P}\right) \\ N_s = N_s\left(\dfrac{w}{P}\right) \end{cases}$$

均衡就业量的决定机制，如图 6-6 所示。

在图 6-6 中，设劳动市场供求曲线的交点 E 决定的均衡就业量与均衡实际工资率，分别为 N_0、$(w/P)_0$。现在如果总需求减少，价格水平下降，在名义工资不变的情况下，实际工资水平上升到 $(w/P)_2$，高于均衡水平，则劳动供给量大于需求量，劳动市场存在超额劳动供给 N_1N_2。此时，工人为了找到工作，相互之间会展开激烈的竞争。这种竞争会降低名义工资，进而降低实际工资，减少超额劳动供给，最终使劳动供求重新相等。反之，若总需求增加，价格水平上升，在名义工资不变的情况下，实际工资水平降低到 $(w/P)_1$，低于均衡水

图 6-6　劳动市场的均衡

平。则劳动需求量大于供给量，劳动市场存在超额劳动需求 N_1N_2。此时，厂商为了雇佣到足够数量的劳动，相互之间也会展开激烈的竞争。这种竞争会提高名义工资，进而提高实际工资水平，减少超额劳动需求，最终使劳动供求重新相等。

可见，名义工资的灵活性或劳动市场的完全竞争性，保证了实际就业量总是等于均衡就业量或充分就业量。

【例题6-2】　已知某国的消费 $C = 0.75(Y-T)+120$，投资 $I = 500 - 4\,000r$，政府购买支出和税收均为48，货币需求 $L = 0.25Y - 1\,000r + 268$，生产函数为 $Y = 1.664N$（其中 N 为就业量）。当充分就业产量为 1\,248，货币供给为 500 时，试分析：

（1）产品市场、货币市场、劳动市场是否同时处于均衡状态？

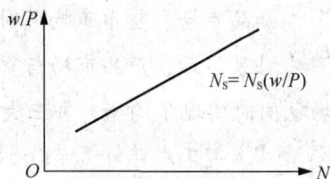

（2）充分就业量是多少？

解：（1）由产品市场收入均衡条件 $Y = C + I + G$，可得：$r = 0.158 - 0.0000625Y$

由货币市场均衡条件 $M = L$，可得：$r = 0.00025Y - 0.232$

产品市场和货币市场同时均衡，可得：$r = 0.08$，$Y = 1248$

结果显示，产品市场与货币市场同时均衡时的产量恰好等于充分就业时的产量，这说明劳动市场也同时实现了均衡，即三大市场都实现了均衡。

（2）由生产函数 $Y = 1.664N$ 得：$N = Y/1.664$，由已知充分就业产量 $Y_f = 1248$，可以求得充分就业量为：$N_f = 750$。

（三）一般价格水平、货币工资与实际工资的关系

劳动者出售劳动给厂商，获得相应的货币工资。当一般价格水平发生变动时，一定量的货币工资的购买力或实际工资会相应发生变动。一般价格水平、货币工资与实际工资的关系，可以用公式表示如下。

$$实际工资 = \frac{货币工资}{P} \tag{6.11}$$

式（6.11）表示，在名义工资既定的情况下，实际工资与一般价格水平负相关，即实际工资曲线向右下方倾斜。当名义工资增加时，实际工资在每一价格水平上都会增加，这意味着实际工资曲线右移，如图 6-7 所示。

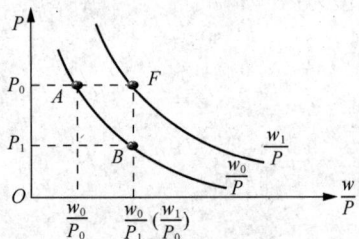

在图 6-7 中，纵轴表示一般价格水平，横轴表示实际工资。向右下方倾斜的曲线表示某一特定名义工资下的实际工资曲线。设初始的名义工资为 w_0，则实际工资曲线为 $\frac{w_0}{P}$。根据该实际工资曲线，当一般价格水平为 P_0 时，实际工资水平便为 $\frac{w_0}{P_0}$，即图中的 A 点。如果一般价格水平降到 P_1，则实际工资水平增加到 $\frac{w_0}{P_1}$，即图中的 B 点。若货币工资从 w_0 增加到 w_1，则实际工资曲线从 $\frac{w_0}{P}$ 向右移动到 $\frac{w_1}{P}$，这意味着在每一价格水平上，现在的实际工资都增加了。例如现在 P_0 上的实际工资为 $\frac{w_1}{P_0}$，即图中的 F 点。

图 6-7 实际工资曲线

二、长期总供给曲线

长期总供给曲线是位于充分就业产量水平上的供给完全缺乏弹性的供给曲线。长期总供给曲线赖以建立的条件是：劳动市场完全竞争，货币工资具有灵活性或弹性，能对劳动供求关系的变化作出灵敏的反应，保证劳动市场持续出清，使得实际就业量总是等于充分就业量，进而使实际产量总是等于充分就业产量。长期总供给曲线的模型为：

$$\begin{cases} Y = f(N) \\ N_d\left(\dfrac{w}{P}\right) = N_s\left(\dfrac{w}{P}\right) \Rightarrow N = N_e = N_f \Rightarrow Y = Y_f \\ 实际工资 = \dfrac{w}{P} \end{cases}$$

根据该模型，可以推导出一条垂直的长期总供给曲线，如图 6-8 所示。

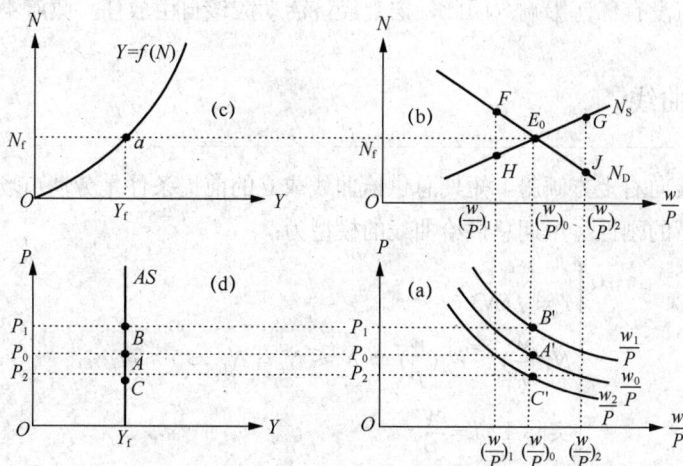

图 6-8 长期总供给曲线的推导

图 6-8（a）的三条实际工资曲线，与不同的三种名义工资相对应，描述实际工资与一般价格水平的关系。图 6-8（b）的劳动供求曲线，描述劳动市场就业量的决定机制。图 6-8（c）为总产量曲线，表示总产量随实际就业量的变动而变动。图 6-8（a）～（c）分别代表长期总供给曲线模型中的第三、第二与第一个方程。由它们可推导出图 6-8（d）中垂直的长期总供给曲线。

设初始的货币工资为 w_0，实际工资曲线为 $\frac{w_0}{P}$。当一般价格水平为 P_0 时，实际工资 $(\frac{w}{P})_0$ 为均衡实际工资。此时的就业量 N_f 正好是均衡就业量或充分就业量，从而实际收入就是充分就业收入 Y_f。因此，与价格水平 P_0 对应的总供给为 Y_f。显然，A 点（P_0，Y_f）一定是长期总供给曲线上的一点。

现在价格上升到 P_1。如果货币工资不变，则实际工资下降到 $(\frac{w}{P})_1$，导致劳动市场上的供给小于需求。为了雇佣到足够的劳动量，企业必然提高货币工资直到 w_1，使实际工资曲线右移到 $\frac{w_1}{P}$。此时，实际工资上升到 $(\frac{w_1}{P_1})$，等于均衡实际工资 $(\frac{w}{P})_0$。均衡工资下的就业量就是充分就业量 N_f，与充分就业量对应的收入就是充分就业收入 Y_f。可见，B 点（P_1，Y_f）也一定是长期总供给曲线上的一点。

如果价格从 P_0 下降到 P_2，假定货币工资不变，仍然为 w_0，则实际工资上升到 $(\frac{w}{P})_2$，导致劳动供给大于需求。为了找到工作，工人必然降低货币工资要求。假定货币工资降低到 w_2，即实际工资曲线右移到 $\frac{w_2}{P}$。P_2 下的实际工资 $(\frac{w}{P})_2$ 等于初始的均衡实际工资 $(\frac{w}{P})_0$。于是就业量依然为充分就业量 N_f，实际收入也依然是充分就业收入 Y_f。因此，与价格水平 P_2 对应的总供给也是 Y_f。C 点（P_2，Y_f）也一定是长期总供给曲线上的一点。

连接 A、B、C 三点，可得到一条垂直的长期总供给曲线。由于古典经济学家都相信市场机制的宏观有效性，认为价格、货币工资与利率具有灵活性，能灵敏地对各种冲击做出反应，确保所有市场上的供求相等，使宏观经济始终处于充分就业状态。因此，长期总供给曲线又叫作古典总供给曲线。

古典总供给曲线表明，政府没有必要为实现充分就业而调控宏观经济。政府为干预宏观经济活动而采取的相机抉择的货币政策，除了引起价格与货币工资等名义变量值发生变动以外，对就业和总产量等实际变量值没有任何影响。因此，宏观经济活动应该自由放任，政府不要干预。

三、短期总供给曲线

短期总供给曲线向右上方倾斜。短期总供给曲线成立的前提条件是劳动市场不完全竞争，货币工资具有能上不能下的刚性。短期总供给曲线的模型为：

$$
\begin{cases}
Y = f(N) \\
N_d\left(\dfrac{w}{P}\right) \leqslant N_s\left(\dfrac{w}{P}\right) \Rightarrow N \leqslant N_e = N_f \Rightarrow Y \leqslant Y_f \\
\text{实际工资} = \dfrac{w}{P}
\end{cases}
$$

根据该模型，可以推导出一条向右上方倾斜的短期总供给曲线，如图 6-9 所示。

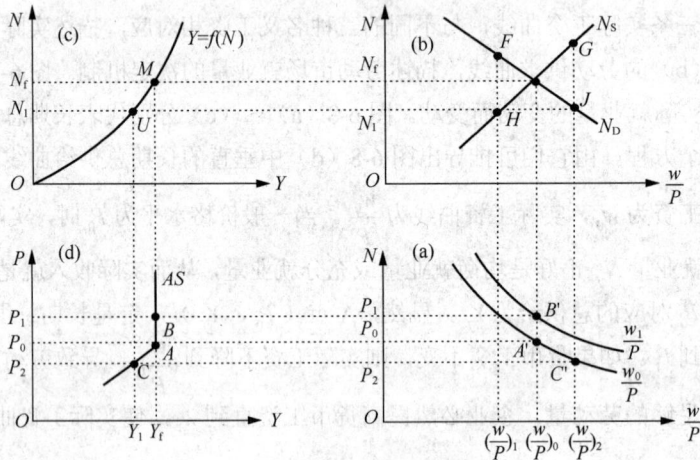

图 6-9　短期总供给曲线的推导

图 6-9（a）的两条实际工资曲线，与不同的名义工资相对应，描述实际工资与一般价格水平的关系。图 6-9（b）的劳动供求曲线，描述就业量的决定机制。图 6-9（c）为总产量曲线，表示总产量随实际就业量的变动而变动。图 6-9（a）～图 6-9（c）等三个子图，分别代表短期总供给曲线模型中的第三、第二与第一个方程。由它们可推导出图 6-9（d）中向右上方倾斜的短期总供给曲线。

设初始的货币工资为 w_0，则实际工资曲线为 $\dfrac{w_0}{P}$。当一般价格水平为 P_0 时，实际工资 $\left(\dfrac{w}{P}\right)_0$ 正好为均衡实际工资。此时的就业量 N_f 就是均衡就业量或充分就业量，从而实际收入就是充分就业收入 Y_f。因此，与价格水平 P_0 对应的总供给为 Y_f。显然，A 点（P_0，Y_f）一定是短期总供给曲线上的一点。

现在价格上升到 P_1。如果货币工资不变，则实际工资下降到 $\left(\dfrac{w}{P}\right)_1$，导致劳动市场上的供给量小于需求量。为了雇佣到足够多的劳动量，企业必然提高货币工资直到 w_1，使实际工资曲线右移到 $\dfrac{w_1}{P}$。此时，实际工资上升到 $\left(\dfrac{w_1}{P_1}\right)$，等于均衡实际工资 $\left(\dfrac{w}{P}\right)_0$。故实际就业量仍然是充分就业量 N_f，与充分就业量对应的收入就是充分就业收入 Y_f。可见，B 点（P_1，Y_f）也一定是短期总供给曲线上的一点。以此类推，可以断定，与任何高于 P_0 的各种价格水平对应的产量一定都是 Y_f。因此，在充分就业收入水平上，短期总供给曲线垂直。

如果价格从 P_0 处下降到 P_2，货币工资不变，仍然为 w_0，则实际工资上升到 $(\frac{w}{P})_2$。此时，尽管劳动供给量大于需求量，但由于货币工资具有向下刚性，即货币工资不下降，则实际就业量由供求两方中较小的一方即需求方决定，为 N_1，低于充分就业量 N_f。相应的实际收入为 Y_1，低于充分就业收入 Y_f。这样，与价格水平 P_2 对应的总供给为 Y_1，C 点（P_2，Y_1）也一定是短期总供给曲线上的一点。

连接 A、B、C 三点，得到的一条先向右上方倾斜，然后在充分就业收入水平上垂直的曲线，就是短期总供给曲线。短期总供给曲线也叫凯恩斯主义总供给曲线。因为凯恩斯主义者认为价格与货币工资等变量具有某种刚性，不能对需求方的冲击做出灵敏的反应，保证所有市场同时出清。宏观经济在短期常常处于低于充分就业状态。为了实现充分就业，政府有必要实施相机抉择的财政与货币政策，调控宏观经济活动。

凯恩斯本人以及正统凯恩斯主义者，都比较武断地假定货币工资向下刚性，没有从微观角度解释其原因。他们认为事实就是如此，不仅没有必要解释，而且这种解释对于理解宏观经济的波动也没有意义。

而新凯恩斯主义者接受了自由主义经济思潮对正统凯恩斯主义的批评，从微观角度解释了货币工资向下刚性的原因。主要的观点有以下两个。

1. 长期劳动契约

无论是工人寻找合适的工作，还是厂商雇佣合适的工人，都要花费交易成本。为了节约这种成本，劳资双方都愿意达成时间比较长的劳动契约（美国一般为 3 年）。在交易契约期内，一般价格水平可能随着货币存量的减少而降低，但货币工资不变，实际工资得以在一段较长的时期内高于均衡实际工资，导致劳动需求减少，最终使实际就业量小于充分就业量。

2. 效率工资理论

效率工资是指厂商为了提高工人的生产效率而支付给工人的高于市场出清工资水平的工资。高工资能提高工人劳动效率、降低产品的平均成本，故叫效率工资。

亨利·福特在 1914 年开办他的汽车厂时，他支付给工人的工资为一天 5 美元，是当时工资的 2 倍多（其他汽车厂工人的周工资为 11 美元）。福特想用高工资使他的工人努力工作，实际上也确实如此。于是，许多现代公司采用了同样的方法。

当一个厂商降低所有工人的工资时，他常常担心最好的雇工最有可能离他而去。而将工资定在高于市场出清水平之上，不仅可以留住优秀的雇员，还可以对偷懒进行有效的惩罚。如果工人偷懒时被发现并且被开除，他不得不失业一段时间，因为在高工资下劳动需求将减少。而如果劳动市场是完全竞争的，偷懒的成本将相当小。工人如果偷懒时被发现并且开除，立即可以找到同样工资的工作，因为竞争市场上的劳动供求总是相等的。

此外，政府的最低工资法规与工会组织也导致货币工资向下刚性。厂商雇佣劳动的原则是劳动的边际产量等于实际工资，即 $MP_L = \frac{w}{P}$。设非熟练工人得到的名义工资，正好等于政府规定的最低工资。现在如果价格水平下降，受最低工资法规的约束，厂商不能降低货币工资，实际工资就会上升，大于其劳动的边际产量，即 $MP_L < \dfrac{w}{P}$。此时，厂商必然减少劳动需求量，从而使大量的非熟练工人失业。强大的工会组织往往使厂商即使在价格下降时，也不能降低货币工资。在很多时候，即使失业增加，工会也坚持高工资。资方有时发现，满足工会的要求，比蒙受经久不决的劳资谈判或工人的罢工之苦要好一些，即使这样做可能对公司的长期健康发展不利。

经验数据表明，无论是否达到充分就业水平，随着总需求增加，在短期内，不仅价格会上升，而且收入也会增加。即短期总供给曲线向右上方倾斜。但在达到充分就业水平之前，总需求的增加主要增加产量，提高价格较少，短期总供给曲线相当平坦。在达到充分就业水平之后，总需求的增加主要提高价格，增加产量或收入较少，短期总供给曲线则变得相当陡峭，如图 6-10 所示。

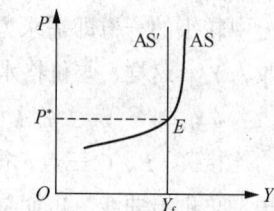

图 6-10　凯恩斯主义的总供给曲线或短期总供给曲线

在图 6-10 中，AS′曲线表示长期总供给曲线，AS 曲线表示凯恩斯主义总供给曲线或短期总供给曲线。它们相交于 E 点。与 E 点对应的产量为充分就业产量 Y_f，对应的一般价格水平为 P^*。E 点左侧，即经济未达到充分就业水平之前，总供给曲线相当平坦；E 点右侧，即经济达到充分就业水平之后，总供给曲线相当陡峭。

凯恩斯主义的总供给曲线或短期总供给曲线的涵义，有以下三个方面。

（1）市场经济中，有效需求可能不足，导致部分资源闲置，使实际就业量低于充分就业量。

（2）相机抉择的总需求管理政策，对增加就业与总产量，稳定宏观经济运行，有重要意义。

（3）在不同的就业或收入水平下，总需求管理政策对就业与总产量的影响程度不同。在充分就业收入之前，总需求的变动对产出具有重大且持久的影响，对价格的影响则相当小。因为此时存在闲置资源，总需求的增加在增加厂商产量的同时，很少提高生产要素的价格。由于要素价格提高较少，产品的平均成本上升较少，进而价格水平上升较少。在充分就业收入以后，总需求的增加主要提高价格水平，很少会增加产量。因为此时厂商要增加产量与劳动雇佣量，就必须较大幅度地提高货币工资，以吸引那些自愿失业者参加工作。货币工资的提高，必然增加边际成本，进而提高一般价格水平，而产量的增加却十分有限。故总供给曲线相当陡峭。

四、总供给曲线的移动

总供给曲线的移动，意味着在同一价格水平下的总产出水平发生了变动，或者在同一产量水平上供给价格发生了变动。因此，引起总供给曲线移动的因素，主要有潜在产出变动与供给价格变动两个。

（一）潜在产出变动引起的总供给曲线移动

潜在产出是指劳动市场与产品市场同时出清时的产出，或者是指在资源（生产要素）和技术水平既定的条件下，一国所能提供的最大可持续产出。潜在产出也叫作充分就业产出。根据总量宏观生产函数，潜在产出与一国拥有的要素的数量、质量和技术水平正相关。从长期来看，随着生产技术水平的提高与物质资本、人力资本的积累，一国的潜在产出总是增长的。当潜在产出增长时，总供给曲线向右移动，如图 6-11 所示。

在图 6-11 中，假定初始的短期总供给曲线 AS_0 与初始的长期总供给曲线 AS' 相交于 E_0 点，当时的价格水平为 P_0，潜在产出为 Y_f^0。现在，其他因素不变，若技术水平提高，使得潜在产出由 Y_f^0 上升到 Y_f^1，则长期总供给曲线便从 AS' 右移到 AS''，进而短期总供给曲线也随之右移到 AS_1。

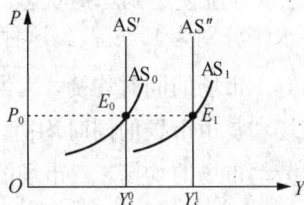
图 6-11 潜在产出增长引起的总供给曲线移动

（二）供给价格变动引起的总供给曲线的移动

撇开技术因素，引起供给价格水平变动的原因，主要是生产要素价格的变动。例如要素价格的提高，必然引起产品的平均成本增加，进而提高产品价格。在产量或收入不变的条件下，供给价格水平的提高，意味着短期总供给曲线上移，如图 6-12 所示。

在图 6-12 中，假定初始的短期总供给曲线 AS_0 与长期总供给曲线 AS' 相较于 A 点，当时的一般价格水平为 P_0，实际产出等于潜在产出为 Y_f。现在，若其他因素不变，而工资提高，则平均成本上升，进而引起供给价格上升到 P_1。在既定的产量上，供给价格水平提高意味着短期总供给曲线上移到 AS_1。

在现实生活中，总供给曲线的变动常常是由要素价格上升和潜在产出增长共同造成的。因此，总供给曲线常常向右上方移动，如图 6-13 所示。

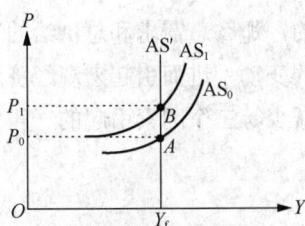
图 6-12 要素价格上升引起的总供给曲线上移

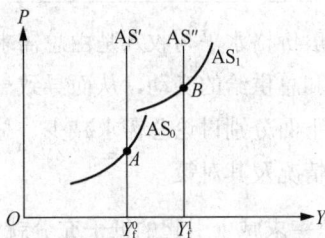
图 6-13 潜在产出增加和要素价格上升共同引起的总供给曲线移动

第三节

总需求—总供给模型

一、国民收入与一般价格水平的决定

将总需求与总供给联系起来，构建的总需求—总供给模型为：

$$\begin{cases} AD = AS \\ AD = AD(P) \\ AS = AS(P) \end{cases}$$

求解该模型，就可以得到三市场中均衡的国民收入与一般价格水平。总需求与总供给模型，也可以用图形表示，如图 6-14 所示。

在图 6-14 中，AS 为短期总供给曲线，AS'为长期总供给曲线，AD 表示总需求曲线。总需求曲线与短期总供给曲线在长期总供给曲线上相交，即总供给与总需求在充分就业收入水平上相等时，宏观经济便达到均衡状态。此时均衡的国民收入与稳定的一般价格水平分别为 Y_f 与 P^*。这种均衡是产品市场、货币市场与劳动市场等三市场的同时均衡。因为总需求曲线上的每一点，都代表产品市场和货币市场的同时均衡。而长期总供给曲线上的每一点，都代表劳动市场的均衡。三市场的同时均衡，显然是理想的宏观经济状态。

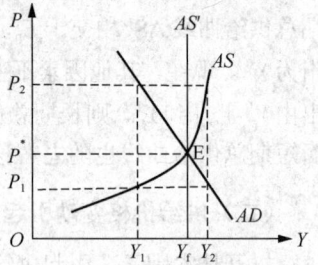

图 6-14　均衡时的一般价格水平与收入

古典经济学家认为，在市场机制的作用下，总供给曲线总是垂直的，其垂足是充分就业收入水平。因此，总需求曲线与总供给曲线的交点，总是位于充分就业收入水平上，这意味着三市场的同时均衡能自然而然地实现。

与古典经济学家的看法截然不同，正统凯恩斯主义者认为，短期总供给曲线向右上方倾斜，总需求曲线与短期总供给曲线的交点，常常偏离充分就业收入这种理想状态。因此，政府有必要实施相机抉择的宏观经济政策，以实现与维持三市场的同时均衡。

二、国民收入与一般价格水平的变动

既然一般价格水平与收入是由总需求与总供给共同决定的，那么总需求和总供给的变化，必将引起总需求和总供给的变动，从而导致一般价格水平与收入的变动，进而引起宏观经济运行偏离其理想状态。下面分别讨论总需求减少、总需求增加、总供给减少等三个因素引起的一般价格水平与收入的变动情况及其对策。

（一）总需求减少引起的低于充分就业均衡及其对策

在总供给不变的情况下，如果总需求减少，即总需求曲线左移，将产生两个结果：一是就业与收入减少；二是一般价格水平下降，如图 6-15 所示。

在图 6-15 中，设初始的总需求曲线 AD_0 与短期总供给曲线 AS 相交于点 E_0，此时的收入为充分就业收入 Y_f，一般价格水平为 P^*。现在总需求减少，总需求曲线左移 AD_1。AD_1 与短期总供给曲线 AS 相交于点 E_1，一般价格水平下降到 P_1，收入减少到 Y_1。这意味着实际就业量小于充分就业量，经济处于衰退状态。此时，政府应该采取扩张性财政政策与货币政策，如增加政府购买支出、减少税收、增加货币供给量等，增加总需求，将总需求曲线 AD_1 右移到 AD_0，以增加就业与收入，实现充分就业均衡。

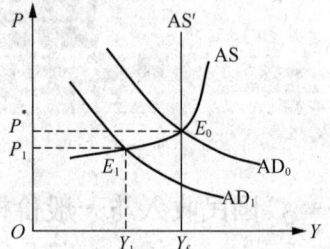

图 6-15　经济衰退及其对策

（二）总需求增加引起的通货膨胀及其对策

在总供给不变的情况下，如果总需求增加，总需求曲线右移，将产生两个结果：一是就业与收入小幅上升；二是一般价格水平大幅提高，如图 6-16 所示。

图 6-16 中，设初始的总需求曲线 AD_0 与短期总供给曲线 AS 相交于点 E_0，此时收入为充分就业收入 Y_f，一般价格水平为 P^*。现

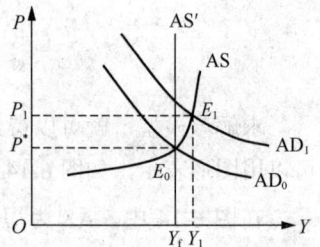

图 6-16　通货膨胀及其对策

在总需求增加，总需求曲线向右平移到 AD_1，并与短期总供给曲线 AS 相交于点 E_1，则一般价格水平上升到 P_1，收入增加到 Y_1。宏观经济出现过度繁荣与通货膨胀。此时，政府应该采取紧缩性的财政政策与货币政策，如减少政府购买支出、增加税收、减少货币供给量等，减少总需求，将总需求曲线 AD_1 左移到 AD_0，以降低通货膨胀率，恢复充分就业均衡。

（三）总供给减少引起的滞胀与正统凯恩斯主义失灵

在总需求不变的条件下，如果来自供给方面的冲击（如原材料价格上涨、工资增加以及垄断程度提高等因素）导致短期总供给曲线上移，即总供给减少时，就会形成收入减少或生产停滞与通货膨胀并存的"滞涨"局面，如图 6-17 所示。

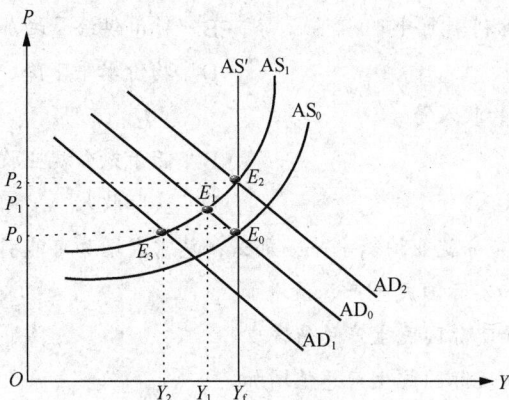

图 6-17 "滞胀"与凯恩斯主义失灵

在图 6-17 中，设初始的短期总供给曲线 AS_0 与总需求曲线 AD_0 相交于点 E_0，此时的收入为充分就业收入 Y_f，一般价格水平为 P_0。现在假定进口原材料价格上升，总供给减少，短期总供给曲线上移到 AS_1。AS_1 与总需求曲线 AD_0 相交于点 E_1，此时的收入下降到 Y_1，一般价格水平上升到 P_1。面对这种"滞胀"局面，凯恩斯主义相机抉择的需求管理政策左右为难，宣告失灵：

收入 Y_1 小于充分就业收入，意味着经济处于衰退状态。为了增加就业与收入，政府应采取扩张性财政政策与货币政策，增加总需求，右移总需求曲线到 AD_2。AD_2 与短期总供给曲线 AS_1 相交于点 E_2，此时的收入虽有所增加，但一般价格水平进一步上升到 P_2，通货膨胀加剧。

在较高的价格水平 P_1 上，为了治理通货膨胀，政府应该采取紧缩性财政政策与货币政策，减少总需求，将总需求曲线 AD_0 左移到 AD_1。AD_1 与短期总供给曲线 AS_1 相交于点 E_3。虽然一般价格水平下降到了初始水平，但收入进一步减少到 Y_2，生产"停滞"加剧了。

练习题

一、单项选择题

1. 当（   ）时，总需求曲线更陡峭。

A. 投资支出对利率变化不敏感

B. 支出乘数较大；

C. 货币需求对利率变化不敏感

D. 货币供给量较小。

2. 随着物价水平上升，实际货币供给量（　　）。

    A. 增加，从而实际国民生产总值的需求量增加

    B. 增加，从而实际国民生产总值的需求量减少

    C. 减少，从而实际国民生产总值的需求量增加

    D. 减少，从而实际国民生产总值的需求量减少

3. 当其他情况不变时，（　　）将引起总供给曲线向右方移动。

    A. 所得税增加   B. 原材料涨价

    C. 厂劳动生产率下降   D. 厂商对劳动需求增加

4. 下列什么情况将引起总需求曲线向右方移动？（　　）

    A. 物价水平不变时利率上升   B. 货币供给量增加

    C. 税收增加   D. 物价水平下降

5. 长期总供给曲线上的收入是（　　）。

    A. 充分就业收入   B. 低于充分就业收入

    C. 高于充分就业收入   D. 实际收入

6. 如果经济处于低于充分就业均衡水平，那么，总需求增加可能引起（　　）。

    A. 物价水平上升和实际国民生产总值增加

    B. 物价水平上升和实际国民生产总值减少

    C. 物价水平下降和实际国民生产总值增加

    D. 物价水平下降和实际国民生产总值减少

7. 自然失业率的降低将引起（　　）。

    A. 短期总供给曲线和长期总供给曲线都向右方移动

    B. 短期总供给曲线和长期总供给曲线都向左方移动

    C. 短期总供给曲线向右方移动，但长期总供给曲线不变

    D. 长期总供给曲线向右方移动，但短期总供给曲线不变

8. 要素价格上升对总需求和总供给的影响是（　　）。

    A. 总需求不变，总供给增加   B. 总需求不变，总供给减少

    C. 总需求增加，总供给不变   D. 总需求减少，总供给不变

9. 如果总供给曲线垂直，政府增加购买支出将会（　　）。

    A. 提高价格水平和实际产出   B. 提高价格水平但不影响实际产出

    C. 提高实际产出但不影响价格水平   D. 对价格水平和产出均无影响

二、名词解释

1. 总需求 2. 总供给 3. 实际就业量 4. 充分就业量 5. 充分就业收入 6. 实际工资

7. 滞胀

三、简答题

1. 总需求曲线为什么向右下方倾斜？

2. 为什么长期总供给曲线是一条垂直线？

3. 为什么凯恩斯主义的总供给曲线向右上方倾斜？

四、论述题

1. 利用凯恩斯主义的AD-AS模型，简述经济萧条与通胀的对策。

2. 利用凯恩斯主义的AD-AS模型，说明 "滞胀" 状态的形成与凯恩斯主义失灵的原因。

五、计算题

1. 设IS曲线的方程为 $r = 0.145 - 0.0000185Y + 0.00005G$ ，LM曲线的方程为 $r = 0.0000215Y - 0.0001(M/P)$ 。其中 r 为利率，Y 为收入，G 为政府支出，P 为价格水平，M 为名义货币供给量。试推导出总需求曲线方程，并说明名义货币供给量和政府支出的变动对总需求曲线的影响。

2. 如果总供给曲线为 $Y_s = 600$ ，总需求曲线为 $Y_d = 800 - 50P$ 。

（1）求供求均衡点；

（2）如果总需求上升20%，求新的供求均衡点。

六、案例分析题

2015年11月10日，习近平总书记在中央财经领导小组第十一次会议的讲话中，首次提出了我国的供给侧改革。他指出，"在适度扩大总需求的同时，着力加强供给侧结构性改革，着力提高供给体系质量和效率，增强经济持续增长动力，推动我国社会生产力水平实现整体跃升"。

结合我国宏观经济运行情况，利用总需求—总供给模型，分析总需求的适度扩大与供给侧改革的加强，将对我国宏观经济产生哪些积极的影响。

第七章 | 通货膨胀与失业理论

通货膨胀与失业是短期经济波动中表现出来的两个主要问题，也是一直困扰当今世界各国的两大难题。本章分析通货膨胀与失业的原因、后果以及对策，阐释通货膨胀与失业之间的关系。

第一节 | 通货膨胀

通货膨胀是指一般价格水平持续和显著的上涨。对通货膨胀的定义要注意以下三点。

（1）通货膨胀是一般物价水平上升。在通货膨胀期间，个别物价可以不变，有时还可能下降。

（2）通货膨胀是指一般物价水平显著上升（大概在3%以上）。

（3）通货膨胀是一般物价水平持续上升。

对通货膨胀的定义，有"物价派"和"货币派"两种。"物价派"认为，只要价格总水平持续上升，就是通货膨胀。"货币派"认为，并不是所有一般价格水平的上升都是通货膨胀。只有货币数量过度增长引起的一般价格水平的上升，才是通货膨胀。在"货币派"看来，"通货膨胀本质上是个货币现象"。

一、通货膨胀的衡量与种类

（一）通货膨胀的衡量

通货膨胀的程度常用价格指数的变动率即通货膨胀率来衡量，通货膨胀率被定义为一个时期到另一个时期价格水平变动的百分比，用公式表示就是：

$$\dot{P}_t = \frac{P_t - P_{t-1}}{P_{t-1}} \tag{7.1}$$

在式（7.1）中，$\dot{P}_t$ 为 t 期的通货膨胀率；P_t 是 t 期的一般价格水平，P_{t-1} 是 $t-1$ 期的一般价格水平。

一般价格水平通常用价格指数表示。物价指数是指所有商品和劳务交易价格总额的加权平均值。物价指数的基本计算公式为：

$$P_t = \sum_{i=1}^{n} g_i \cdot \frac{p_i^t}{p_i^{t-1}} \tag{7.2}$$

在式（7.2）中，p_i^t 表示第 i 种商品在第 t 期的价格，p_i^{t-1} 表示第 i 种商品在第 $t-1$ 期的价格，g_i 表示社会对第 i 种商品的支出在所有商品支出总额中的比重，也就是某种商品的价格总额在所有商品价格总额中的比重或权数：

$$g_i = \frac{p_i^{t-1} q_i^{t-1}}{\sum_{i=1}^{n} p_i^{t-1} q_i^{t-1}}, \quad 且 \sum_{i=1}^{n} g_i = 1 \tag{7.3}$$

在式（7.3）中，q_i^{t-1} 表示第 t-1 期或基期的第 i 种商品的数量。

将式（7.3）代入式（7.2），经过整理可以得到拉氏物价指数公式：

$$P_L = \frac{\sum_{i=1}^{n} p_i^t q_i^{t-1}}{\sum_{i=1}^{n} p_i^{t-1} q_i^{t-1}} \tag{7.4}$$

拉氏物价指数是德国统计学家拉斯贝尔（Laspeyres）在 1864 年提出的。拉氏物价指数公式采用基期的商品来衡量，又称为基期加权价格指数。1874 年德国统计学家派煦（Paasche）提出了派氏物价指数。派氏物价指数公式采用报告期的商品来衡量，又称为计算期加权价格指数，即：

$$P_p = \frac{\sum_{i=1}^{n} p_i^t q_i^t}{\sum_{i=1}^{n} p_i^{t-1} q_i^t} \tag{7.5}$$

在式（7.5）中，q_i^t 表示第 t 期或报告期的第 i 种商品的数量。

上述物价指数用来描述一般价格水平的变动。此外，重要的价格指数还有消费价格指数（简称 CPI）、生产者价格指数（简称 PPI）和 GDP 缩减（或折算）指数。

消费价格指数是反映一定时期全社会消费品和服务价格水平变动程度的相对数。用它来度量通货膨胀的优点在于：该指数直接与公众日常生活息息相关，能直观反映消费者的价格负担，时效性强，可以用来分析货币购买力之强弱，最受各国政府和公众的关注。当今社会常用这一指标来度量通货膨胀的程度和影响。其局限性在于统计范围较窄，不足以反映物价总水平的变动。

构建这一指数的基本思路是，先选取一组（相对固定）消费品和服务，然后算出按当期价格购买它们的花费和按基期价格购买它们的花费，最后将两种花费相除。用公式表示，就是：

$$CPI = \frac{一组固定消费品的当期价格总额}{一组固定消费品的基期价格总额} \times 100 \tag{7.6}$$

【例题7-1】 我国一个普通家庭在2014年每月购买一组一定数量的商品的费用为800元，2015年购买同样一组商品的费用是1 200元。2015年我国的消费价格指数与通货膨胀率各为多少？

解：我国2015年的消费价格指数就是：

$$CPI_{2015} = \frac{1\,200}{800} \times 100 = 150$$

设2014年的价格指数为100，那么2015的通货膨胀率为 $\frac{150-100}{100} \times 100\% = 50\%$。

拓展阅读

中美 CPI 比较

我国全国居民消费价格指数（CPI）涵盖全国城乡居民生活消费的食品、烟酒及用品、衣着、家庭设备用品及维修服务、医疗保健和个人用品、交通和通信、娱乐教育文化用品及服务、居住等八大类、262个基本分类的商品与服务价格。数据来源于全国31个省（区、市）500个市县、6.3万家价格调查点，包括食杂店、百货店、超市、便利店、专业市场、专卖店、购物中心以及农贸市场与服务消费单位等。

2011年最新调整的各类商品构成及其比重为：

a. 食品31.79%

b. 烟酒及用品3.49%

c. 居住17.22%

d. 交通通信9.95%

e. 医疗保健个人用品9.64%

f. 衣着8.52%

g. 家庭设备及维修服务5.64%

h. 娱乐教育文化用品及服务13.75%

自2011年1月起，我国CPI开始计算以2010年为对比基期的价格指数序列。这是自2001年计算CPI定基价格指数以来，第二次进行基期例行更换。首轮基期为2000年，第二轮基期为2005年。调整基期，是为了更容易比较。因为对比基期越久，价格规格品质变化就越大，可比性就会下降。选择逢0逢5年度作为计算CPI的对比基期，目的是与我国国民经济和社会发展五年规划保持相同周期，便于数据分析与使用。

根据2010年全国城乡居民消费支出调查数据以及有关部门的统计数据，按照制度规定对CPI权数构成进行了相应调整。其中居住提高4.22个百分点，食品降低2.21个百分点，烟酒降低0.51个百分点，衣着降低0.49个百分点，家庭设备用品及服务降低0.36个百分点，医疗保健和个人用品降低0.36个百分点，交通和通信降低0.05个百分点，娱乐教育文化用品及服务降低0.25个百分点。

根据各选中调查市县2010年最新商业业态、农贸市场以及服务消费单位状况，按照国家统一规定的原则和方法，增加了1.3万个调查网点。采集全国CPI价格的调查网点（包括食杂店、百货店、超市、便利店、专业市场、专卖店、购物中心以及农贸市场与服务消费单位等）达到6.3万个。 各选中调查市县根据当地居民的消费水平、消费习惯按照国家统一规定的原则和方法，对部分代表规格品及时进行了更新。

构成美国的居民消费价格指数的主要商品共分八大类：食品、酒和饮品、住宅、衣着、教育和通信、交通、医药健康、娱乐、其他商品及服务，市场敏感度非常高。在美国，居民消费指数由劳工统计局每月公布，发布时间：美国东部时间上午8时30分；在报告当月的第二周或第三周发布。有两种不同的居民消费价格指数：一是工人和职员的居民消费价格指数，简称CPI-W：二是城市消费者的居民消费价格指数，简称CPI-U。

核心CPI是指将受气候和季节因素影响较大的产品价格剔除之后的居民消费价格指数。目前，我国对核心CPI尚未明确界定，美国将能源和食品价格剔除后的居民居民消费价格指数称为核心CPI。这种方法最早是由美国经济学家戈登（Robert J.Gordon）于1975年提出的。其背景是美国在1974—1975年受到第一次石油危机的影响而出现了较大幅度的通货膨胀，消费价格的上涨主要是受食品价格和能源价格上涨的影响。当时不少经济学家认为美国发生的食品价格和能源价格上涨，主要是受供给因素的影响，因此提出了从CPI中扣除食品和能源价格的变化来衡量价格水平变化的方法。从1978年起，美国劳工统计局开始公布从消费价格指数和生产价格指数（PPI）中剔除食品和能源价格之后的价格上涨率。但是，就是在美国经济学界，关于是否应该从CPI中扣除食品和能源价格来判断价格水平，至今仍然存在很大争论，反对者大有人在。

生产者价格指数衡量一定时期内,企业为从事生产经营活动而采购的各种产品的价格变动程度。企业最终要把它们采购商品的费用以更高价格的形式转移给消费者,所以,生产者价格指数的变动对预测消费物价指数的变动具有重要意义。另外,PPI 代表的产品范围较广,因为厂商采购的产品,既有中间产品,也有最终产品;既有生产资料,也有消费品供批发。所以,PPI 能较为全面地反映物价水平的变动情况。由于以上两个原因,生产者价格指数也得到广泛应用。一些持成本推进型通货膨胀观点的学者认为,该指数最适合衡量通货膨胀程度。

GDP 缩减指数是衡量组成 GDP 的所有物品与服务的价格变动程度价格指数,等于名义 GDP 与实际 GDP 之比。理论经济学中使用的价格指数一般都是指 GDP 缩减指数。用 GDP 缩减指数度量通货膨胀的优点在于:该指数覆盖面广,能全面反映一国物价水平的变动,也便于国际比较。其缺陷是对基础资料和价格统计指标的要求较高,时效性不强,不能及时反映通货膨胀态势。

(二)通货膨胀的类型

通货膨胀的类型可以从不同的角度划分。按照价格上升的速度,可将通货膨胀划分为三类。

(1)温和的通货膨胀。指每年物价上升的比例在 10%以内的通货膨胀。其中 3%以下的物价上升,称为爬行的通货膨胀,被认为是经济发展的润滑剂。因为通常人们感觉不到这种价格上升,从而会将任何小于物价上升幅度的货币工资的上升当做实际工资的上升。这样,一方面,工人增加劳动供给;另一方面,厂商增加劳动需求(实际工资下降),最终使就业量和收入增加。

(2)奔腾的通货膨胀。指年通货膨胀率在 10%以上和 100%以内的通货膨胀。

(3)超级的通货膨胀又称恶性的通货膨胀。指通货膨胀率在 100%以上的通货膨胀。在超级通货膨胀状态下,价格持续并迅速提高,货币购买力剧降,货币丧失其价值贮藏功能。此类通货膨胀对经济社会具有强烈的破坏作用。

按照公众对通货膨胀是否预期到,可划分为完全预期的通货膨胀与不完全预期的通货膨胀。完全预期的通货膨胀是指公众可以正确预期物价上涨率的通货膨胀;不完全预期的通货膨胀是指公众无法正确预期到的通货膨胀,即价格上升的速度超出人们的预料,或者人们根本没有想到价格会上涨。

按通货膨胀的表现形式,可将通货膨胀划分为公开的通货膨胀与隐蔽的通货膨胀。公开的通货膨胀是指完全通过一般物价水平上升的形式表现出来的通货膨胀;隐蔽的通货膨胀是指物价水平被政府管制而没有公开上升,但以商品短缺形式表现出来的通货膨胀。

最后,按照所有物价都是否均等地上升,可将通货膨胀划分为平衡的通货膨胀与非平衡的通货膨胀。平衡的通货膨胀是指每种商品的价格都按相同比率上升,各种商品的相对价格不变;非平衡的通货膨胀,是指各种商品价格上升的比率不同,商品的相对价格有所变化。

二、通货膨胀的原因

关于通货膨胀的原因,西方经济学家提出了种种解释,主要有:需求拉上的通货膨胀理论、成本推动的通货膨胀理论和结构性通货膨胀理论等。

(一)需求拉上的通货膨胀

需求拉上的通货膨胀是指总需求增加,使得总需求超过总供给引起的一般价格水平持续地、显著地上涨。在总供给-总需求模型中，需求拉上的通货膨胀表现为总需求曲线右移造成的价格上升，如图 7-1 所示。

在图 7-1 中，初始的总需求曲线 AD_0 与短期总供给曲线 SAS 相交于点 E_0，此时的收入为充分就业收入 Y_f，一般价格水平为 P^*。现在总需求增加，总需求曲线由 AD_0 向右平移到 AD_1，AD_1 与 SAS 相交于点 E_1，一般价格水平由 P^* 上升到 P_1，发生通货膨胀。当总需求的增加仅引起价格水平的上升而收入不变时，称为完全通货膨胀；而当总需求的增加在引起价格水平上升的同时，也引起收入增加时，称为半通货膨胀。为了分析简单起见，并与以前的理论保持一致，以下只分析完全通货膨胀的原因。

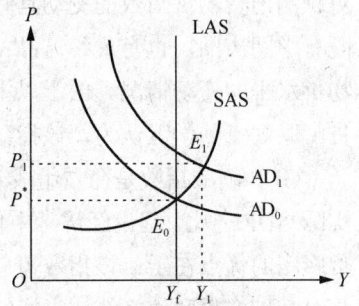

图 7-1　需求拉上的通货膨胀

需求拉上的通货膨胀，根源于实际因素与货币因素等两类因素。

1. 实际因素引起的需求拉上的通货膨胀

经济学中的实际因素相对于货币因素而言。所谓实际因素造成的需求拉上式通货膨胀，是指政府支出、投资、出口的增加，或税收、进口、储蓄的减少，即 IS 曲线右移造成的通货膨胀。实际因素变动引起通货膨胀的机制为：政府购买增加使 IS 曲线右移，导致总需求增加，引起价格上升。价格上升会减少实际货币供给量，使 LM 曲线左移，减少总需求量，恢复供求均衡。实际因素变动引起的通货膨胀的机制如图 7-2 所示。

在图 7-2 中，设初始的总需求曲线 AD_0 与总供给曲线 AS_0 的交点 E_0 决定的价格为 P_0，收入为 Y_0。此时，IS_0 与 LM_0 的交点 E_0 决定的利率为 r_0。现在其他因素不变，政府增加购买支出，使得 IS_0 曲线右移到 IS_1，总需求量在既定的价格水平（P_0）上从 Y_0 增加到 Y_1，从而使总需求曲线右移到 AD_1，最终使价格上升到 P_1。价格的上升，减少了实际货币供给量，导致 LM 曲线左移到 LM_1，利率上升到 r_1，进而使投资与总需求减少，最后使总需求在较高的价格水平上，与总供给相等。

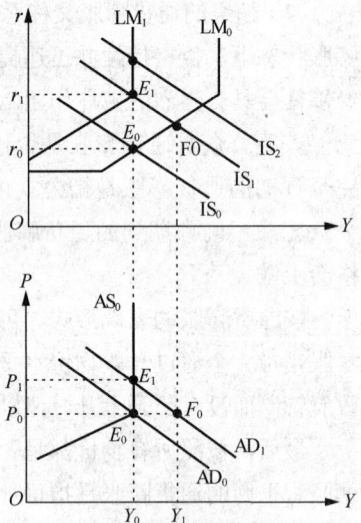

实际因素引起的通货膨胀不可持续。实际因素每增加 1 次，价格就上升 1 次，LM 曲线就左移 1 次。实际因素不断增加，价格就不断上升，LM 曲线不断左移。当 LM 曲线左移到这样一个程度，以至于其垂直部分正好位于充分就业收入水平上，即经济处于古典区域时，财政政策具有 100% 的挤出效应，实际因素的增加或 IS 曲线的右移再也不能增加总需求，从而不能右移总需求曲线，故

图 7-2　实际因素变动引起的通货膨胀

价格不再上升。在图 7-2 中，当经济处于 E_1 点的古典区域以后，若政府再次增加购买支出，使得 IS 曲线从 IS_1 右移到 IS_2，但 IS_2 与 LM_1 的交点决定的总需求不变，依然为 Y_0，故价格不变，仍然为 P_1。

2. 货币因素引起的需求拉上的通货膨胀

货币因素引起的通货膨胀，是指货币供给增加引起 LM 曲线向右移动造成的通货膨胀。货币因素变动引起的通货膨胀机制为：货币供给增加（LM 曲线右移）使利率降低，引起投资增加，通过乘数效应，导致总需求大量增加，最后使价格上升。价格上升又减少实际货币供给量，导致 LM 曲线左移，引起利率上升，投资减少，最终导致总需求量减少，恢复供求均衡，如图 7-3 所示。

在图 7-3 中，设初始的总需求曲线 AD_0 与总供给曲线 AS_0 的交点 E_0 决定的价格为 P_0，收入为 Y_0。此时，IS_0 与 LM_0 的交点 E_0 决定的利率为 r_0。现在其他因素不变，货币供给增加，使得 LM 曲线右移到 LM_1，利率从 r_0 减低到 r_1，刺激投资与总需求增加，即总需求量在既定的价格水平（P_0）上从 Y_0 增加到 Y_1，从而使总需求曲线右移到 AD_1，最终使价格上升到 P_1。价格上升会减少实际货币供给量，导致 LM 曲线由 LM_1 左移到 LM_0，利率上升到 r_0，进而使投资减少，总需求减少，并使总需求在较高的价格水平 P_1 上，重新与总供给相等。

货币因素变动引起的通货膨胀可以持续。货币供给每增加 1 次，LM 曲线就右移 1 次，价格就上升 1 次，并导致 LM 曲线左移到原来的位置。显然，如果货币供给不断增加，LM 曲线就会连续地先右移后左移，价格就会不断上升。故货币主义的代表人物弗里德曼认为，通货膨胀本质上是一种货币现象。

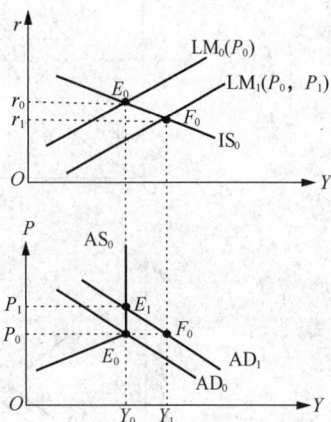

图 7-3 货币因素变动引起的通货膨胀

（二）成本推动的通货膨胀

成本推动的通货膨胀，是指总供给减少，使总需求大于总供给引起的一般价格水平上升。在总供给—总需求模型中，成本推动的通货膨胀表现为总供给曲线左移造成的价格上升，如图 7-4 所示。

在图 7-4 中，初始的短期总供给曲线 AS_0 与总需求曲线 AD 相交于点 E_0，此时的收入为充分就业收入 Y_f，一般价格水平为 P_0。现在假定总供给减少，总供给曲线由 AS_0 左移到 AS_1，AS_1 与 AD 相交于点 E_1，一般价格水平由 P_0 上升到 P_1，发生通货膨胀。

成本推动或上升的原因主要有三种：工资成本的增加、利润的增加、进口原料成本的增加。因此，可以把成本推动的通货膨胀，分为工资推进的通货膨胀、利润推进的通货膨胀和进口型通货膨胀三种。

图 7-4 成本推动的通货膨胀

1. 工资推进的通货膨胀

假定劳动供给存在完全垄断，所有工人都加入工会，工会要求更高的工资，且货币工资向下刚性。工资推进的通货膨胀，是指工会要求高工资引起的通货膨胀。工会要求更高工资引起通货膨胀的机制为：高工资导致劳动需求量减少，引起实际就业量与总供给减少。总供给在既定价格水平上的减少意味着短期总供给曲线左移，使得在初始的价格水平上，总需求大于总供给，导致价格上升，如图 7-5 所示。

在图 7-5 中，设初始的总供给曲线为 AS_0，总需求曲线为 AD_0，它们的交点 A 决定的价格为 P_0，收入为 y_f，货币工资为 w_0，实际工资为均衡实际工资 $\dfrac{w_0}{P_0}$，就业量为充分就业量 N_f。现在假定工会要求将货币工资提高到 w_1。如果价格水平不变，则实际工资上升到 $\left(\dfrac{w}{P}\right)_2$，使 $N_s > N_d$。实际就业量由需求方决定，为 $N_1 < N_f$，N_1 决定的产量为 $y_1 < y_f$。在既定的价格水平 P_0 上，总供给的减少，意味着总供给曲线左移到 AS_1。此时，在 P_0 上，$AS < AD$，导致价格水平上升到 P_1。价格的上升又会导致实际工资的降低与就业量以及收入的增加。最后的结局为，总供给曲线 AS_1 与总需求曲线 AD_0 的交点 C 决定的价格为 P_1，收入为 y_2，就业量为 N_2，实际工资为 $\left(\dfrac{w}{P}\right)_1$。

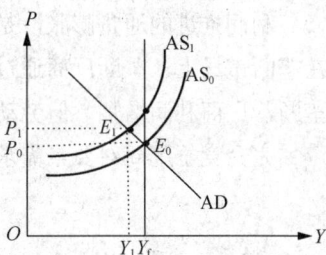

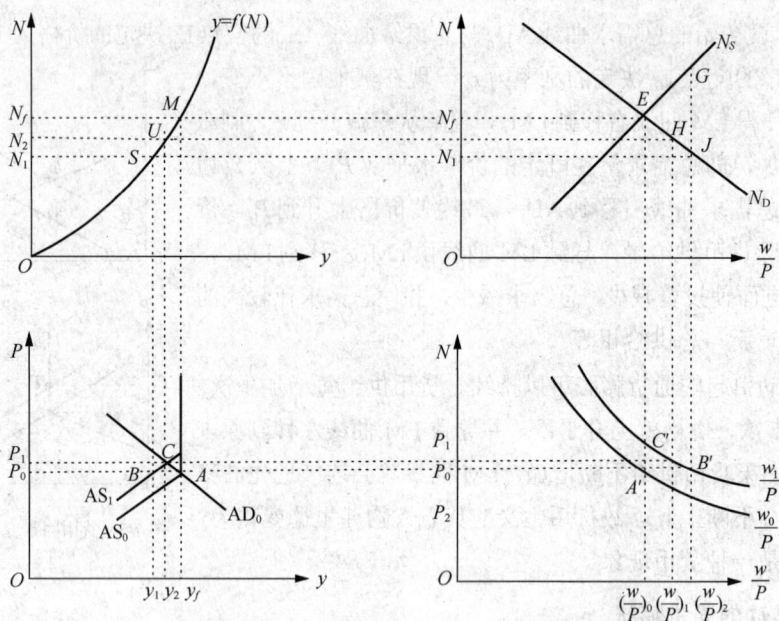

图 7-5 工会要求更高工资引起的通货膨胀

2. 利润推进的通货膨胀

利润推进的通货膨胀，是指垄断企业利用垄断地位牟取高额利润导致的一般价格水平的上涨。在垄断市场上，垄断厂商通过减少产量、提高价格的方式获取垄断利润。因此，市场从竞争转变为垄断，厂商利润增加，但劳动需求减少。

完全竞争厂商对要素需求的原则为：

$$\text{VMP}_L = w \Rightarrow \text{MP}_L = \frac{w}{P} \tag{7.7}$$

卖方垄断厂商对要素需求的原则为：

$$\text{MRP}_L = w \Rightarrow \text{MP}_L \cdot \text{MR} = w \tag{7.8}$$

由于卖方垄断市场中的 $\text{MR} < P$，式（7.8）两端同除以 P，可得：

$$\frac{w}{P} = \frac{\text{MR}}{P}\text{MP}_L < \text{MP} \tag{7.9}$$

式（7.9）表示，垄断市场上的实际工资小于劳动的边际产量。而式（7.7）表明，竞争市场上的实际工资等于劳动的边际产量。这意味着，在相同的劳动需求量上，卖方垄断厂商支付的实际工资，总是低于竞争厂商支付的实际工资。故垄断厂商对劳动的需求曲线一定位于竞争厂商的需求曲线的下方。如图 7-6 所示。

在图 7-6 中，设竞争厂商对劳动的需求曲线为 MP_L。为购买 L_0 的劳动，竞争厂商支付的实际工资等于劳动的边际产量，即 $(\frac{w}{P})_0 = \text{MP}_L^0$。而卖方垄断厂商为购买 L_0 的劳动，支付的实际工资一定低于劳动的边际产量，即 $(\frac{w}{P})_1 = \text{MP}_L^0 \cdot$

$(\frac{\text{MR}}{P}) < MP_L^0$。因此，$\text{MP}_L \cdot (\frac{\text{MR}}{P})$ 为卖方垄断厂商对劳动的

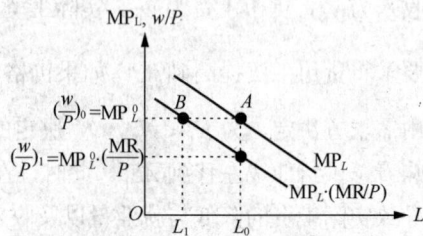

图 7-6 从竞争走向垄断，厂商的劳动需求减少

需求曲线。假定当时的实际工资为 $(\frac{w}{P})_0$，则卖方垄断厂商对劳动的需求量为 L_1，小于竞争厂商对劳动的均衡需求量 L_0。在既定工资下，相对于竞争厂商，垄断厂商对劳动需求量的减少，意味着劳动需求曲线左移，最终引起实际就业量减少、短期总供给曲线左移和通货膨胀。即：

$$N_d(\frac{w_0}{P_0})\downarrow \rightarrow N\downarrow \rightarrow AS(P_0)\downarrow \rightarrow AD > AS \rightarrow P\uparrow$$

厂商要求更高利润引起通货膨胀的机制如图 7-7 所示。

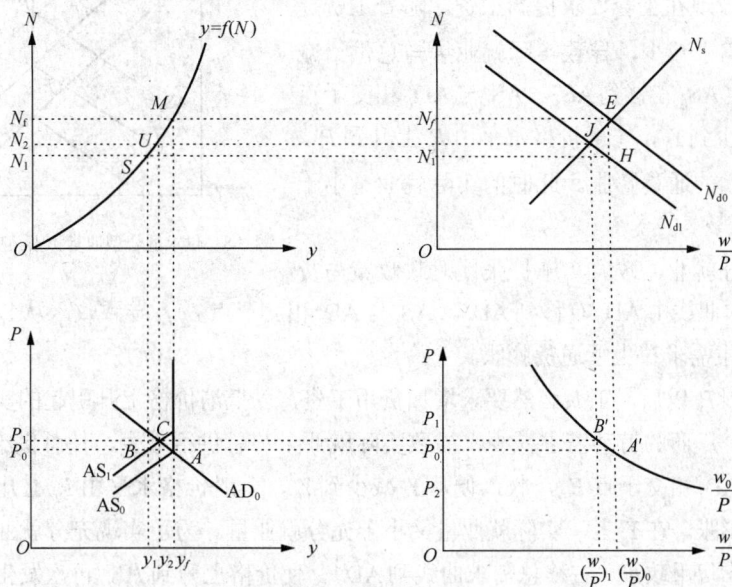

图 7-7　厂商要求更高利润即垄断引起的通货膨胀

在图 7-7 中，设初始的总供给曲线 AS_0 与总需求曲线 AD_0 的交点决定的价格为 P_0，收入为 y_f，货币工资为 w_0，完全竞争市场的劳动需求曲线 N_{d0} 与劳动供给曲线 N_s 的交点 E 对应的均衡实际工资为 $\frac{w_0}{P_0}$，就业量为 N_f。现在假定其他因素不变，但产品市场变为完全垄断市场，垄断市场的劳动需求曲线位于竞争市场劳动需求曲线的左下方，为 N_{d1}。由于价格与货币工资不变，实际工资也不变，为 $(\frac{w}{P})_0$。在这个实际工资水平上，$N_s > N_d$。实际就业量由劳动的需求方决定，为 $N_1 < N_f$。N_1 决定的产量为 $y_1 < y_f$。在既定的价格水平 P_0 上，总供给从 y_f 减少到 y_1，意味着总供给曲线左移到 AS_1。此时，在 P_0 上，由于 $AS < AD$，价格水平将上升到 P_1，并引起实际工资、就业量与收入的一系列变化。最后的结局为：总供给曲线 AS_1 与总需求曲线 AD_0 的交点 C 决定的价格为 P_1，收入为 y_2，就业量为 N_2，实际工资为 $(\frac{w}{P})_1$。

3. 进口型通货膨胀

在开放经济中，一些重要的进口品价格上升，例如能源与铁矿石等原材料价格上升，会提高国内企业的生产成本，进而引起通货膨胀。这种类型的成本推动通货膨胀就是进口型通货膨胀。进口型通货膨胀极容易变为"滞胀"。20 世纪 70 年代初，世界石油价格大幅度上升，使许多输入石油的国家在发生严重通货膨胀的同时，产量不仅没有增加，反而使得一些与石油有关的部门，因生产成本上升过快而导致产品销路锐减，生产减少，进而引起整个社会失业增加，经济增长乏力。

（三）供求混合型通货膨胀

一些西方学者认为，单纯用需求拉上或成本推动都不足以说明一般价格水平的持续上涨，而应当同时从需求和供给两个方面以及二者的相互影响来说明通货膨胀。需求拉上和成本推动相互作用下的供求混合型通货膨胀机制如图 7-8 所示。

在图 7-8 中，初始的短期总供给曲线 AS_0 与总需求曲线 AD_0 相交于点 E_0，此时的收入为充分就业收入 Y_f，一般价格水平为 P_0。现在工会要求提高工资。随着工资提高，厂商的劳动需求减少，导致实际就业量与总供给减少，总供给曲线由 AS_0 左移到 AS_1。AS_1 与 AD_0 相交于点 E_1，收入从 Y_f 减少到 Y_0，一般价格水平由 P_0 上升到 P_1，发生工资成本推动的通货膨胀。此时的实际就业量小于充分就业量。

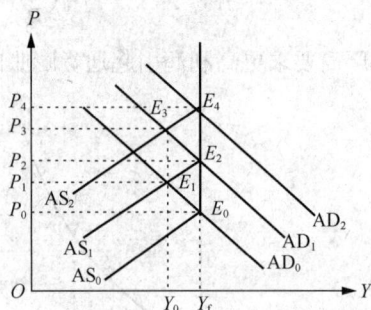

图 7-8 供求混合型通货膨胀：工资—物价的螺旋上升

为了实现充分就业，政府实施扩张性财政政策与货币政策，使总需求曲线由 AD_0 右移到 AD_1。AS_1 与 AD_1 相交于点 E_2，导致收入从 Y_0 增加到 Y_f，价格从 P_1 升到 P_2，发生需求拉上型通货膨胀。

在价格上升到 P_2 以后，工人必然要求增加货币工资，以抵消价格上升引起的实际工资下降。随着货币工资提高，厂商的劳动需求减少，导致实际就业量与总供给减少，使总供给曲线由 AS_1 左移到 AS_2。AS_2 与 AD_1 相交于点 E_3，收入便从 Y_f 减少到 Y_0，一般价格水平由 P_2 上升到 P_3，发生工资成本推动的通货膨胀。在 Y_0 上，实际就业量又小于充分就业量。为了实现充分就业，政府又会实施扩张性财政政策或货币政策，右移总需求曲线到 AD_2，使价格上升到 P_4，再次发生需求拉上型通货膨胀。这样，成本推动与需求拉上相互作用，不断推动工资与物价螺旋上升。

（四）结构性通货膨胀

结构性通货膨胀，是指社会经济结构变动使总需求超过总供给引起的一般水平价格的上涨。从生产率提高的速度看，社会经济结构会表现出一些部门生产率提高的速度快，另一些部门生产率提高的速度慢的特点；从经济发展的过程看，社会经济结构会体现出一些部门正在迅速发展，另一些部门渐趋衰落的特点；从同世界市场的关系看，社会经济结构会体现出一些部门同世界市场的联系十分密切，另一些部门同世界市场很少联系的特点。通常情况下，生产率高的部门、迅速成长的部门、开放的部门的产品价格与工资相对较高。但是，生产率较低的部门、趋向衰落的部门和非开放部门往往在工资和价格问题上，都以"公平"为由，向生产率高、迅速发展和开放的部门"攀比"或"看齐"，结果导致一般价格水平上涨。

下面以生产率提高快慢不同的两个部门为例，说明结构性通货膨胀的形成机制。劳动生产率、工资率和通货膨胀率之间具有如下数量关系。

$$\text{通货膨胀率} = \text{货币工资变动率} - \text{劳动生产率变动率} \tag{7.10}$$

这一关系式的推导过程如下。

在完全竞争市场上，厂商对劳动的需求原则为劳动的边际产量等于实际工资，即：

$$MP_L = \frac{w}{P} \Rightarrow w = MP_L \cdot P \tag{7.11}$$

在式（7.11）中，w 可以理解为整个社会的货币工资率，P 为社会一般价格水平，MP_L 为整个社会劳动的边际产品，代表整个社会的劳动生产率。将 w、P 和 MP 动态化，都看成时间 t 的函数，则通过对 $w = P \cdot \text{MP}_L$ 关于时间 t 微分，可以得到：

$$\frac{dw}{dt} = \frac{d\text{MP}_L}{dt}P + \frac{dP}{dt}\text{MP}_L \tag{7.12}$$

式（7.12）两边除以 $w = P \cdot \text{MP}_L$，经变形有：

$$\frac{dP}{dt} \cdot \frac{1}{P} = \frac{dw}{dt} \cdot \frac{1}{w} - \frac{d\text{MP}_L}{dt} \cdot \frac{1}{\text{MP}_L} \tag{7.13}$$

式（7.13）表示，通货膨胀率等于货币工资增长率减去劳动生产率增长率。货币工资增长率可以看成是总需求增长率，劳动生产率增长率可以看成是总供给增长率。总需求增长率大于总供给增长率的部分，必然表现为通货膨胀。

经济体系中某些部门劳动生产率的增长率比较高，从而货币工资增长率比较高；另一些部门的劳动生产率的增长率比较低，这些部门的货币工资增长率按理来说，也应该比较低。但在"攀比效应"或"看齐效应"作用下，劳动生产率较低部门的货币工资增长也比较高，从而使整个社会的货币工资增长率超过劳动生产率的增长率，引发结构性通货膨胀。

【例题7-2】 假定A、B分别为劳动生产率提高快慢不同的两个部门，二者的产量相等。部门A的劳动生产率增长率（$\dot{\text{MP}}_A$）为3.5%，工资增长率（$\dot{w}_A$）也为3.5%。部门B的劳动生产率增长率（$\dot{\text{MP}}_B$）是0.5%，而工资增长率（$\dot{w}_B$）却向部门A看齐，也达到3.5%。计算该社会的结构性通货膨胀率。

解：由于A、B两部门的产量相等，两个部门在经济中的比重相同。因此，整个社会平均的工资增长率为：

$$\dot{w} = (\dot{w}_A + \dot{w}_B) \div 2 = (3.5\% + 3.5\%) \div 2 = 3.5\%$$

而全社会平均的劳动生产率增长率却是：

$$\dot{\text{MP}} = (\dot{\text{MP}}_A + \dot{\text{MP}}_B) \div 2 = (3.5\% + 0.5\%) \div 2 = 2\%$$

通货膨胀率等于整个社会平均的工资增长率与平均的劳动生产率增长率之差，即：

$$\dot{P} = \dot{w} - \dot{\text{MP}} = 3.5\% - 2\% = 1.5\%$$

这个例题同样适用于在工资问题上渐趋衰落的部门向正在迅速发展的部门看齐、非开放部门向开放部门看齐的情况。

（五）预期与通货膨胀的惯性

一般价格水平一旦上涨，往往会持续一段时间。通货膨胀具有的这种惯性，通常来源于人们对通货膨胀的预期。假定目前物价上升且被私人部门及时察觉到，私人部门就会调整对通货膨胀的预期，认为价格将在下期继续以此速度上升，从而在交易中把预期的价格变动考虑在内。结果就是物价在下期普遍上升。经济学家把这种现象称为有惯性的通货膨胀。所以预期也成为通货膨胀的一个原因。

拓展阅读

从一段相声看我国 1988 年通货膨胀的起因

著名相声演员姜昆表演过一个相声段子，大意说有一天老百姓突然相信价格会很快上涨，于是有人进行囤积性采购，最离奇的一位街坊邻居，竟然买了一大水桶酱油、一洗澡盆米醋、一抽屉味精、一屋子面粉，等等。相声题材虽属艺术虚构，但说明了经济学道理。我们知道，通货膨胀代表了一种特殊税收，如果人们能够预见将要发生严重通货膨胀，一种理性应对行为就是事先购买很多商品，因为只要物品储存成本低于未来物价上升幅度，事先囤积就可能减少损失。当然，预期是对未来变动趋势的猜测和判断，它可能出错。错误预期支配的行为，不仅不能减少损失，反而会带来更大损失。相声结尾处，居委会大妈高喊一声："不涨价了！"那位囤积很多酱油、白面的街坊肯定会损失不小。相声段子暗含的最要紧道理是：如果我们每个人都像那个街坊那样笃信物价将要上涨，都从银行取钱到市场上抢购酱油、面粉和其他商品，导致商品市场需求在极短时间内急剧上升，由于生产供给难以立刻对需求变动作出充分反应，必然会发生需求拉动型通货膨胀。这一现象的实质是：人们由于预期物价上涨而抢购，物价由于人们抢购行为而上涨，结果导致通货膨胀预期的自我实现。

三、通货膨胀的经济效应

通货膨胀给社会经济生活的各个方面都会带来影响。通货膨胀的经济效应主要包括收入和财富的分配效应、资源配置效应、资源利用效应等三个。

（一）通货膨胀对收入和财富分配的影响

通货膨胀对社会不同阶层的人有不同的影响，会使一些人从中受益，也会使一些人受害。

1. 通货膨胀有利于利润收入者，不利于工资收入者

通货膨胀发生时，通常产品的价格调整较快，而工资调整较慢，进而引起实际工资减少和实际利润增加。因此，价格上升给利润收入者带来了好处，却损害了工资收入者的利益。

2. 通货膨胀不利于债权人，有利于债务人

就债权人与债务人而言，通货膨胀有利于债务人而不利于债权人。因为实际利率等于名义利率与通货膨胀率的差额。债务契约是根据签约时的通货膨胀率规定名义利率的。在契约期内，名义利率不变，通货膨胀提高意味着到期的实际债务和利息减少了，债务人因此获得了利益。例如，设订立借贷契约时的通胀率为2%，借贷的名义利率为10%，则实际利率为8%。若借贷契约期内，通货膨胀率上升到20%，则实际利率为-10%。

3. 通货膨胀有利于政府，而不利于公众

就政府与公众而言，通货膨胀是有利于政府而不利于公众的。第一，在通货膨胀期间，名义工资会有一定程度的增加，个人收入进入更高的纳税等级，导致个人税负增加。第二，政府是净债务人，通货膨胀使政府的内债负担下降。第三，通货膨胀使公众的银行存款缩水，减少民众的实际财富量。

（二）通货膨胀对资源配置影响

在市场经济中，资源的配置是通过价格进行的。在通货膨胀期间，各种商品的价格变动比较紊乱，导致厂商不知道生产那一种产品更有利可图，消费者也不知道购买哪一家商店的产品更便宜。价格会在一定程度上失去合理配置资源的作用，降低经济效率。

（三）通货膨胀对产出、就业总水平的影响

在短期，温和的需求拉上式通货膨胀，会使产品价格的上涨快于货币工资率的上涨，实际工资

率有所降低，从而促使企业增雇工人、扩大产量以谋取更多利润，最终使就业和国民产出增加。即：

$$P\uparrow \rightarrow \frac{w}{P}\downarrow \rightarrow N_{\mathrm{d}}\uparrow \rightarrow N_{\mathrm{d}}>N_{\mathrm{s}}\rightarrow w\uparrow$$（通常在短期，w 的上升幅度小于 P 的上升幅度，故 $\frac{w}{P}$ 仍

然低于原先均衡水平）$\rightarrow N_{\mathrm{s}}\uparrow$（工人在短期未预期到物价上升，常将货币工资的上升当作实际工资

的上升）$\rightarrow N\uparrow \rightarrow Y\uparrow$。

在长期，通货膨胀能被人们完全预期到，对就业和产出水平等真实变量值没有任何影响。即：

$$P\uparrow \rightarrow \frac{w}{P}\downarrow \rightarrow N_{\mathrm{d}}\uparrow \rightarrow N_{\mathrm{d}}>N_{\mathrm{s}}\rightarrow w\uparrow$$（工人在长期能预期到物价上升，为了保证实际工资不变，

要求相应提高货币工资）$\rightarrow \frac{w}{P}\uparrow$，恢复到原先均衡水平，从而 N_{d} 也恢复到原先均衡水平。由于劳动

供求不变，则实际就业量不变，最终收入也不变。

四、通货膨胀的对策

（一）实施紧缩性的财政与货币政策，降低需求拉上式通货膨胀

根据总供求模型，既然需求拉上式通货膨胀是由总需求增加引起的，那么，政府只要实施紧缩性的货币政策和财政政策，减少总需求，使总需求曲线向左移动，就可以降低需求拉上型的通货膨胀。由于短期总供给曲线向右上方倾斜，紧缩性政策在降低通货膨胀率的同时，也会减少实际就业量与产量，导致经济衰退。可以用"牺牲率"这个指标衡量反通货膨胀政策引起的经济衰退程度。所谓牺牲率，是指反通货膨胀政策引起的 GDP 损失的累积百分比与通货膨胀率的降低量之间的比率。假定某项紧缩性政策在 3 年时间内，把通货膨胀率从10%降到4%，其代价是第一年的 GDP 低于其潜在水平10%，第二年低8%，第三年低6%。3 年内 GDP 的总损失是24%，通货膨胀率的降低量为6%，于是牺牲率为24%÷6%=4。

既然通货膨胀的降低在短期必然以经济衰退为代价，那么，对于宏观调控者来说，存在两种不同的紧缩性政策选择：渐进主义政策与激进主义政策。以每年较小的经济衰退和较长的衰退时间，降低通货膨胀率的办法，称为渐进主义政策。以每年较大的经济衰退和较短的衰退时间，降低通货膨胀率的办法，称为"速冻火鸡"或激进主义政策。

（二）扩大总供给，降低成本拉上式通货膨胀

在总供求模型中，成本拉上式通货膨胀是由总供给减少引起的。如果在总需求不变的基础上，设法增加总供给，右移总供给曲线，就一定能降低通货膨胀率。增加总供给的方法主要有两个，一是减少政府对经济的管制，鼓励私人部门的竞争与创新。二是降低税率，提高对人们工作、储蓄与投资的激励。最能形象化地说明减税能够增加总供给的理论工具，就是"拉弗曲线"。拉弗曲线是一条描述税率与税收量之间关系的曲线，如图7-9所示。

在图7-9中，纵轴表示税率，横轴表示政府税收量。税收量等于税率与税基的乘积。当税率为零时，税收量等于零。当税率上升到100%时，无人愿意工作或投资，没有税源或者税基，税收量也为零。实际税率总是介于这两种极端情况之间。A 点代表一个较高的税率和

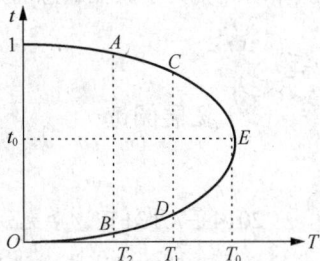

图 7-9　拉弗曲线

较低的产量，而 B 点代表一个较低的税率和较高的产量，然而两者可以为政府提供同样多的税收量。显然，税收量和产量在 E 点对应的税率 t_0 上达到最大。在 E 点，如果政府降低税率，产量将增加，但税收量会下降；如果提高税率，产量和税收量都会下降。E 点对应的税率 t_0 就是最佳的税率，政府的主要经济任务就在于找到这样的税率。最优税率 t_0 以上的区域被称为"拉弗禁区"。

（三）指数化政策

指数化政策是指对交易中因通货膨胀而受到利益损失的一方给予一定补偿的政策，或按通货膨胀率调整有关的名义变量值，以便使这些变量的实际值保持不变的政策。通货膨胀会引起收入分配的变动，使一些人受损，另一些人受益，从而对社会的和谐与稳定产生不利的影响。指数化政策就是为了在一定程度上消除通货膨胀的这种不利影响。因此，指数化政策是适应通货膨胀而不是消除通货膨胀的政策。西方国家常采用指数化政策，对最低工资与退休工资标准以及税率等变量，按物价指数加以调整，以保障低收入者与退休者的生活，不增加公民的实际税收负担。

（四）用收入政策降低通货膨胀率

收入政策是西方政府为了降低一般价格水平上升过快的速度，而采取的强制性限制货币工资和价格上升的政策，如冻结价格与工资。收入政策是对私人部门自由交易的干扰与限制，不利于发挥市场机制合理配置资源的作用。另外，收入政策只能暂时抑制通货膨胀。政府一旦解除对物价与工资的冻结，通货膨胀常会以更猛烈的势头出现。因此，除了在严重的天灾人祸时期，现代市场经济国家很少使用收入政策降低通货膨胀。

第二节 失业理论

一、失业的涵义与度量

失业是指在一定年龄范围内有工作能力、愿意按现行工资率工作并在最近一段时间内寻找过工作的人没有工作。

衡量经济社会中失业状况的最基本指标是失业率。失业率是指失业人数在劳动力总量中所占的百分比。就业者与失业者的总和构成劳动力。非劳动力包括从事家务、退休、没有工作能力或没有寻找工作的人以及正在求学、培训的人和从军者。

失业者并不是一个固定的社会群体，失业队伍就如同一个水池那样，有流入也有流出，沉淀于其中者则为处于失业状态的人。若流入大于流出，失业增加；若流入小于流出，失业减少。

拓展阅读
"登记"变"调查"，让失业率更真实

2014年7月31日，李克强总理主持召开的国务院常务会议指出，通过科学的抽样调查采集失业率数据，可以更好地监测就业状况。经过几年探索，目前我国发布和使用城镇调查失业率数据的条件已具备。会议透露，将在继续使用城镇登记失业率指标的同时，由统计部门适时发布大城市调查

失业率数据，以更加全面地动态反映失业情况。

中国社会的失业现状，很难有一个能被公众广泛认可的数据。某媒体曾经在报道中称："在中国经济困难的2009年，中国城镇登记失业率为4.3%；在经济'过热'的2007年，这一数值为4%；2002年以来，失业率一直维持在4%左右；最近9个季度，登记失业率一直在4.1%。"问题显而易见，无论是官方发布的失业率数据，还是学术机构给出的失业率，一旦它们过于"固定"，很可能就无法反映出真正的社会经济形势，也无法为制定政策提供有用的参考。

过于"固定"的失业率数据从何而来？毋庸讳言，这其中可能有一些人为因素，但更主要的原因在于，此前对于失业率的统计方式不够科学。所谓"登记失业率"，通常指的是城镇登记失业人数同城镇从业人数与城镇登记失业人数之和的比例。通俗来说，这种失业率数据是建立在城镇失业者到当地就业服务机构进行求职登记的基础上的。然而，现实生活中，并不是所有失业者都会到相关机构登记，那么，由此得出的失业率数据就难免失真。

如何最大程度地避免失业率统计中的人为偏差？应该说，采用国际通行的"调查失业率"，是一种可行选择。"登记失业率"和"调查失业率"的最大差别在于，"调查失业率"是通过城镇劳动力情况抽样调查计算出来的，它既不限定调查对象的户口，也不要求进行单向的主动"申报"。这种高覆盖率的统计方式，显然能更好地衡量劳动力市场的供求现状，更好地反映劳动力市场供求关系的变化。事实上，自1996年开始，国家统计局就开始进行有关劳动力的抽样调查，该调查每年进行3次。但是，经过这种调查得出的"调查失业率"数据，一直未曾对外公布。

可以说，"大城市调查失业率数据将适时发布"的决定，至少体现出了两重积极信息。一方面，曾经由部门统计且秘不外传的失业率数据，终于上升到了国家决定，这说明失业率数据正在逐渐"脱敏"，也说明国家对宏观经济"晴雨表"更加重视；另一方面，当失业率数据从曾经的"登记"转向"调查"，并且进入适时公开的步骤，从反面证明了决策者的某种勇气，或者说它指向的是宏观经济决策的可能变化。但无论如何，"发布调查失业率"蕴涵的都是真实的逻辑。

统计方式由"登记"变为"调查"，从理论而言，只会让失业率数据更真实，而不会让天塌下来。"大城市调查失业率数据将适时发布"，无疑是中国失业率统计的一大突破。但仍需指出的是，调查方式的变化，并不一定就会让实际统计数据马上符合现实，有关部门未来仍需要继续深度剥离某些与失业率数据密切相关的联系，譬如失业率和政绩、失业率和官员的虚荣心理。在"适时公布"之后，这些因素同样不能被忽视。

二、失业种类

按不同标准，失业有不同的分类。最常见的是把失业分为摩擦性失业、结构性失业、周期性失业三种。

（一）摩擦性失业

摩擦性失业，是指劳动者正常流动过程中产生的失业。这里所说的劳动者正常的流动过程，包括老工人退休、年轻人进入劳动力市场的新老交替过程，也包括人们出于某种原因放弃原来工作或被解雇转移到新的地区寻找新工作的过程，还有季节性强的生产行业的工人在季节更替过程中变换职业或岗位等。寻找工作总需要一段长短不定的时间。因此，社会总会存在一定的摩擦性失业。摩擦性失业是劳动市场均衡即充分就业下的失业。此时，不仅劳动供求总量相等，而且劳动供求结构相适应。每一个寻找工作者，都有一个适合于他的职位空缺，只是寻找者尚未找到这个空缺而已。

摩擦性失业量的大小取决于劳动力流动性的大小和寻找工作所需的时间长短。劳动力流动量越大、越频繁，寻找工作所需的时间越长，则摩擦性失业量越大。劳动力流动性的大小在很大程度上是由制度性因素、社会文化因素和劳动力的结构决定的。寻找工作所需的时间，主要取决于获得有关工作机会信息的难易程度和速度，以及失业的代价和失业者承受这种代价的能力。寻找工作的人不可能具有关于工作机会的完全信息。由于信息不完全，人们不接受所碰到的第一个工作可能是合理的，因为他们如果继续寻找，很可能找到工资更高、工作条件更好、工作性质更令人满意的工作。但寻找工作的过程是有代价的。除了寻找过程本身需要金钱外，还包括放弃不太满意的工作所失去的收入的机会成本。如果人们的生活有一定保障，他们就可能花更多的时间去寻找工作。失业救济金和家庭中其他成员的收入都可为摩擦性失业者花更多时间寻找工作提供支持。在其他条件相同时，取得有关信息越难、所需时间越多，寻找工作所需的时间越长，摩擦性失业量越大；反之，摩擦性失业量越小。失业的代价越大，失业者越不愿意长期处于失业状态，摩擦性失业者越少；失业者承受失业代价的能力越大，越能够花较多的时间去寻找工作，摩擦性失业者越多。

（二）结构性失业

结构性失业，是指劳动供给和需求在职业、技能、产业和地区分布等方面的不匹配引起的失业。经济发展、技术进步、人口规模和构成的变化、消费者偏好的变化等都会引起经济结构的变化，进而引起劳动需求结构的变化，而劳动供给结构的调整常常滞后于劳动需求结构的变化，从而产生结构性失业。不适当的政府政策也常常引起或加剧结构性失业。有些抑制经济结构调整、抑制以机械代替劳动力的政策，可能在短期内有助于减少失业。但从长期看，这种政策会降低受保护工业的竞争力，从而无力与外国竞争者相抗衡，最终加重结构性失业。对相对工资的调整起阻碍作用的政策也会加重结构性失业。

结构性失业也是在劳动市场均衡即充分就业下的失业。在存在结构性失业的情况下，虽然劳动供求总量相等，但劳动供给结构与需求结构不一致。失业者找不到与自己的生产技能相适应的工作，而厂商的部分工作岗位缺少拥有一定生产技能的工人。与摩擦性失业相比，结构性失业持续的时间更长，当事人也更痛苦。

（三）周期性失业

周期性失业，是指有效需求不足引起的失业。有效需求是指与总供给相等时的需求。在两部门经济中，一国的有效需求由个人消费与企业投资组成。凯恩斯认为，在私人资本主义经济活动中，无论是个人消费，还是企业投资，相对于总供给，都存在不足的趋势。

在凯恩斯的个人消费函数 $C = C_0 + cY_d$ 中，$C_0 > 0$，$0 < c < 1$，边际消费倾向小于平均消费倾向，导致平均消费倾向随着可支配收入的增加而递减。即：

$$\text{MPC} = \frac{\Delta C}{\Delta Y_d} = c < \text{APC} = \frac{C}{Y_d} = \frac{C_0}{Y_d} + c \Rightarrow Y_d \uparrow \rightarrow \text{APC} \downarrow \qquad (7.14)$$

平均消费倾向的递减，意味着消费相对不足。但消费不足不一定导致总需求不足。如果在消费减少、储蓄增加时，投资能够随着储蓄的增加而等量地增加，即在每一时期都保证

$$I = S \qquad (7.15)$$

则总需求依然与总供给相等。如在式（7.15）两端同时加上消费，可得

$$C + I = C + S \Rightarrow AD = AS \tag{7.16}$$

但凯恩斯认为，投资不能总是随着储蓄的增加而等量地增加，投资也常常不足。

投资取决于企业家对投资收益与投资成本的比较。投资收益用资本边际效率来衡量，投资成本用市场利率来衡量。因此，投资取决于资本边际效率与利率两个因素。投资的均衡条件为 $MEC = r$。如果 $MEC > r$，厂商会增加投资；$MEC < r$，厂商会减少投资。

资本边际效率与投资品的购买价格负相关，与投资的预期收益正相关。随着投资增加，在短期，投资品的供给价格会上升；在长期，投资的预期收益会降低。因此，资本边际效率具有递减的趋势。

利率取决于私人部门的货币需求即流动性偏好与货币当局的货币供给之间的关系。利率的高低与流动性偏好正相关，与货币供给负相关。给定货币供给不变，则利率取决于流动性偏好的强弱。

流动性偏好根源于交易动机、预防动机与投机动机。流动性偏好的投机动机，是指人们为了在未来的债券交易中获利而持有货币的愿望。用凯恩斯的话说就是，"投机动机，即相信自己对未来之看法，较市场上一般人高明，想由此从中取利"。在一个以不确定性为特征的世界里，人们总具有持有货币而不持有可获得一定收益的其他金融资产的投机动机。货币需求的投机动机与利率负相关，且对利率敏感。在经济繁荣、利率极高时，货币的投机动机趋于零；而在经济萧条、利率极低时，货币的投机动机将达到无穷大，形成流动性偏好陷阱。在流动性偏好陷阱中，货币供给的增加不会降低利率，从而利率达到最低限，不再下降。

消费减少、储蓄增加时，为了保证总供求相等，要求投资随着储蓄增加而增加。但在投资增加过程中，资本边际效率越来越低。根据投资均衡条件，只有利率不断下降，投资才能不断随着储蓄增加而增加。但利率下降有一定的限度。一旦利率下降到流动性偏好陷阱之中，不能无限下降的利率将形成 $MEC < r$ 的局面，阻碍投资增加，使投资小于储蓄，最终导致有效需求不足。

有效需求不足不一定导致周期性失业。如果劳动市场完全竞争，货币工资具有弹性或灵活性，那么，即使有效需求不足，一国也能达到充分就业。这是因为有效需求不足引起价格下降、实际工资上升时，在货币工资具有灵活性条件下，劳动市场存在的超额供给，将压低货币工资，使实际工资恢复到原先的均衡水平，进而使实际就业量始终等于均衡或充分就业量。即：

$$\text{AD} \downarrow \to P \downarrow \to \frac{w}{P} \uparrow \to N_d \downarrow \to N_d < N_s \to w \downarrow \to \frac{w}{P} \downarrow \to N_d \uparrow \to N_d = N_s \Rightarrow N = N_e = N_f$$

但在劳动市场上，货币工资具有向下刚性，即货币工资只能上升而不能下降。有效需求不足与货币工资向下刚性相结合，必然产生周期性失业。即：

$$\text{AD} \downarrow \to P \downarrow \to \frac{w}{P} \uparrow \to N_d \downarrow \to N_d < N_s \text{时，货币工资不下降} \to N = N_d < N_e = N_f$$

有效需求不足与货币工资向下刚性引起周期性失业的机制，如图 7-10 所示。

在图 7-10 中，设初始的均衡实际工资为 $\frac{w_0}{P_0}$，实际就业量为均衡就业量 N_e。现在假定其他因素不变，但总需求减少，物价由 P_0 下降到 P_1。则实际工资上升到 $\frac{w_0}{P_1}$，引起劳动供大于求。如果货币工资具有向下刚性，则实际就业量由需求方决定，减少到 N_1，小于均衡就业量，从而出现周期性失业。

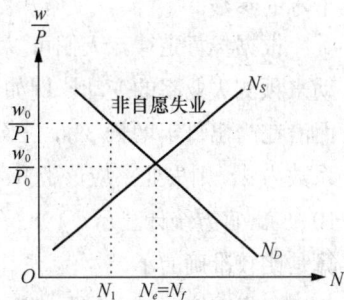

图 7-10 非自愿失业

周期性失业与摩擦性失业、结构性失业的根本区别在于，摩擦性失业和结构性失业都是劳动市场均衡时的失业，即充分就业下的失业。而期性失业则是劳动市场供大于求，即存在超额劳动供给时的失业。周期性失业者有能力且愿意按现行工资率工作，但找不到工作。因此，周期性失业也叫非自愿失业。

三、自然失业率

自然失业率是指劳动市场和产品市场均衡时的失业率。劳动市场均衡，则货币工资率均衡；产品市场均衡，则价格均衡。两市场同时均衡，意味着实际工资率均衡与劳动市场均衡，即实际就业量正好就是充分就业量。因此，自然失业率就是充分就业时的失业率，是一国长期可维持的最低失业率。充分就业下的失业包括摩擦性失业和结构性失业两种，没有周期性失业。故自然失业率等于摩擦性失业率与结构性失业率之和，或者说是周期性失业率为零时的失业率叫自然失业率。

自然失业率既不是一成不变的，也不是最优的失业率。西方经济学家普遍认为，对于许多现代西方国家来说，目前的自然失业率是偏高的。政府可以采取某些措施，降低自然失业率，以增加社会总产出和社会净经济福利。

四、失业的影响

（一）失业对经济的影响

失业的经济影响，对于个人来说，会减少其可支配收入与人力资本积累，降低其家庭生活水平。为了保障失业者家庭成员的基本生活，现代西方国家普遍实行了失业保险与贫困家庭救济制度，由政府给予失业者与贫困家庭一定量的失业和贫困救济金。

对社会来说，失业在减少国民收入，延缓经济增长速度的同时，会增加社会福利支出，造成财政困难。

失业导致的实际国民收入的减少，可用奥肯定律解释。曾任美国约翰逊总统首席经济顾问的美国经济学家阿瑟·奥肯提出的奥肯定律，描述了失业率与实际国民收入增长率之间反方向变动的数量关系：实际国民收入增长率相对于潜在国民收入增长率每下降 2 个百分点，失业率就比自然失业率上升 1 个百分点。奥肯定律可以用下面的公式来表示。

$$\frac{Y - Y_{\mathrm{f}}}{Y_{\mathrm{f}}} = -\alpha(u - u^*) \tag{7.17}$$

式（7.17）中的 Y 表示实际产出，Y_{f} 为潜在产出，u 为实际失业率，u^* 为自然失业率，α 为大于零的参数。

根据奥肯定律，人们可以通过失业率的变动推测或估计 GDP 的变动率，也可以通过 GDP 的变动来预测失业率的变动。例如，美国在 1979—1982 年的三年经济停滞时期，实际 GDP 没有增长，而潜在产出每年增长 3%，三年共增长 9%。相对潜在产出，实际产出下降了 9%。如果奥肯定律的系数为 2，则失业率应该上升 4.5%。1979 年的失业率为 5.8%，奥肯定律预期的 1982 年的失业率为 10.3%。官方统计显示，1982 年美国的实际失业率为 9.7%。就经济学这门社会学科来说，这种预言算是比较准确的了。

奥肯定律表明，实际产出只有保持与潜在产出同样的速度增长，才能防止失业率上升。如果想降低失业率，必须使实际产出的增长快于潜在产出的增长。

（二）失业的社会影响

失业保险与贫困家庭救济制度，常常不足以抵消失业对家庭生活的影响。失业率的上升往往会引起犯罪率增加。当人们不能获得正当工作取得收入时，有时就会去犯罪。高失业率往往伴随着高犯罪率。高犯罪率是高失业率的代价之一。

此外，失业有损于失业者的自尊心，会引发自杀、离婚、吸毒与骚乱等许多社会问题。尽管很难从数字上确定失业与这些现象之间的关系，但它们之间的因果关系是每一个人都承认的。因此，失业也不利于家庭与社会的稳定。

失业不仅是一个重大的社会经济问题，也是一个重大的政治问题。当失业率较低时，政府会得到人们的信任，执政者会得到更多人的拥护；当失业率较高时，政府和当政者会受到人们的谴责。因此，任何政府都必须考虑失业的严重影响，都应该设法降低失业率。

五、降低失业率的措施

（一）扩张总需求，减少周期性失业

凯恩斯主义认为，既然周期性失业起因于总需求不足，那么政府只要实施扩张性财政政策和货币政策刺激总需求，右移总需求曲线，就可以减少或者消除周期性失业。扩张性财政政策包括增加政府支出与减税；扩张性货币政策主要包括购买公债券、降低法定存款准备率与贴现率。

（二）降低自然失业率

减少摩擦性失业与结构性失业的措施主要有以下 3 种。

1. 建立多种就业服务机构，全方位提供就业服务

对就业服务部门实行专业化管理，为失业者及时提供有效的求职信息，缓解摩擦性失业。为此，西方国家采用建立多种多样的就业服务机构，并加强不同地区就业机构之间的联系，形成全国范围内的就业信息提供网。就业服务部门的工作内容主要包括：职业介绍、信息咨询、指导服务、职业培训等。例如，政府可以为劳动者提供有关劳动力市场的信息，或鼓励、支持私人机构提供这种信息服务，使劳动者更容易、更迅速地获得有关工作机会的信息，缩短他们寻找工作所需的时间，降低摩擦性失业。这些机构还为弱势群体，如青年、妇女、残疾人等提供就业服务。

2. 把职业培训作为减少失业的优先措施

建立并完善职业教育和训练制度，以缓解结构性失业。对于由劳动供求结构不一致引起的结构性失业而言，为加强劳动者对产业结构变动引起的劳动需求结构变动的适应能力，各种职业教育和培训是必不可少的。政府和各种非政府组织，应该努力建立多种高质量的、且与企业、劳工部门紧密合作的职业教育与职业培训机构，使更多的人接受更加完善的职业教育与职业培训。西方许多国家对公共的和私营的培训机构一视同仁，只要有能力，培训业绩突出，都能得到国家的培训项目和政府的财政资助。培训机构与劳工部门的职业介绍所联系，尽量了解劳动市场供求信息，掌握企业对劳动技能的要求情况及其趋势，进行有目的的职业教育与技能培训。

3. 改革失业制度，由消极救济变为积极就业

西方各国尤其欧盟国家曾经因失业保险制度健全，失业津贴和救济金偏高，支付期较长，致使

部分失业者不愿积极寻找工作，造成了"养懒汉"的现象。经济决策者普遍认为，现行失业保险津贴制度急需改革，以便在保留其原有功能的同时，恢复市场激励机制，促进失业者再就业。因此，西方大多数国家对失业保险制度进行了改革，严格领取条件、缩短救济时间、降低津贴金额。用压缩下来的失业保险经费建立具有促进再就业功能的各种职业教育与培训机构，从简单地保护失业者转为促进他们再就业。

第三节 通货膨胀与失业的关系：菲利普斯曲线

第一、第二节分别考察了通货膨胀和失业。本节通过菲利普斯曲线，将通货膨胀与失业这两个宏观经济运行中的主要问题联系起来，阐释它们的关系，进一步探讨它们的对策。

一、初始的菲利普斯曲线

1958 年，伦敦经济学院教授菲利普斯在《经济学报》发表"1861—1957年英国的失业和货币工资变动率之间的关系"一文。在文中，菲利普斯根据英国 1861—1957 年的统计资料，提出了一条反映货币工资变动率与失业率之间非线性反方向变动关系的曲线，即初始的菲利普斯曲线，如图7-11 所示。

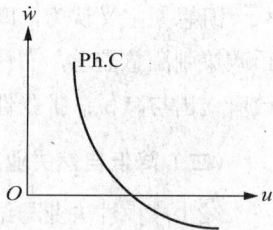

图 7-11　初始的菲利普斯曲线

在图 7-11 中，横轴 u 代表失业率，纵轴 $\dot{w}$ 代表货币工资变动率。向右下方倾斜的初始菲利普斯曲线用 Ph.C 表示。如果工资上涨率较低，则失业率较高。反之，如果工资上涨率较高，则失业率较低。

菲利普斯提出的货币工资变动率与失业率的关系，尽管从经验统计中得到了证实，并受到重视，但却缺乏一个理论来解释这种关系。最早给菲利普斯曲线以理论解释的，是他的同事加拿大经济学家利普西提出的过度需求模型。利普西从单个劳动市场的供求关系中推导出菲利普斯曲线，给这一曲线以理论上的解释。利普西认为，失业率与劳动力市场上过度需求的程度呈负相关的关系（劳动需求越多，就业机会越多，失业率越低），劳动力市场上过度需求的程度又和名义工资上升率呈正相关的关系。因此可以推出失业率和名义工资上升率也呈负相关的关系。

二、正统凯恩斯主义的菲利普斯曲线

正统凯恩斯主义者很快就接受了菲利普斯曲线。因为当时流行的宏观经济模型——IS-LM 模型，没有也不能解释价格决定与通货膨胀。萨缪尔森与索洛认为，通货膨胀率等于货币工资变动率减去劳动生产率的增长率。因此，货币工资增长率与失业率之间的关系也可以表述为通货膨胀率与失业率之间的关系。只要将初始的菲利普斯曲线垂直向下移动劳动生产率增长率的距离，就可以得到正统凯恩斯主义的菲利普斯曲线。正统凯恩斯主义的菲利普斯曲线描述通货膨胀率与失业率之间的负相关关系或替代关系：失业率高时，通货膨胀率就低；失业率低时，通货膨胀率就高，如图7-12 所示。

在图 7-12 中，横轴表示失业率，左面的纵轴 $\dot{P}$ 表示通货膨胀率，右侧纵轴 $\dot{w}$ 表示货币工资增长率。通货膨胀等于货币工资增长率与劳动生产率增长率之差。假定劳动生产率的年增长率为 3%，货币工资每年上升 3%，则 $\dot{P}=0$。所以左纵轴上的刻度比右纵轴上的刻度少 3%。

正统凯恩斯主义的菲利普斯曲线体现的通货膨胀率与失业率之间的替代关系，不仅为政府调控宏观经济活动提供了理论根据，也为政府如何调控宏观经济活动提供了一份可供选择的菜单：政府应该而且可以采取相机抉择的需求管理政策，调控宏观经济活动，将通货膨胀率与失业率的组合控制在社会可以接受的范围内。

政府调控宏观经济活动的关键，是确定社会所能忍受的通货膨胀率和失业率的最高值或临界值。这两个临界值通常都是由各国政府根据本国具体情况确定的。在 20 世纪 60 年代的美国，经济学家一般认为 3%～4% 的通货膨胀率和 3%～4% 的失业率就是"社会可以接受"的临界值。在这个界限之内，公众可以接受，政府可以任其存在。但如果超过了这个界限，就意味着超过了社会公众可以接受的限度，政府必须及时运用财政政策和货币政策予以调节，如图 7-13 所示。

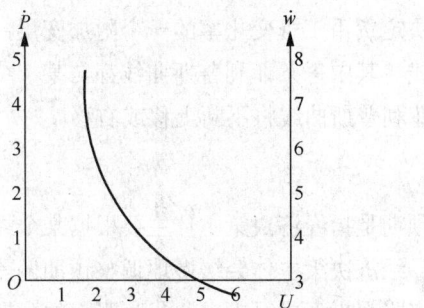

图 7-12　正统凯恩斯主义的菲利普斯曲线　　　图 7-13　菲利普斯曲线和政策选择

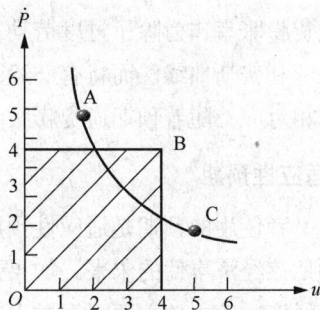

在图 7-13 中，假定失业率和通货膨胀率不高于 4% 是可以容忍的，即 B 点为临界点。如果经济处于阴影部分范围内时，政府不必采取措施进行干预，而当经济处于阴影部分范围之外时，政府就必须采取措施加以干预。例如，当经济处于 A 点时，通货膨胀率超出了临界点。此时政府可以采取适当的紧缩性货币政策与财政政策，在不使失业率超出临界点的前提下，以失业率的提高为代价，将通货膨胀率降低到临界点以下；相反，如果经济处于 C 点，失业率却高于临界点，则政府可以采取适当的扩张性货币政策与财政政策，用通货膨胀率的提高为代价，将失业率降低到临界点以下。

三、货币主义的菲利普斯曲线

（一）初始菲利普斯曲线的缺陷及其修正

货币主义者认为，传统菲利普斯曲线的不足是，货币工资变化率（$\dot{w}$）仅仅是失业率（u）的函数，与预期通货膨胀率无关，即初始菲利普斯曲线的方程为：

$$\dot{w} = f(u) \qquad\qquad (7.18)$$

这意味着工人在做出劳动供给决策时，是非理性的，受货币幻觉的支配。因为工人总是将货币工资变动当作完全是由超额劳动需求变动引起的实际工资变动，即仅仅根据货币工资变化而做出劳动供给决策：

$$N_d \uparrow \rightarrow N_d > N_s \rightarrow w \uparrow \rightarrow N_s \uparrow \rightarrow N \uparrow 或 u \downarrow$$

实际上，影响货币工资上升的主要因素，除超额劳动需求以外，还有货币供给增加引起的物价上升。

$$M\uparrow \rightarrow AD\uparrow \rightarrow P\uparrow \rightarrow \frac{w}{P}\downarrow \rightarrow N_d\uparrow \rightarrow N_d > N_s \rightarrow w\uparrow$$

在通货膨胀期间，货币工资的上升幅度常常小于价格上升幅度，故实际工资仍然较低，劳动需求仍然会增加，但劳动供给不应该增加。然而在初始菲利普斯曲线方程中，工人有货币幻觉，他们会将名义工资增加当作实际工资增加，进而增加劳动供给，最终导致社会就业量增加与失业率降低。

在现实世界中，雇主和雇员关心的都是真实工资，而不是货币工资。由于劳动合同的期限是不连续的，即不是永久性的，所以预期通货膨胀率必然影响预期真实工资，从而影响劳动供给决策。因此，弗里德曼认为，应该用实际工资变化率来确定菲利普斯曲线，即必须把预期通货膨胀率当做决定货币工资变化的一个附加变量。如果用 $\dot{P}^e$ 表示预期通货膨胀率，则附加预期的菲利普斯曲线可用以下方程表示：

$$\dot{w} = f(u) + \dot{P}^e \tag{7.19}$$

式（7.19）表明，货币工资变动率取决于失业率或劳动的过度需求与预期通货膨胀率两个因素。引入预期通货膨胀率作为除了过度劳动需求以外的决定货币工资变化率的一个附加变量，意味着不再只有一条菲利普斯曲线，而将有一簇菲利普斯曲线。其中每条菲利普斯曲线都与某一特定的预期通货膨胀率相对应。随着预期通货膨胀率的上升，菲利普斯曲线将不断上移或右移。

（二）适应性预期

货币主义者使用的预期是适应性预期。适应性预期是指经济决策主体主要根据某个经济事件的过去情况预期该经济事件的未来。如果预期不正确，经济决策主体会缓慢地调整预期偏差。以通货膨胀为例，经济决策主体主要根据过去的实际通货膨胀率来形成对未来通货膨胀率的预期。如果预期通货膨胀率与实际通货膨胀率不一致，经济决策主体会逐渐地调整对未来通货膨胀率的预期。对 $t+1$ 期的适应性预期通货膨胀率可以用下述公式表示：

$$\dot{P}_t^e = \dot{P}_{t-1}^e + \alpha(\dot{P}_{t-1} - \dot{P}_{t-1}^e) \tag{7.20}$$

（7.20）式中，$\dot{P}_t^e$ 表示对 t 期的预期通货膨胀率，$\dot{P}_{t-1}^e$ 表示对 $t-1$ 期的预期通货膨胀率，$\dot{P}_{t-1}$ 为 $t-1$ 期的实际通货膨胀率，α 为适应性系数，它决定了预期对过去的误差进行调整的速度。$0 < \alpha < 1$。显然，对 t 期的预期通货膨胀率取决于 $t-1$ 期的预期通货膨胀率，以及 $t-1$ 期的实际通货膨胀率与预期通货膨胀率的误差的调节速度。α 越大，预期通货膨胀率就越是取决于上一期的实际通货膨胀率。

适应性预期仅仅根据过去的经验或者信息来预期未来，不考虑现在所能得到的各种信息。如果预期不正确，经济主体虽然会调整预期偏差，但调整的速度是缓慢的。适应性预期的这两个特征，意味着私人部门的预期会犯系统性的误差：如果某个预期变量的未来值不断变化，由于当事人预期误差的调整速度的缓慢，预期误差将始终存在。

经济学家简介

米尔顿·弗里德曼

米尔顿·弗里德曼（Milton Friedman，1912.7.31—2006.11.16），美国著名经济学家，也是20世纪世界上最伟大的经济学家。1912年7月31日生于纽约市一个工人阶级的犹太人家庭。

父亲是Jeno Saul Friedman，母亲是Sarah Ethel Landau，两人从奥匈帝国（今乌克兰一带）来到美国邂逅结婚，曾在血汗工厂工作。后来，其母亲在镇上经营一家小"布匹织物"店，父亲则从事"零件印刷"业。弗里德曼是家中第四个孩子，也是唯一的男孩。

1928年，在弗里德曼即将中学毕业时，父亲去世，举家搬到新泽西州的罗威市（Rahway）。其母亲和姐姐承担起了养家糊口的责任，生活相当贫困。中学毕业后，弗里德曼获得一笔优秀奖学金进入罗格斯大学（Rutgers University）。基于对数学的兴趣，并出于做一名收入很高的精算师的计划，他原本计划主修数学。在偶然的情况下，他选修了几门经济学课程。在两位杰出的经济学教师的影响下（一位是伯恩斯，后曾担任美国联邦储备理事会的主席；另一位是琼斯，当时他在芝加哥大学攻读博士），决定主修经济学。

1932年，弗里德曼从该校毕业，获文学学士学位。当时，芝加哥大学经济学系向弗里德曼提供了一笔助学奖学金，布朗大学也给了弗里德曼应用数学方面的奖学金。弗里德曼选择了芝加哥大学。

在芝加哥大学上第一堂经济学课时，座位以姓氏字母编排，他坐在一位叫罗斯·戴瑞克特(Ross Director)的女生之后，两人因此认识，并于1938年结婚，生了两个子女，最后白头到老，终生不渝。罗斯本人也是一位经济学家，是弗里德曼一些较为通俗的著作的合著者。亲密的家庭关系是他一个重要的灵感来源。弗里德曼曾说他的作品无一不被罗斯审阅，更笑言自己成为学术权威后，罗斯是唯一敢跟他辩论的人。当弗里德曼于2006年11月16日病逝时，罗斯说："我除了时间，什么都没有了。"

1933年，弗里德曼获得芝加哥大学文学硕士学位。同年得到了哥伦比亚大学的研究员奖学金。在哥伦比亚大学度过一年后，回到了芝加哥大学。

20世纪30年代，为了谋生，他先后供职于各种研究机构，并与美国国家经济研究局（National Bureau of Economic Research）建立了联系，这种关系一直持续到1981年，该机构为他一些最重要的研究工作提供了资助。

1941至1943年，他出任美国财政部顾问，研究战时税务政策，曾支持凯恩斯主义的税赋政策。1943至1945年在哥伦比亚大学参与HaroldHotelling及W.AllenWallis的研究小组，为武器设计、战略及冶金实验分析数据。1945年，他与后来的诺贝尔经济学奖得主George Stigler到明尼苏达大学任职，1946年获哥伦比亚大学博士学位，随后回到芝加哥大学任教，1948年任教授。

1976年10月14日，弗里德曼获得诺贝尔经济学奖。获奖原因是因为"在消费、货币历史与理论方面分析的杰出成就以及对稳定政策的复杂性的证明"。1977年退休。1988年获得美国的国家科学奖章（National Medal of Science）和美国总统自由勋章。2006年11月16日逝世。

（三）短期菲利普斯曲线

货币主义的附加预期的菲利普斯曲线分短期与长期两种。短期菲利普斯曲线表示工人的预期通货膨胀率保持不变时，通货膨胀与失业率之间的反方向变动关系。短期菲利普斯曲线向右下方倾斜，如图7-14所示。

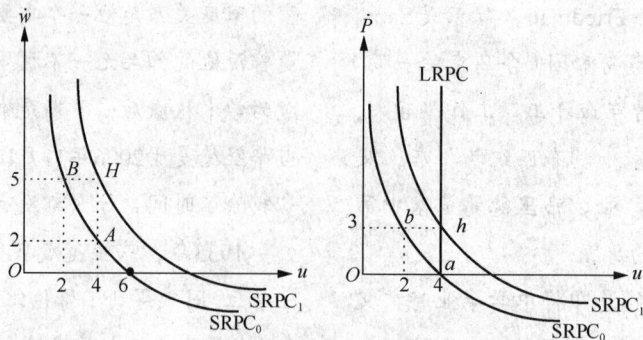

图 7-14　短期菲利普斯曲线

在图 7-14 中，假定初始的劳动生产率增长率为 2%，货币工资增长率为 2%，则实际通货膨胀率 $\dot{P}=0$，从而预期通货膨胀率 $\dot{P}^e=0$。自然失业率 $u_n=4\%$。

设初始的失业率为自然失业率，即经济处于 A 或 a 点。如果央行为降低失业率实施扩张性货币政策，在公开市场上购买公债券，则公众持有的货币量增加，导致持有货币资产的边际收益率低于持有其他资产的边际收益率。公众会增加对非货币资产的购买，引起非货币资产价格上升与利率降低，刺激实物资产的生产与投资增加，进而引起劳动需求增加和货币工资上升。

通常产品价格的上升要快于和多于货币工资的上升，因而真实工资下降，厂商仍然会增加对劳动的需求，而工人不应增加劳动供给。但由于最近经历了一段物价稳定时期，工人的预期通货膨胀率 $\dot{P}=0$，工人会将货币工资增加误认作真实工资上升，即工人会暂时陷入货币幻觉，因而会增加劳动供给。在劳动需求与劳动供给都增加时，实际就业量就会增加，使失业率降至 2%，低于自然失业率。即经济到达 B 或 b 点。

同理，在短期，当货币供给减少时，同样的传递机制会导致就业减少，失业率上升。可见，短期菲利普斯曲线向右下方倾斜，其原因在于实际通货膨胀率的变动未被工人及时地预期到。

向右下方倾斜的短期菲利普斯曲线，表明货币工资增长率或通货膨胀率与失业率之间存在替代关系，意味着货币主义者相信货币政策在短期对就业与产出等实际变量值有一定的影响。但要注意两点：

（1）扩张性货币政策主要提高价格，少量增加就业和收入，即短期菲利普斯曲线比较陡峭。

（2）货币扩张带来的这种短期影响，本质上说是不好的。因为它不仅使工人做出错误的劳动供给决策，而且使实际失业率或实际收入偏离其自然趋势，加剧了经济波动。

（四）长期菲利普斯曲线

在长期，随着央行制造的通货膨胀的持续，工人慢慢地会根据自己所经历的较高的实际通货膨胀率调整其预期通货膨胀率。工人终将认识到，虽然货币工资增加了，但由于价格上升，真实工资却减少了。因此，他们会要求增加货币工资，从而导致真实工资增加。此时，厂商会解雇工人，失业将增加。这个过程将一直持续到真实工资恢复到原来的水平，失业率则返回至自然率时才会停止。可见，在长期，工人的货币幻觉消失，失业率与货币工资变动率或通货膨胀率之间便不会有替代关系，长期菲利普斯曲线必定在自然失业率处垂直，如图 7-14 所示。

在图 7-14 中，央行增加货币供给，提高价格水平以后，在短期，由于预期通胀率小于实际通胀率，失业率便降低到 2%。但从长期来看，工人的预期通胀率会等于实际通胀率，工人要求增加货币工资，货币工资增长率将上升到5%。于是实际工资恢复到原先的均衡水平，失业率也恢复到自然失业率，经济从 B 或 b 点到达 H 或 h 点。在更高的通货膨胀率上，失业率保持不变，这意味着菲利普斯曲线从 $SRPC_0$ 右移到 $SRPC_1$。

显然，在长期，央行扩张货币的结果，仅仅是价格、货币工资等名义变量值的提高，失业率与收入等实际变量值保持其初始的自然率状态不变。因此，长期菲利普斯曲线（LRPC）在自然率处垂直。

垂直的长期菲利普斯曲线，表明通货膨胀与失业率之间在长期没有替代关系。这意味着：

（1）货币扩张，在长期只能提高价格，对就业与收入没有影响，即货币在长期是中性的。

（2）货币扩张在长期将产生加速的通货膨胀。由于长期菲利普斯曲线垂直，任何力图将失业率长期维持在自然失业率以下的努力，都要求货币当局不断提高货币扩张速度，使实际通胀率不断地上升，最终导致加速的通货膨胀。

总之，货币主义的附加预期的菲利普斯曲线表明，市场机制能实现与维持充分就业，央行通过相机抉择的货币政策对宏观经济活动的干预，不仅没有必要，而且常常加剧经济波动。为了保证宏观经济运行稳定，央行必须实行单一规则的货币政策，即固定每年的货币供给增长率，让工人形成稳定、正确的预期通货膨胀率。

练习题

一、单项选择题

1. 一般用来衡量通货膨胀的物价指数是（　　）。

  A. 消费者物价指数　　　　　　　　B. 生产物价指数

  C. GDP 缩减指数　　　　　　　　　D. 以上均正确

2. 已知充分就业的国民收入是120 000亿元，实际国民收入118 000亿元，边际消费倾向0.8，在增加1 000亿元的投资后，经济将发生（　　）。

  A. 需求拉上通货膨胀　　　　　　　B. 成本推进通货膨胀

  C. 结构性通货膨胀　　　　　　　　D. 需求不足的失业

3. 原材料价格上升导致物价持续不断上涨，这属于（　　）。

  A. 成本推动型通货膨胀　　　　　　B. 需求拉动型通货膨胀

  C. 结构性通货膨胀　　　　　　　　D. 全球通货膨胀

4. 在下列引起通货膨胀的原因中，哪一个最可能是成本推进的通货膨胀的原因？（　　）

  A. 银行贷款的扩张　　　　　　　　B. 预算赤字

  C. 世界性商品价格的上涨　　　　　D. 投资率下降

5. 通货膨胀的经济效应表现为（　　）。

  A. 政府税收减少　　　　　　　　　B. 大部分人的实际收入上升

  C. 依靠固定工资生活的人利益受损　D. 人们的名义收入将下降

6. 收入政策主要是用来治理（　　）。

  A. 需求拉上的通货膨胀　　　　　　B. 成本推进的通货膨胀

  C. 结构性通货膨胀　　　　　　　　D. 预期的通货膨胀

7. 失业率是指（　　）。

  A. 失业人数占劳动力的百分比   B. 失业人数占人口总数的百分比

  C. 失业人数占就业人数的百分比   D. 以上均正确

8. 若经济处于自然失业率，则下列说法正确的是（　　）。

  A. 失业水平接近摩擦性失业   B. 失业水平等于摩擦性失业

  C. 国内生产总值等于潜在国内生产总值   D. 经济中无失业现象

9. 在充分就业的情况下，下列哪一因素最有可能导致通货膨胀？（　　）

  A. 进口增加   B. 出口减少

  C. 政府收入不变，但支出增加   D. 工资不变，但劳动生产率提高

10. 引起周期性失业的原因是（　　）。

  A. 工资刚性   B. 总需求不足

  C. 经济中劳动力的正常流动   D. 经济结构的调整

11. 某大学毕业生由于不满意现有工作而辞职，在没有找到新的工作之前，这种失业属于（　　）。

  A. 摩擦性失业   B. 结构性失业   C. 周期性失业   D. 永久性失业

12. 正统凯恩斯主义菲利普斯曲线说明（　　）。

  A. 通货膨胀率与失业率之间呈负相关关系   B. 通货膨胀是失业造成的

  C. 通货膨胀会引起失业   D. 通货膨胀是由行业工会造成的

13. 长期菲利普斯曲线说明（　　）。

  A. 通货膨胀与失业之间不存在相互替代关系

  B. 通货膨胀与失业之间存在相互替代关系

  C. 通货膨胀率与失业率之间成负相关关系

  D. 政府的需求管理政策在一定范围内有效

14. 根据凯恩斯主义的菲利普斯曲线，降低通货膨胀率的办法是（　　）。

  A. 增加货币供给量   B. 降低失业率

  C. 提高失业率   D. 增加财政赤字

二、名词解释

1. 通货膨胀 2. 消费者价格指数 3. 需求拉动的通货膨胀 4. 成本推动的通货膨胀 5. 结构性通货膨胀 6. 收入政策 7. 失业 8. 失业率 9. 充分就业 10. 自然失业率 11. 摩擦性失业 12. 结构性失业 13. 周期性失业 14. 奥肯定律 15. 菲利普斯曲线 16. 牺牲率 17. 货币幻觉 18. 拉弗曲线

三、简答题

1. 衡量通货膨胀的指标主要有哪些？

2. 如果你的房东说："工资、公用事业及别的费用都涨了，我也只能提你的房租。"这属于需求拉上还是成本推进的通货膨胀？如果店主说"可以提价，别愁卖不了，店门口排队争购的多着哩！"这又属于什么类型的通货膨胀？

3. 能否说有劳动能力并愿意工作的人都有工作才是充分就业？

4. 摩擦性失业、结构性失业与周期性失业各有哪些特征与区别？

四、论述题

1. 试述通货膨胀的原因与经济效应。

2. 试述通货膨胀的对策。

3. 简述周期性失业的原因。

4. 简述失业对宏观经济的影响与对策。

5. 简述凯恩斯主义的菲利普斯曲线及其政策含义。

6. 为什么货币主义的短期菲利普斯曲线向右下方倾斜，而长期菲利普斯曲线垂直？它们有哪些政策涵义？

五、计算题

1. 假设A国某一年有1.9亿成年人，其中1.2亿人有工作，0.1亿人在寻找工作，0.45亿人没有工作也没在找工作。试求：（1）劳动力；（2）失业率。

2. 假定某经济社会遵从奥肯定律，其表达式为：$u - 0.04 = -2\dfrac{Y - Y^*}{Y^*}$。求：

（1）当该经济社会实际产量分别为潜在生产能力的98%、99%和101%时，其失业率分别为多少？

（2）当失业率目标为3%时，实际产量为潜在生产能力的多少？

六、案例分析题

1. 要高度警觉失业率上升

就业是民生之本，有了就业才有收入，民生才会逐步改善，社会才会安定。当前和今后一个时期，我国就业形势依然严峻。一方面，虽然我国劳动年龄人口有所减少，但总量仍然很大，还是居世界之首。据测算，未来几年，每年需要在城镇就业的大约有2 500万人，除考虑自然减员腾出的岗位，要保持城镇失业水平不上升，每年城镇新增就业规模不能低于1 000万人，这是稳定就业的底线。另一方面，我国经济发展正处于爬坡过坎的关键时期，经济增速换挡、结构调整阵痛、新旧动能转换，都必然会影响和反映到就业上来。就业总量压力将长期存在，结构性矛盾会更加凸显，这给我们带来了新的挑战。

当前，世界经济增长乏力，多个国际组织认为是国际金融危机以来最不好的。国内经济下行压力加大，但需要就业的人数不减，就业工作难度更大、要求更高。2016年我国高校毕业生人数有765万，创历史新高，还有500多万中职毕业生，都需要就业，军队退役人员的安置必须保证，在化解过剩产能过程中也要防止出现大规模的下岗失业，另外还要给农民工就业留出一定空间。我们要充分认识保持新增就业基本稳定的重要性和艰巨性。虽然现在就业形势总体稳定，但潜在风险不可低估。2016年一季度制造业、建筑业的用工需求，降幅都在两位数以上。占全国投资60%以上的民间投资增长明显放缓，特别是服务业投资放缓，其对就业的影响不可低估。我们必须把工作做在前面，做好打硬仗的充分准备，既要打好经济发展这场硬仗，也要打好稳定就业这场硬仗。就业既是经济问题，也是社会问题和政治问题。可以说，就业是经济的"晴雨表"，是社会的"稳定器"。世界各国政府都把就业放在突出位置。我们是社会主义国家，又是一个发展中大国，必须更加重视就业，全力以赴做好就业工作[1]。

试问：

（1）是什么原因导致我国当前失业问题严重？

（2）你认为当前我国治理失业，主要应采取哪些措施？

2. 最"经典"的通货膨胀

考察发生在两次世界大战之间德国的恶性通货膨胀，可以洞悉现代通货膨胀的机理与危害，以及通货膨胀对世界格局造成的影响。

---

[1] 资料来源：http://business.sohu.com/20160716/n459539783.shtml.

1919年1月到1923年12月，德国的物价指数由262上升为126 160 000 000 000，上升了4 815亿倍，被称为"最经典的通货膨胀"。

场景一：有位先生走进了咖啡馆，花8 000马克买了一杯咖啡，当他喝完这杯咖啡，却发现，原来同样的一杯咖啡，此时已经涨到10 000马克。

场景二：一个美国人去德国旅游，他来到银行，想把一张5美元的钞票兑换成马克。可银行职员说："我们没有这么多钱，您能不能只换2美元？"美国人看看背后的长队，只好同意了。

场景三：另一个美国人，在离开德国之前，给了他的德国导游1美元小费。这个德国人居然拿着这1美元，成立了一个家族基金，掌管这笔款项。

场景四：有家大工厂发工资了。只见火车拉来了一车的钞票，火车还没停稳，就开始向焦急等候在铁路旁的工人们，大捆大捆地扔钱。

场景五：一个老人想买一盒鸡蛋，却数不清价格标签上的零。卖鸡蛋的小贩却说，你数数有多少个鸡蛋就行了。

那么，这次通货膨胀严重到了什么程度？可以这样打一个比喻：如果一个人在1922年年初持有3亿马克债券，仅仅两年后，这些债券的票面价值就买不到一片口香糖了。据说，有两位教授曾将德国的通货膨胀数字绘成书本大小的直观柱状图，可是限于纸张大小，未能给出1923年的数据柱，结果不得不在脚注中加以说明："如果将该年度的数据画出，其长度将达到200万英里。"

而对所有的企业主来说，薪水必须按天发放。不然，到了月末，本来可以买面包的钱只能买到面包渣了。发工资前，大家通常都要活动一下腿脚，准备好起跑姿势，钱一到手，立刻拿出百米冲刺的速度，冲向市场与杂货店。那些腿脚稍微慢了几步的，往往就难以买到足够的生活必需品，而且会付出更高的价格。

农产品和工业品生产都在急剧萎缩，市面上商品奇缺，唯一不缺的就是钱。孩子们把马克当成积木，在街上大捆大捆地用它们堆房子玩耍。1923年，《每日快报》上刊登过一则轶事：一对老夫妇金婚之喜，市政府发来贺信，通知他们将按照普鲁士风俗得到一笔礼金。第二天，市长带着一众随从隆重而来，庄严地以国家名义赠给他们1 000 000 000 000马克——相当于0.24美元或者半个便士。更有甚者，就连钞票也先是改成单色油墨印刷，继而又改成单面印刷——因为来不及晾干。而最经典的一幕，莫过于一名女子用马克代替木柴，投入火炉中烧火取暖，因为这样更划算一些。[①]

问题：

（1）根据材料谈谈你对通货膨胀的理解。

（2）谈谈你对通货膨胀危害的理解。

① 资料来源：http://www.360doc.com/content/11/0610/16/7114179_126044402.shtml.

开放经济中国民收入的决定 | 第八章

前面的章节对封闭经济中的国民收入的决定和宏观经济政策的作用进行了讨论。本章引进外汇市场，在介绍汇率和国际收支等基本理论的基础上，分析产品市场、货币市场、劳动市场和外汇市场等四个市场上国民收入的决定，阐释宏观经济政策在开放经济中的作用。

第一节 | 汇率理论

本节主要阐释汇率的涵义、汇率的决定、汇率的变动及其对经济的影响等四方面的内容。

一、汇率的涵义与标价方式

（一）外汇的涵义

外汇是外国货币或以外国货币表示的能用来清算国际收支差额的资产。但是，并不是所有的外国货币都能成为外汇。一种外币成为外汇有 3 个前提条件：一是自由兑换性，即这种外币能自由地兑换成其他货币；二是普遍接受性，即这种外币在国际经济往来中被各国普遍接受和使用；三是可偿性，即这种外币资产是可以保证得到偿付的。只有满足这 3 个条件的外币及其所表示的资产（各种支付凭证和信用凭证），才是外汇。

根据这 3 个标准，各国对外汇的范围有着不同的理解，并且这一概念本身也在发展中。我国《外汇管理条例》规定，外汇的具体范围包括：

（1）外国货币，包括纸币、铸币；

（2）外汇支付凭证，包括票据、银行存款凭证、邮政储蓄凭证等；

（3）外汇有价证券，包括政府债券、公司债券、股票等；

（4）其他外汇资产。

（二）汇率的含义与标价法

外国商品应该用外汇或外国货币来购买。为了进行国际贸易或国际往来，不同国家的货币需要兑换或交换。不同货币之间的兑换比率或交换比率就是汇率。故汇率本质上是指以某国货币表示的另一国单位货币的价格。人们既可以用一定量的本国货币表示单位外国货币的价格，也可以反过来，用一定量的外国货币表示单位本国货币的价格。因此，汇率的标价方法有直接标价法和间接标价法两种。

1. 直接标价法

直接标价法是指用一定量的本国货币表示的单位外国货币的价格，例如，我国 2016 年 5 月 2 日公布的外汇牌价中，100 美元=647.380 元人民币。这种标价方法就是直接标价法。在直接标价法中，如果单位外国货币所能兑换的本国货币量增加，意味着汇率上升，表示外国货币升值或本国货币贬值。反之，如果单位外国货币所能兑换的本国货币量减少，就是汇率下降，表示外国货币贬值或本国货币升值。

2. 间接标价法

间接标价法是指用一定量的外国货币来表示单位本国货币的价格。例如，我国 2016 年 5 月 2 日公布的外汇牌价中，100 元人民币=1 001.42 卢布。这种标价方法就是间接标价法。在间接标价法中，如果单位本国货币所能兑换的外国货币量增加，表示外国货币贬值或本国货币升值；反之，如果单位本国货币所能兑换的外国货币量减少，表示外国货币升值或本国货币贬值。

目前，世界上绝大多数国家（包括我国）都使用直接标价法，只有少数国家（美国和英国等）使用间接标价法。在本章中，汇率使用直接标价法。因此，除非注明是哪国货币的汇率，否则，汇率上升，就是指外币升值，本币贬值；汇率下降，表示外币贬值，本币升值。

二、汇率的决定

汇率分为长期汇率与短期汇率两种。短期汇率常常围绕长期汇率波动。

（一）长期汇率的决定

在金本位制下与非金本位制下，长期汇率的决定方式也有所不同。

1. 金本位制下，长期汇率的决定

在传统的金本位制下，货币是用一定重量和成色的黄金铸成的。此时的汇率由两国铸币的含金量（铸币的成色与重量之积）的多少来决定。两国铸币含金量的比率，称为铸币平价。在金本位制下，铸币平价是汇率决定的基础。

例如 1 英镑铸币规定的金属重量为 123.274 47 格令（Grain 为金衡制单位，1 克=15.43232 格令），成色为 22K（Karat，纯金为 24K），即：

$$1 \text{ 英镑所含纯金量} = 123.274\,5 \times \frac{22}{24} \approx 113.001\,6 \text{格令（即7.322\,4克）} \tag{8.1}$$

1 美元铸币规定的金属重量为 25.8 格令，成色为 90%，即 1 美元所含纯金量

$$= 25.8 \times 90\% = 23.22 \text{格令（1.504\,63克）} \tag{8.2}$$

$$则英镑与美元的铸币平价 = \frac{113.001\,6}{23.22} = 4.866\,5，即 1 \text{ 英镑} = 4.866\,5 \text{ 美元} \tag{8.3}$$

实际汇率可能受供求关系的影响会有波动，但波动范围以黄金输送点为限。黄金输送点是引起黄金流入与流出时的汇率。引起黄金流入时的汇率叫黄金输入点，引起黄金流出时的汇率叫黄金输出点。

黄金输送点=铸币平价±单位货币黄金的运送费用（包括运输费、保险费与利息等费用）。

例如，假定将 1 英镑铸币所含黄金从英国运到美国的运送费用为 0.03 美元（在第一次世界大战以前的一段时期，英美两国间运送一英镑货币所含的费用为黄金价值的 5‰～7‰。按均值 6‰ 计算，约为 0.03 美元=4.866 5×6‰）。那么当汇率上升到 1 英镑=4.896 5 美元以上时，美国进口商就不会购买英镑外汇，宁愿在本国用美元购买黄金直接运送到英国去偿还债务。反之，当英镑汇率下降到 1 英镑=4.8365 美元以下时，美国出口商就不会出售英镑外汇，宁愿在英国用英镑购买黄金运回美国。

由于黄金的运送费用占黄金价值的比重很小，故金本位制下的汇率波动很小，基本上固定。

2. 纸币流通制度下，长期汇率的决定

1929—1933 年危机期间，金本位制瓦解。各国实行纸币流通制度。如果规定纸币的含金量，则两种纸币的含金量之比叫黄金平价。黄金平价是汇率决定的基础。

若政府不规定纸币的含金量，那么在纸币流通制度下，长期汇率由两国货币的购买力平价决定。两国货币的购买力平价是指两国商品的价格之比，或两国货币的购买力之比。购买力平价理论认为，在其他因素不变的条件下，若某国的价格水平上升，意味着该国货币的国内购买力降低，该国货币在外汇市场上就会贬值；反之，某国的价格水平下降，即该国货币的国内购买力提高，该国货币在外汇市场上就会升值。下面举例说明。

令 E 代表汇率，P_{US} 代表在美国销售的一个基准商品篮子的价格，P_C 表示在中国销售的同一个商品篮子的价格。那么，购买力平价所预测的美元对人民币的汇率就是：

$$E = P_C / P_{US} \tag{8.4}$$

如果购买一个基准商品篮子在中国要花 300 元，而在美国花 50 美元。则购买力平价理论预测美元对人民币的汇率为

$$E = 6 \text{元（人民币）} / \text{美元（每篮子 300 元 / 每篮子 50 美元）} \tag{8.5}$$

现在，其他因素不变，中国物价上升到原来的 1.1 倍（1 基准商品篮子 330 元），则美元汇率变为

$$E' = 6.6 \text{元（人民币）/美元} \tag{8.6}$$

可见，中国物价上升引起了人民币贬值，美元汇率提高。

式（8.4）可改写为：

$$P_C = E \times P_{US} \tag{8.7}$$

式（8.7）是购买力平价的另一种表述方式。等式左边是一个基准商品篮子在我国用人民币表示的价格，等式右边是同一个基准商品篮子在美国用人民币表示的价格。因此，购买力平价理论断言，如果用同一种货币来计价，撇开商品的运输、保险等费用，所有国家的商品与服务的价格水平都是相同的。

经济学家简介

古斯塔夫·卡塞尔

古斯塔夫·卡塞尔（Gustav Cassel 1866.10.20—1945.1.14）瑞典经济学家。曾在乌普萨拉（Uppsala）大学、斯德哥尔摩大学学习，并于1904—1933年在斯德哥尔摩大学任经济学教授。在理论研究中，摒弃英国和奥地利经济学家的边际效用价值说。多次出席国际间经济会议。由于1920年在布鲁塞尔会议中解决世界货币问题及1921年在国际联盟财政委员会工作中成绩卓著，赢得国际盛誉。1916年卡塞尔在总结前人学术理论的基础上，系统地提出：两国货币的汇率主要是由两国货币的购买力决定的，即购买力平价说（Theory of Purchasing Power Parity），简称PPP理论。20世纪二三十年代卡塞尔提出西方经济周期理论之一的卡塞尔经济周期论。最初用"投资过多"来解释经济周期的波动。卡塞尔除了以瑞典文写作之外，还发表了很多以外语出版的著作：《充分劳动收入的权利》（1900年，德文：Das Recht auf den vollen Arbeitsertrag）、《利率的性质和必要性》（1903年，英文：The Nature and Necessity of Interest)、《社会经济学理论》（1919年，德文：Theoretische Sozialökonomie）。1920年，卡塞尔为世界货币问题撰写了一份备忘录，于国际联盟在比利时布鲁塞尔召开的国际金融会议上公开发表，吸引了学术界广泛的注意。

（二）短期汇率的决定和变动

从短期看，汇率的决定与一般商品市场上均衡价格的决定方式雷同。短期汇率由外汇市场的供求关系决定。

外汇需求来源于一国对外国产品与服务的购买、出国旅游、输入劳务和转移资本等。外汇需求与汇率负相关：汇率上升，本国的进口减少，导致外汇需求减少，即外汇需求曲线向右下方倾斜；外汇的供给来源于一国商品和服务的出口、国外旅游者和外国资本的流入等。外汇供给与汇率正相关：汇率越高，本国的出口与国外旅游者以及外国资本的流入越多，外汇供给也就越多。外汇供给曲线向右上方倾斜，如图 8-1 所示。

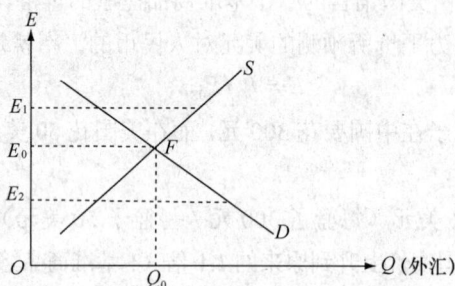

图 8-1　短期汇率的决定

在图 8-1 中，外汇供给曲线和需求曲线的交点 F 对应的汇率 E_0，就是短期均衡汇率。当市场汇率上升到 E_1，高于均衡汇率时，外汇供大于求，汇率下降；反之，当市场汇率低于均衡汇率时，外汇供不应求，汇率上升。

均衡汇率会随外汇供求的变动即外汇供求曲线的移动而变动。当外汇供给不变而需求增加时，均衡汇率上升；当外汇需求不变而外汇供给增加时，均衡汇率下降。

（三）汇率制度

汇率制度是指一国货币当局对本国汇率水平的确定、汇率变动方式等问题所做的一系列安排或规定。当今世界上的汇率制度主要有两大类，即固定汇率制度和浮动汇率制度。

固定汇率制度是指政府用行政或法律手段确定、公布及维持本国货币与某种参照物之间的固定比价的汇率制度。充当参照物的东西可以是黄金，也可以是某一种外国货币或一组外国货币。在纸币流通的条件下，不同货币之间的固定比例往往是人为规定的，在经济形势发生较大变化时可以调整。因此所谓的固定汇率，实际上可以称为可调整的钉住汇率制度。

浮动汇率制度是指汇率水平完全由外汇市场的供求决定、政府不加任何干预的汇率制度。但是，目前各国政府或多或少地都对汇率水平进行着干预或指导，因此所谓的"浮动汇率制度"也只能加上一个定语，称为管理浮动汇率制度。

除此之外，还存在其他处于固定汇率制度与浮动汇率制度之间的汇率制度，如爬行钉住、汇率目标区以及固定汇率制度中的特殊类型——货币局制度等。

三、影响汇率变动的因素

作为一国货币对外价格的表示形式，汇率受多种因素的影响。除经济因素外，政治和社会因素也常常影响汇率。下面，撇开其他因素，仅考察影响汇率变动的经济因素。

（一）国际收支

国际收支非严格地说，是指一国对外经济活动中发生的收入和支出。当一国的国际收入大于支出时，即为国际收支顺差。表现在外汇市场上，就是外汇的供应大于需求，因而本币升值，外币贬值。与之相反，当一国的国际收入小于支出时，即为国际收支逆差。表现在外汇市场上，就是外汇的供应小于需求，因而本币贬值，外币升值。

必须指出，国际收支状况并非一定会影响到汇率。有不同性质的国际收支顺差或逆差。短期的、临时性的、小规模的国际收支差额，可以轻易地被国际资金的流动、相对利率和通货膨胀率的变动、政府在外汇市场上的干预和其他因素抵消。不过，长期巨额的国际收支顺差或逆差，必定会导致本国货币汇率变动。

（二）相对通货膨胀率

货币对外价值的基础是对内价值。如果货币的对内价值降低，其对外价值必然随之下降（即本币贬值）。自从纸币在全世界范围内取代贵金属铸币流通后，通货膨胀几乎在所有国家都有发生。因此，在考察通货膨胀率对汇率的影响时，不仅要考察本国的通货膨胀率，还要比较他国的通货膨胀率，即要考察相对通货膨胀率。一般来说，相对通货膨胀率持续较高的国家，由于其货币的国内价值相对较快地持续下降，从长期来看，其货币必然贬值。

（三）相对利率

利率作为使用资金的代价或放弃使用资金的收益，也会影响到汇率水平。当本国利率较高时，使用本国货币资金的成本上升，在外汇市场上本国货币的供应相对减少；同时，当本国利率较高时，放弃使用资金的收益上升，吸收外资内流，使外汇市场上外国货币的供应相对增加。这样，从两个方面，利率的上升会推动本国货币升值。相反，当利率下降时，本国货币贬值。

在考察本国利率变动对汇率的影响时，要参考外国利率与本国通货膨胀率。如果本国利率上升幅度小于外国利率上升幅度，或小于国内通货膨胀率的上升幅度，则不能导致本国货币升值。

（四）相对经济增长率

国内外经济增长率差异对汇率变动的作用是多方面的。对商品、服务的进出口而言，一方面，当一国经济增长率较高时，意味着收入增加，从而进口增加；另一方面，高的经济增长率往往伴随劳动生产率的提高，这会使生产成本降低，从而本国产品的竞争能力增强，有利于出口。经济增长率差异也会对资本流动产生影响，一国经济增长率高时，在国内对资本的需求较大，国外投资者也愿意将资本投入这一有利可图的经济体中，于是资金流入增加。总的看来，长期中，高的经济增长率会对本国货币升值起到有力的支持作用，并且这种影响持续的时间也较长。

（五）总需求与总供给

总需求与总供给不一致也会影响汇率。如果总需求增长快于总供给增长，国内不能满足的那部分总需求将转向国外，引起进口增长，从而导致本国货币贬值。当总需求增长快于总供给增长时，还会导致货币超额发行和财政赤字增加，从而间接导致本国货币贬值。因此，当一国的总需求增长快于总供给时，该国货币一般呈贬值趋势。

（六）心理预期

心理预期有时候能对汇率产生重大影响。心理预期有多种多样，包括经济的、政治的和社会的。就经济方面而言，心理预期包含对国际收支状况的预期、对相对物价水平和通货膨胀率的预期、对相对利率或相对的资产收益率的预期，以及对汇率本身的预期，等等。心理预期通常是以捕捉刚刚出现的某些信号来进行的。因此，有意地或无意地发出一些与之相对冲的信号，有时可以改变心理预期的方向。

（七）财政赤字

财政赤字的增加或减少，也会影响汇率的变动方向。财政赤字往往导致货币供应增加和需求增加。因此，赤字的增加将导致本国货币贬值。但犹如国际收支等其他因素一样，赤字增加对货币汇率的影响并非绝对的。如果赤字增加同时伴有利率上升，那么本币汇率不一定下跌。

（八）国际储备

较多的国际储备，表明政府干预外汇市场、稳定货币汇率的能力较强，因此，储备增加能加强外汇市场对本国货币的信心，因而有助于本国货币升值。反之，储备下降则会导致本国货币贬值。

四、汇率变动对经济的影响

汇率变动的经济效应主要表现在对进出口贸易、国民收入、国内物价、国内资源配置和外汇储备等方面的影响。

（一）汇率变动对进出口贸易的影响

汇率下降（即本币升值）起限制出口和刺激进口的作用。因为汇率下降意味着用一定数量的本币可以兑换更多的外币，如果本国的出口商品在国际市场上价格不变，而进口商品的国内销售价格会下降，从而增加进口商品的需求。汇率上升（即本币贬值）起限制进口和刺激出口的作用。因为，汇率上升意味着用一定数量的本币可以兑换外币的数量比原先少了，有助于增强本国出口商品的国际竞争力，进口商品则由于价格上升而被削弱了竞争力。一定程度的货币贬值能在多大程度上改善一国的贸易收支，还取决于该国进出口商品的需求弹性和供给弹性。如果出口商品的需求弹性和进口商品的需求弹性之和的绝对值大于 1，即 $|E_{dX} + E_{dM}| > 1$，则本币贬值可以改善一国贸易收支状况。这一结论首先由英国经济学家 A.马歇尔提出，后经美国经济学家 A.P.勒纳发挥得到，因此被称为"马歇尔—勒纳条件"。

（二）汇率变动对国民收入的影响

汇率变动对国民收入的效应是双方向的。一方面，汇率上升（即本币贬值）会提高进口商品的国内价格，有利于出口商品的部门及进口替代品工业部门的销售，推动这些部门生产规模的扩大，这种扩大是通过国外和国内的价格刺激的需求增加来实现的。开始时，对国民收入的影响相当于出口的增加量加上进口的减少量（被国内产业取代），这种扩张逐步波及整个经济并以乘数方式引起国民收入增加。另一方面，汇率变动对国民收入的长期影响也有逆转因素，即在国民收入增加后，按照进口倾向增加进口。

（三）汇率变动对国内价格水平的影响

汇率下降（即本币升值）会使进口的商品价格在国内下降。以进口原料生产的商品的国内市场价格也会下降对于一个对原料进口依赖性很强的国家，会因此使国内物价水平下降。汇率上升（即本币贬值）一方面有利于本国商品出口，但出口数量增加会加大国内商品供给缺口；另一方面，进口商品价格因汇率上升而提高，会导致整个物价水平提高。为解决恶性收支不平衡和经济不景气，政府往往采取牺牲消费者利益，使汇率上升，用货币贬值来促进出口，改善国际收支。

（四）汇率变动对国内资源配置的影响

汇率上升（即本币贬值），改变进口商品价格和进出口比例，也改变国内相关部门间的比例关系，引起国内资源重新分配。贬值带来的商品出口增加，造成国内有关产品的价格上升趋势，其中，出口工业和进口替代品生产工业有可能比其他部门有更高的价格，这会吸引资源投入。在大多数情况下，会使国内优势更好地发挥，带来更大的效益，使国际收支得到改善。若汇率下降，则情况相反。

（五）汇率变动对外汇储备的影响

从外汇储备方面看，某种货币的汇率变化会使以该货币为储备的资产的那部分外汇储备的实际价值发生变化。汇率下降（即本币升值）时，外汇储备实际价值减少；反之则增加。另外，汇率变动会通过资本转移和对外贸易影响外汇储备的增减。因为汇率变化引起资本的流入或流出，从而引起储备所代表的资产量变化。汇率上升，保值性和投机性资本会大量流出，从而使外汇储备减少，汇率下降，则外汇储备增加。

汇率变动具有广泛的经济效应，各国政府都对其非常重视，并针对本国经济的不同情况，采取不同的政策措施加以干预。

第二节 ｜ 国际收支

本节在介绍国际收支平衡表构成的基础上，主要阐释国际收支失衡的涵义、原因、影响与对策。

一、国际收支与国际收支平衡表

（一）国际收支的含义

一国对外往来会产生货币支付，但并非所有的往来都涉及货币的支付，比如对外国以实物形式提供的无偿援助和投资等。这种不涉及货币支付的国际往来今天已经占据了相当重要的地位。为了全面反映一国的对外往来情况，各国根据国际货币基金组织的定义采用广义的国际收支概念。所谓广义的国际收支，是指一国在一定时期内全部对外往来的系统的货币记录。可从以下几个角度理解国际收支的具体含义。

（1）国际收支记录的是对外往来的内容，即一国居民与非居民之间的交易。也就是说，判断一项交易是否应当包括在国际收支的范围内，所依据的不是交易双方的国籍，而是交易双方是否有一方是该国居民。在国际收支统计中，居民是指在一个国家的经济领土内具有经济利益的经济单位。对一个经济体来说，它的居民单位主要由两大类机构单位组成的：家庭和组成家庭的个人；社会的实体和社会团体，如公司和准公司、非营利机构和该经济体中的政府。

（2）国际收支是系统的货币记录。国际收支反映的内容以交易为基础，而不是像其字面所表现的那样以货币收支为基础。这些交易既包括涉及货币收支的对外往来，也包括未涉及货币收支的对外往来。未涉及货币收支的对外往来必须折算成货币加以记录。所谓交易，包括以下 4 类。

① 交换，即一个交易者（经济体）向另一个交易者（经济体）提供一宗经济价值并从对方得到价值相等的回报。

② 转移，即一个交易者向另一个交易者提供经济价值，但没有得到任何补偿。

③ 移民，是指一个人把住所从一个经济体搬迁到另一个经济体的行为。移民后，个人原有的资产负债关系的转移会使两个经济体的对外资产和债务关系均发生变化，这一变化应记录在国际收支之中。

④ 其他根据推论而存在的交易。在一些情况下，可以根据推论确定交易的存在，即使实际流动并没有发生，也需要在国际收支中予以记录。

（3）国际收支是一个流量。

（4）国际收支是一个事后的概念。国际收支是对已发生的国际交往事实进行的记录。国际收支定义中的"一定时期"一般是指过去的一个会计年度。

（二）国际收支平衡表

国际收支平衡表是在一定时期内，对一国与他国居民之间进行的一切经济交易加以系统记录的报表。

编制国际收支平衡表遵循复式记账原则。按照会计原理，一切收入项目或负债增加、资产减少的项目都列为贷方，一切支出项目或资产增加、负债减少的项目都列为借方。因此，凡是国际交易中引起本国居民支付货币给外国居民的交易都是借方交易，记入国际收支平衡表的借方；所有能够使本国居民从国外得到收入的交易都是贷方。这样，任何一笔国际经济交易分别列入表内借贷两方，总额相等。

按照国际货币基金组织的规定，国际收支平衡表由经常账户、资本与金融账户和错误和遗漏账户三部分组成。

1. 经常账户

经常账户是指对实际资源在国际间的流动行为进行记录的账户，它包括货物（贸易）、服务（贸易）、收入和单方面转移或经常转移等四个项目。

（1）货物。包括一般商品、用于加工的货物、货物修理、各种运输工具在港口购买的货物和非货物黄金。

（2）服务。服务包括运输、旅游、通信服务、建筑服务、保险服务、金融服务、计算机和信息服务、专有权利使用费和特许费、其他商业性服务、个人文化和娱乐服务、政府服务等。

（3）收入。收入包括居民和非居民之间的两大类交易：即支付给非居民（如季节性的短期工人）的工资报酬；投资收入项下有关对外金融资产和负债的收入和支出。其中第二类包括有关直接投资、证券投资和其他投资的收入和支出以及储备资产的收入。

（4）经常转移。经常转移包括汇款、捐助和援助等。

2. 资本与金融账户

资本与金融账户是指对资产所有权在国际间流动行为进行记录的账户，它包括资本账户和金融账户两大部分。

资本账户包括资本转移和非生产性、非金融资产的收买和放弃。非生产性、非金融资产的收买和放弃是指各种无形资产，如专利、版权、商标、经销权以及租赁和其他可转让合同的交易。

金融账户包括引起一个经济体对外资产和负债所有权变更的所有权交易。根据投资类型或功能，金融账户可以分为直接投资、证券投资、其他投资、储蓄资产四类。其中储蓄资产包括货币当局可随时动用并控制在手的外部资产，它可以分为黄金、特别提款权、在国际货币基金组织的储备头寸、外汇资产和其他债权。

3. 错误和遗漏账户

国际收支账户运用的是复式记账法，因此所有的借方总额和贷方总额应相等。但是，由于不同账户的统计资料来源不一、记录时间不同以及一些人为因素等原因，会造成结账时出现净的借方或贷方余额。这时就需要人为设立一个抵消账户，数目与上述余额相等而方向相反。错误和遗漏账户就是这样一种抵消账户。简单地说，由于国际交往的行为主体成千上万，统计时难免发生错误，因而一切统计上的误差均归入错误和遗漏账户。

二、国际收支不平衡的含义、原因与影响

（一）国际收支不平衡的含义

由于采用复式记账原则，国际收支平衡表上借贷双方总额总是相等的，即国际收支平衡表从账面上看，总是平衡的。既然如此，为何还会出现所谓的国际收支不平衡呢？为了说明这一问题，首先应将国际收支项目分为自发交易项目和调整交易项目两类。

自发交易项目又称事前交易，是一国居民出于增加其经济利益或其他动机进行的国际交易。经常项目与剔除官方储备的资本和金融项目都属于自发交易项目。在自发交易项目中，有可能出现国际收支失衡。调整交易项目，简称调整项目，或称补偿项目、事后项目，是指以平衡自发交易项目中可能出现的国际收支失衡为目的的交易项目。国际收支中的官方储备是主要的调整项目。例如，当一国自发性交易的收入大于支出时，金融当局就需动用本国的黄金、外汇等，或通过外国中央银行、国际金融机构融通资金以弥补自发性交易带来的收支差额。错误与遗漏也是调整项目，它可以使国际收支平衡表最终在账面上达到平衡。由此可见，国际收支的账面平衡是通过调整项目来实现的。

因此，真正能反映国际收支状况的是自发交易项目。国际收支不平衡是指自发交易项目收支的失衡。

（二）国际收支不平衡的口径

按照人们的传统习惯和国际货币基金组织的做法，国际收支不平衡的口径可以分为以下 4 种。

1. 贸易收支差额

贸易收支差额即商品进出口收支差额，这是传统上用得比较多的一种方法。在战后出现的许多新的国际收支调节理论中，有的也将贸易收支作为国际收支的代表。贸易账户实际仅仅是国际收支的一个组成部分，在国际经济往来日益频繁的今天，贸易收支绝对不能代表国际收支的整体。但是，对某些国家来说，贸易收支在全部国际收支中所占的比重相当大（中国的这一比例在 20 世纪 80 年代约为 70%），因此，出于简便，可将贸易收支作为国际收支的近似代表。另外，贸易收支在国际收支中还有它的特殊重要性。商品的进出口情况综合反映了一国的产业结构、产品质量和劳动生产率状况。因此，即使像美国这种资本账户交易比重相当大的国家，仍十分重视贸易收

支差额。

2. 经常项目收支差额

经常项目包括贸易收支、无形（即服务和收入）收支和经常转移收支。前两项构成经常项目收支的主体。虽然经常项目的收支也不能代表全部国际收支，但它综合反映了一个国家的进出口状况（包括无形进出口，如劳务、保险、运输等），因而被各国广为使用，并被视为制定国际收支政策和产业政策的重要依据。同时，国际经济协调组织也经常采用这一指标对成员国经济进行衡量，例如国际货币基金组织就特别重视各国经常项目的收支状况。

3. 资本和金融账户差额

资本和金融账户差额具有两方面的分析作用。首先，通过资本和金融账户余额可以看出一国资本市场的开放程度和金融市场的发达程度，对一国货币政策和汇率政策的调整提供有益的借鉴。一般而言，资本市场开放的国家，其资本和金融账户的流量较大。由于各国在利率、金融市场成熟程度、经济发展程度和货币价值稳定程度等方面存在较大的差异，资本和金融账户差额往往会产生较大的波动，要保持这一余额为零是非常困难的。其次，资本和金融账户与经常项目账户之间具有融资关系，所以资本和金融账户的余额可以折射出一个国家经常账户的状况和融资能力。

4. 综合账户差额

综合账户差额是指经常项目账户和资本与金融账户中的直接投资、证券投资、其他投资账户构成的余额，也就是将国际收支账户中的官方储备账户剔除后的余额。由于综合账户差额必然导致官方储备的反方向变动，所以可以用它来衡量国际收支对一国储备造成的压力。当一国实行固定汇率制度时，综合账户差额的分析更为重要。因为，国际收支中的各种行为导致外国货币与本国货币在外汇市场上的供求变动，影响到两种货币比价的稳定性。为了保持外汇市场上的价格不发生变动，政府必须利用官方储备介入市场以实现供求平衡。所以，综合账户差额在政府有义务维持固定汇率制度时是极其重要的。

国际收支不平衡的衡量口径有许多种。不同国家往往根据自己的不同情况选用其中一种或若干种，来判断自己在国际交往中的地位和状况，并采取相应的对策。比如，某个国家的经常账户长年发生巨额赤字，而资本和金融账户则长年盈余。这样的国家虽然综合账户处于平衡，但从长期看，国际收支不容乐观。因为长年的经常账户赤字反映了该国产业的国际竞争力低下，国际收支的长久平衡没有坚实的基础，其眼前的平衡是依靠外资来维持的。这样的国家，极有可能存在严重的外汇短缺和结构性国际收支不平衡。这就需要采取措施来加以纠正。

虽然国际收支失衡主要是指自发性交易收支不平衡。但为了简化分析，下面，将国际收支失衡理解为经常项目与资本项目综合的收支不平衡。

（三）国际收支不平衡的原因

从根本上讲，国际收支不平衡是由国内外商品市场、货币市场或资产市场的失衡引起的。概括起来，造成国际收支不平衡的因素主要包括以下几个。

1. 临时性不平衡

这是因短期的、由非确定或偶然因素引起的国际收支失衡。这种性质的国际收支失衡程度一般较轻，持续时间不长，带有可逆性，因此，可以认为是一种正常现象。在浮动汇率制度下，这种性质的国际收支失衡有时根本不需要政策调节，市场汇率的波动有时就能将其纠正。在固定汇率下，一般也不需要采用政策措施，而只需动用官方储备便能加以克服。

2. 周期性不平衡

这是因一国在经济周期波动过程中，由于经济衰退，国民收入减少，社会需求下降而造成的对外收支不平衡。世界经济关系日益密切的今天，主要国家经济周期的影响必然传播到其他国家，引起世界性的周期不平衡。

3. 结构性不平衡

这是因国内生产结构的变动不能适应世界市场的变化而发生的国际收支不平衡。国际收支状况如何，在很大程度上取决于进出口贸易收支状况，而这又与本国产业结构的变化有关。当国际的商品供给与需求的结构发生变化时，如果一个国家的产业结构不能适应这种形势而相应调整，就会发生这种结构性的不平衡。

4. 货币性不平衡

这是由国内外的相对通货膨胀率或相对通货紧缩率引起的国际收支失衡。通货膨胀或通货紧缩都必然引起一国货币价值和国内物价水平的变动。在汇率水平一定的情况下，这两者的变动都会在本国商品的出口或进口数量的变化上反映出来，从而引起该国的外贸差额发生变化，最终引起国际收支不平衡。

5. 收入性不平衡

这是指经济条件的变化引起的国民收入变动，而造成的国际收支不平衡。国民收入发生变动的原因有两个方面：一方面是周期性变动，这属于周期性不平衡；另一方面是经济增长情况，当一国经济增长率与其他国家不一致时，它的国际收支就可能发生收入性不平衡。

（四）国际收支不平衡对经济的影响

一国的内外经济密切相关，一国的国际收支失衡必然影响国内经济的运行状况和经济政策。

1. 国际收支逆差的影响

国际收支逆差首先会引起本币价格下降或贬值，为维持汇价稳定，就必须用官方储备来弥补，货币供应引起缩减，影响本国生产和就业。官方储备的下降还影响到一国的对外金融实力，降低国家的信用，不利于国际贸易和其他经济交往。如果一国出现长期性赤字，出现进口大于出口，本国的国民收入就会下降，失业就会增加，国内经济状况趋于恶化，必然导致本币不断贬值，通货膨胀趋于失控。如果国际收支逆差是由于一国资本流出大于流入，就会造成本国资金紧张，引起利息率上升、生产成本上升、利润下降、投资减少、生产下降，也势必影响到商品市场的需求。

2. 国际收支顺差的影响

当国际收支长期出现顺差，会给国内经济带来不良影响。

（1）顺差使一国持有的外币资金大大增加，在国际金融市场上会发生抢购本币的情况，导致本币升值，提高本国出口商品在国际市场上的价格，不利于本国商品的出口，从而对本国经济必然产生不利影响。

（2）顺差累积的官方储备增加，造成货币供应量增长，会带来国内物价水平的上涨，引起国内通货膨胀。

（3）一国盈余意味着贸易伙伴国的赤字，容易使一国成为他国贸易报复的对象，引起国际贸易摩擦，不利于本国经济发展。

（4）如果国际收支顺差是由于出口过多造成的，那么本国在这期间可供使用的生产资源就会减少，长期如此，势必影响本国经济发展的速度和人民生活的需要，而且这种顺差意味着国内储蓄流到了国外，减少了国内储蓄，进而减少国内投资。因为从长期来看，储蓄终将转化为投资。而政府总是倾向于增加国内投资。国内投资的增加，不仅可以增加税收，也可增加就业与收入。更何况投资也可能带来积极的外部效应。

（5）债务国如果实行量化宽松货币政策，本国持有他国的货币债权将遭受重大损失。

（6）如果他国经济状况恶化，将遭受收不回贷款的风险。

如果国际收支顺差来源于资本流入，对于一个急需资金的发展中国家来说，在一定时期内有其必要，但长期资本净流入成为国际收支顺差的主要来源，同样会出现沉重的债务负担。如果没有带来以后持久的贸易顺差和国际竞争力的提高，可能会出现债务危机或者是外资产品占领国内市场，支配国内经济。

总之，无论国际收支出现逆差或顺差，它们对一国的物价、货币供应、生产、就业、利率、资金和外贸等都会带来不利的影响，所以必须对国际收支不平衡进行调节，以达到国际收支平衡。

三、国际收支不平衡的调节

（一）国际收支不平衡的自动调节机制

在市场经济中，国际收支不平衡可以通过某些机制的自动调节恢复平衡。这些自动调节机制主要有汇率机制与利率机制两个。

1. 汇率机制

汇率对国际收支不平衡的调节机制是指，国际收支不平衡引起的汇率变动会影响本国的净出口，进而改善本国的国际收支状况。例如，当国际收支发生逆差时，外汇供不应求，外汇汇率上升，即本币贬值，引起进口商品价格上升，出口商品价格下降，导致净出口增加，从而减少国际收支逆差。反之，国际收支存在顺差时，外汇供大于求，外汇汇率下降，即本币升值，引起进口商品价格下降，出口商品价格上升，导致净出口减少，进而减少国际收支顺差。在浮动汇率制度下，汇率机制是调节国际收支不平衡最重要的机制。

2. 利率机制

利率机制对国际收支不平衡的调节是指，国际收支不平衡引起的利率变动会影响本国的净资本流出，进而改善本国的国际收支状况。例如，当一国的国际收支发生顺差时，该国银行持有的外汇增加，引起银行信用扩大，使国内金融市场的银根趋于松动，导致本国利率下降，进而引起本国资本流出增加，外国资本流入减少。本国净资本流出的增加，必然减少国际收支顺差。反之，国际收支发生逆差时，该国银行持有的外汇减少，引起银行信用收缩，使国内金融市场的银根趋紧，导致本国利率上升，进而引起本国资本流出减少，外国资本流入增加。本国净资本流出的减少，必然减少国际收支逆差。

（二）国际收支不平衡的政策调节

市场失灵时，国际收支自动调节机制的作用将被削弱或失效，这时就需要政府出面，对市场进行干预，实现国际收支平衡。政府主要运用财政政策、货币政策、汇率政策和贸易管制政策来调节国际收支不平衡。

1. 财政政策调节

财政政策主要是政府采取缩减或扩大财政支出和调整税率的方式，以调节国际收支的顺差或逆差。

如果发生国际收支逆差，则第一，可削减政府财政预算、压缩财政支出。由于支出乘数的作用，国民收入倍减，迫使国内物价水平下降，出口所需的投入成本也随之下降，这就能增强本国出口商品的国际竞争能力，以最终减少国际收支的逆差。第二，提高本国相关的税率。税率一经提高，就会减少国内的投资和消费。在税收乘数的作用下，同样国民收入倍减，国内物价水平下降，进而有条件扩大商品出口，以缩小国际收支的逆差。反之，在发生国际收支顺差时，若要调节，则第一，扩大政府的财政预算或财政支出；第二，降低税率。

2. 货币政策调节

货币政策主要是指变动本国货币的基本利率，以扩张或紧缩银根，或者鼓励或限制短期资本流动，来调节国际收支的不平衡。

如果发生国际收支逆差，通常一国政府会提高利率，以紧缩银根，减少社会的投资与消费，进而降低物价水平，扩大本国商品的出口。同时，在资本项目没有管制的情况下，利率的提高有可能吸引外资流入，减少本国资本流出，也可以起到改善国际收支的作用。当然，提高利率的途径有多种手段。有的国家本身实行的就是管制利率，自然利率由政府决定。有的国家实行的是市场利率，中央银行则通过提高再贴现率、增加存款准备金和公开市场活动，以设法导致利率上升。反之，在发生国际收支顺差时，则降低利率，实行宽松的通货政策，既容忍物价上扬，也允许资本外流，以减少经常项目与资本项目的顺差。

3. 汇率政策调节

实行汇率政策的前提是，一国的现行汇率是管制汇率制度；或者虽然现行的是管理浮动汇率制度，但政府有足够的能力干预市场汇率。如果说，在汇率完全由供求关系决定的情况下，也存在汇率政策的话，这种政策就是放任自流。

以汇率政策调节国际收支，主要是通过本国货币贬值或升值来进行的。如果发生国际收支逆差，在固定汇率制度下，政府可以宣布本币贬值，以起到抑制进口、扩大出口的作用，使逆差缩小。在管理浮动汇率制度下，政府可以设立外汇干预基金，入市操作买卖外汇，以影响外汇市场的供求关系，进而调节国际收支。有些国家在国际收支发生严重逆差时，则通过颁布外汇管制条例，对外汇买卖、收入、支出均实行严格的控制，以起到改善国际收支的作用。例如，禁止外汇自由买卖、规定不同的结汇汇率和结汇条件、控制外汇的支出和使用、防止资本外逃等。

4. 贸易管制

如果一个国家的国际收支逆差主要是因为贸易收支的严重逆差引起的，最有力的手段就是实行贸易管制政策。贸易管制政策的主要内容是奖出限入。

在奖出方面常用的措施如下。

（1）出口信贷，如本国银行给予本国出口商的卖方信贷，或给予外国进口商的买方信贷。

（2）出口信贷国家担保制，即本国政府为企业或银行的出口信贷提供担保。

（3）出口补贴，即政府通过有关途径给本国出口商现金补贴或非现金补贴，如出口退税就是一种变相的补贴方法。

在限入方面主要是实行：

（1）关税壁垒，即对本国进口数量较大或用汇较多的商品实行高额关税，以试图减少进口用汇。

（2）实行进口配额制或进口许可证制，严格控制进口的数量。

（3）非关税壁垒措施。由于前两种措施过于明显，容易引起其他国家的报复，故以卫生标准或技术标准等来限制各种进口商品。[①]

上述四种政策调节都有以下不足之处。

（1）紧缩性的财政政策，即削减财政支出、增加税收，可能导致经济衰退、失业人数增加。

（2）提高利率、缩紧银根的政策，同样可能引起经济衰退。这样，当一个国家的进出口占国内生产总值的比重不高时，该国政府就不愿意为较小比例的外部平衡而牺牲国内经济增长，增加失业。

（3）汇率政策的情形有多样。外汇干预的效果，往往取决于一国外汇储备的实力。本币贬值的办法，只有相关国家没有进口限制和不采取报复措施的条件下，国际收支才可能得以改善。外汇管制的手段简单、直接，但管制下的汇率与货币的实际价值相背离，进出口商品的国内价格与国际价格也相背离，从长远来说不利于一国的经济发展。

（4）外贸管制政策的作用既有力也直接，但往往引起别国的反抗或报复，结果两败俱伤。

因此，在一国发生国际收支不平衡时，应根据国际收支不平衡的形成原因，选择不同的政策或政策组合去解决问题。

【例题8-1】 设某国宏观经济变量为（单位：亿元）：

$$C=15+0.8Y_d, \quad I=12, \quad G=25, \quad T=5+0.1Y, \quad X=12, \quad M=4+0.1Y。$$

求该国的均衡产出与贸易赤字。

解： 均衡产出为：$Y=C+I+G+X-M=15+0.8(Y-5-0.1Y)+12+25+12-4-0.1Y=56+0.72Y$

得 $Y=200$ 亿元。因此，$X-M=12-(4+0.1Y)=-12$，即贸易赤字为12亿元。

第三节
国际收支平衡曲线

一、国际收支差额函数

鉴于国际收支差额有多种涵义，为了讨论方便，假定国际收支差额是指综合账户差额，即经常项目账户和资本与金融账户中的直接投资、证券投资、其他投资账户构成的余额，也就是国际收支账户中剔除官方储备账户后的余额。

（一）净出口函数

净出口是一定时期内一国商品和服务的出口总额与商品和服务的进口总额的差额。令 NX 表示净出口，根据简单国民收入决定理论对进出口函数的定义，有以下净出口函数。

$$NX = X - M(Y) = X_0 - M_0 - mY \tag{8.8}$$

[①] 关税是对进口商品课征的一种税，分为禁止性关税和非禁止性关税。禁止性关税是一种非常高的关税，可以完全阻止任何商品的进口；而非禁止性关税是一种较低一些的关税，可以阻止一部分商品进口。关税会提高商品价格，减少消费和进口数量，增加国内生产。配额是一种对进口商品的数量限制。配额与关税的经济影响在性质上是相同的，一个禁止性配额相当于一项禁止性关税。尽管关税和配额之间没有本质的差别，但仍存在一些微妙的区别。关税能够给政府带来收入，或许使某些其他税收的降低成为可能，从而部分抵消其对进口国消费者造成的损害。而配额则将由其造成的价格差异带来的利润放入那些能够得到进口许可证的进口商或出口商的口袋。（保罗·萨缪尔森《微观经济学》（第19版））

假定经常项目账户仅限于进出口业务。故 NX 表示通过经常项目交易最终流入本国的收入。式（8.8）表示，一国的净出口是该国收入的减函数，故净出口曲线向右下方倾斜，如图 8-2 所示。

（二）净资本流出函数

一国的净资本流出是指一国资本流出与资本流入之间的差额，表示通过资本项目与金融账户中扣除官方储备变动以后的项目交易，最终流出本国的收入。资本都是逐利的，在其他因素既定条件下，本国利率上升时，资本流出减少，资本流入增加；反之，本国利率下降时，资本流出增加，资本流入减少。因此，净资本流出与本国利率负相关，是本国利率的减函数。令 F 表示净资本流出，则一国的净资本流出函数为

$$F = F(r) \tag{8.9}$$

净资本流出曲线向右下方倾斜，如图 8-3 所示。

（三）国际收支差额函数

国际收支差额是指净出口与净资本流出之差额，表示通过经常项目交易与资本项目交易后，最终流入本国的收入。令 B 代表国际收支差额，则国际收支差额函数为：

$$B = NX - F = NX(Y) - F(r) \tag{8.10}$$

国际收支差额有三种情况。

（1）国际收支顺差，即 $NX > F$，$B > 0$。

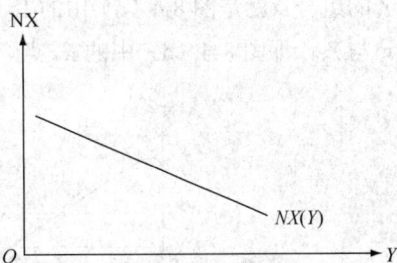

图 8-2 净出口曲线

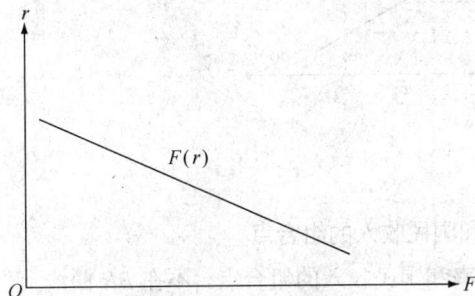

图 8-3 净资本流出曲线

（2）国际收支平衡，即 $NX = F$，$B = 0$。

（3）国际收支逆差，即 $NX < F$，$B < 0$。

二、国际收支平衡曲线的推导及特征

（一）BP 曲线的含义及其推导

保持国际收支平衡，是宏观经济政策的四大目标之一。反映国际收支平衡条件下国民收入与利率相互关系的曲线，叫国际收支平衡曲线，简称 BP 曲线。BP 曲线的模型为

$$\begin{cases} NX = F \\ NX = NX(Y) \\ F = F(r) \end{cases} \tag{8.11}$$

根据 BP 曲线的模型，可以推导 BP 曲线，如图 8-4 所示。

图 8-4（a）为净资本流出曲线，与 BP 模型的第三个方程对应。图 8-4（b）是 45°线，该线上的所有点都表示净资本流出额与净出口额相等，即国际收支平衡，与 BP 模型的第一个方程对应。图 8-4（c）为净出口曲线，与 BP 模型的第二个方程对应。根据图 8-4（a）～图 8-4（c），可推导出图 8-4（d）中的 BP 曲线：

在图 8-4（a）中，任找一利率例如 r_1，根据 $F(r)$ 曲线，净资本流出量为 F_1。根据图 8-4（b）的 45°线，可找到与 F_1 相等的净出口为 NX_1。按照净出口曲线，与 NX_1 对应的国民收入为 Y_1。r_1 与

Y_1 的组合点就是图 8-4（d）中的 E_1 点。可以用同样的方法找到国际收支平衡条件下的另一个组合点 r_2 与 Y_2，即图 8-4（d）中的 E_2 点。把 E_1 点与 E_2 点连接起来，便得到 BP 曲线。

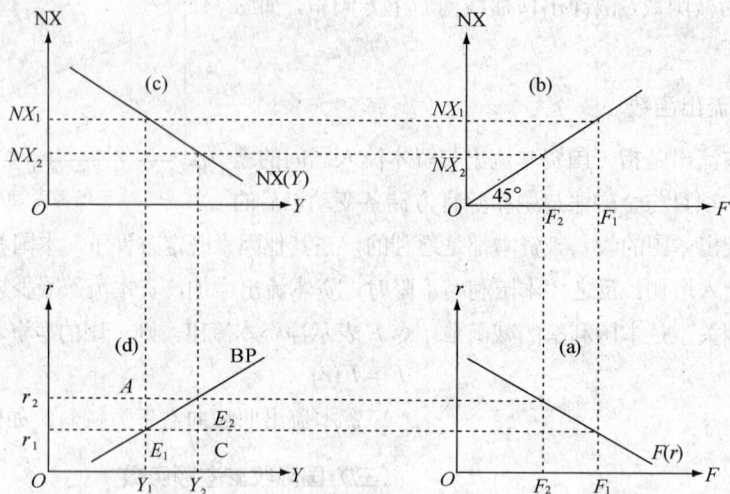

图 8-4　BP 曲线的推导

（二）BP 曲线的特征

1. BP 曲线上的每一点，都是国际收支平衡下的利率和国民收入的组合点

BP 曲线上的每一点，都代表一个使国际收支平衡的利率和国民收入的组合点。不在 BP 曲线上的点都是使国际收支失衡的利率和国民收入组合点。具体来说，BP 曲线左上方的所有点均表示国际收支顺差，即 NX＞F。例如，在 BP 曲线左上方任取一点 A。不均衡点 A 与均衡点 E_2 相比，利率相同，意味着 F 相等；收入较低，意味着 NX 偏大。故在 A 点，NX＞F，为国际收支顺差。

在 BP 曲线右下方的所有点，均表示国际收支逆差，即 NX＜F。例如，在 BP 曲线右下方任取一点 C。C 与均衡点 E_1 比较，利率相同，意味着 F 相等；收入较高，意味着 NX 偏少。故在 C 点，有 NX＜F，为国际收支逆差。

2. BP 曲线向右上方倾斜

通常的 BP 曲线向右上方倾斜。这是因为较高利率下较低资本净流出要求有较少的净出口，以维持国际收支平衡，而较少的净出口要求有较高的收入。即：

$$r\uparrow \to F\downarrow \to NX\downarrow \to Y\uparrow$$

BP 曲线向右上方倾斜，需要满足两个条件。

（1）净出口是收入的减函数。如果净出口是收入的增函数，则 BP 曲线向右下方倾斜。

（2）资本在国与国之间的有限流动。在其他因素不变的情况下，如果国家之间资本流动越容易，则 BP 曲线越平坦；反之，BP 曲线越陡峭。

当资本在国际间可以无阻碍地完全自由流动时，BP 曲线是一条水平线。在资本完全流动的情况下，国内外利率总是相等。一旦国内利率水平高于（低于）国外利率水平，资本就会无限多地迅速流入本国（流向国外）。随着外国资本大量流入（流出）国内，国内利率会迅速降低（提高），一直到国内外利率重新相等。由于国内外利率总是相等，一国净资本流出的多少，不影响世界利率。因此，当一国收入增加，引起净出口减少，要求净资本流出相应减少时，国内利率不变。即无论收入怎么变动，国内利率始终不变。故 BP 曲线一定是一条水平线。BP 曲线以上的区域为国际收支顺差；

BP 曲线以下的区域为国际收支逆差，如图 8-5 所示。

当资本在国与国之间完全不流动时，BP 曲线就是一条垂线。在资本完全不流动时，净资本流出 $F(r)=0$。为了保证国际收支平衡，要求 $NX = X - M = 0$。由于出口被定义为一个常量，进口是收入的减函数，为了使 $X - M = 0$，收入必须稳定不变。国内利率变动，但收入不变，BP 曲线必定是一条垂线。BP 曲线的左边为国际收支顺差区域；右边为国际收支逆差区域，如图 8-6 所示。

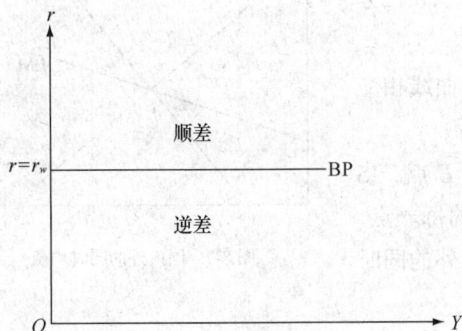

图 8-5　资本完全流动时的 BP 曲线

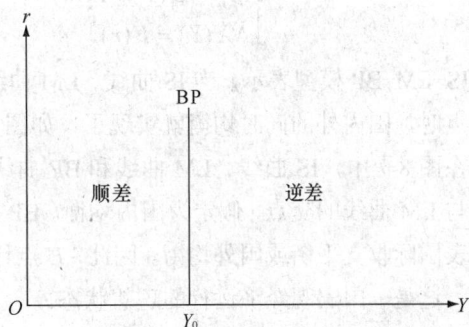

图 8-6　资本完全不流动时的 BP 曲线

三、BP曲线的移动

根据式（8.11）描述的 BP 曲线模型，引起 BP 曲线移动的因素有两个：一是净出口或净出口函数的变动；二是净资本流出或净资本流出函数的变动。

在收入不变的条件下，假如某些原因引起了净出口增加。为了保持国际收支平衡，净资本流出量也必须增加，从而要求利率降低。收入不变，利率降低，意味着 BP 曲线右移。即：

$$NX(Y_0)\uparrow \to F\uparrow \to r\downarrow \Rightarrow (Y_0, r\downarrow)：BP 曲线右移$$

反之，净出口减少，则 BP 曲线左移。

如果在利率既定条件下，净资本流出增加。为了保持国际收支平衡，净出口也必须增加，从而要求收入减少。利率既定，收入减少，意味着 BP 曲线左移。

$$F(r_0)\uparrow \to NX\uparrow \to Y\downarrow \Rightarrow (r_0, Y\downarrow)：BP 曲线左移$$

反之，若净资本流出减少，则 BP 曲线右移。

第四节　国内外的同时均衡

开放经济下的国民收入均衡包括内在均衡和外在均衡。内在均衡是指总需求与总供给在充分就业收入水平上相等。内在均衡本质上是指产品市场、货币市场与劳动市场等三市场的同时均衡，应该用 AD-AS 模型来分析。但为了简化分析，也可用产品市场与货币市场两市场的同时均衡模型，即 IS-LM 模型代表国内均衡。外在均衡是指国际收支平衡使用 BP 模型分析。国内外的同时均衡，应是指产品市场、货币市场、劳动市场与外汇市场等四市场的同时均衡。但有时也用产品市场、货币市场与外汇市场等三市场的同时均衡代表国内外的同时均衡，采用 IS-LM-BP 模型，也叫蒙代尔-弗莱明模型来分析。

一、IS-LM-BP模型

将 IS 曲线、LM 曲线与 BP 曲线的方程联立，可得 IS-LM-BP 模型：

$$\begin{cases} I(r) = S(Y) \\ M_0 = L_1(Y) + L_2(r) \\ NX(Y) = F(r) \end{cases} \qquad (8.12)$$

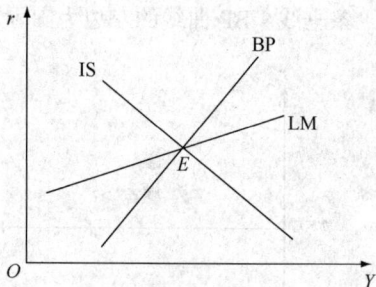

图 8-7 国内外的同时均衡

IS-LM-BP 模型表示，当 IS 曲线、LM 曲线与 BP 曲线相交于一点时，国内外的同时均衡就实现了。如图 8-7 所示。

在图 8-7 中，IS 曲线、LM 曲线和 BP 曲线相交于 E 点。IS 曲线与 LM 曲线的交点，假定为国内均衡。BP 曲线上的每一点，都代表国际收支平衡或国外均衡。因此，E 点代表国内外的同时均衡，这是一国宏观经济运行的理想状态。

二、国内外失衡时的调整

由于各种原因，现实的一国经济经常不能达到内外同时均衡，即 IS 曲线、LM 曲线和 BP 曲线相交于一点。因此，有必要采取相应的宏观经济政策进行调控，以恢复均衡。

（一）国内均衡、国外不均衡时的调整

首先撇开劳动市场与长期总供给曲线，讨论国内均衡、国外不均衡，即 IS 曲线与 LM 曲线的交点不在 BP 曲线上时的调整。

1. 国际收支顺差时的调整

当 IS 曲线和 LM 曲线的交点处于 BP 曲线的左上方时，意味着国际收支顺差，如图 8-8 所示。

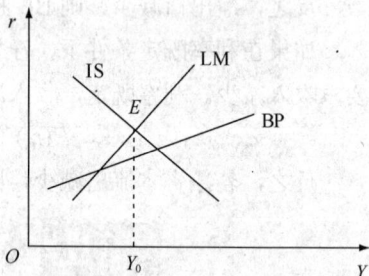

图 8-8 国内均衡、国际收支顺差

在图 8-8 中，IS 曲线和 LM 曲线的交点 E，处于 BP 曲线的左上方，表示国内均衡、国际收支顺差。此时的调整，在不同的汇率制度下有所不同。

在浮动汇率制度下，国际收支顺差意味着外汇供给大于需求，汇率必然下降，使得本国商品在国际市场上的价格上升，外国商品在国内市场上的价格降低，进而净出口减少，引起 IS 曲线与 BP 曲线都左移。最终使 IS、LM、BP 三条曲线相交，实现国内外同时均衡。

在固定汇率制度下，国际收支顺差，即外汇供给大于需求，汇率有下降的压力。为了维持固定汇率，央行必须用本币购买外汇，导致国内货币供给量增加，引起 LM 曲线右移。最终使 IS、LM、BP 三条曲线相交，实现国内外同时均衡。

2. 国际收支逆差时的调整

当 IS 曲线和 LM 曲线的交点位于 BP 曲线的右下方时，意味着国际收支逆差，如图 8-9 所示。

在图 8-9 中，IS 曲线和 LM 曲线的交点 E 处于 BP 曲线的右下方，表示国内均衡、国际收支逆差。此时的调整，在不同的汇率制度下也有所不同。

在浮动汇率制度下，国际收支逆差意味着外汇供给小于需求，汇率必然提高，使得本国商品在国际市场上的价格下降，外国商品在国内市场上的价格上升，进而净出口增加，引起 IS 曲线与 BP 曲线都右移。最终使 IS、LM、BP 三条曲线相交，实现国内外同时均衡。

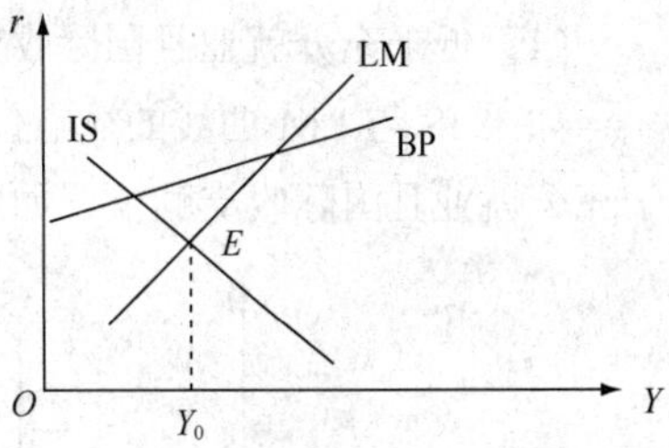

图 8-9　国内均衡、国际收支逆差

在固定汇率制度下，国际收支逆差，即外汇供给小于需求，汇率有上升的压力。为了维持固定汇率，央行必须出售外汇，导致国内货币供给量减少，引起 LM 曲线左移。最终使 IS、LM、BP 三条曲线相交，实现国内外同时均衡。

（二）国内外同时不均衡时的调整

其次引入劳动市场与长期总供给曲线，讨论国内外同时不均衡，即 IS 曲线与 LM 曲线的交点既不在长期总供给曲线（意味着国内不均衡），也不在 BP 曲线上（意味着国外不均衡）时的调整。

1. 国内外同时不均衡的各种状态

引入劳动市场与长期总供给曲线后，国内均衡是指充分就业均衡，即 IS 曲线、LM 曲线与长期总供给曲线的交点。因此，现在国内外的同时均衡，是指 IS 曲线、LM 曲线、BP 曲线与长期总供给曲线相交于一点，如图 8-10 所示。

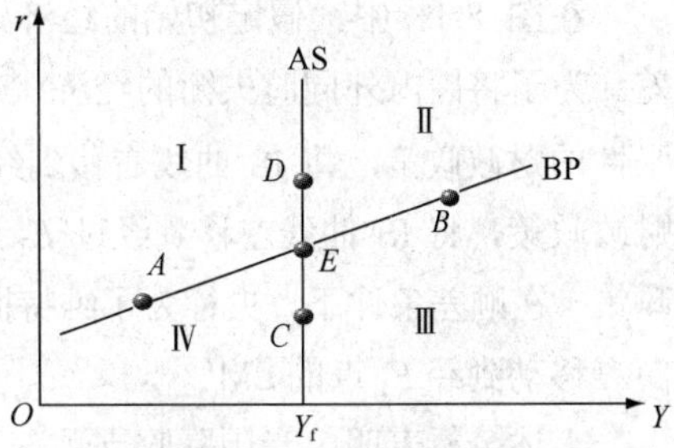

在图 8-10 中，长期总供给曲线与国际收支平衡曲线 BP 把整个坐标空间空间划分为 7 个部分：E 点、长期总供给曲线上除 E 点以外的部分、BP 曲线上除 E 点以外的部分以及 Ⅰ、Ⅱ、Ⅲ、Ⅳ 等四个区域。显然，只有 E 点代表的利率和

图 8-10　国内外经济不均衡的各种情况

国民收入的组合，才是国内外同时均衡的理想状态。长期总供给曲线上除 E 点以外的部分，表示国内均衡、国外不均衡。BP 曲线上除 E 点以外的部分，表示国内不均衡、国外均衡。剩下的其他四个区域处于国内外同时不均衡状态。区域 Ⅰ 反映的情形是国际收支顺差和失业并存；区域 Ⅱ 反映的情形是国际收支顺差和通货膨胀并存；区域 Ⅲ 反映的情形是国际收支逆差和通货膨胀并存；区域 Ⅳ 反映的情形是国际收支逆差和失业并存。

2. 调节内部不均衡和外部不均衡的政策选择

一国经济由不均衡状态调整到均衡状态有两种途径：自动调整和政策调整。自动调整，即政府不进行干预，任价格、货币工资、利率和汇率等机制自由作用，使各种市场供求相等，实现内外均衡。政策调整，是指政府或央行运用财政政策、货币政策和汇率政策，调控与干预国内外经济活动，以实现国内外同时均衡。

依靠市场机制的自发调节作用实现国内外均衡，需要一定的条件。其中最重要的条件就是价格、货币工资、利率和汇率等经济杠杆，必须具有足够的灵活性，能够灵敏地对各种冲击做出反应，以便在比较短的时间内，使各种市场同时出清，实现一般均衡。但在现实生活中，由于种种原因，价格、货币工资、利率和汇率等经济杠杆，常常具有一定的黏性，不能及时出清各种市场。此时，就需要政府采取适当的政策手段来调节经济。下面讨论在固定汇率制度下，央行或者政府如何利用货币政策和财政政策调节国内外同时失衡的经济。

（1）低于充分就业且国际收支顺差下的调节政策

如果 IS 与 LM 曲线的交点位于长期总供给曲线的左边、BP 曲线的左上方，则宏观经济出现低于充分就业且国际收支顺差，如图 8-11 所示。

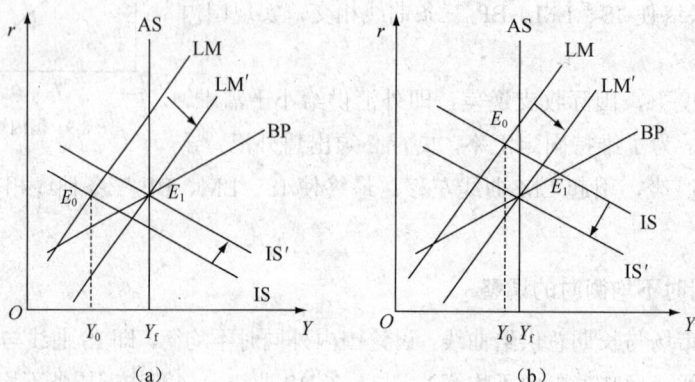

图 8-11　国际收支顺差和失业并存时的政策调整

在图 8-11 中，假定初始的经济处于区域 I 中的 E_0 点，这时的收入 $Y_0 < Y_f$，且存在国际收支顺差。为了将国内外同时失衡的经济状态调整到国内外同时均衡的经济状态 E_1 点，首先，政府实施扩张性的财政政策，将 IS 曲线右移到经过 E_1 点的IS′，如图 8-11（a）所示；或者政府实施紧缩性的财政政策，将 IS 曲线左移到经过 E_1 点的IS′，如图 8-11（b）所示。其次，央行可实施扩张性货币政策（在顺差条件下，央行为了维持固定汇率，必须购买外汇，从而增加货币供给量），将 LM 曲线向右移动到经 E_1 点的LM′。

上述分析表明，当国际收支顺差和失业并存时，政府可以通过实施相机抉择的财政政策和扩张性的货币政策，实现内部均衡和外部均衡。

（2）低于充分就业且国际收支逆差时的调节政策

当 IS 曲线和 LM 曲线的交点既位于长期总供给曲线的左侧，又位于 BP 曲线的右下方时，低于充分就业均衡与国际收支逆差同时并存，如图 8-12 所示。

在图 8-12 中，IS 曲线和 LM 曲线的交点 F，处于长期总供给曲线的左边与 BP 曲线的右下方，表示低于充分就业均衡与国际收支逆差同时并存。

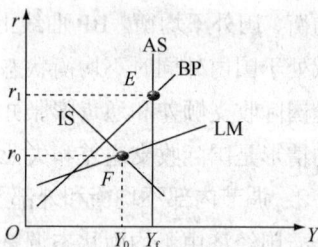

图 8-12　低于充分就业均衡和国际收支逆差

如果政府的目标仅仅是实现充分就业，或仅仅是实现国际收支平衡，政策选择非常容易。使用扩张性的财政政策沿着 LM 曲线右移 IS 曲线，可以实现充分就业；采取紧缩性的货币政策（在逆差条件下，央行为了维持固定汇率，必须出售外汇，从而减少货币供给量），沿着 IS 曲线左移 LM 曲线，可以实现国际收支平衡。

如果政府的目标是同时实现充分就业与国际收支平衡，便需要将财政政策与货币政策协调使用。BP 曲线与 AS 曲线的交点 E，同 IS-LM 的交点 F 比较，有更高的收入与利率。更高的收入可以用扩张性的财政政策使 IS 曲线沿着 LM 曲线右移来达到；而更高的利率可以采取紧缩性的货币政策，使 LM 曲线沿着 IS 曲线左移来实现。最后，IS、LM、BP 与 AS 四条曲线在 E 点相交，实现充分就业均衡与国际收支平衡，即实现国内外的同时均衡。

根据同样的原理，利用图 8-10，可以分析其他非均衡状态下的调整政策。具体情况如下。

如果经济处于区域Ⅱ，即国际收支顺差和通货膨胀并存时，政府可以采取相机抉择的货币政策和紧缩性的财政政策，实现内部与外部均衡。

如果经济处于区域Ⅲ，即国际收支逆差和通货膨胀并存时，政府可以采取相机抉择的财政政策和紧缩性的货币政策，实现内部与外部均衡。

如果经济处于A点，即国际收支平衡和失业并存时，政府可以采取相机抉择的货币政策和扩张性的财政政策，实现内部与外部均衡。

如果经济处于B点，即国际收支平衡和通货膨胀并存时，政府可以采取相机抉择的货币政策和紧缩性的财政政策，实现内部与外部均衡。

如果经济处于C点，即国际收支逆差和充分就业并存时，政府可以采取紧缩性货币政策和扩张性的财政政策，实现内部与外部均衡。

如果经济处于D点，即国际收支顺差和失业并存时，政府可以采取紧缩性货币政策和紧缩性的财政政策，实现内部与外部均衡。

上面讨论了在固定汇率制度下，政府如何运用财政政策和货币政策，实现国内外同时均衡。在浮动汇率制度下，政府如何调控宏观经济活动，请读者自己分析，不再赘述。

三、开放经济中宏观经济政策的效果

在开放经济中，一国经济一旦发生内部失衡或外部失衡，就需要进行调整。同封闭经济一样，货币政策和财政政策也是开放经济中政府用来调整经济失衡的两大政策措施。由于汇率制度和资本流动的难易程度影响货币政策和财政政策的效果，故需要对不同的汇率制度与资本流动情况下的货币政策和财政政策的效果，进行具体的分析。

（一）浮动汇率制度下宏观经济政策的效果

1. 浮动汇率制度下货币政策效果

在浮动汇率制下面，根据资本流动的难易程度不同，货币政策的作用有三种。

（1）资本完全流动时的货币政策效果

在资本完全流动的情况下，BP曲线是一条水平线。货币政策能够影响国民收入，如图8-13所示。

在图8-13中，资本完全流动，BP曲线是一条水平线。设初始的经济位于E_0点，这时的收入$Y_0 < Y_f$。

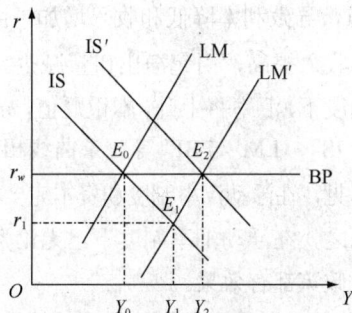

图8-13　浮动汇率制度下资本完全流动时的货币政策效果

央行为增加就业与收入，实施扩张性货币政策，使LM曲线右移到LM′，并与IS曲线相交于E_1点，导致利率降低和收入增加。利率降低，引起净资本流出增加；收入提高，引起净出口量减少。两者综合作用，产生国际收支逆差，外汇供不应求。在浮动汇率制度下，汇率将上升，本币贬值，导致净出口增加，引起IS曲线右移到IS′，最终使IS、LM与BP等三条曲线相交于E_2点，收入增加到Y_2，实现国内外同时均衡。

可见，在浮动汇率制度和资本完全流动的情况下，扩张性货币政策具有增加国民收入的效果。

（2）资本有限流动时的货币政策效果

在有限资本流动的情况下，BP 曲线是一条向右上方倾斜的线。货币政策也能够影响国民收入，如图 8-14 所示。

在图 8-14 中，资本有限流动，BP 曲线向右上方倾斜。设初始的经济位于 E_0 点，这时的收入 $Y_0 < Y_f$。央行为增加就业与收入，实施扩张性货币政策，使 LM 曲线右移到 LM′，并与 IS 曲线相交于 E_1 点，导致利率降低和收入增加。由于资本具有一定的流动性，利率降低，引起净资本流出增加；收入提高，引起净出口量减少。两者作用综合，产生国际收支逆差，外汇供不应求。在浮动汇率制度下，汇率将上升，本币贬值，导致净出口增加，引起 IS 曲线与 BP 曲线分别右移到 IS′、BP′，最终使 IS′、LM′ 与 BP′ 等三条曲线相交于 E_2 点，收入增加到 Y_2，实现国内外同时均衡。

可见，在浮动汇率制度和资本有限流动的情况下，扩张性货币政策也具有增加国民收入的效果。

（3）资本完全不流动时的货币政策效果

在资本完全不流动的情况下，BP 曲线是一条垂线。只要汇率能够自由浮动，货币政策依然能够影响国民收入，如图 8-15 所示。

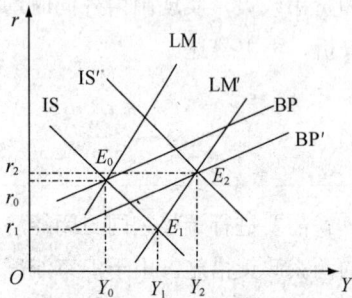

图 8-14 浮动汇率制度下资本有限流动时的货币政策效果   图 8-15 浮动汇率制度下资本完全不流动时的货币政策效果

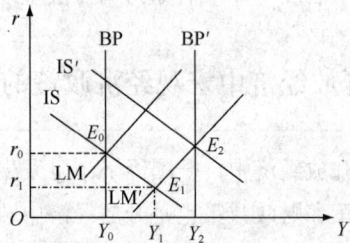

在图 8-15 中，资本完全不流动，BP 曲线是一条垂线。设初始的经济位于 E_0 点，这时的收入 $Y_0 < Y_f$。央行为增加就业与收入，实施扩张性货币政策，使 LM 曲线右移到 LM′，并与 IS 曲线相交于 E_1 点，导致利率降低和收入增加。由于资本在国家间不能流动，利率降低，不会引起净资本流出增加；收入提高，引起净出口量减少。两者作用综合，产生国际收支逆差，外汇供不应求。在浮动汇率制度下，汇率将上升，本币贬值，导致净出口增加，引起 IS 曲线与 BP 曲线分别右移到 IS′、BP′，最终使 IS′、LM′ 与 BP′ 等三条曲线相交于 E_2 点，收入增加到 Y_2，实现国内外同时均衡。

可见，在浮动汇率制度和资本完全不流动的情况下，扩张性货币政策依然有增加国民收入的效果。

总之，在浮动汇率制度下，无论资本能否在国与国之间流动，货币政策都能影响就业与收入，即货币政策都有效果。

2. 浮动汇率制度下的财政政策效果

在浮动汇率制度下面，根据资本流动的难易程度不同，政策政策的作用情况也分三种。

（1）资本完全流动时的财政政策效果

在完全资本流动情况下，BP 曲线是一条水平线，财政政策无效，如图 8-16 所示。

在图 8-16 中，设初始的收入为 E_0 点对应的 $Y_0 < Y_f$。为增加就业，政府采取扩张性财政政策，导

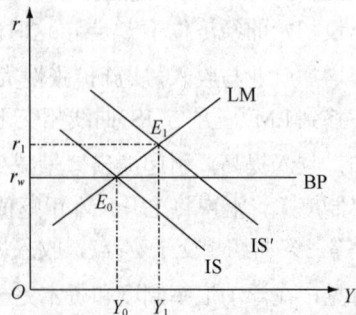

图 8-16 浮动汇率制度下资本完全流动时的财政政策效果

致 IS 曲线向右移动到 IS′，与 LM 曲线相交于点 E_1。国民收入暂时增加到 Y_1，利率提高到 r_1。收入增加，引起净出口减少。由于完全资本流动，国内利率提高必然引起净资本流出大量减少，抵消净出口减少而有余，最终造成国际收支顺差。在浮动汇率制度下，外汇供大于求，导致汇率下跌，净出口减少，使得 IS′ 曲线向左移动到初始的位置，经济恢复到 E_0 点。因此，在浮动汇率制度和资本完全流动条件下，财政政策产生完全的挤出效应。扩张性财政政策初始引起的收入增加，恰好被由货币升值引起的净出口减少导致的收入减少抵消掉。扩张性财政政策不能增加收入，没有效果。

（2）资本有限流动时的财政政策效果

资本有限流动时，BP 曲线向右上方倾斜。财政政策有一定的效果。可分 LM 曲线比 BP 曲线陡峭和 LM 曲线比 BP 曲线平坦等两种情况进行讨论，如图 8-17 所示。

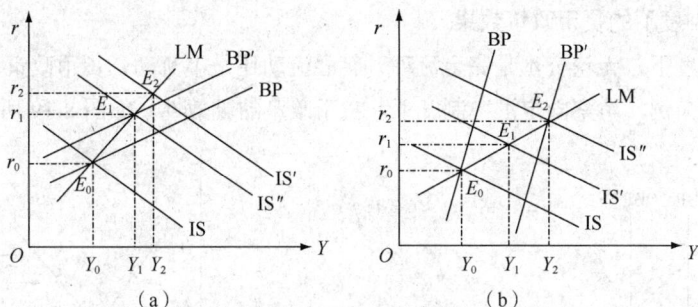

图 8-17　浮动汇率制度下资本有限流动时的财政政策效果

在图 8-17（a）中，LM 曲线比 BP 曲线陡峭。设初始的收入为 E_0 点对应的 $Y_0 < Y_f$。为增加就业，政府采取扩张性财政政策，导致 IS 曲线向右移动到 IS′，与 LM 曲线相交于点 E_2。国民收入暂时提高到 Y_2，利率也提高。收入提高，引起净出口减少；国内利率提高，引起净资本流出减少。由于 LM 曲线比 BP 曲线陡峭，意味着净资本流出额的减少量较大，抵消净出口减少而有余，最终造成国际收支顺差。在浮动汇率制度下，外汇供大于求，使汇率下跌，净出口减少，使得 IS′ 曲线向左下方移动到 IS″，BP 曲线向左上方移动到 BP′，最后在 E_1 点，IS、LM 与 BP 等三条曲线重新相交。扩张性财政政策使收入从 Y_0 增加到 Y_1。

在图 8-17（b）中，LM 曲线比 BP 曲线平坦。设初始的收入为 E_0 点对应的 $Y_0 < Y_f$。为增加就业，政府采取扩张性财政政策，导致 IS 曲线向右移动到 IS′，与 LM 曲线相交于点 E_1。国民收入暂时提高到 Y_1，利率也提高。收入提高，引起净出口减少；国内利率提高，引起净资本流出减少。由于 LM 曲线比 BP 曲线平坦，意味着净资本流出额的减少量较小，不足以抵消净出口减少，最终造成国际收支逆差。在浮动汇率制度下，外汇供不应求，使汇率上升，净出口增加，使得 IS′ 曲线向右上方移动到 IS″，BP 曲线向右下方移动到 BP′，最后在 E_2 点，IS、LM 与 BP 等三条曲线重新相交。扩张性财政政策使收入从 Y_0 增加到 Y_2。

可见，在浮动汇率制度和资本有限流动条件下，当 LM 曲线比 BP 曲线平坦时，扩张性财政政策的效果更为显著。

（3）资本完全不流动时的财政政策效果

在没有资本流动的情况下，BP 曲线是一条垂线，财政政策有效，如图 8-18 所示。

在图 8-18 中，设初始的收入为 E_0 点对应的 $Y_0 < Y_f$。为增加就业，政府采取扩张性财政政策，导致 IS 曲线向右移动到 IS′，与 LM 曲线相交于点 E_1。国民收入暂时提高到 Y_1，利率也提高。收入

提高，引起净出口减少；由于资本不能流动，虽然国内利率提高，但净资本流出不变。故产生国际收支逆差。在浮动汇率制度下，外汇供不应求，使汇率上升，净出口增加，使得 IS′ 曲线向右上方移动到 IS″，BP 曲线向右方移动到 BP′，最后在 E_2 点，IS、LM 与 BP 等三条曲线重新相交。这样，扩张性财政政策使收入从 Y_0 增加到 Y_2。

可见，在浮动汇率制度下，当资本完全不流动时，财政政策也有效。

（二）固定汇率制度下宏观经济政策的效果

在固定汇率制度下，一国的国际收支如果发生了顺差或者逆差，从而出现汇率趋于上升或者下降的压力，为维持汇率的固定水平，中央银行必须对外汇市场进行干预。这就会使本国的货币供给发生变化，从而影响宏观经济政策的效果。

1. 固定汇率制度下的货币政策效果

在固定汇率制度下，无论资本是完全流动、有限流动还是不流动，货币政策都无效果。下面，仅以资本完全流动为例，考察固定汇率制度下，货币政策的无效性，如图 8-19 所示。

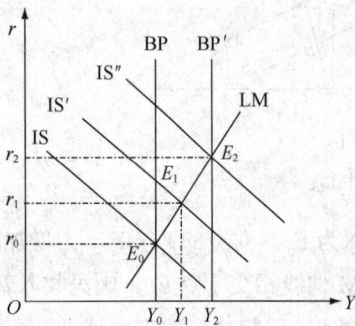

图 8-18 浮动汇率制度下资本完全不流动时的财政政策效果   图 8-19 固定汇率制度下，资本完全流动时的货币政策效果

在图 8-19 中，设初始的收入为 E_0 点所对应的 $Y_0 < Y_f$。为增加就业，央行实施扩张性货币政策，使 LM 曲线右移到 LM′，并与 IS 曲线相交于 E_1 点，导致收入增加和利率降低。国民收入增加，引起净出口减少；利率降低，使得净资本流出大量增加。两者作用综合，产生国际收支逆差，外汇供不应求，存在汇率上升的压力。为了维持固定汇率，央行出售外汇，从而使国内货币供给减少，LM 曲线左移到初始的位置。最终，经济恢复到初始状态，收入不变，依然为 Y_0。

以此类推，在固定汇率制度下，无论资本在国际能否流动，货币政策对收入都没有影响。

2. 固定汇率制度下财政政策效果

对固定汇率制度下财政政策效果的分析，可分资本完全流动、资本有限流动和资本完全不流动三种。

（1）资本完全流动时的财政政策效果

在固定汇率制度下，资本完全流动时，财政政策有效，如图 8-20 所示。

在图 8-20 中，设初始的收入为 E_0 点对应的 $Y_0 < Y_f$。为增加就业，政府采取扩张性财政政策，IS 曲线向右移动到 IS′，与 LM 曲线相交于点 E_1，导致国民收入增加与利率提高。国民收入增加，引起净出口减少；国内利率提高，使得净资本流出大量

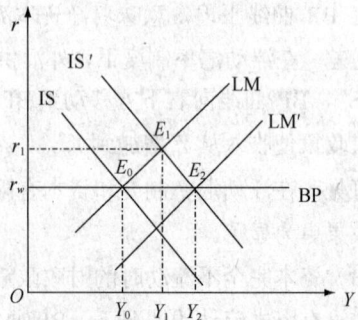

图 8-20 固定汇率制度下资本完全流动时的财政政策效果

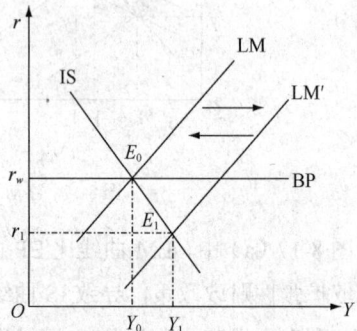

减少，在抵消净出口减少而有余，产生国际收支顺差。外汇供大于求，存在汇率下降的压力。为了维持固定汇率，央行购买外汇，从而使国内货币供给增加，LM 曲线右移到 LM'。最终，在 E_2 点，经济实现国内外同时均衡，收入从 Y_0 增加到 Y_2，利率恢复到原来的水平。

可见，在固定汇率制度下，资本完全流动时，财政政策调节国民收入是非常有效的。

（2）资本有限流动时的财政政策效果

在固定汇率制度下，资本有限流动时，财政政策也有一定作用，如图 8-21 所示。

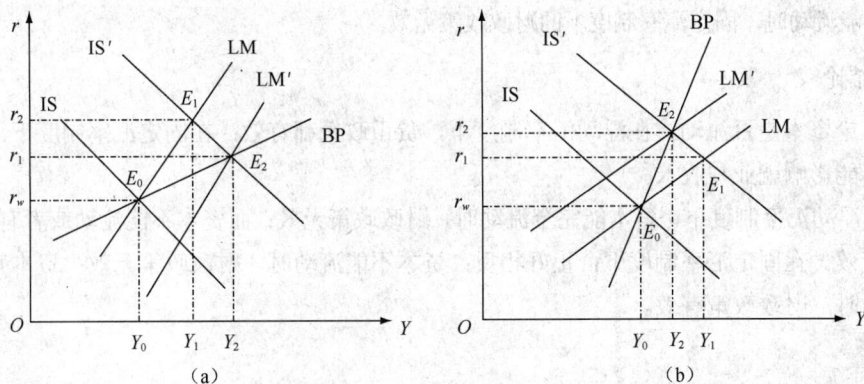

图 8-21　固定汇率制度下资本有限流动时的财政政策效果

在图 8-21（a）中，LM 曲线比 BP 曲线陡峭。设初始的收入为 E_0 点对应的 $Y_0 < Y_f$。为增加就业，政府采取扩张性财政政策，导致 IS 曲线向右移动到 IS'，与 LM 曲线相交于点 E_1。国民收入暂时增加到 Y_1，利率也提高。收入增加，引起净出口减少；国内利率提高，引起净资本流出减少。鉴于 E_1 点位于 BP 曲线的左上方，意味着净资本流出额的减少量较大。净资本流出减少量的绝对值大于净出口减少量的绝对值，最终造成国际收支顺差。外汇供大于求，汇率有一种向下的压力。为了维持固定汇率，央行购买外汇，从而使国内货币供给增加，LM 曲线右移到 LM'。最终，在 E_2 点，实现国内外的同时均衡，收入从 Y_0 增加到 Y_2，利率也有所提高。

在图 8-21（b）中，LM 曲线比 BP 曲线平坦。设初始的收入为 E_0 点对应的 $Y_0 < Y_f$。为增加就业，政府采取扩张性财政政策，导致 IS 曲线向右移动到 IS'，与 LM 曲线相交于点 E_1。国民收入暂时提高到 Y_1，利率也提高。收入提高，引起净出口减少；国内利率提高，引起净资本流出减少。鉴于 E_1 点位于 BP 曲线的右下方，意味着净资本流出额的减少量较小，不足以抵消净出口的减少，造成国际收支逆差。外汇供不应求，汇率有一种上升的压力。为了维持固定汇率，央行出售外汇，从而使国内货币供给减少，LM 曲线左移到 LM'。最终，在 E_2 点，实现国内外的同时均衡，收入从 Y_0 增加到 Y_2，利率也有所提高。

使汇率上升，净出口增加，使得 IS' 曲线向右上方移动到 IS"，BP 曲线向右下方移动到 BP'，最后在 E_2 点，IS、LM 与 BP 等三条曲线重新相交。扩张性财政政策使收入从 Y_0 增加到 Y_2。

可见，在固定汇率制度下，当资本有限流动时，财政政策调节国民收入也是有效的。

（3）资本完全不流动时的财政政策效果

资本不能流动时，固定汇率制度下的财政政策对收入没有影响，如图 8-22 所示。

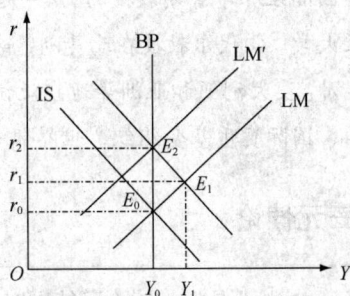

图 8-22　固定汇率制度下资本完全不流动时的财政政策效果

在图 8-22 中，设初始的收入为 E_0 点对应的 $Y_0<Y_f$。为增加就业，政府采取扩张性财政政策，IS 曲线向右移动到 IS′，与 LM 曲线相交于 E_1。国民收入暂时增加到 Y_1，利率也提高。收入增加，引起净出口减少；国内利率提高，引起净资本流出减少。鉴于 E_1 点位于 BP 曲线的右边，意味着净资本流出额的减少量较小，不足以抵消净出口减少，造成国际收支逆差。外汇供不应求，汇率有一种向上的压力。为了维持固定汇率，央行出售外汇，从而使国内货币供给减少，LM 曲线左移到 LM′。最终，在 E_2 点，实现国内外同时均衡。与初始状态相比较，扩张性财政政策利率有所提高，但收入不变。可见，资本不能流动时，固定汇率制度下的财政政策无效。

（三）结论

（1）无论资本是否流动，在浮动汇率制度下，货币政策都有效；在固定汇率制度下，货币政策都无效，不能影响就业与收入。

（2）在浮动汇率制度下，资本能完全流动时，财政政策无效；而资本不能流动或者有限流动时，财政政策有效。在固定汇率制度下，正好相反：资本不能流动时，财政政策无效；资本有限流动或者完全流动时，财政政策有效。

经济学家简介

罗伯特·蒙代尔与马库斯·弗莱明

蒙代尔（Robert A. Mundell）1932年10月出生于加拿大安大略省，1999年诺贝尔经济学奖获得者，"最优货币区理论"的奠基人，被誉为"欧元之父"。罗伯特·蒙代尔曾就读于英属哥伦比亚大学和伦敦经济学院，于麻省理工学院（MIT）获得哲学博士学位。在1961年任职于国际货币基金组织（IMF）前，曾在斯坦福大学和约翰霍普金斯大学高级国际研究院 Bologna（意大利）中心任教。1966—1971年，他是芝加哥大学的经济学教授和《政治经济期刊》的编辑；他还是瑞士日内瓦的国际研究研究生院的国际经济学暑期教授。1974年起执教于哥伦比亚大学。蒙代尔教授在北美洲、南美洲、欧洲、非洲、澳大利亚和亚洲等地广泛讲学。他是联合国、国际货币基金组织、世界银行、加拿大政府、拉丁美洲和欧洲的一些国家、联邦储备委员会和美国财政部等许多国际机构和组织的顾问。1999年参与创建了世界经理人集团，2002年起担任世界品牌实验室（World Brand Lab）主席，2006年起参与创建以他自己名字命名的《蒙代尔杂志》（The Mundell）。蒙代尔教授对经济学的伟大贡献：一是开放条件下宏观稳定政策的理论蒙代尔-弗莱明模型；二是最优货币区域理论。

马库斯·弗莱明（John Marcus Fleming，1911—1976年）是国际货币基金组织的经济学家，与蒙代尔同期发展了蒙代尔-弗莱明模型，于1976年去世。诺贝尔奖不会在死后补发，故弗莱明未能获得。蒙代尔-弗莱明模型现今是国际经济分析中的标准模型。

四、三元悖论

"三元悖论"是指一国不可能同时实现货币政策的独立性、汇率稳定与国际资本自由流动三大金融目标，顶多只能同时实现两大目标。货币政策的独立性是指，一国具有使用货币政策影响其就业与收入的能力；汇率的稳定是指一国汇率应保持相对稳定的状态，以稳定本国的宏观经济运行，促进对外贸易的发展；资本的完全流动性即开放本国的资本市场，使本国资本与外国资本可以自由进出，不受限制。

"三元悖论"是由美国著名经济学家，2008 年的诺贝尔经济学奖获得者保罗·克鲁格曼明确提出并详细阐述的。克鲁格曼认为："世界各大洲都会从下列三种汇率制度中选择其一，这三种制度都有严重的缺陷。他们可以选择一个独立的货币政策，而让汇率自行波动，这样，他们就可以对付经济衰退；他们可以选择固定汇率制度，让市场相信它绝对不会贬值，这会令商业活动简单而安全，但会将货币政策的矛盾带回来。他们还可以选择可调整的盯住汇率制度，即在稳定汇率时保留调整的权力。为此，他们需要限制资本的流动，这点很难做到，而且会给商业活动带来额外的成本。同时，像限制任何有利可图的交易一样，这种限制是腐败的温床。一般来说，宏观经济管理者们有三个目标。他们需要灵活的货币政策以应对衰退与通货膨胀的威胁；他们需要稳定的汇率使商业活动不至于面对太多的不确定性；他们还需要让国际商业活动自由进行，特别是让人们自由地买卖外汇，以维持私有经济的精髓。但是，各国不可能同时达到上述三个目标，他们最多可以达到两个目标。他们可以放弃汇率稳定，这意味着像阿根廷那样放弃固定汇率，甚至像欧洲那样取消本国货币；或者他们可以放弃完全的自由市场原则，实行资本管制，这是大多数国家在 20 世纪 40 年代或 60 年代的做法，也是现在中国和马来西亚的做法。"[1]

"三元悖论"也叫"克鲁格曼不可能三角"，简称"克鲁格曼三角"，如图 8-23 所示。

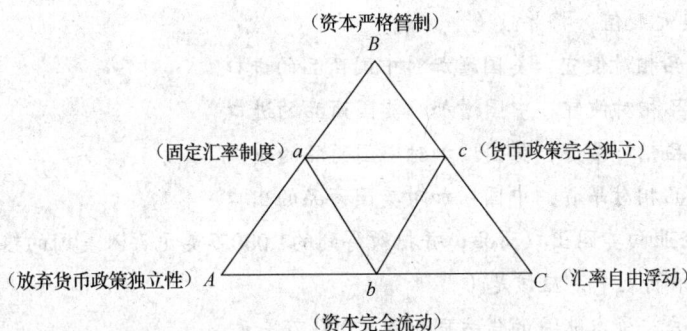

图 8-23　三元悖论或克鲁格曼三角

在图 8-23 中，大三角形 ABC 划分成 Aab、aBc、bcC 与 abc 等 4 个小三角形。其中第 4 个小三角形 abc 就是所谓的"克鲁格曼三角"，不成立。该三角形的三个顶点不兼容，必须三选二：在资本完全流动条件下，要实行固定汇率制度，该国的货币政策就不可能完全独立。反之，要获得货币政策的独立性，就必须放弃固定汇率制。如果在实行固定汇率制的同时，想拥有货币政策的独立性，就必须实行严格的资本管制。其他三个小三角形，即 Aab、aBc、bcC 的三个顶点都兼容，因而都成立。

在货币政策的独立性、汇率稳定与国际资本自由流动等三大金融目标中，究竟哪一个更为重要？如果放弃资本流动，将退回到闭关锁国的封闭经济体系，不利于经济增长。如果放弃汇率稳定性，对于任何国家来说都是一场灾难。"两害相较取其轻"，只有放弃独立的货币政策比较可行。

---

[1] 保罗·克鲁格曼.萧条经济学的回归. 北京：中国人民大学出版社，1999.

放弃独立的货币政策也就是向单一的区域货币或世界货币过渡。于是，在贸易全球化的同时，人们开始越来越多地考虑金融全球化。如果货币统一了，就不存在固定汇率、浮动汇率和资本管制的各种弊病了。

斯蒂格里茨曾经作过一个比喻：小型开放经济就如同在狂风大浪中的小船一样，不论驾驶船的技术怎么样，虽然不知道船在什么时候被倾覆，但是，毫无疑问，船最终会被大浪打翻。在货币市场上可以非常明显地观察到经济规模对稳定性的重要影响。经济规模越大，投机炒作的风险就越小。统一货币的最大的好处就是让渡部分货币主权，换取金融体制的稳定，以防范和化解金融危机。

统一货币还可以提高货币体系的透明性和稳定性。由于统一货币区内各国都放弃了独立的货币政策，不存在某个国家突然增发货币的可能性，从而大大提高了民众对货币政策的信任度。统一货币能够进一步发挥市场机制的作用，节约信息成本和交易成本，促进商品、资本、人员的流动，使得资源配置更加合理化。统一货币可以减少内部摩擦，促进投资，提高国际竞争力。

练习题

一、单项选择题

1. 在外汇市场中，下列哪一方是美元的需求者？（   ）
   A. 进口日本商品的美国人　　　　　　B. 到日本旅游的美国人
   C. 向美国提供慈善性捐款的日本人　　D. 获得美国公司股息的日本人

2. 人民币对美元贬值，将导致（   ）。
   A. 中国商品相对便宜，美国增加对中国商品的进口
   B. 中国商品相对便宜，中国增加对美国商品的进口
   C. 中国商品相对昂贵，美国增加对中国商品的出口
   D. 中国商品相对昂贵，中国增加对美国商品的出口

3. 一家英国企业向美国出口商品，并把所得到的1 000万美元存入美国的银行。这笔交易反映在英国的国际收支平衡表中，应该是（   ）。
   A. 经常账户、资本账户的借方同记入1 000万美元
   B. 经常账户、资本账户的贷方同记入1 000万美元
   C. 经常账户的借方记入1 000万美元，资本账户的贷方记入1 000万美元
   D. 经常账户的贷方记入1 000万美元，资本账户的借方记入1 000万美元

4. 国际收支平衡表中经常项目账户的顺差意味着（   ）。
   A. 出口大于进口　　　　　　　　　B. 出口小于进口
   C. 出口的减少大于进口的减少　　　D. 出口的增加小于进口增加

5. 国际收支失衡意味着（   ）。
   A. 国际收支平衡表的借方、贷方余额不等
   B. 经常账户和资本账户的余额不等
   C. 商品与劳务的进口额不等于出口额
   D. 资本的流出额和流入额不等

6. 一国出现国际收支逆差，将导致（   ）。

A. 该国的黄金、外汇储备减少   B. 该国货币贬值

C. 该国的国内产出水平下降   D. 以上各项均正确

7. 决定国际间资本流动的主要因素是各国的（   ）。

     A. 居民的收入水平   B. 利率水平

     C. 商品和服务的价格水平   D. 商品与服务的进出口差额

8. BP曲线是描述一国国际收支平衡时，（   ）之间关系的曲线。

     A. 国民收入水平与利率水平   B. 国民收入水平与价格水平

     C. 国民收入水平与净出口额   D. 国民收入水平与国际收支差额

9. 在浮动汇率制和资本完全流动条件下，（   ）。

     A. 财政政策和货币政策都无效   B. 财政政策和货币政策都有效

     C. 财政政策有效而货币政策无效   D. 财政政策无效而货币政策有效

10. 如果一国货币贬值，BP曲线将会发生怎样的变动？（   ）

     A. 均衡点沿BP曲线移动   B. BP曲线变得更平坦

     C. BP曲线向右方移动   D. BP曲线向左方移动

11. 与封闭经济相比，在开放经济中，财政政策的作用将（   ）。

     A. 变大，因为总需求方加入净出口后使支出乘数增大

     B. 变小，因为总需求方加入净出口后使支出乘数变小

     C. 不变，因为总需求方加入净出口后对支出乘数并没有影响

     D. 不能确定两者的关系

12. 在固定汇率制和资本完全流动条件下，（   ）。

     A. 财政政策和货币政策都无效   B. 财政政策和货币政策都有效

     C. 财政政策有效而货币政策无效   D. 财政政策无效而货币政策有效

13. 一国政府采取紧缩性的财政政策和货币政策后，对本国的国内外均衡会产生一定的影响。下列所述的哪一项影响不可能出现？（   ）

     A. 国内失业率上升   B. 国际收支状况恶化

     C. 资本外流减少   D. 国内投资减少

14. 如果一国经济开始处于国内外同时均衡状况。现在出口额大幅度提高，可能出现下列哪一种情况？（   ）

     A. 出现过度需求，引起国内通货膨胀

     B. 本国产品价格下降，有利于提高同类商品的国际竞争能力

     C. 商品供给将增加，总产出水平提高

     D. 商品进口增加，国际收支恢复平衡

15. 国内失业与国际收支逆差并存时，最适宜采用下列哪项宏观调节政策？（   ）

     A. 增加政府的财政支出   B. 扩大货币供应总量

     C. 降低税率   D. 降低汇率，使货币贬值

16. 通货膨胀和国际收支逆差并存时，应采用下列哪种政策组合调节？（   ）

     A. 紧缩国内支出，本币升值   B. 扩张国内支出，本币贬值

     C. 扩张国内支出，本币升值   D. 紧缩国内支出，本币贬值

二、名词解释

1. 汇率　2. 直接标价法　3. 间接标价法　4. 实际汇率　5. 购买力平价　6. 国际收支　7. 国际收支平衡表　8. 经常账户　9. 资本与金融账户　10. BP曲线　11. 固定汇率制度　12. 浮动汇率制度

三、简答题

1. 汇率是如何决定的？影响汇率变动的因素有哪些？

2. 汇率变动对经济的影响是什么？

3. 国际收支平衡表为什么总是平衡的？既然国际收支平衡表总是平衡的，又为什么还存在国际收支顺差和逆差？

4. 阐述造成国际收支不平衡的主要因素。

5. 说明国际收支曲线（即BP曲线）的推导过程。

四、论述题

1. 在市场经济中，国际收支是如何自动调整的？

2. 试述浮动汇率制度下的财政政策和货币政策效应。

3. 试述固定汇率制度下的财政政策和货币政策效应。

4. 当一国经济既处于失业又有国际收支逆差时，应当采取什么样的政策措施？

五、计算题

1. 假设某国的宏观经济模型为：

$$\begin{cases} Y = C+I+G+(X-M) \\ C = 50+0.8Y_d \\ I = 20 \\ G = 30 \\ TR = 25 \\ T = 25+0.25Y \\ X = 30 \\ M = 10+0.1Y \end{cases}$$

求该国的均衡产出与贸易赤字（或盈余）。

2. 已知某国的宏观经济模型为：

$$\begin{cases} Y = C+I+X-M \\ C = 50+0.75Y_d \\ I = 50 \\ X = 100 \\ M = 40+0.25Y \end{cases}$$

设充分就业时的收入 $Y_f = 400$。在不考虑资本流动和汇率变动的情况下，求：

（1）出口乘数；

（2）产品市场均衡的产出水平及贸易收支；

（3）使贸易收支均衡的产出水平；

（4）实现充分就业时的贸易收支。

六、案例分析题

1. 2015年8月11日，央行发布了《关于完善人民币兑美元汇率中间价报价的声明》，人民币兑美元汇率中间价依据上一交易日的外汇市场收盘汇率而定。人民币兑美元汇率应声而跌。自2005年7月人民币汇率制度改革以来，我国经历了长达10年的人民币单向升值，人民币兑换美元升值了30%以上。汇率作为调节国际贸易的重要杠杆，对一国贸易收支、资本流入流出、物价水平等都起到了十分重要的作用。人民币持续升值的压力来自于外部失衡、日益扩大的贸易顺差。美国作为全球最大的贸易逆差国，面临居高不下的财政赤字、次贷危机后的高失业率，迫切需要寻求解决途径，频频施压人民币升值。货币升值并不一定能抑制出口。理论上，一国货币升值会削弱该国出口商品以外币计价的价格竞争优势，不利于该国商品出口，有助于进口，从而改善贸易逆差国的收支平衡。然而据华尔街见闻报道，"安倍经济学"推行超级宽松货币政策，2012年至2014年间，日元对美元的贬值幅度高达16%。2014年，日本贸易逆差创历史最高纪录。1994年至2015年间，人民币有效汇率总体处于单边升值态势，而我国外贸出口仅受次贷危机影响2009年快速回落外，其他年份均保持了持续增长。据海关总署公布的数据显示，2015年上半年我国进出口总额11.53万亿元人民币，同比下降6.9%。其中，进口4.96万亿元，下降15.5%；出口6.57万亿元，增长0.9%。贸易顺差1.61万亿元，扩大1.5倍。

在全球经济疲软的今天，国际贸易冲突不断，人民币升值的压力依然存在。国外政客、媒体指责我国操作人民币汇率获得全球市场竞争优势，导致了他们的贸易逆差。目前无论是学术界，还是大国经验，都未能就汇率变动对外贸出口的影响作出一致结论。

（资料来源：甘星，印赞. 人民币有效汇率变动对我国出口贸易影响的研究. 宏观经济学研究，2016（3）.）

问题：一国汇率变动对其进出口、资本流出流入和国民收入产生哪些影响？我国经历了长达10年的人民币单向升值，但人民币升值并没有显著地抑制我国出口贸易，请分析其原因何在？

2. 2009年中国通过非常时期的超常规政策率先走出危机。这是一个标志性窗口：首先从中国经济走势的大周期背景来看，2010年将开启新一轮经济上升周期；其次从宏观经济政策的调整与转换来看，2010年将由危机应对全面进入复苏管理。因此，"后危机时代"的核心主题应包括两个层次：短期内继续稳固经济复苏的基础，从而顺利完成政策退出，从非常状态下的非常政策，平稳过渡到正常状态下的正常政策；长期内完成经济增长的动力转换，着力于结构调整和发展方式转变，从而努力延长经济上升周期，实现可持续复苏。所谓"后危机时代"，是指全球金融市场估值已经恢复到雷曼破产前的水平，全球金融机构的"资产负债表"已基本修复，金融市场活动日趋活跃。正是从这个角度讲，金融危机中的这股"雷曼冲击波"开始平息，全球经济最坏的情况也已过去。

从国际层面看，虽然全球经济再次陷入危机和衰退的可能性不大，但是长期内的复苏管理却依然面临诸多挑战，其中特别表现在：显著的"无就业的复苏"的特征和主权债务危机风险上升。许多国家的经济复苏出现了一种新特征即"无就业的复苏"。一定程度上，全球经济复苏是各国政府大规模刺激政策催化的结果，复苏的根本策动力表现在政府而非市场层面。经济学理论与实证研究表明政府主导的投资无法充分反映劳动力市场的供给与需求状况，很容易出现资源错配，导致无就业的增长。目前欧洲和美国的失业率均保持在10%以上的高位水平，而中国的所谓"城镇登记失业率"也不能客观反映劳动力市场的真实情况。从这个意义上讲，未来的复苏管理必须将政府主导的经济复苏转化为市场主导的可持续复苏，努力扩大就业，这是中国和全球共同面对的挑战。最后，主权债务危机的风险和不确定性上升。此次全球危机应对的一个重要后果就是政府债务高筑，赤字飙升，许多国家已经达到警界水平，面临着主权债务危机的风险。表面上，金融市场的"资产负债表"经历"去杠杆化"普遍得到了修复，银行、企业和居民的杠杆率都有所降低，但是政府的杠杆率却大幅上升，负债规模不断膨胀，这表明民间的部分杠杆转移到了政府那里。在这种情景下，主权债务危机和货币危机有可能会是金融危机的延续，这种潜在的风险目前看来虽然不大，但其不确定性却在上升。

从国内层面看，虽然中国的复苏动力强劲，经济下行的风险不断弱化，但经济上行的各种挑战却不断出现，特别表现在资产泡沫及产能过剩。首先，2009年前三个季度，M2增长率接近30%，为1997年以来的历史高位。虽然由于农产品丰收和出口库存的抵消作用，CPI没有出现大幅上扬，但考虑到货币供给量的滞后效应，通胀压力不能忽视；其次，2009年以来，中国的资产价格，尤其是房地产价格出现大幅度上升，未来资产泡沫的风险不断加剧；最后，在危机应对过程中，在政府高投资的带动下，一些行业的产能过剩问题不断出现。

总之，进入"后危机时代"的中国宏观经济政策既要着眼于全球，也要着眼于长期，通过各种平衡政策推动中国经济的可持续复苏。

（资料来源：巴曙松. 就业率和赤字挑战经济复苏，通胀不能忽视. 新京报，2010-3-24. ）

问题：实现一国的内在均衡和外在均衡的主要政策工具有哪些？结合案例资料分析，"后危机时代"我国实现内在均衡和外在均衡的主要目标是什么，应采取哪些宏观政策工具实现这些目标？

第三章到第八章分析了短期国民收入的决定与变动。本章分析国民收入的长期增长。任何国家的收入增长轨迹，都不是线性的，而是波浪式推进或螺旋式上升的，即国民收入的增长具有波动性或周期性。本章首先阐述经济波动的含义、原因与机制；接着阐释经济增长的特征、决定因素与保持经济均衡增长的条件。

第一节 经济周期

从长期来看，各国收入的变动都具有波动性或周期性。在前面各章有关国民收入决定与变动的分析中，无论是充分就业，还是低于充分就业，均衡的国民收入都被假定为相当稳定。即使有所变动，也不具有波动的性质。因此，为了说明实际国民收入变动具有的周期波动性，必须超越收入决定理论，另辟蹊径，建立收入波动理论或经济周期理论。

一、经济周期概述

在具体阐释国民收入波动的机制之前，有必要先了解经济周期的涵义、阶段、种类与原因。

（一）经济周期的涵义

经济周期（又称商业周期或商业循环），是指经济活动沿着经济发展的总体趋势所经历的有规律的扩张与收缩。美国经济学家 W·米契尔和 A·伯恩斯给经济周期下了一个比较完整的定义："经济周期主要是按照商业企业来组织经济活动的国家的总体经济活动中出现的一种波动。一个周期由几乎同时在许多经济活动中发生的扩张，随之而来的同样普遍的衰退、收缩和与下一个周期的扩张阶段相连的复苏组成，这种变化反复出现，但并不是定时的；经济周期的持续时间在一年以上到10年或12年。它们不再分为具有接近自己的振幅的类似特征的更短周期"[①]。

从以上定义看出，要正确理解经济周期应注意以下两点。

（1）经济周期是现代市场经济国家在经济运行中不可避免的波动。经济周期的主体必须是基本上按商业企业来组织经济活动的国家。这种国家主要是指现代资本主义国家，只要是属于这种类型的国家，其经济的周期性波动就不可避免。从历史来看，经济周期也都是发生在这些国家。

（2）经济波动是一国经济的全面整体波动，而不是某个或几个生产部门或某个或几个地区经济所产生的局部波动。正是由于这种经济的整体波动，才引起诸如国民收入水平、就业水平、价格、利率、进出口等多种宏观经济变量的波动。

（二）经济周期各阶段的特征

一个经济周期可分为两个大的阶段：扩张阶段与收缩阶段，收缩阶段常常短于扩张阶段。扩张

---

① Mitchell, W.C. and Burns, A.F. 1938. Statistical Indicators of Cyclical Revivals, NBER; reprinted in W. C. Mitchell and A.F. Burns 1961, Business Cycle Indicators, Vol. 1, NBER, pp. 162—83.

阶段由复苏、繁荣组成；收缩阶段由衰退、萧条组成。其中繁荣、萧条是经济周期的两个主要阶段，衰退和复苏是两个过渡阶段，如图9-1所示。

在图9-1中，纵轴代表实际的与潜在的国民收入增长率，横轴 t 代表时间（年份）。实际国民收入增长率（$\dot{Y}$）围绕潜在国民收入增长率（$\dot{Y}_f$）波动。A 为顶峰，$A\text{-}B$ 为衰退，$B\text{-}C$ 为萧条，C 为谷底，$C\text{-}D$ 为复苏，$D\text{-}E$ 为繁荣，E 为顶峰。$A\text{-}E$ 即为一个周期，$A\text{-}C$ 就是收缩阶段；$C\text{-}E$ 就是扩张阶段。

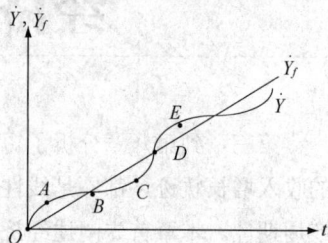

图9-1 经济周期的阶段

繁荣阶段是国民收入与经济活动总量高于正常水平的一个阶段。其特征是生产与投资迅速增加、信用扩张、物价水平上升、就业增加，公众对未来持乐观态度。繁荣的最高点称为顶峰，这时就业与产量达到最高水平。一旦总需求小于总供给，商品与股票的价格就开始下降，存货水平提高，公众的情绪由乐观转为悲观，繁荣开始转向衰退。

在衰退阶段，经济继续下行。一旦经济总量衰退到低于正常水平，便进入萧条阶段。

萧条阶段是国民收入与经济活动总量低于正常水平的一个阶段。其特征为投资减少、产品滞销、价格下跌、企业利润减少、信用紧缩、生产减少、失业增加，公众对未来持悲观态度。萧条的最低点称为谷底，这时就业与产量跌至最低。最后，当各企业存货与多余的产能去尽以后，随着生产的连续进行与固定资产的不断损耗，用于补偿固定资产的新投资就会出现，社会总需求又会逐渐增加，商品与股票价格开始回升，企业投资与生产随之增加，就业也相应增加，公众的情绪由悲观转为乐观，萧条开始转向复苏。

在复苏阶段，经济继续上行。一旦经济总量上升到高于正常水平，便进入繁荣阶段，开始新的周期。

（三）经济周期的种类

按照一个经济周期持续的时间长短，可将经济周期划分为长期、中期、短期三种类型。

长周期又称康德拉耶夫周期。俄国的经济学家康德拉耶夫在1975年发表的《经济生活中的长期波动》一文中首次提出他的"长波理论"。他认为"在资本主义经济中存在着平均长约50年的长期波动"。他把18世纪80年代末到1920年的这一时期划分为三个长波。第一个长波：18世纪80年代末或1790年到1844—1851年；第二个长波：从1844—1851年到1890—1896年；第三个长波：从1890—1896年到1914—1920年。

此外，他还得出了关于经济周期的5点结论。

（1）各个长波的上升、下降阶段中都存在着繁荣与萧条的交替，但上升阶段中繁荣年份较多，而下降阶段中萧条年份较多。

（2）在长周期的衰退期间，农业往往会出现较长时间的萧条。

（3）在长周期的衰退中往往有许多重大的发明，但这些重大的发明在下一个长期高涨开始时才能得到大规模的应用。

（4）在长周期繁荣开始时，通常有黄金产量的增长，世界市场有所扩大。

（5）在长周期上升时期会发生战争与革命。

中周期又称朱格拉周期。1860年法国经济学家朱格拉在其发表的《论法国、英国和美国的商业危机及其发生周期》一书中首先提出中周期理论。他摒弃了以往认为经济危机是由外生因素（诸如战争、干旱等）造成的观点，首次提出了经济本身具有周期性的思想。朱格拉周期一般为9~10年。

短周期又称基钦周期，由英国经济学家基钦提出。基钦认为经济周期实际上有大小两种周期。其中小周期平均为 40 个月左右，而一个大周期（相当于朱格拉周期）通常包括 2～3 个小周期。这种小周期被称为短周期。

此外，库茨涅茨认为在经济中存在 15～20 年的长期波动，这种波动在美国的许多经济活动中，尤其是建筑业中特别明显，所以又称为"建筑业周期"。

（四）经济周期形成的原因

经济周期形成的原因，不外乎有外生和内生以及外生、内生相结合这三种原因。外生经济周期理论用经济体系之外的、不受经济活动影响的、偶然的因素来解释经济周期，如太阳黑子理论、创新理论、政治周期理论等。内生经济周期理论则用经济体系之内的因素来解释经济周期，如消费不足论、投资过度论、货币信用过度论等。很多经济学家认为，经济周期是由内外两种因素的共同作用引起的，就像摇篮的摆动一样。下面阐述的乘数与加速数模型就是这一理论的代表。

二、熊比特的创新经济周期理论

（一）创新的含义

创新理论是奥地利经济学家熊彼特在 1912 年出版的《经济发展理论》一书中提出的。熊彼特认为，企业家的经济创新活动是经济周期性波动的根源。

所谓创新，是指新的生产函数的建立或企业家对生产要素的新的组合，包括引进新产品或提高产品的质量、采用新的生产方法或技术、开辟新市场、获得原材料新的供给来源、实行新的企业组织形式，例如，建立一种垄断地位或打破一种垄断地位。创新是一个经济学概念，它与专利中的新发明、新创造不同：一种新发明只有被应用于经济活动时，才成为创新。发明家也不一定是创新者，只有将新发明运用到经济活动中去的企业家才是创新者。熊彼特用创新来解释经济和社会的发展，将创新看作是社会进步的原动力，也是经济周期的根源。熊彼特认为经济周期性波动是由创新引起的旧均衡向新均衡的过渡。社会进步和经济发展就是通过一个均衡向另一个更高的均衡不断跃升来实现的。经济中的周期性波动是经济发展中的正常情况，而不是什么"病态"。

（二）创新引起的第一次浪潮

熊彼特首先提出经济周期的"纯模式"，解释经济周期中的繁荣和衰退的产生。创新为创新者带来经济利润（超额利润）。受利益的驱动，其他企业纷纷仿效，社会投资增加，生产资料价格上升，信贷扩张，国民收入增长，经济走向繁荣，从而形成"创新的第一次浪潮"。他特别强调了信贷在创新活动中的作用，这种作用主要表现在信贷为企业家提供了创新所需的购买力，将资源从其他领域投入创新领域。随着某种创新在全社会的普及，新产品大量增加，价格下降，该创新带来的经济利润也随之消失。由于以下两个原因，此时社会投资不仅不再增加，反而减少。

（1）创新在引起投资增加的同时，也使投资品的价格提高，未进行创新的企业将因此减少投资，甚至被淘汰出局。

（2）进行了创新的那些企业在获得了很多利润以后，由于找不到新的投资场所，也愿意偿还其债务，使银行信贷紧缩。投资的减少和信贷紧缩，必然导致经济衰退。

由于创新活动是不连续的，某次创新结束后导致的经济衰退不能被下一次创新引起的经济繁荣抵消。于是,资本主义经济就在繁荣与衰退两个阶段的交替中运行,呈现出波动的性质,即具有周期性。在创新的"纯模式"中,经济周期仅有繁荣与衰退两个阶段。实际上,资本主义经济周期包括繁荣、衰退、萧条与复苏四个阶段。为了解释经济周期的萧条与复苏阶段,熊彼特又提出了创新的第二次浪潮(1939年)。

(三)创新引起的第二次浪潮

所谓第二次浪潮,是指建立在创新引起的第一次浪潮基础之上的其他非创新生产部门的扩张:在创新普及过程中,经济逐渐高涨,不仅模仿创新的厂商会增加投资,其他厂商在乐观情绪的支配下,常常高估社会需求,也大量地增加投资。同时,消费者的乐观情绪使消费者高估未来收入,常用抵押贷款方式购买消费品。这样,社会对资本品和消费品需求的增加,必然导致物价普遍上涨,进而引起其他非创新生产部门的扩张。

虽然第二次浪潮是在第一次浪潮的基础上发生的,但这两次浪潮存在很大的差别。第一次浪潮中的新投资是与创新直接相关的。而第二次浪潮中的新投资大多与创新无直接的关系,是由第一次浪潮引起的,存在失误和过度的可能。当第一次创新浪潮消退经济走向衰退时,第二次浪潮也必然随之消退,那些失误和过度的投资大量减少,使经济走向萧条。

在萧条阶段,当第二次浪潮的不良影响被消除以后,经济会自动逐渐由低于均衡水平趋于均衡水平,进入复苏阶段。当新的创新产生时,经济又逐渐进入高涨,开始新一轮波动。

熊彼特认为,无论是两阶段的纯模式,还是四阶段的两次浪潮,其基本的动力机制和原因都是创新活动。周期的长度取决于创新的性质。大的创新影响较大,需要较长的时间;而小的创新影响较小,需要的时间也较短。大小创新并不会在时间上均匀分布,实际上,创新往往是每隔一定的时间就会成群出现。这样经济活动中就会有多种周期交错,各个周期的长度也不相同,因而也就不能对经济周期进行精确的分类,只能大致地分为长周期(其平均长度约为55年)、中周期(平均长度约为9~10年)、短周期(其平均长度约为50个月)。每个长周期中包括若干中周期,而每个中周期又包括若干小周期。

三、乘数-加速数模型

(一)乘数与加速数

投资乘数是指每增加一单位投资所增加的国民收入量。以 ΔY 表示收入的增量,ΔI 表示投资增量,则投资乘数为 $K_I = \dfrac{\Delta Y}{\Delta I} = \dfrac{1}{1-c} \Rightarrow \Delta Y = K_I \Delta I$。投资乘数表明,投资变动会带来更多的收入变动。

加速数是指资本存量与收入之间的比例,常用 v 表示。即

$$v = \frac{K}{Y} \tag{9.1}$$

加速数根源于这样一个事实,即在技术水平既定条件下,一定的产量总对应着某一最佳资本存量:生产某一特定的产量,资本量过少或过多,都不经济。如果折旧等于零,则资本存量的变动量就是投资,从而加速数就是投资量与收入变动量之间的比例:

$$v = \frac{I}{\Delta Y} \Rightarrow I = v \cdot \Delta Y \tag{9.2}$$

式（9.2）表明，一定量的收入变动将引起投资变动，即投资是收入变动量的函数。

收入变动引起投资变动的机制，可表述如下：收入增加，引起居民的消费增加，总需求随之增加。导致总需求超过总供给。厂商必然增加投资以扩大生产。即：

$$Y\uparrow \to C\uparrow \to AD\uparrow \to AD > AS \to I\uparrow$$

（二）模型的假定与收入波动的条件

汉森-萨缪尔森的乘数-加速数模型的假定有以下 4 个。

（1）为三部门经济，且税收等于零。

（2）引入时间因素，本期收入由本期消费、本期投资与本期政府购买决定。

（3）消费函数采取长期形式，且本期消费是上一期收入的函数，即

$$C_t = cY_{t-1} \tag{9.3}$$

（4）投资由自发投资与引致投资组成。引致投资由消费的变动量引起：$I = v\cdot\Delta C$。

根据以上假定，可以构建如下的乘数-加速数模型。

$$\begin{cases} Y_t = C_t + I_t + G_t \\ C_t = cY_{t-1} \\ I_t = I_0 + v\Delta C = I_0 + v(C_t - C_{t-1}) = I_0 + vc(Y_{t-1} - Y_{t-2}) \\ G_t = G_0 \end{cases}$$

求解上述模型可知，当 $c < \dfrac{4v}{(1+v)^2}$ 时，收入就会波动。波动的性质取决于消费倾向与加速数之积的大小。当 $cv > 1$、$cv = 1$、$cv < 1$ 时，收入波动分别具有发散、不变与收敛的性质[①]。

（三）对乘数-加速数模型不足的修正：收入波动的最高限与最低限

汉森-萨缪尔森的乘数-加速数模型有两点不足。

（1）收入波动中的收敛与发散，不能算是真正的经济波动。因为现实的经济波动既不发散，也不收敛。

（2）围绕均衡收入上下等距离摆动的收入波动，虽与现实的经济波动比较接近，但要求 $cv = 1$。这一条件太苛刻，几乎不能被满足。

为了完善汉森-萨谬尔森的乘数-加速数模型，英国经济学家希克斯提出了收入波动的上下限，并将它们施加到发散型模型之中。这样，即使 $cv > 1$，收入也不再发散，而能真正波动。

收入波动的上限是充分就业收入。它取决于社会的技术水平和可利用的资源数量。在既定的技术条件下，如果社会达到了充分就业，一切可利用的资源都被充分有效地利用了，收入的增长就会减慢，收入增长的绝对量就会减少。一旦收入增长的绝对量减少，根据加速原理（$I = v\cdot\Delta Y$），投资就会减少，最终引起收入下降。

经济活动的下限是指加速数停止作用时的收入。在经济收缩过程中，一旦收入下降到这样一种程度，以至于加速原理要求的引致投资减少量超过资本的折旧量或重置投资，即加速数要求总投资小于零时，加速数就不再起作用。因为企业的总投资不会小于零，正像理性的消费者不会将商品的消费量增加到边际效用小于零的程度一样。此时，总投资等于零。由于投资不再随收入的减少而减少，进而收入不再减少，收入便达到最低限。

---

① 模型的求解过程，参见本章的拓展阅读。

（四）收入波动机制

乘数原理说明一定量的投资变动会引起多倍的收入变动（$\Delta Y = K_I \Delta I$）。加速数原理说明一定量的收入变动会引起更多的投资变动（$I = v \cdot \Delta Y$）。两者结合的乘数——加速数模型可用来说明收入的周期性波动。

设初始的收入低于充分就业收入。现在若有某种外部因素作用，引起国民收入增加。根据加速原理（$I = v \cdot \Delta Y$），投资随之增加。由此产生的乘数效应（$\Delta Y = K_I \Delta I$），使收入进一步增加。于是，乘数与加速数相互作用，使收入不断增长。当收入累积性地增加到充分就业收入界限时，收入的增加速度就会下降，可能导致收入的增加量减少。一旦收入的增加量减少，加速原理便使投资减少，再通过乘数效应，引起收入减少。乘数与加速数的相互作用，使收入不断减少。当收入累积性地减少到这样一个程度，以至于按照加速原理，要求引致投资的减少量大于重置投资，即要求企业总投资小于零时，加速数便不再起作用。此时，投资不再减少，因而收入不再下降，收入便下行到最低限。

在收入最低限上，总投资等于零，不仅没有引致投资，也没有重置投资。但生产在继续，固定资本在磨损。随着生产的持续进行和资本的不断磨损，资本存量将不断减少。经过一段时间后，为了保证生产正常进行，用于固定资本更新的新投资就会出现，并通过乘数效应，引起收入增加，开始新的一轮经济波动。

第二节 | 经济增长

各国的 GDP 从长期来看，尽管都有增长的趋势，但不同国家的增长率很不相同。本节主要阐释一国 GDP 增长快慢的决定因素，以便采取有效措施，促进一国经济稳定、持续地增长。

一、经济增长的涵义与源泉

（一）经济增长的涵义

美国统计学家和经济学家西蒙·库兹涅茨在 1971 年接受诺贝尔经济学奖时所作的演说《现代经济增长：发现和反映》中，给经济增长下了经典的定义："一个国家的增长可以定义为给居民提供种类繁多的经济产品的能力长期上升，这种不断增长的能力是建立在技术进步以及所需制度和思想意识相应调整的基础上的。"经济增长的这一定义包含三种含义。

（1）经济增长就是实际国内生产总值的增加。如果考虑到人口增加，经济增长就是人均实际国内生产总值的增加。

（2）技术进步是实现经济增长的必要条件。在影响经济增长的诸多因素中，技术进步是最重要的。经济增长的历史本质上就是技术进步的历史。

（3）社会制度与意识形态的调整或变革是经济增长的充分条件。一方面，只有在社会制度与意识形态的调整基础上，技术才能极大地进步，即社会制度与思想意识形态的变革是经济快速增长的前提。例如，私有产权的确立是经济增长的起点和基础；另一方面，社会制度的完善会降低交易费用，促进交换与分工的发展，进而促进经济增长。

（二）经济增长的源泉

如用 Q 代表实际国内生产总值或社会总产量，A 代表技术，L 代表劳动，K 代表资本，R 代表

自然资源，则总量生产函数为

$$Q = Af(L, K, R) \tag{9.4}$$

由总量生产函数可以看出，在社会制度和思想意识形态既定条件下，经济增长的源泉是劳动素质的提高或人力资本的积累、自然条件的改良、资本积累与技术进步。

劳动力的数量与质量是决定一国经济增长的重要因素。劳动力的质量或素质表现为劳动者所掌握的知识水平、生产技能、健康状况与纪律性，是决定一国经济增长最重要的因素。提高劳动者的知识水平与生产技能，增强他们的身体素质与纪律意识，将极大地提高劳动生产率。一般来说，在经济增长的开始阶段，人口增长率较高，这时，经济增长主要依靠劳动力数量的增加。当经济增长到一定阶段，人口增长率会下降，劳动时间也逐渐缩短。这时，就要通过提高劳动力质量或增加人力资本积累促进经济增长。

自然资源也是影响一国经济增长的重要因素。一些国家，如加拿大、挪威与澳大利亚等国家，就是凭借其丰富的自然资源，在农业、渔业和林业等方面获得高产而发展起来的。但在当今世界上，自然资源的拥有量并不是取得成功的必要条件。许多几乎没有自然资源可言的国家，如日本，通过大力发展劳动密集型与资本密集型的产业而获得经济发展。

物质资本积累是经济增长的基础。英国古典经济学家亚当·斯密曾把资本增加作为国民财富增加的源泉。现代经济学家认为，只有人均资本量的增加，才有人均产量的提高。许多经济学家都把资本积累占 GDP 的 10%～15%作为经济起飞的先决条件，把增加资本积累作为实现经济增长的前提。西方各国经济增长的历史表明，储蓄多从而资本积累多的国家，经济增长率往往比较高，如德国、日本等。

技术进步在经济增长中的作用主要体现为生产效率的提高，使得同样的生产要素投入量能提供更多的产品。随着 K、L、R 投入的增加，产出虽然也增加，但由于其 MP 递减，经济增长的速度会日益减慢。而技术水平的提高，可以延缓边际报酬的递减，使一国的经济快速增长。因此，技术进步在经济增长中起着十分重要的作用。据罗伯特·默顿·索洛（Robert Merton Solow）估算，在1909—1940 年间，美国 2.9%的年均经济增长率中，由技术进步引起的增长率为 1.49%，即技术进步在美国那个时期的经济增长中所做出的贡献占 51%左右。

技术进步包括资源配置的改善、规模经济和知识的进展。资源配置的改善主要指人力资源的改善，即劳动力从低生产率部门转移到高生产率部门，包括农业劳动力转移到工业中，以及独立经营者与小企业中的劳动力转移到大企业中去。劳动力的这种转移，提高了生产率。企业规模的扩大，由于能采用新技术、先进的设备和生产方法而提高了生产率。尤其在一些工业部门（如汽车、机械、冶金等行业），这种规模经济的效果特别明显。知识的进展是技术进步中最重要的内容。据美国经济学家 E·丹尼森的估算，技术进步引起的生产率的提高有 60%左右要归功于知识的进展。知识进展包括科学技术的发展及其在生产中的应用、新工艺的发明与采用，等等。特别应该强调的是，知识进展不仅应包括自然科学与技术科学的发展，而且包括管理科学的进展。管理科学的发展、新的管理方法的应用，在经济增长中起了重要的作用。

上述分析隐含着社会现存的政治经济制度和思想意识形态符合经济增长要求的假定。若不具备这一假设条件，那么，社会政治经济制度和思想意识形态的相应调整，对促进经济增长具有十分重要的作用。一个社会只有在拥有一套能促进经济增长的基本制度保障之后，上述影响经济增长的因素才能充分发挥作用。"二战"后许多发展中国家经济发展缓慢的原因，关键并不是缺乏资本、劳动或技术，而是没有改变他们落后的制度和思想意识形态。

二、经济增长率的分解与索洛剩余

假定社会只用劳动与资本两种要素从事生产，则总量生产函数为

$$Q_t = A_t f(L_t, K_t) \tag{9.5}$$

在式（9.5）中，Q_t 代表 t 期的总产量，A_t、L_t 与 K_t 分别代表 t 期的技术水平、劳动投入量与资本投入量。对总产量求时间 t 的导数，可得：

$$\frac{dQ_t}{dt} = \frac{f(L_t, K_t)dA_t}{dt} + \frac{A_t \partial f(L_t, K_t)}{\partial L_t} \cdot \frac{dL_t}{dt} + \frac{A_t \partial f(L_t, K_t)}{\partial K_t} \cdot \frac{dK_t}{dt} \tag{9.6}$$

式（9.6）除以式（9.5），且令 $\alpha = \frac{\partial Q_t}{\partial L_t} \cdot \frac{L_t}{Q_t}$，表示产出的劳动弹性；$\beta = \frac{\partial Q_t}{\partial K_t} \cdot \frac{K_t}{Q_t}$，表示产出的资本弹性，可得：

$$\frac{dQ_t}{dt} \cdot \frac{1}{Q_t} = \frac{dA_t}{dt} \cdot \frac{1}{A_t} + \alpha \frac{dL_t}{dt} \cdot \frac{1}{L_t} + \beta \frac{dK_t}{dt} \cdot \frac{1}{K_t} \tag{9.7}$$

在式（9.7）中，$\alpha \frac{dL_t}{dt} \cdot \frac{1}{L_t}$ 表示劳动投入增长率对产出增长率的贡献，$\beta \frac{dK_t}{dt} \cdot \frac{1}{K_t}$ 表示资本投入增长率对产出增长率的贡献。式（9.7）表明，总产量增长率或经济增长率等于技术进步率、劳动投入增长率对产出增长率的贡献与资本投入增长率对产出增长率的贡献之和。简而言之，经济增长来源于生产要素的增长和技术进步。

如果不考虑技术进步，并假定规模报酬不变，即 $\alpha + \beta = 1$，则经济增长率就是劳动与资本增长率的加权平均值（劳动与资本在经济增长率中的权重分别为 α、β）：

$$\frac{dQ_t}{dt} \cdot \frac{1}{Q_t} = \alpha \frac{dL_t}{dt} \cdot \frac{1}{L_t} + \beta \frac{dK_t}{dt} \cdot \frac{1}{K_t} \tag{9.8}$$

例如，假定技术水平不变，产出的劳动弹性 $\alpha = 0.75$，产出的资本弹性 $\beta = 0.25$。当劳动增长 1%、资本增长 5% 时，经济增长率

$$\frac{dQ_t}{dt} \cdot \frac{1}{Q_t} = 0.75 \times 1\% + 0.25 \times 5\% = 2\% \tag{9.9}$$

在竞争市场上，厂商购买或使用生产要素的原则是边际产量等于要素的实际价格，即按照要素的边际产量支付要素报酬。因此，α、β 可分别看作是劳动与资本在社会总产量中所占的份额，即

$$\alpha = \frac{\partial Q_t}{\partial L_t} \cdot \frac{L_t}{Q_t} = \frac{MP_L \cdot L_t}{Q_t} \ ; \quad \beta = \frac{\partial Q_t}{\partial K_t} \cdot \frac{K_t}{Q_t} = \frac{MP_K \cdot K_t}{Q_t} \tag{9.10}$$

所以在竞争市场，经济增长率＝（劳动在社会总产品分配中的份额×劳动增长率）＋（资本在社会总产品分配中的份额×资本增长率）＋技术进步率。

技术进步对经济增长的贡献虽然重要，但不易测量。美国经济学家索洛认为，由于经济增长率、劳动增长率、资本增长率、产出的劳动弹性与资本弹性等指标，都可以根据经验数据估算出来，故技术进步率可以间接地测算出来：技术进步率等于总产量增长率减去劳动投入增长率与资本投入增长率对产出增长率的贡献以后剩余的部分，即

$$\frac{dA_t}{dt} \cdot \frac{1}{A_t} = \frac{dQ_t}{dt} \cdot \frac{1}{Q_t} - \alpha \frac{dL_t}{dt} \cdot \frac{1}{L_t} - \beta \frac{dK_t}{dt} \cdot \frac{1}{K_t} \tag{9.11}$$

技术进步率可以作为经济增长率的一种余量被估算出来的观点，是美国经济学家索洛最早提出的。故技术进步率常被称为"索洛剩余"或"索洛残值"。

三、哈罗德-多马经济增长模型

(一)凯恩斯收入决定理论的不足

凯恩斯收入决定理论的不足之一,在于它只强调了投资对需求的作用,而看不到投资对潜在产出或供给的影响。实际上,投资的增加,不仅会增加总需求,也会增加一国的资本存量和潜在产出。

例如,在单市场两部门收入决定模型中,如果经济原来处于充分就业收入(Y_0)状态,为了继续保持这种充分就业状态,凯恩斯认为,下一期的投资只要保持原来的水平(I_0)就行,如图 9-2 所示。

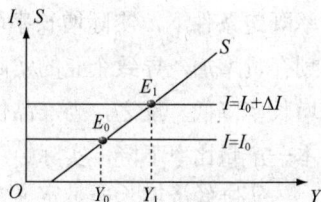

图 9-2　凯恩斯收入决定理论的不足

但这一结论在长期就显得不正确。从长期看,本期投资(I_0)会增加下一期的资本存量,从而扩大下一期的生产能力,增加下一期的潜在产出,提高下一期的充分就业收入水平(Y_1)。此时,如果投资仍然保持从前的水平(I_0)不变,则它与储蓄曲线的交点 E_0 决定的收入不再是充分就业收入,而是低于充分就业收入(Y_1)。因此,为了在长期保持充分就业收入状态,投资水平不能不变,而必须增加。那么,投资按什么样的速度增加才能达到长期充分就业状态呢?哈罗德-多马经济增长模型试图回答这个问题。

英国经济学家哈罗德在 1939 年、1948 年提出的经济增长模型,同美国经济学家多马在 1946 年、1947 年提出的经济增长模型基本相同,故合称为哈罗德-多马经济增长模型。现代经济增长模型大多根源于该模型。这里仅考察哈罗德模型。

(二)哈罗德模型的假定

哈罗德模型的基本假定有以下 5 个。

(1)为单市场两部门经济,收入均衡的条件为总需求等于收入。

(2)折旧等于零,意味着 $I=\Delta K$。

(3)资本—产量比率固定不变,即:

$$v = \frac{K}{Y} \Rightarrow Y = \frac{1}{v}K \qquad (9.12)$$

式(9.12)就是哈罗德模型中的生产函数。该生产函数只有资本一种要素,撇开了劳动,意味着这是固定技术系数的生产函数,资本—劳动比率是固定不变的。否则,产出不可能仅仅是资本的函数。

$$由 Y = \frac{1}{v}K \Rightarrow \Delta Y = \frac{1}{v}\Delta K = \frac{1}{v}I,可得:\Delta Y = \frac{1}{v}I \qquad (9.13)$$

式(9.13)的含义是:本期投资会增加下一期的资本存量,进而增加潜在收入。即:

$$I = \Delta K \rightarrow K\uparrow \rightarrow Y_f\uparrow$$

(4)采用长期消费函数分析,即 $C = cY_d$。其中的 c 既是平均消费倾向,又是边际消费倾向,简称消费倾向。

(5)劳动增长率固定不变,即 $\frac{\Delta L}{L} = n$ 为常量。

(6)技术水平等其他因素不变。

(三)三种经济增长率

哈罗德模型包含实际增长率、合意增长率与自然增长率等三种经济增长率。

实际增长率是指储蓄率和实际的资本—产量比率之间的比率所决定，即：

$$G_A = \frac{s}{v} \tag{9.14}$$

在式（9.14）中，G_A 表示实际经济增长率；s 为储蓄率；v 为实际的资本—产量比率。在储蓄率既定条件下，实际增长率取决于 v。v 取决于产品的供求状况。当产品供大于求时，企业的非计划存货增加，导致企业的实际投资与资本存量增加，从而使实际的资本—产量比率过高，实际经济增长率降低。反之，当产品供不应求时，企业的计划存货减少，实际投资量降低，从而使实际的资本—产量比率下降，实际经济增长率提高。

实际经济增长率是定义性恒等式：

$$S \equiv I \Rightarrow sY \equiv v\Delta Y \Rightarrow \frac{\Delta Y}{Y} \equiv \frac{s}{v} \Rightarrow G_A \equiv \frac{s}{v} \tag{9.15}$$

因此，实际增长率本身没有多少意义，需要引入其他两种增长率。

合意增长率是指资本—产量比率合乎厂商意愿的收入增长率。合意增长率的公式为

$$G_w = \frac{s}{v_r} \tag{9.16}$$

式（9.16）中的 v_r 为合乎厂商意愿的资本—产量比率。合意增长率也常常被称为有保证的增长率。如果实际的资本—产量比率与合意的资本—产量比率相等，企业家就愿意保持现有的投资增长率，国民收入就会年复一年地按照这种增长率增长下去。于是，合意增长率就变成了有保证的增长率。

在储蓄率既定的条件下，合意增长率的高低取决于 v_r。v_r 取决于技术水平，与技术水平负相关。如果技术水平提高，则资本的生产效率随之提高，同样多的资本投入能带来更多的产量，意味着合意的资本—产量比率下降，从而在储蓄率既定的条件下，导致合意增长率上升；若技术水平降低，则资本的生产效率随之降低，同样多的资本投入带来的产量减少，使得合意的资本—产量比率上升，从而在储蓄率既定的条件下，导致合意增长率下降。

合意增长率表示，本期投资会增加下一期的资本存量，进而增加下一期的生产能力与充分就业收入。为了使下一期的收入仍然为充分就业收入，下一期的总需求或投资必须增长，而且其增长率应与潜在收入增长率相同，以吸纳新增加的生产能力，保证经济沿着充分就业轨迹增长。下面举例说明合意增长率的涵义。设初始的充分就业收入 $Y_0 = 1\,000$，$s = 15\%$，$v_r = 3$，则有

$$G_w = \frac{s}{v_r} = 5\% \tag{9.17}$$

可以这样理解式（9.17）：本期投资 $I = S = 15\% \times 1\,000 = 150$，在 $v_r = 3$ 的条件下，使下期的生产能力或潜在收入增加 50 单位：

$$\Delta Y = \frac{1}{v} I = \frac{150}{3} = 50 \tag{9.18}$$

为了使新增生产能力被充分利用，保证下期的实际收入仍然是充分就业收入，下一期的实际收入必须增加 50 单位，即增长 5%。为达到此目标，下一期的总需求必须增长 5%，从而要求投资增长 5%：

$$\Delta Y = \frac{1}{1-c}\Delta I = \frac{1}{s}\Delta I \Rightarrow \Delta I = 15\% \times 50 = 7.5 \Rightarrow \frac{\Delta I}{I} = \frac{7.5}{150} = 5\% \tag{9.19}$$

即投资增长率等于收入增长率：

$$\Delta I = s\Delta Y = s\frac{I}{v} \Rightarrow \frac{\Delta I}{I} = \frac{s}{v_r} \tag{9.20}$$

资本增长率也等于收入增长率：

$$\Delta K = v\Delta Y \Rightarrow \frac{\Delta K}{K} = \frac{v\Delta Y}{vY} = \frac{s}{v_r} \tag{9.21}$$

由于技术系数固定，从而劳动增长率也必然等于收入增长率。由于各要素投入增长率都等于产出增长率，故规模报酬不变。

自然增长率是在长期人口增长和技术进步条件下，社会所能达到的最大可持续的经济增长率。从长期看，一国的最高收入是充分就业收入。因此，一国最大的可持续增长率就取决于劳动增长率及其生产率的增长率。即：

$$G_n = \frac{s_0}{v_r} = n + a + na \approx n + a \tag{9.22}$$

式（9.22）中的 s_0 代表实现自然增长率必须的储蓄率，a 为技术进步下的劳动生产率增长率。如果技术水平不变，则自然增长率为：

$$G_n = \frac{s_0}{v_r} = n \tag{9.23}$$

式（9.23）表明，自然增长率取决于人口或劳动增长率。

（四）经济均衡增长的可能性与稳定性

哈罗德认为，在长期，经济均衡增长的条件是实际增长率、合意增长率与自然增长率相等，即：

$$G_A = G_w = G_n \tag{9.24}$$

在哈罗德模型中，经济均衡增长的可能性极小，除非是"偶然的巧合"，以致一些西方经济学家称哈罗德增长模型中的经济均衡增长轨迹是"刀刃式的"。其原因有以下两个。

首先，实际增长率取决于产品的供求状况，合意增长率取决于技术水平，自然增长率取决于人口增长率。由于三种增长率取决于各不相同且互不相关的因素，故很难相等。

其次，一旦三种增长率不相等，即经济一旦偏离均衡增长轨迹，那么实际经济增长率将远离均衡增长轨迹而去，永不回归。下面以 G_A 与 G_w 不等为例说明这一点。

若 $G_A > G_w$，在 s 既定的条件下，则 $v = \frac{I}{\Delta Y} < v_r = \frac{I}{\Delta Y}$，从而实际 I 小于意愿 I，意味着产品供不应求，为了增加产品供给，企业必然增加投资。投资的增加通过乘数与加速数的作用，使收入或经济累积性地扩张：

$$G_A > G_w \rightarrow \frac{s}{v} > \frac{s}{v_r} \rightarrow v < v_r \rightarrow \frac{I}{\Delta Y} < \frac{I}{\Delta Y} \rightarrow S < I \rightarrow I\uparrow \rightarrow Y\uparrow \rightarrow G_A\uparrow$$

反之，若 $G_A < G_w$，在 s 既定的条件下，则 $v = \frac{I}{\Delta Y} > v_r = \frac{I}{\Delta Y}$，从而实际 I 大于意愿 I，意味着产品供大于求。为了减少非计划存货，企业必然减少 I。投资的减少通过乘数与加速数的作用，使收入或经济累积性地收缩：

$$G_A < G_w \rightarrow \frac{s}{v} < \frac{s}{v_r} \rightarrow v > v_r \rightarrow \frac{I}{\Delta Y} > \frac{I}{\Delta Y} \rightarrow S > I \rightarrow I\downarrow \rightarrow Y\downarrow \rightarrow G_A\downarrow$$

如果有保证的增长率大于自然增长率，经济就会趋于长期的停滞。因为自然增长率是经济增长的上限，当 $G_w > G_n$ 时，会出现劳动力等资源供不应求，使工资上升，投资与产量减少，经济陷入萧条状态。若有保证的增长率小于自然增长率，经济会趋于长期的繁荣。因为这时劳动供大于求，使得工资降低，企业利润增加，刺激了投资和生产，从而使经济进入长期繁荣状态。

哈罗德认为，既然市场机制不足以保障资本主义经济自动地均衡增长，就必须借助国家干预的力量。例如，当 $G_A > G_W$，即产品供不应求时，政府应采取紧缩性货币政策，提高利率，减少投资，以减少总需求。即社会实际资本存量过少的解决方式是减少投资，减少总需求。

反之，当 $G_A < G_W$，即产品供大于求时，政府应采取扩张性货币政策，降低利率，增加投资，以增加总需求。即实际资本存量过多的解决方式是增加投资，增加总需求。

四、新古典经济增长模型

在哈罗德模型中，经济很难沿着充分就业轨迹均衡增长。这种结论不但被大多数的西方经济学者表示怀疑，而且不符合战后资本主义经济发展的事实。资本主义经济在战后虽然发生过几次较大的危机，但从未出现过如哈罗德所指出的那种对充分就业收入增长轨迹剧烈而持久的偏离。为了说明资本主义经济可以实现持续的稳定增长，西方经济学家提出了各种增长模型。其中最为流行的是新古典经济增长模型。新古典经济增长模型最初是美国经济学家索洛在 1956 年发表的《经济增长理论》一文中提出来的。

（一）基本假定

新古典经济增长模型的假定条件，有以下 7 个。

（1）为两部门经济，经济均衡增长的条件为 $I = S$。

（2）总量生产函数为 $Q = F(L, K)$，不存在技术进步，且 $MP_L \downarrow$，$MP_K \downarrow$。

（3）规模报酬不变。因此有：

$$F(\lambda L, \lambda K) = \lambda F(L, K) = \lambda Q \tag{9.25}$$

令 $\lambda = \dfrac{1}{L}$，可得：

$$Q = L \cdot F(1, \frac{K}{L}) \tag{9.26}$$

令 $\dfrac{K}{L} = k$，可得：

$$Q = L \cdot f(k)，或 \frac{Q}{L} = f(k) \tag{9.27}$$

式（9.27）表明，人均产量是人均资本的函数。显然，这是可变技术系数的总量生产函数。与哈罗德模型中使用的固定技术系数的生产函数不同，该生产函数中的资本—劳动比率可以变动，即资本与劳动在一定程度上可以相互替代。

（4）劳动按指数 n 增长，即 $L_t = L_0 e^{nt}$。

（5）不存在资本折旧，即 $I = \Delta K$。

（6）储蓄函数采取长期形式：$S = sY$。

（7）技术水平等其他因素不变。

（二）基本方程及其含义

新古典经济增长模型的基本方程为：

$$sf(k) = \frac{dk}{dt} + nk \tag{9.28}$$

其推导过程如下。

$$由 \frac{dK}{dt} = I_t = S_t = sQ_t = sL_t f(k) = sL_0 e^{nt} f(k)$$

$$k = \frac{K}{L_t} \Rightarrow K = kL_t \Rightarrow \frac{dK}{dt} = \frac{dk}{dt} L_t + \frac{dL_t}{dt} k = L_0 e^{nt} \frac{dk}{dt} + nL_0 e^{nt} k$$

$$得 L_0 e^{nt} \frac{dk}{dt} + nL_0 e^{nt} k = sL_0 e^{nt} f(k) \Rightarrow sf(k) = \frac{dk}{dt} + nk$$

式（9.28）即基本方程表示，一个社会由人均储蓄 $sf(k)$ 转化而来的新投资所形成的新资本分为

nk 与 $\frac{dk}{dt}$ 两部分。nk 部分用于为新增加的每个劳动力提供社会平均水平的资本量，称为"资本广化"；

另一部分 $\frac{dk}{dt}$，则用来增加人均资本拥有量，即为每个劳动力配备更多的资本品，称为"资本深化"。

也可以这样理解基本方程：在两部门经济中，社会总产品扣除消费以后，剩下的便是储蓄。储蓄转化为投资。本期投资增加的下一期的资本存量分成两部分，用于两种用途：一部分为新增加的劳动力提供社会平均水平的资本，另一部分用于增加人均资本拥有量。

（三）经济均衡增长的条件与稳定性

在新古典经济增长模型中，经济均衡增长的条件是人均储蓄量等于资本广化量，资本深化量等于零。即：

$$sf(k) = nk \tag{9.29}$$

新古典经济增长模型认为，市场机制能自动使经济均衡增长。

如果社会储蓄率较高，储蓄量较多，大于资本广化（充分就业）所需的储蓄量，资本供大于求，市场利率随之降低，厂商就会增加投资，人均资本量因而增加，资本广化量也相应上升，最终使人均储蓄量正好等于资本的广化量。即：

$$sf(k) > nk \Rightarrow \frac{dk}{dt} > 0 \rightarrow k\uparrow \rightarrow nk\uparrow \rightarrow sf(k) = nk$$

如果社会储蓄率较低，储蓄量较少，少于资本广化（充分就业）所需的储蓄量，资本供不应求，市场利率随之上升，厂商就会减少投资，人均资本量因而下降，资本广化量也相应降低，最终使人均储蓄量正好等于资本的广化量。即：

$$sf(k) < nk \Rightarrow \frac{dk}{dt} < 0 \rightarrow k\downarrow \rightarrow nk\downarrow \rightarrow sf(k) = nk$$

经济均衡增长的稳定性也可以用图 9-3 来说明。

在图 9-3 中，横轴代表人均资本拥有量，下图的纵轴代表资本深化量。$f(k)$ 为人均产量曲线，$s \cdot f(k)$ 为人均储蓄曲线，nk 为资本广化曲线，$\frac{dk}{dt}$ 为资本深化曲线。显然，两条曲线 $s \cdot f(k)$ 与 nk 的交点 E，就是经济均衡增长点。此时，

$sf(k) = nk$，$\frac{dk}{dt} = 0$。即由储蓄转化而来的投资所形成的新资本，全部用于资本的广化。人均资本拥有量为 k_0 保持不变。

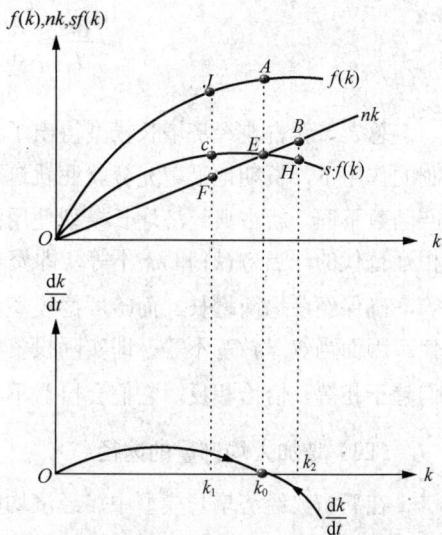

图 9-3 新古典模型中经济均衡增长的稳定性

在不均衡的 c 点，人均资本拥有量为 k_1，少于均衡时的 k_0。此时，$sf(k) > nk$，$\dfrac{\mathrm{d}k}{\mathrm{d}t} > 0$。这意味着由储蓄转化而来的投资所形成的新资本，在用于资本广化以后还有剩余，能增加人均资本拥有量为 k_0，从而使 k_1 趋于 k_0，c 趋于 E。

在不均衡的 H 点，人均资本拥有量为 k_2，多于均衡时的 k_0。此时，$sf(k) < nk$，$\dfrac{\mathrm{d}k}{\mathrm{d}t} < 0$。这意味着由储蓄转化而来的投资所形成的新资本，还不够资本广化。为了实现充分就业，就必须减少人均资本拥有量，从而使 k_2 退回到 k_0，H 返回到 E。

在新古典经济增长模型中，经济均衡增长时，收入、投资与资本增长率均等于劳动增长率，故规模报酬不变。

首先，收入增长率等于劳动增长率。因为 $\dfrac{Q}{L} = f(k)$。当经济均衡增长时，由于 k 不变，故人均产量也不变。但劳动增长率为 n。为了保证人均产量不变，产量增长率也为 n，即

$$sf(k) = nk \Rightarrow \frac{sf(k)}{k} = \frac{s\dfrac{Q}{L}}{\dfrac{K}{L}} = \frac{sQ}{K} = \frac{s}{v} = \frac{\Delta Q}{Q} = n \tag{9.30}$$

其次，资本增长率等于劳动增长率。由于经济均衡增长时的 k 不变，而劳动始终按 n 增长，故资本也必须按 n 增长。

$$sf(k) = nk \Rightarrow \frac{sf(k)}{k} = \frac{s\dfrac{Q}{L}}{\dfrac{K}{L}} = \frac{sQ}{K} = \frac{S}{K} = \frac{I}{K} = \frac{\Delta K}{K} = n，\text{即：} K_t = K_0 \mathrm{e}^{nt} \tag{9.31}$$

最后，投资也按 n 增长。

$$\frac{\dfrac{\mathrm{d}I}{\mathrm{d}t}}{I} = \frac{\dfrac{\mathrm{d}^2 K}{\mathrm{d}t^2}}{\dfrac{\mathrm{d}K}{\mathrm{d}t}} = \frac{n^2 K_0 \mathrm{e}^{nt}}{n K_0 \mathrm{e}^{nt}} = n，\text{即：} I_t = I_0 \mathrm{e}^{nt} \tag{9.32}$$

总之，新古典经济增长模型得出了与哈罗德模型截然不同的结论：资本主义经济可以在市场机制的作用下，长期地沿着充分就业轨迹增长。产生这种相反结论的主要原因是，两种模型使用的生产函数不同。新古典经济增长模型使用的是技术系数可变的生产函数，资本与劳动在生产中是可以相互替代的。当 $sf(k)$ 和 nk 不等，即资本供求不等时，可以通过改变资本—劳动比率使它们趋于相等，确保经济均衡增长。而哈罗德模型使用的是固定技术系数的生产函数，资本与劳动不能相互替代。因而当 G_A 与 G_w 不等，即实际投资与意愿投资不等时，不可能通过改变资本—劳动比率，使它们趋于相等。恰恰相反，它们会日益不相等。

（四）增加人均产量的途径

在新古典经济增长模型中，经济均衡增长率总是等于既定的劳动增长率。因此，经济均衡增长时，人均产量不变。但人均产量不变的经济增长不是真正的经济增长。根据生产函数与经济均衡增长条件，为了增加人均产量，就必须增加均衡的人均资本量，即右移图 9-3 中的均衡点 E。新古典经济增长模型给出了提高人均产量的三条途径。

（1）使用新技术，提高要素生产效率，上移 $f(k)$ 与 $sf(k)$ 曲线，使 $sf(k)$ 与 nk 曲线的交点往右移动，进而增加均衡时的人均资本量与人均产量。

（2）提高储蓄率，增加资本积累。可在 $f(k)$ 曲线既定的条件下，上移 $sf(k)$ 曲线，使 $sf(k)$ 与 nk 曲线的交点往右移动，进而增加均衡时的人均资本量与人均产量。

（3）降低人口增长率，下移 nk 线，也能使 $sf(k)$ 与 nk 曲线的交点往右移动，进而增加均衡时的人均资本量与人均产量。

（五）经济增长的黄金分割律

经济增长的终极目标，不是最大化人均产量，而是最大化人均消费量。经济增长的黄金律是指，在技术水平与劳动增长率既定条件下，为了保证人均消费最大化，人均资本量必须确定在资本的边际产量与劳动力增长率相等的水平上。即

$$f'(k) = n \tag{9.33}$$

根据新古典经济增长模型中的生产函数与经济均衡增长的条件，可以证明式（9.33）成立：

$$Q = Lf(k) = C + I = C + S = C + sLf(k) \tag{9.34}$$

两边同除以 L，可得：

$$f(k) = \frac{C}{L} + sf(k) = \frac{C}{L} + \frac{\mathrm{d}k}{\mathrm{d}t} + nk \tag{9.35}$$

式（9.35）表示，人均产量配置在三种用途上：人均消费、资本的广化与资本的深化。在经济均衡增长时，$\frac{\mathrm{d}k}{\mathrm{d}t} = 0$，则有：

$$f(k) = \frac{C}{L} + nk \Rightarrow \frac{C}{L} = f(k) - nk \tag{9.36}$$

为了使人均消费极大，要求人均消费对人均资本量的导数等于零，即

$$\left(\frac{C}{L}\right)' = f'(k) - (nk)' = 0 \Rightarrow f'(k) = n \tag{9.37}$$

式（9.37）表示，为了使人均消费达到最大，资本—劳动比率应该选择这样的数值，在该数值上，资本的边际产量正好等于劳动增长率，如图9-4所示。

在图9-4中，人均产量曲线与资本广化曲线之间的垂直距离为人均消费，因为经济均衡增长时的资本深化量等于零。假定人均产量曲线上 E 点的斜率等于资本广化曲线的斜率，则 k_0 就是经济增长黄金分割律要求的人均资本量，此时人均消费达到极大，为 EF。

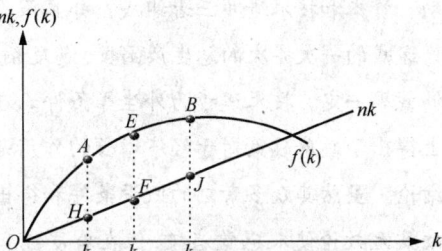

图9-4 经济增长的黄金分割律

在人均产量曲线上的 A 点，$k_1 < k_0$。人均资本量的减少引起人均产量减少，进而导致人均消费减少，为 AH。此时，可以通过削减目前消费，增加储蓄或资本积累，使人均资本量增加到黄金律要求的水平，将人均消费增加到 EF。

在人均产量曲线上的 B 点，$k_2 > k_0$。由于人均资本较多，故人均产出也较多，但人均消费为 BJ，仍较少。这是因为，k 较多时，用于资本广化的人均储蓄量必然增多，因而人均消费必然较低。此时，可通过增加消费，减少储蓄，使人均资本量下降到黄金律要求的水平，最大化人均消费量。

【例9-1】在新古典经济增长模型中，设人均产量 $\frac{Q}{L} = f(k) = 4k - 0.4k^2$，储蓄率 $s = 0.5$，人口增长率 $n = 4\%$。试求：

（1）使经济均衡增长的 k 值；

（2）黄金分割律要求的k值。

解：

（1）经济均衡增长时，$sf(k) = nk$，将$s = 0.5$，$n = 4\%$代入有：

$$0.5(4k - 0.4k^2) = 0.04k，解得 k = 9.8。$$

（2）按黄金分割律要求的人均资本量，资本边际产量必须等于劳动增长率，即$f'(k) = n$。

$$则有 4 - 0.8k = 0.04，可得 k = 4.95。$$

经济学家简介

罗伯特·索洛（Robert M. Solow，1924.8.23—）

罗伯特·索洛1924年生于纽约的布鲁克林，美国经济学家，以开创新古典经济增长理论著名，并在1961年被美国经济学会授予青年经济学家的"约翰·贝茨·克拉克奖"（John Bates Clark Medal）。新古典经济增长模型由于索洛的开创性研究，也称为索洛经济增长模型。该模型直到现在仍然是经济增长理论中不可或缺的内容。在索洛模型中，对经济总体的增长贡献被设定为由劳动、资本和技术进步三者组成，并且假设边际生产递减的一次齐次的总生产函数、满足稻田条件、储蓄率一定，技术进步为外生等条件。在此基础上得出了政府政策对于经济增长的作用是无效的结论。虽然其众多苛刻的假设条件和得出的政府政策无效论使人感觉消极，但在哈罗德和多马的极其不稳定的刀锋增长模型（哈罗德–多马模型）一直让人们担心资本主义社会中的经济增长，特别是长期增长是不稳定的当时，索洛模型提出的资本主义模式的资本积累过程，从长期来讲，将收敛于经济增长稳定状态的这一结论无疑是给关心经济增长问题的经济学界注入了一剂强心针，因而在1987年被瑞典皇家科学院授予诺贝尔经济学奖。罗伯特·索洛现在在麻省理工学院任荣誉研究机构教授。他曾经在哥伦比亚大学执教。

索洛的主要著作包括：《对经济增长理论的一个贡献》（1956年）、《技术变化与总生产函数》（1957年）、《增长理论：一个说明》（1969年）、《线性规划与经济分析》（1958年与多夫曼和萨缪尔森合著）、《资本理论与收益率》（1963年）、《美国失业的性质与原因》（1964年）、《增长理论评注》（1969年）。除此之外，索洛还写了大量的论文。

五、经济增长因素的分析

影响经济增长的因素很多。分析与测算这些因素对经济增长的贡献，对于制定旨在促进经济增长的政策至关重要。经济增长因素分析就是通过定量分析，说明劳动、资本、技术等主要因素对经济增长的作用，以便寻求促进经济增长的最优途径。下面，简要介绍美国经济学家肯德里克、丹尼森和库兹涅茨对经济增长因素的分析。

（一）肯德里克的全要素生产率分析

美国经济学家肯德里克在《美国生产率发展趋势》《美国战后 1948—1969 年生产率发展趋势》

《理解生产率：生产率变动的动态学导论》等著作中，对美国不同时期生产率的发展趋势进行了研究，以确定生产率提高对经济增长的重要作用。

肯德里克所谓的生产率是指全要素生产率。他认为，产量和某一种特定的生产要素投入量的比率是部分生产率。例如，资本生产率或劳动生产率。产量和全部生产要素投入量的比率是全要素生产率。全要素生产率不会受要素投入量结构变化等因素的影响，能比较真实地反映生产率提高在经济增长中的作用。

若以 T_t 代表 t 年的全要素生产率，则有：

$$T_t = \frac{Q_t}{w_0 L_t + r_0 K_t} \tag{9.38}$$

在式（9.38）中，Q_t 代表 t 年的总产量，L_t、K_t 分别为 t 年的劳动与资本投入量，w_0、r_0 分别为基年的实际工资率与实际利率。

如果用指数形式（即某一指标 t 年的数值与该指标基年数值的比率）表示，则 t 年全要素生产率的增长率为：

$$\frac{T_t}{T_0} = \frac{Q_t/Q_0}{a L_t/L_0 + b K_t/K_0} \tag{9.39}$$

其中，a、b 分别是劳动与资本在基年的产量份额，即 $a = \dfrac{w_0 L_0}{Q_0}$，$b = \dfrac{r_0 K_0}{Q_0}$。

根据式（9.39），肯德里克计算出，1889—1957 年间美国国内私营经济全要素生产率每年增长 1.7%，同期的年均经济增长率为 3.5%。这就是说，要素投入量增加与生产效率提高对经济增长所做的贡献比例大致为 1：1。他还计算出在 1958—1966 年间，实际产值年平均增长率为 5.3%，要素投入增长率为 2.3%，全要素生产率的增长率为 2.99%。全要素生产率提高对经济增长的贡献已明显超过要素投入量增加对经济增长的贡献。

肯德里克认为，影响全要素生产率的因素是相当复杂的，主要有无形投资（研究、教育等的投资）、资源配置的合理化、技术革新的扩散、生产规模的变动，等等。肯德里克并没有对这些因素的作用大小作出分析，这一工作是由美国经济学家丹尼森完成的。

（二）丹尼森对经济增长因素的分析

在经济增长因素分析中，首先遇到的问题是影响经济增长因素的分类。丹尼森把影响经济增长的因素分为生产要素投入量和生产要素生产率两大类。生产要素分为劳动、资本和土地投入三种。其中土地是不变的，其他两个则是可变的。单位投入量的产出量，即产量与全部要素投入量之比，就是全部要素生产率，主要取决于资源配置状况、规模节约和知识进展。规模节约是指生产规模的扩大，能提高劳动生产率，降低成本，增加国民收入。常以市场规模的扩大来衡量。具体而言，丹尼森把影响经济增长的因素归结为以下 7 个。

（1）就业者人数和他们的年龄性别构成。

（2）工作时数。

（3）就业人员的受教育程度。

（4）资本存量的规模。

（5）资源配置状况（如劳动力在不同部门间的转移）。

（6）规模经济。

（7）知识进展。

其中前四个是投入量方面的因素，后三个为要素生产率方面的因素。

丹尼森分析经济增长因素的方法，就是通过测算，把上述影响经济增长的各个因素对产量增长所做的贡献，分配到各个增长因素上去，比较长期经济增长中各个因素的相对重要性。

在 1974 年出版的《1929—1969 年美国经济增长的核算》一书中，丹尼森根据美国国民收入的历史统计数字，对上述各个经济增长因素进行了考察和分析。丹尼森认为，从 1929 年到 1969 年的 40 年中，美国国民收入年平均增长率为 3.33%。其中，1.81 个百分点是由要素投入量增加提供的，1.52 个百分点是由单位投入量的产出量增加提供的。也就是说，总投入量对经济增长的贡献为 54.4%，要素生产率的贡献是 45.6%。在总投入量增加中，劳动投入量增加所占比重最大，高达 72% 以上。在要素生产率贡献中，知识进展所做的贡献最大，达到 60% 以上。另外，丹尼森发现 1929—1969 年，知识进展和劳动增加在经济增长中的贡献比重分别为 27.6% 与 25.8%。这种情况在 1948—1969 年期间表现得更为明显，前者占 30.9%，后者占 24.9%。据此，丹尼森的结论是，知识进展是发达资本主义国家最重要的经济增长因素。

丹尼森所说的知识进展，不仅包括技术知识、管理知识的进步和由于采用新的知识而产生的结构与设备的更有效的设计在内，还包括国内外有关组织的研究、个别研究人员和发明家从简单的观察和经验中得来的知识，等等。丹尼森所谓的技术知识是关于物品的具体性质和具体制造、组合以及使用它们的知识。他认为，技术进步对经济增长的贡献是明显的，但是只把生产率的增长看成大部分是采用新的技术知识的结果则是错误的。他强调管理知识的重要性。管理知识就是，广义的管理技术和企业组织方面的知识。在丹尼森看来，管理和组织方面的知识进步更可能降低生产成本，增加国民收入。因此，它对经济增长的贡献比对改善产品物理特性的影响更大。总之，丹尼森认为，技术知识和管理知识进步的重要性是相同的，不能只重视前者而忽视后者。

（三）库兹涅茨对经济增长因素的分析

库兹涅茨通过对国民收入及其组成部分的长期估量、分析与研究，对各国的经济增长进行比较，从各国经济增长的差异中探索影响经济增长的因素。库兹涅茨认为，影响经济增长的因素主要是知识存量的增加、劳动生产率的提高和结构方面的变化。

库兹涅茨认为，随着社会的发展和进步，人类社会的技术知识和社会知识的存量将不断增加。当这种存量被利用时，它就成为现代经济高比率的增长和迅速的结构变化的源泉。但知识本身不是生产力。由知识转化为现实的生产力，要经过科学发现、发明、革新、改良等一系列中间环节。在知识向生产力的转化过程中，需要有一系列中介因素，这些中介因素包括对物质资本和劳动力的训练所进行的大量投资，企业家要有能力克服一系列从未遇到过的障碍，知识的使用者要对技术是否适宜运用做出准确的判断等。在这些中介因素的作用下，经过一系列的转化，知识最终会变为现实的生产力。

现代经济增长的特征是人均产值的高增长率。为了弄清导致人均产值高增长的主要因素，库兹涅茨对劳动投入和资本投入对经济增长的贡献进行了长期分析。他得出的结论是，以人均产值高增长率为特征的现代经济增长的主要原因是劳动生产率的提高。

库兹涅茨认为，发达的资本主义国家在它们增长的历史过程中，经济结构转变迅速。从部门来看，先从农业活动转向非农业活动，后又从工业活动转移到服务性行业。从生产单位的平均规模来看，是从家庭企业或独资企业发展到全国性，甚至跨国性的大公司。从劳动力在农业和非农业生产部门的分布来看，在美国，1870 年全部劳动力的 53.5% 在农业部门，到了 1960 年则降低到 7% 以下。

在比利时，农业劳动力从 1846 年占全部劳动力的 51%减少到 1961 年的 7.5%。以前要把农业劳动力降低 50 个百分点，需要经过许多世纪的时间，现在在一个世纪中，农业劳动力占全部劳动力的百分比减少了 30%～40%。这是由于迅速的结构变化。库兹涅茨强调，发达国家在现代化时期的总体增长率和生产结构的转变速度都比它们在现代化以前高得多。库兹涅茨把知识因素、生产率因素与结构因素联系起来，强调结构因素对经济增长的影响。库兹涅茨对经济增长因素的分析与丹尼森分析的一个不同之处是，他重视结构因素对经济增长的贡献。库兹涅茨认为，不发达国家经济结构变动缓慢，结构因素对经济增长影响比较小，主要表现在，不发达国家传统结构束缚着被聚集在传统农业部门中60%以上的劳动力，而传统的生产技术和生产组织方式阻碍着经济增长。同时，制造业结构不能满足现代经济增长的要求，且社会需求结构变化缓慢，消费水平低，不能形成对经济增长的强有力刺激。

关于居民收入差距与经济增长之间的关系，库兹涅茨提出了所谓的"倒 U"形假说。他认为，随着经济增长，收入差距将呈现先扩大后缩小的类似"倒 U"形的变动轨迹。这种"倒 U"形的变动轨迹，也叫库兹涅茨曲线。如果用横轴表示经济增长程度，纵轴表示收入分配不平等程度或基尼系数，则库兹涅茨曲线如图 9-5 所示。

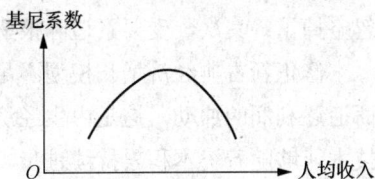

图 9-5　库兹涅茨曲线

很多学者从经济增长过程中城市化的角度，利用农业与非农业两部门模型证明"倒 U 形"假说。他们认为在经济发展过程中，首先是农村人口中少数具有一定技能和资本的高收入人群进入城市中的工业部门，致使收入差距逐渐扩大。此后，随着更多农村人口流入城市，一方面农业劳动力的相对稀缺性不断加剧，使农业劳动报酬逐渐增加，从而缩小工农业部门间的收入差距；另一方面，由于农业部门内部高收入人群不断进入城市，使得农业人群的收入差距不断缩小。在上述两方面因素的共同作用下，社会收入差距将随着城市化进程逐渐由扩大转为缩小。库兹涅茨曲线不具有普遍的适用性。不少中等发达国家与发展中国家的相关数据表明，随着经济发展，收入差距越来越大，并没有转向缩小的趋势。

"中等收入陷阱"是指当一个国家的人均收入达到中等水平后，由于不能顺利实现经济发展方式的转变，导致经济增长动力不足，最终出现经济停滞的一种状态。新兴市场国家突破人均国内生产总值 1 000 美元的"贫困陷阱"后，很快会奔向 1 000 美元至 3 000 美元的"起飞阶段"；但到人均国内生产总值在 3 000 美元附近，快速发展中积聚的矛盾集中爆发，自身体制与机制的更新进入临界，很多发展中国家在这一阶段由于经济发展自身矛盾难以克服，发展战略失误或受外部冲击，经济增长回落或长期停滞，陷入所谓的"中等收入陷阱"阶段。

"中等收入陷阱"现象属于经济增长范畴，而非属于分配领域范畴，理解和把握"中等收入陷阱"问题宜从经济增长角度出发。通过观察跨过和落入"中等收入陷阱"的典型国家可以发现，一国唯有将经济增长寄托于具有可持续增长潜力的要素，即"人"上，经济增长才不会陷入停滞甚至倒退的状态上，也才有可能以更快的速度进入下一个发展阶段。

六、新经济增长理论

（一）新古典经济增长模型的不足与修正

新古典经济增长模型的主要不足，在于不能很好地解释现实经济增长。新古典增长理论隐含着这样一个结论：不同国家的经济增长具有趋同性。发展中国家人均资本存量少，因而资本的边际产量高。在其他条件相同的情况下，发展中国家资本存量的增长速度将超过发达国家。因而，发展中国家的经济增长速度应该高于发达国家。只要假以时日，发展中国家的资本—劳动比率，资本—产出率以及人均收入将与发达国家趋同。这种推论同世界经济发展状况显然是不一致的。总的来说，发展中国家同发达国家之间的差距不但没有缩小，反而扩大了。另外，新古典经济增长模型认为，当经济均衡增长或增长达到稳态时，人均资本量不变，从而人均产量不变。这与现实各国的经济增长情况也不符。实际上，在各国经济增长过程中，人均资本量与人均产量都不断增加，而且资本—产量比率不断下降。

产生这些不足的主要原因，是新古典经济增长模型将技术进步看作是外生变量，假定技术水平不变。在技术水平被假定不变的条件下，首先，发达国家与发展中国家人均收入悬殊的很大原因被忽略掉了；其次，受要素边际报酬递减规律的作用，随着人均资本量的增加，人均产量终将下降。

修正新古典经济增长模型不足的一个基本思路就是，将技术进步看作是个内生变量，根源于厂商追逐利润的冲动。这是内生经济增长理论或新经济增长理论的本质特征。在新经济增长理论中，技术能够随着资本积累持续进步，不断提高要素的生产效率，增加要素的边际产量，阻碍要素的边际报酬递减规律发生作用。这样，随着储蓄与人均资本量的增加，由于技术不断进步，人均产量将不断增加，经济将持续增长。

将技术内生化的方法有两种。一种是将知识积累或技术进步，当作是投资或物质资本积累的副产品，是厂商追求利润最大化的结果。因为企业的工人、技术人员与管理人员会"干中学"，具有学习曲线体现出来的学习效应。另外，知识与技术在使用方面，具有非竞争性与外部性两大特征。知识与技术使用方面的外部性，是指建立在分工与协作基础上的社会化生产过程中，很多厂商相互依存、相互联系。某个厂商积累的知识或拥有的技术，不仅会提高该企业的生产效率，也能提高相关的其他厂商的生产效率，使得很多厂商的人均资本量增加时，边际产量不递减，进而导致人均产量增加与经济持续增长。知识与技术使用方面的非竞争性，是指知识与技术可以共享或抄袭、仿效。当然，积累知识与推动技术进步的当事人，可以控制知识积累水平与技术进步程度。因此，政府有必要对厂商实行激励，以加快企业知识积累与技术进步的速度。例如，保护知识产权、对企业的技术革新给予一定的补贴，等等。

将技术内生化的另一种方法，是将资本积累的内涵扩大，认为资本积累既包括物质资本积累，也包括人力资本积累。人力资本积累的一项重要内容，就是知识与生产技能或管理技能的积累，统称为技术进步。如果说在物质资本积累过程中，受边际报酬递减规律的作用，资本的边际产量有下降的趋势，那么在人力资本积累过程中，人力资本的边际产量不仅可以在长期保持不变，甚至可能递增，并阻碍物质资本的边际产量递减，从而可以长时期地保持整个社会总资本的边际产量不随着资本积累而递减，最终就可以使人均产量随着资本积累不断增长。

人力资本的一个重要性质是当事人在工作中能控制其积累与利用程度。因此，厂商必须设计一套恰当的制度安排，以激励雇员提高其人力资本的积累与利用程度。实际上，这正是新制度经济学研究的一项重要内容。新制度经济学本质上是有关经济制度与经济绩效关系的学说。

（二）AK 模型

AK 模型是最简单的内生经济增长模型。AK 模型假定为单市场两部门经济，消费函数采取长期形式，即 $C = cY$。总量生产函数是线性的，即：

$$Y = AK \tag{9.40}$$

在式（9.40）中，Y 表示实际收入或总产量，K 表示资本存量，A 为正的常数，反映特定的技术水平，代表资本的边际产量或资本的平均产量。这里资本边际产量保持不变的原因可归结为内生于投资与资本积累中的技术进步，阻碍了资本的边际报酬递减规律的作用。

设折旧率为 δ，则资本存量的变动量 $\Delta K = I -$ 资本折旧 $= sY - \delta K$。根据式（9.40），资本变动 ΔK 引起的产量变动量为

$$\Delta Y = A\Delta K = A(sY - \delta K) = A\left(sY - \delta \frac{Y}{A}\right) = AsY - \delta Y \tag{9.41}$$

从而可得产量增长率

$$\frac{\Delta Y}{Y} = \frac{\Delta K}{K} = As - \delta \tag{9.42}$$

式（9.42）表明，产出增长率或经济增长率等于资本增长率，等于技术进步水平或由特定的技术水平决定的资本边际产量与储蓄率的积减去折旧率。在技术进步率与折旧率既定的条件下，储蓄率的提高，会提高经济增长率。而索洛模型预言，稳态时的经济增长率，总是等于劳动增长率或人口增长率，与储蓄率没有任何关系。

另外，在 AK 模型中，随着储蓄率的提高，资本增长率也将提高。假定人口增长率不变，则人均资本量持续增加。由于资本边际报酬不变，人均产量必然随着人均资本量的持续增加而不断增加。

总之，在 AK 模型中，内生于资本积累中的技术进步，导致资本的边际产量递减规律不发挥作用，使得总体经济与人均产量能随着资本积累，不断地均衡增长。这样，发达国家与不发达国家之间巨大的技术水平与资本规模差距，必然引起它们人均收入水平的悬殊。鉴于技术进步对经济增长有如此重要的作用，政府应该尽量减少对经济的垄断与管制，鼓励竞争，增加对教育的投入，推动社会技术进步。

拓展阅读

乘数—加速数模型的解

根据乘数—加速数模型的假定，可以构建如下模型。

$$\begin{cases} Y_t = C_t + I_t + G_t \\ C_t = cY_{t-1} \\ I_t = I_0 + v\Delta C = I_0 + v(C_t - C_{t-1}) = I_0 + vc(Y_{t-1} - Y_{t-2}) \\ G_t = G_0 \end{cases}$$

将消费函数、投资函数与政府购买函数代入第一个方程，可得：

$$Y_t - c(1+v)Y_{t-1} + vcY_{t-2} = I_o + G_o$$

将所有变量的时间下标往前移动两个时期，则有：

$$Y_{t+2} - c(1+v)Y_{t+1} + vcY_t = I_o + G_o$$

上式是一个常项常系数二阶线性差分方程。该方程的通解由两部分组成，一是特解，即该方程的任意一个解，它代表 Y 的时际均衡水平。另一是齐次解，即该方程的齐次差分方程：

$$Y_{t+2} - c(1+v)Y_{t+1} + vcY_t = 0$$

的通解，它代表对时际均衡收入水平的偏离。

1. 方程 $Y_{t+2} - c(1+v)Y_{t+1} + vcY_t = I_o + G_o$ 的特解

设方程 $Y_{t+2} - c(1+v)Y_{t+1} + vcY_t = I_o + G_o$ 的一个解为 $Y_t=k$。其中 k 为常数，因而有：

$Y_{t+2} = k, Y_{t+1} = k$。将它们代入上述方程，可得：

$$k = \frac{I_0 + G_0}{1 - c(1+v) + vc} = \frac{I_0 + G_0}{1 - c}$$

从而 $Y_{t+2} - c(1+v)Y_{t+1} + vcY_t = I_o + G_o$ 的特解为：

$$Y_P = \frac{I_0 + G_0}{1 - c(1+v) + vc} = \frac{I_0 + G_0}{1 - c}$$

显然特解只代表收入的实际均衡水平，与经济波动无关。故波动只能来源于齐次方程。

2. 方程 $Y_{t+2} - c(1+v)Y_{t+1} + vcY_t = 0$ 的齐次解

齐次方程 $Y_{t+2} - c(1+v)Y_{t+1} + vcY_t = 0$ 的特征方程为 $m^2 - c(1+v)m + vc = 0$。

其特征根为 m_1，$m_2 = \dfrac{c(1+v) \pm \sqrt{c^2(1+v)^2 - 4vc}}{2}$。

（1）当判别式 $c^2(1+v)^2 - 4vc > 0$，即 $c > \dfrac{4v}{(1+v)^2}$ 时，m_1，m_2 为不同实根，此时的齐次解形如：

$Y_c = A_1 m_1^t + A_2 m_2^t$，（$A_1$，$A_2$ 为任意常数）。根据韦达定理，$m_1 + m_2 = -\dfrac{b}{a} = c(1+v) > 0$，

$m_1 m_2 = \dfrac{c}{a} = vc > 0$，可知 $m_1 > 0$，$m_2 > 0$，此时，收入没有波动性。

（2）当判别式 $c^2(1+v)^2 - 4vc = 0$，即 $c = \dfrac{4v}{(1+v)^2}$ 时，有两个实重根：

$m_1 = m_2 = \dfrac{c(1+v)}{2} > 0$，此时的齐次解形如：$Y_c = A_3 m^t + A_4 t m^t$，收入也没有波动性。

（3）当判别式 $c^2(1+v)^2 - 4vc < 0$，即 $c < \dfrac{4v}{(1+v)^2}$，m_1，m_2 为共轭复根，即：

$$m_1, m_2 = \frac{c(1+v)}{2} \pm \frac{\sqrt{4cv - c^2(1+v)^2}}{2}i = h \pm gi$$

此时齐次解形如：

$$\begin{aligned} Y_c &= A_5 m_1^t + A_6 m_2^t \\ &= A_5(h+gi)^t + A_6(h-gi)^t \\ &= A_5 R^t(\cos\theta t + i\sin\theta t) + A_6 R^t(\cos\theta t - i\sin\theta t) \\ &= R^t(A_5 + A_6)\cos\theta t + R^t(A_5 - A_6)i\sin\theta t \end{aligned}$$

即 $Y_c = R^t(A_7 \cos\theta t + A_8 \sin\theta t)$

其中 $R = \sqrt{h^2 + g^2} = \sqrt{vc}$，$\cos\theta t = \dfrac{h}{R} = \dfrac{c(1+v)/2}{\sqrt{vc}}$，$\sin\theta t = \dfrac{g}{R} = \dfrac{\sqrt{4vc - c^2(1+v)^2}/2}{\sqrt{vc}}$。

显然 $Y_c = R^t(A_7 \cos\theta t + A_8 \sin\theta t)$ 括号中的项目具有周期波动的性质。总之，在萨缪尔森的乘数——

加速数模型中，当 $c < \dfrac{4v}{(1+v)^2}$ 时，收入会波动。R 的数值决定了波动的性质。当 $R > 1$、$R = 1$，$R < 1$，

即 $cv > 1$、$cv = 1$、$cv < 1$ 时，收入的波动分别具有发散、不变与收敛的性质。

练习题

一、单项选择题

1. 下列对经济周期阶段排序正确的是（　　）。

    A. 复苏，繁荣，衰退，萧条　　　　　　B. 复苏，繁荣，萧条，衰退

    C. 复苏，萧条，衰退，繁荣　　　　　　D. 复苏，衰退，萧条，繁荣

2. 加速原理发生作用的条件是（　　）。

    A. 国民收入或消费支出持续增长

    B. 经济活动由衰退转向扩张

    C. 经济中生产设备已被充分利用，没有闲置

    D. 任何时候均可

3. 在乘数加速数作用下，当经济趋于衰退时，国民收入减少因（　　）而放慢。

    A. 失业增加　　　B. 边际消费倾向下降　　　C. 加速系数上升　　　D. 总投资降为零

4. 已知某国经济某一年的国民收入是1 000亿美元，净投资为零；第二年国民收入增至1 200亿美元。在资本产量比率等于2的条件下，第二年的净投资（　　）。

    A. 增加了200亿美元　　　　　　　　　B. 增加了400亿美元

    C. 仍然为0　　　　　　　　　　　　　D. 增加了100亿美元

5. 国民收入会从谷底走向峰顶，根据汉森和萨谬尔森的解释，是因为（　　）。

    A. 乘数的作用　　　　　　　　　　　　B. 加速数的作用

    C. 乘数和加速数的交织作用　　　　　　D. 都不正确

6. 乘数原理和加速数原理的关系是（　　）。

    A. 前者说明投资变动引起收入变动，后者说明收入变动引起投资变动

    B. 前者说明收入变动引起投资变动，后者说明投资变动引起收入变动

    C. 它们都说明投资变动引起收入变动

    D. 它们都说明收入变动引起投资变动

7. 经济周期理论的中心问题是（　　）。

    A. 价格的波动　　　B. 利率的波动　　　　C. 国民收入的波动　　　D. 股票的波动

8. 如果要把产量的年增长率从4%提高到6%，在资本—产量比等于3的前提下，根据哈罗德增长模型，储蓄率应达到（　　）。

    A. 18%　　　　　B. 25%　　　　　　C. 27%　　　　　　D. 30%

9. 按照哈罗德的看法，要想使资本主义经济在充分就业的情况下稳定地增长下去，其条件是（　　）。

    A. $G_A = G_W = G_N$　　　　　　　　　B. $G_A > G_W$

    C. $G_A > G_N$　　　　　　　　　　　D. $G_A = G_N$

10. 根据哈罗德的分析，如果有保证的增长率 G_W 大于实际增长率 G_A，经济将（　　）。

    A. 持续繁荣　　　B. 长期萧条　　　　C. 均衡增长　　　　D. 不能确定

11. 根据新古典增长模型公式 $sf(k) = nk + k$，经济增长的黄金分割律认为，人均消费最大化时，（　　　）。

A. 产出增长率等于储蓄率　　　　　　B. 资本边际产量等于劳动增长率

C. 储蓄率等于人口增长率　　　　　　D. 产出增长率等于技术变化率

12. 根据新古典模型，稳态条件下人口增长率的上升将（　　　）。

A. 增加人均收入量　　　　　　　　　B. 减少人均收入量

C. 使人均收入量不变　　　　　　　　D. 无法确定

二、名词解释

1. 经济周期　2. 加速数　3. 资本—产量比率　4. 经济波动的上限　5. 经济波动的下限　6. 经济增长　7. 经济增长的黄金律　8. 合意的增长率　9. 自然增长率　10. 索洛剩余

三、简答题

1. 什么是经济周期？经济周期的类型有哪些？

2. 经济增长的源泉有哪些？

3. 什么是经济波动的上限和下限？

4. 何谓新古典经济增长模型的基本公式？

5. 在新古典增长模型中，增加人均产量的手段有哪些？

6. 什么是新古典经济增长模型中的黄金分割律？

四、论述题

1. 熊彼特是如何用"创新"解释经济波动的？

2. 试论乘数—加速数相互作用引起经济波动的机制和过程。

3. 简述外生经济周期理论与内生经济周期理论。

4. 在哈罗德模型中，实际增长率和合意增长率的含义是什么？二者不相等时社会经济将出现什么情况？

5. 在新古典经济增长模型中，经济均衡增长的条件是什么？在市场经济中，为什么这种条件能自动达到？

五、计算题

1. 如果某国经济中连续四年的国民收入分别是 $Y_1 = 1000$ 亿美元，$Y_2 = 1200$ 亿美元，$Y_3 = 1600$ 亿美元，$Y_4 = 1500$ 亿美元，第一年的净投资 I_1 为 400 亿美元，第一年的国民收入比上年增加了 200 亿美元，求第二年、第三年和第四年该国的净投资额分别是多少。

2. 假定某国经济的边际消费倾向 $c = 0.75$，加速数 $V = 2$，每期自发投资 $I_0 = 900$ 亿美元，2006 年的国民收入水平为 5000 亿美元，比上一年增加 400 亿美元，求 2007 年和 2008 年的总投资和国民收入水平。

3. 如果要使一国的经济增长率从 5% 提高到 6%，在资本—产量比率为 4 的前提下，根据哈罗德经济增长模型，储蓄率应有何变化？

4. 在新古典增长模型中，不考虑技术进步和折旧的总量生产函数为 $Y = F(K, L) = K^{\frac{1}{3}} L^{\frac{2}{3}}$，试求稳态时的人均资本量和人均产量的表达式，并说明储蓄率、人口增长率对人均资本量和人均产出的影响。

5. 在新古典经济增长模型中，已知生产函数 $y = f(k) = 2k - 0.5k^2$，y 为人均产出，k 为人均资本，储蓄率 $s = 0.1$，人口增长率为 $n = 0.05$，资本折旧率 $\delta = 0.05$，$A = 1$。

试求：（1）稳态时的人均资本和人均产量；（2）稳态时的人均储蓄和人均消费。

六、案例分析题

1. 经济增长的源泉。改革开放30多年来（1980—2015年），中国经济一直保持较高的增长率（见表9-1）。

表9-1　　　　　　　　　　　1980—2015年的GDP总量和增长率　　　　　　　　　　单位：亿元人民币

年份	1980	1981	1982	1983	1984	1985	1986	1987	1988
GDP	4 545.62	4 891.56	5 323.35	5 962.65	7 208.05	9 016.04	10 275.62	12 058.62	15 042.82
增长率	7.8%	5.2%	9.1%	10.9%	15.2%	13.5%	8.8%	11.6%	11.3%
年份	1989	1990	1991	1992	1993	1994	1995	1996	1997
GDP	16 992.32	18 667.82	21 781.50	26 923.48	35 333.92	48 197.86	60 793.73	71 176.59	78 973.03
增长率	4.1%	3.84%	9.18%	14.24%	13.96%	13.08%	10.92%	10.01%	9.30%
年份	1998	1999	2000	2001	2002	2003	2004	2005	2006
GDP	84 402.28	89 677.05	99 214.55	109 655.17	120 332.69	135 822.76	159 878.34	184 937.37	216 314.43
增长率	7.83%	7.62%	8.43%	8.30%	9.08%	10.03%	10.09%	11.31%	12.68%
年份	2007	2008	2009	2010	2011	2012	2013	2014	2015
GDP	265 810.31	314 045.45	340 902.81	401 512.80	473 104.05	519 470.1	568 845	635 910	676 708
增长率	14.16%	9.63%	9.21%	10.45%	9.3%	7.65%	7.67%	7.3%	6.9%

注：数据来源于国家统计局数据中心，中国经济网整理制表。

试根据所学的经济增长理论知识并结合实际，分析我国经济高速增长的原因。

2. 战后的日本经济增长。

根据有关研究数据，自1951~2003年，这52年中日本经济的发展可以划分为11个周期，平均每一个周期的波长为4.7年。其中最长的波长达9年，最短的波长为3年。1951—1974年期间，日本经济高速增长，经济增长率年平均高达9.1%。从1975年以来，日本经济进入稳定增长阶段，经济增长率年平均为2.7%，下降幅度高达6.4个百分点，这是平稳增长期。

在日本经济增长过程中，投资发挥的作用在不同时期是不同的。根据日本学者金森久雄等的研究，1955—1968年资本增长对经济增长的贡献率年平均大体是3%，1970—1973年资本增长的贡献率位于5.6%~6.7%，1974年降至4.5%，此后就进一步下降，1975—1990年间平均大体是2.2%。平均而言，这一时期投资对日本经济增长的贡献率大约是3%。日本资本的高速增长，主要是由设备投资的高速增长支撑的。1955—1972年间，民间设备投资年平均增长17.3%。1973—1990年间，设备投资增长率有所降低，年平均增长仅6.3%。

试根据上述资料，结合所学经济增长理论，说明投资增长率对经济增长率的贡献逐渐减少与经济增长率逐渐降低的原因。为了保证经济持续稳定的增长，可采取哪些措施或方法？

3. 中国经济保持中高速增长的重要性：十八届五中全会（2015.10.26）提出，在今后5年中，要在已经确定的全面建成小康社会目标的基础上，使我国经济保持中高速增长，即年增长6.5%左右。

根据所学经济增长理论并结合我国实际，谈谈我国为何要确定这样的目标以及如何实现这一目标？

第十章 宏观经济学主要流派简介

自从 1936 年凯恩斯创立宏观经济学以来，宏观经济学家围绕以下两个问题展开了激烈的争论：

（1）市场机制能否自动实现与维持充分就业？

（2）政府是否需要采取财政政策和货币政策调控宏观经济活动？

根据对上述两个问题的不同回答，宏观经济学领域划分为凯恩斯主义与自由主义经济思潮两大学派。

所有的凯恩斯主义者都认为，市场机制很难自动实现和维持充分就业，政府有必要调控宏观经济活动，以实现充分就业。凯恩斯主义可以划分为新古典综合派（正统凯恩斯主义学派）、新剑桥学派、非均衡学派与新凯恩斯主义 4 大流派。

所有的自由主义经济学家都认为，市场机制能自动实现和维持充分就业，政府没有必要调控宏观经济活动。自由主义经济思潮可以划分为货币主义学派、供给学派、新古典宏观经济学（包括理性预期学派和真实经济周期学派）3 大流派。

新剑桥学派的思想偏离现代主流经济学，非均衡学派的理论很不完整。本章撇开新剑桥学派与非均衡学派，仅介绍正统凯恩斯主义、货币主义、供给学派、新古典宏观经济学和新凯恩斯主义等五大流派。它们都是围绕凯恩斯经济学与古典经济学之间的争论而产生发展起来的。为了更好地把握它们的主要思想，有必要先了解古典经济学与凯恩斯经济学。古典经济学的主要内容在导论中已经阐释，故在介绍五大流派之前，先概括地介绍凯恩斯经济学的主要思想。

第一节 凯恩斯经济学与新古典综合

这里介绍的凯恩斯经济学思想，来源于凯恩斯在 1936 年出版的著作——《就业、利息与货币通论》。

一、凯恩斯经济学

（一）"通论"与充分就业的含义

《就业、利息和货币通论》有时也译成《就业、利息和货币的一般理论》。凯恩斯所谓的"通论"或"一般理论"的含义，是指他的理论是有关一切就业水平的。凯恩斯相信，在自由放任的市场经济条件下，充分就业仅仅是一种例外或特殊情况。由于有效需求不足，实际就业水平通常低于充分就业。古典经济学只涉及充分就业这一特殊情况，因而是一种特殊理论。而他的就业理论具有一般性，涉及各种高低不同的就业水平，从充分就业到普遍失业之间的各种就业水平。

古典宏观经济学的主要内容包括充分就业理论、萨伊定律与利率理论以及货币数量论等 3 个方面。在本书的导论中，已做了简略的介绍。为了彻底批判古典理论，建立自己独特的理论体系，凯恩斯便将自己的著作针锋相对地取名为《就业、利息与货币通论》。

凯恩斯写作《就业、利息和货币通论》的主要目的是探讨失业的原因与对策。因此，充分就业在他的经济理论中占有十分重要的地位。本质上，凯恩斯经济学就是围绕充分就业这个问题展开分析的。

《通论》将劳动市场出清、没有非自愿失业时的就业量称为充分就业。充分就业下的失业，只有摩擦性失业与结构性失业两种，没有非自愿失业。古典经济学家认为，劳动市场是持续出清的，因此，不存在非自愿失业。凯恩斯认为，由于有效需求不足，劳动市场常常是不均衡的，实际就业量通常小于充分就业量，存在非自愿失业。

（二）有效需求的涵义与组成

有效需求是指与总供给相等时的总需求。由于总供给与总需求在价格机制的作用下，总是趋于相等，故有效需求常常简称为总需求或需求。凯恩斯认为，在一个因总需求不足而存在资源闲置的经济体系中，就业与产量由总需求决定，与总需求正相关，即需求决定供给。总需求只有增加到一定程度，才能消除非自愿失业，实现充分就业均衡。这与萨伊定律明显对立。

在四部门经济中，总需求由消费、投资、政府购买与进出口组成，即 $AD = C + I + G + (X - M)$。

（三）有效需求不足的原因

假定是两部门经济，总需求由消费与投资两部分构成，即 $AD = C + I$。两市场经济中的有效需求不足，必然根源于消费不足与投资不足。

1. 消费不足的原因

凯恩斯认为，消费主要是可支配收入的函数，而不是利率的函数。因为如果没有收入，利率再降低，消费也不会增加。消费与收入之间的关系表现在 3 个方面：无论收入多少，消费始终大于零；随着收入的增加，消费也增加；消费的增加量总是小于收入的增加量。凯恩斯的消费函数为

$$C = C_0 + cY_d \tag{10.1}$$

其中，C 为消费支出，Y_d 为可支配收入，C_0 与 c 均为常数，且 $C_0 > 0$，$0 < c < 1$。

由于边际消费倾向小于平均消费倾向，即：

$$MPC = \frac{dC}{dY_d} = c < APC = \frac{C}{Y_d} = \frac{C_0}{Y_d} + c \tag{10.2}$$

随着收入的增加，平均消费倾向必然递减，即消费在收入中的比重越来越低，导致消费相对不足。

但消费不足不一定导致总需求不足。如果在消费相对减少时，投资能够随着储蓄的增加而相应增加，总需求不足就不会出现。然而投资也常常不足。

2. 投资不足的原因

投资取决于企业对投资收益与投资成本的比较。投资收益用资本边际效率来衡量，投资成本用市场利率（购买投资品的货币的机会成本。在两部门经济中没有税收）来衡量。因此，投资取决于资本边际效率与利率两个因素。投资总是均衡在资本边际效率与利率相等的水平上，即投资均衡条件为：

$$MEC = r \tag{10.3}$$

资本边际效率是一种贴现率，这种贴现率使一项资本品预期收益的现值正好等于该项资本品的供给价格。如果用 P_K 表示资本品的供给价格，MEC 表示资本边际效率，R_1、R_2……R_n 表示某项投资从第 1 期到第 n 期各期的收益。则有：

$$P_K = \frac{R_1}{(1+MEC)} + \frac{R_2}{(1+MEC)^2} + \cdots + \frac{R_n}{(1+MEC)^n} \quad (10.4)$$

式（10.4）表明，资本边际效率取决于资本品的供给价格与投资的预期收益两个因素。若资本品的供给价格不变，资本边际效率与投资的预期收益正相关；若投资的预期收益既定，资本边际效率与资本品供给价格负相关。

随着投资增加，资本边际效率具有递减的趋势。首先，从短期看，投资增加，引起对资本品的需求增加。由于资本品的供给不变，资本品的价格必然上升；其次，从长期来看，投资增加使资本存量增加，产品的生产能力扩大，导致产品供给增加，引起产品价格下降，进而使投资的预期收益减少。

古典理论认为，利息是延迟消费的报酬。利率取决于储蓄（借贷资本的供给）与投资（借贷资本的需求）两个因素。凯恩斯认为，利息不可能是延迟消费的报酬，因为个人如果以手持现金的方式进行储蓄，他就不可能得到利息。实际上利息纯粹是一种货币现象。利息是不窖藏货币即放弃流动性偏好的报酬。这种报酬的高低由利率来衡量。因此，利率取决于公众的流动性偏好（货币需求）与货币当局的货币供给。利率的高低与流动性偏好正相关，与货币供给负相关。

产生流动性偏好的动机除了交易动机、预防动机以外，凯恩斯还增加了投机动机。货币的投机动机是指人们为了买卖债券获得更多利益而持有货币的愿望。用凯恩斯的话说就是"投机动机，即相信自己对未来之看法，比市场上一般人高明，想由此从中取利"。在一个以不确定性为特征的世界里，人们总具有持有货币而不持有可获得一定收益的其他金融资产的投机动机。

债券价格与利率负相关，导致货币的投机动机与利率负相关。在经济繁荣、利率极高、债券价格极低时，货币的投机动机趋于零；而在经济萧条、利率极低、债券价格极高时，货币的投机动机无穷大，形成流动性偏好陷阱。流动性偏好陷阱中，利率不再降低。

当平均消费倾向递减引起消费相对减少、储蓄增加时，为了保证总供求相等，投资必须随着储蓄增加而增加。而投资增加会降低资本边际效率。根据投资均衡条件，只有利率不断下降，投资才能不断增加。但利率下降有一定的限度。一旦利率下降到流动性偏好陷阱之中，不能无限下降的利率终将形成 $MEC \leqslant r$ 的局面，阻碍投资增加，使投资小于储蓄，最终导致有效需求不足。

因此，投资不足的根源在于利率不能无限下降。如果利率可以无限下降，直至为零，则投资可以没有障碍地随着储蓄增加而增加，以弥补因消费减少引起的供给与需求之间的差额，使总供求始终相等，经济体系将持续处于充分就业状态。凯恩斯认为，当资本数量大大增加，使得资本不再有稀少性，毫无功能的投资者从此不能再坐收利息时，资本主义世界的面貌将大为改观。

（四）名义工资向下刚性最终导致了非自愿失业的存在

如果劳动市场完全竞争，货币工资具有弹性，能自由地升降，那么，即使有效需求不足，也不会出现普遍性的失业与经济危机：

$$AD\downarrow \to P\downarrow \to \frac{W}{P}\uparrow \to N_S > N_D \to W\downarrow \to \frac{W}{P}\downarrow \to N_S = N_D \Rightarrow N = N_e = N_f$$

这是因为有效需求不足，使价格下降引起实际工资上升，劳动市场存在超额供给，社会出现非自愿失业时，货币工资会相应降低，使实际工资恢复到均衡水平，非自愿失业将自动被消除。

但凯恩斯认为，当有效需求不足，引起劳动供给大于劳动需求时，厂商常常不愿削减货币工资。因为削减货币工资的行动会引起工人的抵抗。货币工资的向下刚性，使得劳动市场的超额供给可以在一段较长的时间内存在，从而产生非自愿失业。

（五）政府增加总需求、提高价格是实现充分就业的最好方法

凯恩斯认为，削减实际工资、消除非自愿失业的方法有两个：降低货币工资与提高价格水平。凯恩斯更欣赏后者。因为工人不会抵制由一般价格水平上升引起的实际工资降低（应当注意，这种情况并不表明工人具有货币幻觉）。一方面，工人主要关心的是自己相对于他人的实际工资水平，即自己的相对社会地位，抵制货币工资的降低和接受由一般价格水平提高而带来的实际工资的降低有利于保持已有的相对结构。另一方面，价格水平处于工人的控制力之外，工人只能在货币工资上同厂商讨价还价。因此，政府应采取扩张性财政政策与货币政策，增加总需求，以提高价格水平，降低实际工资，增加劳动需求与就业。

降低货币工资，不仅会引起工会的抵抗，对社会公平和经济效率都没有好处，而且从理论上说，也不一定能增加就业。因为货币工资降低，会减少居民的可支配收入，从而减少消费与总需求，最终使产品的价格也相应降低，而实际工资不变，从而就业量也不变。当然，货币工资降低引起的价格降低，会增加实际货币供给量，可能降低利率，增加投资和总需求，最终增加就业。但当经济处于流动性偏好陷阱或投资对利率没有反应时，这种情况就不会发生。

（六）"凯恩斯革命"的意义与不足

凯恩斯经济学在基本理论、政策主张与研究方法等方面，都与古典经济学相对立。因此，凯恩斯经济学的产生，被认为是对古典经济学的革命。凯恩斯革命具有重大的理论意义与实践意义。其理论意义主要表现为《通论》开创了宏观经济学，并对现代宏观经济学的发展产生了广泛而又深远的影响。实际上，现代宏观经济学就是在凯恩斯主义者与自由主义经济学家的相互争论中逐渐发展的。

凯恩斯革命的实践意义在于改变了政府在经济活动中的角色或地位。以前的政府仅仅是私人经济活动的守夜人。凯恩斯革命后的政府增加了调控宏观经济活动的职能。美国国会在 1946 年制定的《就业法》，正式宣布联邦政府担负稳定宏观经济的责任。

"国会在此申明，联邦政府持续的政策和责任，是使用与其需要和义务相一致的一切可行的方法……来实现就业、生产和消费的最大化。"

《就业法》的实行，在政府对经济的干预方面，具有里程碑的意义。从此以后，现代各国政府都采取一定的宏观经济政策干预私人经济活动。

凯恩斯理论的不足表现在以下三个方面。

（1）凯恩斯的宏观经济理论缺乏坚实的微观基础。例如没有从私人部门追求私人利益最大化的角度，说明价格与名义工资刚性的原因。后来的一些经济学家在这方面做了大量的工作，创立了新凯恩斯主义。

（2）只有需求理论没有供给理论。在充分强调需求方面的同时，没有注意到供给因素也是不能忽略的。同古典理论一样，都是片面的。后人努力将供求结合起来分析。

（3）对国民收入的决定与变动，只有短期的比较静态分析，缺乏长期动态分析。

二、新古典综合派或正统凯恩斯主义

（一）新古典综合派的产生和发展

新古典综合派又称为"正统凯恩斯主义""美国凯恩斯主义"或"凯恩斯右派"，第二次世界大

战以后由凯恩斯经济学直接演变而成，是当代世界的主流经济学说。

"新古典综合"一词由萨缪尔森首创（经济学第 3 版，1955 年），最初是指凯恩斯经济学与新古典经济学的融合，或凯恩斯宏观经济理论与马歇尔微观经济学的结合。新古典综合派是一个既有宏观理论，又有微观理论，既主张政府对总需求进行管理，又强调发挥市场机制的自动调节作用的折中理论体系。

《通论》出版以后，为了给当时的一些计量经济学家解释凯恩斯经济理论，1937 年，英国经济学家约翰·理查德·希克斯（John Richard Hicks，在《经济计量学》杂志上发表了一篇题为《凯恩斯先生和古典学派：提出的一种解释》的评论。在该文中，希克思用 IS-LM 模型概括了凯恩斯的经济理论，目的在于说明《通论》与新古典经济学之间的联系。他认为，凯恩斯的"理论很难与经过修订的和在限定范围内的马歇尔理论相区别"。在 20 世纪 60 年代以前，经汉森完善的 IS-LM 模型，是理论界对凯恩斯经济理论最完善和最标准的解释。

希克斯为新古典综合做了开创性的贡献。但希克斯不是凯恩斯主义者，他有自己独特的经济思想和理论体系。

最先将凯恩斯学说传播到美国的美国经济学家、哈佛大学教授汉森，为新古典综合的产生做了大量基础性的工作。他对凯恩斯理论不仅做了详尽且权威的解释，而且还做了大量修正，并在理论与政策建议方面进行了补充，为新古典综合奠定了基础。此外，汉森促成了 1946 年以凯恩斯主义者为主体的美国总统经济顾问委员会的建立与以实现充分就业为宗旨的"就业法"的颁布。他还提出了混合经济等观点。当时美国的《幸福》杂志曾这样评价汉森："在今天，谁如果不熟悉汉森和凯恩斯的思想，谁就不可能了解世界大事的推演"。

萨缪尔森是新古典综合派创立者，也是新古典综合派最主要的代表。他撰写的经济学教科书《经济学：初步分析》在 1948 年的出版，标志着新古典综合体系的创立。在 1955 年出版的《经济学》第 3 版中，他首先提出了"新古典综合"一词。在 1961 年的第 5 版《经济学》中，他正式用"新古典综合"来说明其经济理论的特征，并认为新古典综合是对凯恩斯经济理论的继承和发展。

"新古典综合"学说产生以后，无论是凯恩斯主义者，还是凯恩斯主义的反对派，都持有反对意见。

在凯恩斯主义阵营中，英国的凯恩斯主义者琼·罗宾逊夫人等人，早在 20 世纪 50 年代就指责"新古典综合"忽视了凯恩斯理论体系对收入分配、经济不稳定性、预期不确定性、历史性等因素的强调，认为"新古典综合"是"冒牌"的凯恩斯主义；20 世纪 60 年代，非均衡学派的代表人物克洛沃和莱荣霍夫德等人认为，凯恩斯的《通论》从本质上讲是关注短期问题的"非均衡分析"，指责新古典综合的均衡分析方法从根本上背离了凯恩斯经济学思想。

在凯恩斯主义的反对派中，货币主义者在美国著名经济学家弗里德曼教授的领导下，从 20 世纪 50 年代开始对新古典综合派发动了猛烈的攻击。后来的理性预期学派以及真实经济周期学派，从基本理论和分析方法等方面，对新古典综合进行了更深刻的批判。

萨缪尔森及时理解了这些批评意见，并从各种反对意见中吸收了有益成分。1985 年，在萨缪尔森与诺德豪斯共同撰写的《经济学》第 12 版中，他们将自己的理论体系改称为"现代主流经济学的新综合"，即"把各种不同的思想流派——凯恩斯主义、古典学派、现代货币主义、供给学派、理性预期以及现代宏观主流经济学——综合在一起。" 这种综合一直持续到 2009 年，《经济学》终结版——第 19 版的出版。

（二）新古典综合的必要性与可能性

1. 新古典综合的必要性

新古典综合的必要性表现在以下两个方面：

（1）凯恩斯理论仅仅考察了宏观经济总量水平的决定，没有分析个量。而新古典理论着重分析个量，很少分析总量。总量虽由个量组成，但总量并不是个量的简单相加，总量具有一些与个量不同的性质。为了既考察个量的决定问题，又分析总量的决定问题，必须将新古典的微观经济理论与凯恩斯的宏观经济理论结合起来。

（2）新古典综合派认为，资本主义经济是由公共部门和私人部门组成的混合经济。混合经济的实质就是国家干预的以私人经济为基础的市场经济。混合经济主要通过价格机制来合理配置资源，政府通过财政政策与货币政策来干预宏观经济活动，以减轻甚至消除经济波动，保证经济持续稳定地增长。与混合经济相适应，经济理论也应该是折中的或混合的经济理论。

2. 新古典综合的可能性

"新古典综合"具有一定的可能性：在政府采取总需求管理政策使经济达到充分就业以后，新古典的微观经济分析与凯恩斯的宏观经济分析之间的"鸿沟"就被消除了，新古典理论仍然是有效、正确的经济理论。在萨缪尔森看来，如果经济中存在非自愿失业，凯恩斯经济理论就占据统治地位。一旦实现充分就业，凯恩斯理论将逐渐失去它的重要性，而传统经济学将发挥重大的作用。

本书是根据新古典综合的理论体系编写的，新古典综合的基本内容已经包含在以前各章中，这里不赘述。

20 世纪 60 年代末到 70 年代初，主要资本主义国家出现了生产停滞与通货膨胀同时并存的"滞胀"局面，导致凯恩斯主义的总需求管理政策失灵。货币主义与新古典宏观经济学派对正统凯恩斯主义经济学展开了持续而又深刻的批判，正统凯恩斯主义的主流经济学地位开始动摇。

第二节 货币主义

一、货币主义的基本信念

货币主义是现代自由主义经济思潮中最重要的一种，它认为市场机制在宏观方面是有效率的，政府应放任宏观经济自由运行，反对政府调控宏观经济活动。货币主义由美国著名经济学家弗里德曼创立。1956 年，弗里德曼的《货币数量论——一种重新表述》一文的发表，标志着现代货币主义产生。由于当时凯恩斯主义在理论与实践上，都取得了极大的成功，弗里德曼批判凯恩斯主义的思想并未引起西方经济学界的普遍响应与重视。直到 20 世纪 60 年代末至 70 年代初，西方国家经济出现滞胀，凯恩斯主义失灵时，货币主义才受到理论界与政府部门的重视，一时广为流传。如果没有 20 世纪 70 年代的"滞胀"，货币主义仍然可能是凯恩斯主义者眼里无足轻重的"异端"。

弗里德曼长期在芝加哥大学任教，故货币主义又叫芝加哥学派。现代货币主义学派区别于其他学派的基本信念可表述如下。

（1）货币存量的变化是解释货币收入变化最主要的因素，虽然不是唯一的因素。

（2）价格、货币工资与利率相对灵活。私人资本主义经济除非受到起伏不定的货币增长的干扰，否则是内在稳定的，即宏观经济受到非货币因素的某种干扰后，会相当迅速地恢复其自然率水平。

（3）在短期，货币数量的变动主要影响价格，少量影响实际产出，即短期菲利普斯曲线向右下方倾斜，并且比较陡峭；在长期，货币数量的变动，只影响价格，不影响实际产出，即长期菲利普斯曲线在自然失业率处是垂直的。

（4）通货膨胀与国际收支本质上是货币现象。

（5）为了稳定宏观经济运行，货币增长率必须固定不变，即央行必须实行单一规则的货币政策。

二、现代货币数量论——名义收入决定理论

（一）现代货币数量论首先是有关货币需求的理论

现代货币主义的历史渊源是古典货币数量论。古典货币数量论是关于货币流通量与一般价格水平之间关系的理论。但弗里德曼认为，旨在说明名义收入变动原因的现代货币数量论，首先是关于货币需求的理论，而不是有关一般价格水平或货币收入的理论。这是因为：

（1）在非货币因素干扰下，宏观经济总是保持在充分就业水平上运行，真实产量水平比较稳定，因此，名义收入变动主要来自物价变动。

（2）物价变动纯粹是一种货币现象，根源于货币供给与货币需求的变动。因此，要解释物价水平或名义收入变动，必须说明货币需求与货币供给。

（3）货币供给量是由货币当局决定的外生变量，在理论分析方面没有实质性意义。故分析的重心就自然而然地落到货币需求方面。所以，在弗里德曼看来，现代货币数量论首先是关于货币需求的理论。

（二）货币需求函数及其稳定性

弗里德曼认为，人们拥有的财富由货币、债券、股票、耐用消费品与人力资本5种资产构成。人们持有的各种资产的边际收益率具有递减趋势。因此，财富在各种资产形式中的最优分配，要求所持有的各种资产的边际收益率相等。货币是人们持有财富的一种表现形式，是5种资产中的一种，这意味着货币具有储藏职能。人们通过选择最优资产组合决定对货币的需求。因此，货币主义的货币需求理论是关于经济决策主体如何选择最优资产组合的理论。弗里德曼提出以下形式的个人真实货币需求函数。

$$\frac{M_d}{P} = f(y^P, w, r_m, r_b, r_e, \frac{1}{P}\frac{dP}{dt}, u) \tag{10.5}$$

在式（10.5）中，M_d 为财富所有者手上持有的货币量，即个人的名义货币需求量，P 为一般价格水平，$\frac{M_d}{P}$ 为真实货币需求，y^P 为真实持久收入，即个人在其一生中可以预期得到的年平均真实收入。之所以用持久性收入作为财富总量的代表，是因为现期收入经常波动，带有一定的片面性。w 为非人力财富在总财富中的比重。r_m 为货币的预期名义报酬率，r_b 为债券的预期名义报酬率，r_e 为股票的预期名义报酬率，$\frac{1}{P}\frac{dP}{dt}$ 为耐用消费品价格的预期变动率，即预期的实物资产的名义报酬率；u 代表个人对持有不同资产形式的偏好，可理解为影响货币需求的众多因素中未列入上述货币

需求函数中的其他因素。例如货币对个人效用的高低、财富持有者的消费习惯，等等。

弗里德曼认为，撇开非人力财富在总财富中的比重这个变量与分配对真实持久收入的影响，上述个人货币需求函数就可以当作社会货币需求函数。在其他条件不变的情况下，财富水平越高；持有货币的收益率越高；其他资产的收益率越低（例如股息率越低、预期通货膨胀率越低），货币需求就越大。反之，货币需求就越小。

在弗里德曼看来，货币需求函数具有稳定性。这是因为：

（1）作为财富总代表的真实持久收入是影响货币需求的最重要因素。货币需求的真实持久收入弹性大于1（弗里德曼测算美国在 1869—1957 年这段时期，货币需求的真实持久收入弹性为1.8）。而真实持久收入在长期内取决于技术水平与就业量等真实生产条件，其变动是相当稳定的。因而货币需求与真实持久收入之间具有相当稳定的函数关系。

（2）财富的构成比例在一定时期内是相当稳定的。

（3）货币收益率、债券收益率以及股票收益率对货币需求的影响可以归结为市场利率对货币需求的影响。市场利率虽然经常变动，但弗里德曼在其早期有关货币需求的经验研究中声称发现，利率对货币需求的影响微不足道（弗里德曼计算出，1867—1960 年，美国真实货币需求的利率弹性为-0.15）。

（4）预期通货膨胀率在短期也几乎是不变的。这是因为货币主义使用的预期是适应性预期，而非理性预期。

（5）人们对各种资产的偏好往往既定不变。

由于影响货币需求的各种因素本身比较稳定，因此货币需求函数也是比较稳定的。直至 20 世纪 70 年代初，经验证据都充分支持了这个信念。但以后人们发现了货币需求明显不稳定的证据，并提出了许多因素来解释这种明显的不稳定，其中包括 20 世纪七八十年代金融体系的制度性变革等。

货币需求函数的稳定性具有重要意义。如果真实货币需求与真实持久收入及其他变量之间的函数关系是稳定的，在货币需求与货币供给的决定无关条件下，名义收入的变动必然主要来源于货币供给量的变动。

（三）货币数量变动是名义收入变动的主要决定因素

设真实货币需求函数：$\dfrac{M_d}{P} = f(y^P, \dfrac{P}{P}, w, r_m, r_b, r_e, \dfrac{1}{P}\dfrac{dP}{dt}, u)$ 是价格与真实持久收入的一次齐次函数，即：

$$f(\lambda y^P, \lambda\frac{P}{P}, w, r_m, r_b, r_e, \frac{1}{P}\frac{dP}{dt}, u) = \lambda f(y^P, \frac{P}{P}, w, r_m, r_b, r_e, \frac{1}{P}\frac{dP}{dt}, u) = \lambda\frac{M_d}{P} \tag{10.6}$$

令 $\lambda = \dfrac{1}{y^P}$，则有：

$$\frac{M_d}{Py^P} = f(\frac{y^P}{y^P}, \frac{P}{Py^P}, w, r_m, r_b, r_e, \frac{1}{P}\frac{dP}{dt}, u) \tag{10.7}$$

从而有：

$$M_d = f(\frac{1}{y^P}, w, r_m, r_b, r_e, \frac{1}{P}\frac{dP}{dt}, u)Py^P \tag{10.8}$$

式（10.8）相当于剑桥方程：

$$M_d = kPy \tag{10.9}$$

不同的仅仅是剑桥方程中的 k 是固定不变的常数，而弗里德曼货币需求函数中的 $k = f(\frac{1}{y^P}, w, r_m, r_b, r_e, \frac{1}{P}\frac{dP}{dt}, u)$，即 k 随 $\frac{1}{y^P}$、r_m、r_b、r_e、$\frac{1}{P}\frac{dP}{dt}$、u 等因素的变动而变动。

令货币供给（M）等于货币需求（M_d），可得方程：

$$M = f(\frac{1}{y^P}, w, r_m, r_b, r_e, \frac{1}{P}\frac{dP}{dt}, u)Py^P \tag{10.10}$$

显然，在变量 $f(\frac{1}{y^P}, w, r_m, r_b, r_e, \frac{1}{P}\frac{dP}{dt}, u)$ 较为稳定的条件下，货币数量（M）是名义收入（Py^P）的主要决定因素。由于名义收入的变化既可以表现为价格的变化，也可以表现为产量的变化。因此，货币数量的变化对价格与产量都可能有影响。

（四）货币数量影响名义收入的机制与时滞

弗里德曼认为，货币供给的变动最初对收入没有任何影响，而是对现有资产（股票、债券与耐用消费品等）价格发生影响。每当各种资产的边际收益率不相等时，追求最大效用的个人便会在不同资产之间重新分配财富。假设在初始均衡状态下，财富在各种资产间的分配处于最优状态，即人们持有各种资产的边际收益率相等。现在，货币管理当局在公开市场上购买债券，公众持有的货币量便增加，导致持有货币的边际收益率下跌。人们会增加购买非货币资产来减少超过其意愿持有的现金余额。对非货币资产需求的增加，必然导致非货币资产价格上升和利率降低，刺激新的非货币资产的生产与真实投资的增加，进而导致真实收入增加。这种调整过程将一直持续到人们持有的各种资产的边际收益率再次相等为止。

因此，货币数量对经济的作用机制可以简单地表示如下：货币供给的增加通过增加总需求，引起非货币资产价格上升和利率降低，从而刺激非货币资产生产的增加和真实收入的提高。相反，当货币供给减少时，同样的传递机制会导致收入减少。即：

$$M \uparrow \rightarrow \text{AD} \uparrow \rightarrow \begin{cases} P \uparrow \\ r \downarrow \end{cases} I \uparrow \rightarrow Y \uparrow$$

弗里德曼认为，货币数量对名义收入的影响有一定的时滞。经过研究，他认为货币供应量增加后，大致经过 6~9 个月，名义收入才会增加；大约再经过 6~9 个月，货币供应量的增加才会导致物价普遍上涨，即货币供给量的变动和通货膨胀率的变动间隔的时间平均为 12~18 个月。

货币数量对名义收入的影响在价格与产量之间的分摊情况，短期与长期有所不同。短期菲利普斯曲线向右下方倾斜，意味着货币数量的变动在短期既影响价格，也影响实际收入，即货币在短期是非中性的。长期菲利普斯曲线在充分就业水平上垂直，意味着货币数量的变动，在长期只影响价格，不影响实际收入，即货币在长期是中性的（见第七章第三节）。

三、货币主义的政策主张

货币主义者认为，市场经济体系具有内在稳定性，财政政策具有 100% 的挤出效应。货币政策在长期是中性的，在短期具有一定的真实效应。但这种真实效应是不好的。首先，货币政策的真实效应建立在工人的货币幻觉基础之上，损害了工人的利益；其次，伴随扩张性货币政策真实效应而来的是物价的大幅度上升。由于短期菲利普斯曲线向右下方倾斜，中央银行为降低通货膨胀率而采取的紧缩性货币政策，在短期必然减少就业和实际收入，付出重大的社会成本。因此，相机抉择的货币政策不仅没有好的效果，而且会加剧经济波动，减少社会福利。

为了确保经济长期稳定增长，避免货币政策本身成为经济剧烈波动的根源，货币当局应该固定货币增长率，实施单一规则的货币政策。货币增长率应该按照长期经济增长率来确定。由于货币需求的收入弹性大于 1，货币增长率可适当大于长期经济增长率。单一货币规则建立在以下信念之上。

（1）如果央行在长期内以稳定的比率扩大货币供应，经济便会稳定在自然失业率状态，通货膨胀率也会保持稳定，即经济将维持在长期菲利普斯曲线上的某一点。

（2）采取单一货币规则，可消除经济中的最大不稳定根源。因为除非受到不稳定的货币增长率的干扰，否则私人资本主义经济是内在稳定的。

（3）由于与货币政策联系在一起的滞后时间较长且变化不定，相机抉择的货币政策最终可能会造成不稳定，把事情弄得更糟而不是更好。

弗里德曼曾将正确的货币政策的积极作用归纳为以下三点。

（1）货币政策能够防止货币本身成为经济混乱的主要源泉。

（2）货币政策能够给宏观经济运行与发展提供稳定的背景。

（3）货币政策能够有助于抵消经济体系中其他原因引起的比较重要的干扰。

第三节 供给学派

一、供给学派的产生背景与基本观点

第二次世界大战后，正统凯恩斯主义成为主流经济学说。西方国家普遍依据其理论与政策主张制订政策，对总需求进行管理与调控，并取得了较大效果。在 20 世纪 50 年代与 60 年代，将近 20 年的时间内，西方国家的经济持续增长，物价水平稳定，被称为"黄金年代"。于是凯恩斯主义盛极一时。

但是，由于政府持续扩大开支，增加总需求，加之在 20 世纪 60 年代末、70 年代初，世界石油价格大幅度上升等原因，导致 20 世纪 70 年代的西方国家普遍出现生产停滞、失业严重，同时物价持续上涨的"滞胀"局面。面对"滞涨"困境，凯恩斯主义的需求管理政策左右为难，宣告失灵。在主流经济学出现重大危机、反凯恩斯主义风起云涌的历史条件下，供给学派应运而生。

在供给学派看来，需求的增长不一定会造成实际产量的增长，而是促进物价上涨，引起储蓄率和投资率增长放慢，并延缓技术变革。乔治·吉尔德断言："在经济学中，当需求在优先次序上取代供应时，必然造成经济的呆滞和缺乏创造力、通货膨胀以及生产力的下降"（吉尔德：《财富与贫困》，上海译文出版社，1985 年）。供给学派在批判凯恩斯主义有效需求理论、否定凯恩斯主义需求管理政策的基础上，提出了供给管理的政策主张，试图复兴"古典经济学"和萨伊定律。供给经济学非常强调供给。供给学派的主要代表人物阿瑟·拉弗声称，供给学派经济学是一种"强调对个人刺激的新经济学"。

1981 年，当供给学派还比较幼稚的时候，里根总统就将供给学派理论当做美国的官方经济学，对这一学派的重要人物及其支持者委以经济要职，并宣称以供给经济学为主要理论依据来制定美国的"经济复兴计划"。1981 年 7 月美国参众两院通过历史上幅度最大、范围最广、影响最深刻的减税计划。与此同时，政府还减少支出，并减少政府对企业的干预。该理论也曾受到撒切尔夫人的高度重视。

与此同时，各种新版的经济学教科书都用单独的章节专门介绍该学说。许多大学的经济系开设新课讲解供给学派，各种报纸杂志或宣传、评论，或批评供给学派，纷纷发表意见，供给学派在当时成了美国极为时髦的经济学说。

供给学派的基本观点有以下 4 个。

（1）信奉萨伊定律，认为市场机制能自动维持充分就业。

（2）强调供给方面对经济的作用，反对凯恩斯主义的需求管理。

（3）认为资本主义经济体系的症结在于供给不足，需求过旺。

（4）政府应该采取降低税率、鼓励竞争等措施，以增加供给，促进经济增长。

二、供给学派的理论渊源

供给学派经济学"不过是穿上现代服装的古典经济学"。古典经济学认为，市场机制能够自动使经济趋于充分就业均衡。如果经济经常偏离充分就业均衡状态，一定是政府对经济的干预（最低工资法）或私人垄断（工会）妨碍了市场机制的作用。古典经济学建立在"萨伊定律"基础之上。萨伊认为，供给会创造出对自己的需求。因此，经济学研究的重点应该放在生产和供应上。"所以一个好的政府以刺激生产为目的，而一个坏的政府则鼓励消费"。

供给学派接受了萨伊定律，直接吸收了古典经济学关于刺激储蓄与投资、提高生产率等强调供给的基本经济思想。如果说凯恩斯主义是对新古典经济理论的否定，那么，供给学派则是"否定之否定"，即对凯恩斯主义的否定。这一否定在内容上并不是对萨伊定律的简单复归。

萨伊生活在自由资本主义时代，他主张完全的自由竞争，反对任何性质和形式的国家调节。供给学派则处在政府对经济的重要领域进行各种干预的时期，他们不可能反对国家对经济的干预。他们以萨伊的"供给会自行创造需求"的理论为基础，制定了一系列较完备的"供给管理政策"。供给学派只是反对凯恩斯主义主张的政府对需求的干预。

当供给学派已经在美国经济学界形成一股强大势力时（1975 年），供给学派还没有为自己找到一个合适的名称。恰好他们的反对者中，有人撰文攻击他们的理论把供给与需求对立起来，单方面强调供给，讽喻他们是"供给学派财政学家"。于是拉弗等人也就公开地把自己称为"供给学派"。从此，"供给学派"这一名称开始流行于西方经济学文献中。

供给学派并没有完整的理论体系，不是一个成熟的经济学流派。它的政策主张总是走在其理论表述的前面。供给学派是一种偏重于经济政策的经济学流派。它总是先提出政策主张，然后解释和论证这些政策主张。它所提出的一系列经济政策主张，缺乏系统的经济理论基础。受到里根政府与撒切尔夫人政府的重视后，供给学派才在 20 世纪 80 年代的经济学界产生了较大的影响。里根告别白宫后，该学派的影响逐渐衰弱。

三、正统或激进的供给学派

供给学派不仅缺乏严密的理论体系，而且内部存在较大的分歧。可以将供给学派分成正统的或激进的供给学派与温和的供给学派两支。激进的供给学派以拉弗、万尼斯基、吉尔德、罗伯茨等学者为代表。

（一）正统供给学派的基本政策主张

（1）大幅度持续地削减个人所得税和企业所得税。供给学派认为，个人和企业的生产积极性取决于税后净收入。减税引起可支配收入增加，从而刺激人们工作、储蓄与投资的积极性。凯恩斯主义者认为，减税作为一种刺激总需求的政策措施，会引起和加剧通货膨胀。但是，供给学派认为，降低税率由于会增加供给，增加税基，不仅不会减少税收量，而且会增加税收量，减少财政赤字，有助于降低通货膨胀率，最终摆脱"滞胀"困境。在供给学派的诸多政策主张中，减税是最主要的经济政策。

（2）实施紧缩性的货币政策，使货币供给量的增长和长期的经济增长潜力相适应。主张加强对中央银行的管制，约束货币当局的行为，恢复尼克松政府在1971年放弃的金本位制。

（3）减少国家对经济生活的干预和管制，取消对特定行业的过度保护，提高市场竞争程度，改变国家干预的方向和内容，主张更多地依靠市场机制促进经济增长。

（4）缩减政府开支，尤其要大幅度缩减福利开支，提高私人投资能力。供给学派认为，政府购买支出的增加有排挤私人支出的趋势，而私人支出比政府支出具有更大的生产性，效率也更高。因此，法律应该规定实现财政预算平衡，以便对政府开支加以必要的限制。政府也应该减少转移支付等福利开支，因为它对低收入者的人力资本积累、生产效率的提高和工作激励都有消极的影响。

（二）正统供给学派的主要经济理论

1. 减税是最主要的经济政策的原因

供给学派认为，凯恩斯主义政策是通过调节货币的供给量，降低利率，以增强投资的引诱力来刺激投资促进经济增长的。但是，到20世纪70年代末期，经过通货膨胀和税收调整后的利率已经是负数。现在适当的经济政策就不是用降低利率刺激需求，而是减税，刺激供给增长。

从"供给自行创造需求"的萨伊定律出发，供给学派把减税看成是使美国摆脱经济停滞困境的基本手段。吉尔德概括了供给学派的这一基本思想，指出："税收政策要能有效地影响实际收入，其唯一办法在于改变对供应者的刺激。用改变报酬的方式来使人们喜欢工作胜过享受闲暇，乐意投资胜于消费，使生产源泉胜过财富的洼坑，并使纳税活动胜过不纳税活动，这样政府能直接而有力地促进真正的需求和扩大收入。这就是供应学派的使命"（《财富与贫困》，上海译文出版社，1985年）。

2. 高税率的危害性

高税率的危害性主要有以下5个。

（1）高税率，特别是过高的边际税率，是美国劳动者工作积极性和劳动生产率下降的重要原因之一。供给学派指出，当税率提高时，虽然为了不降低税后的收入，人们有更加勤勉和工作更长时间的意愿。但是，如果进行边际分析，就会发现他们的生产率下降了。因为，一方面，如果企业主是一个边际生产者（其产量决定原则为边际收益等于边际成本），那么税率的提高将使他停产或进行较低水平的经济活动，社会就将失去这个企业的全部或部分产品；另一方面，高税率使家庭单靠一个人的收入不足以维持正常的生活，从而把庞大的家庭妇女赶入劳动大军之中。由于妇女的劳动生产率普遍低于男子，因此，美国的生产率必然随着女性劳动者的增加而下降。

吉尔德认为："当家庭收入不管出于何种原因，增加的可能性减少时，已婚妇女会更加努力地工作，而已婚男子则恰恰相反。鉴于在美国赚取高薪的已婚男子是劳动生产率增长的主要源泉，不难看出因受通货膨胀的影响而提高的高度累进的税率，在劳动大军不断壮大的同时，只会使劳动生产率不断下降"（《财富与贫困》，上海译文出版社，1985 年）。

（2）供给学派还认为，很高的边际税率会导致美国工人做出偏好于休闲、消遣、享受等方面的选择，这是使美国企业劳动生产率下降的又一重要原因。当边际税率很高时，多劳动所得的收入需要按照更高的税率纳税，到手的收入很少，休闲变得相对有利，休闲的价格降低了。因此，进入 20 世纪 70 年代以来，美国的一般工人特别是男性工人宁愿少做工、多休息，不愿意加班加点努力工作、积极学习和提高技术以多挣工资收入。这导致美国工厂出勤率下降、劳动纪律松弛和劳动生产率下降。吉尔德认为，"正是这些情况给美国家庭生活罩上了一层阴影，而且在 20 世纪 70 年代的大部分时间内使人们的经济利益受到损害，导致在劳动大军不断壮大的同时，劳动生产率却不断下降。"

（3）很高的边际税率是美国储蓄和投资不足、经济停滞不前、不能持续增长的根本原因。首先，很高的边际税率，消费的机会成本或价格相对降低，投资和储蓄的机会成本或者价格相对提高，从而鼓励人们多消费，少储蓄和投资。这是美国近年来储蓄率和投资率下降的重要原因之一。其次，由于很高的边际税率，美国大多数家庭单靠一人的收入已难以维持生活，这使广大妇女和临时工等非熟练工充塞到劳动大军之中，导致了维持高生产率职位的新投资严重不足。现在各个公司不是把钱用在购买耐用的机器设备上，而是倾向于雇佣一些低薪工人，这些工人往往是季节工或者零工。

（4）与高税率相联系的大规模福利支出，不能从根本上减少或消灭贫穷。供给学派认为，由于大规模的福利支出，阻碍了贫困的改善，导致美国的社会生产率和生活水平下降。吉尔德指出，"竭力从富人那里拿走他们的收入，就会减少他们的投资。而把资金给予穷人，就会减少穷人的工作刺激，肯定会降低美国的劳动生产率并限制就业机会，从而使贫穷永远存在下去。"只有通过大幅度减税，刺激储蓄，提高投资率，增加产量，才能摆脱这种贫困。因为这不仅可以增加就业机会，而且提高劳动者的工作热情，愿意增加劳动供给，最终提高穷人的生活水平。

（5）过高的边际税率不仅阻碍了个人和企业的财富积累，而且使私人投资者的革新、发明、创造的精神丧失殆尽，这是高税率对美国经济增长和社会进步造成的最大危害。

此外，高税率导致地下经济的规模不断扩大，避税和逃税更加盛行，离婚增多和道德败坏等社会问题更加突出。

供给学派还通过拉弗曲线（见第七章），形象地阐释了降低税率对于增加就业、促进经济增长与增加税收量的积极意义。

然而对于拉弗曲线，理论界有不同的看法。虽然减税的确使里根时期的美国经济得到了极大的繁荣，但财政收入并没有如理论所说的那样增加。相反政府债台高筑，赤字惊人。事后有人说，其实减税并不是刺激了总供给，而是刺激了总需求，和凯恩斯主义的做法是一致的。20 世纪 90 年代以后，里根的减税政策受到更多的指责。老布什称之为一种邪教。经济学家曼昆把减税增收的说法称为骗人的"新潮节食减肥计划"。经济学家克鲁格曼则称提出减税的经济学派为"江湖骗子",因为减税并没有什么刺激投资的作用,也不可能增加税收,只不过增加了财政赤字而已。

四、温和的供给学派

(一)温和供给学派的基本理论观点

哈佛大学教授马丁·费尔德斯坦(Martin S. Feldstein)是"温和供给学派"的主要代表人物。他曾任美国经济研究局主席与里根总统经济顾问委员会主席,在 38 岁时获得美国经济学的 J·B·克拉克奖章。以费尔德斯坦为代表的温和供给学派的基本理论观点主要有以下 3 个。

(1)一个国家实际收入的演变有赖于其有形资本和智力资本的积累,并取决于其劳动力的质量与所作的努力。

(2)在当今已趋充分就业的美国经济中,凯恩斯主义的扩张性财政政策和货币政策是引起失业率和通货膨胀率上升以及资本形成率下降的主要原因。政府实施的社会福利扩大计划,反而增加失业人数,减少个人储蓄,阻碍了企业投资和经济增长。

(3)美国 20 世纪 80 年代初的经济问题主要表现在供给方面。应通过增加储蓄,减少政府对市场的干预,充分发挥个人的生产积极性和创造性,提高生产效率等途径,努力提高整个社会的供给能力。

(二)温和供给学派的政策主张

温和供给学派的政策主张主要有以下 4 个。

(1)平衡预算收支,削减不必要的支出,尤其是削减福利开支和价格补贴等,消除财政赤字。

(2)逐步改革税收体制,有"选择地"适度减税,特别是要削减公司所得税和资本收益税,放宽折旧条例,鼓励储蓄和投资,加速资本形成,增加生产。

(3)控制长期货币增长率,货币年均增长率不超过 6%,并至少坚持 5~7 年,采取有节制并可预期的货币政策。

(4)政府应该倡导废除束缚生产的一些规章制度,以刺激企业投资的积极性。

在政策主张上,费尔德斯坦同"正统的供给学派"有明显的分歧。费尔德斯坦认为,"正统供给学派"为解决美国经济问题而提供的方法过于简单化。他尖锐地批评拉弗等人的理论使里根政府醉心于减税的快速效应,误以为减税会自动增加政府收入,并消除通货膨胀,促进经济快速增长。

费尔德斯坦认为,当前美国宏观经济政策的主要任务在于平衡预算、稳定并减少财政赤字和降低通货膨胀率,创造一个刺激储蓄、投资的环境,求得较高的资本形成率。在费尔德斯坦看来,美国经济的病症不仅仅限于很高的边际税率,在财政赤字、通货膨胀、税收结构、社会保险制度等方面也有诸多弊病。

(三)温和供给学派的经济理论——费尔德斯坦曲线

假定一国资产由货币、公债券和私人有价证券三种形式组成。费尔德斯坦认为,20 世纪 80 年代美国经济的背景,已不是凯恩斯创立需求经济学时的非充分就业的情况,而是处于自然失业率的充分就业状态。在充分就业和经济均衡增长的条件下,财政赤字的增加可以表现为公债券增加、货币供给增加，或两者同时增加。货币供给增加会造成通货膨胀压力，公债券增加会引起政府债券利率和私人有价证券利率相对水平的变化，从而产生公债券对私人有价证券的替代效应，导致私人有价证券需求缩小，降低整个社会的资本形成水平。

费尔德斯坦认为，由于美国政府一直推行赤字财政政策，并且混合性地增加货币和公债的发行，这不仅导致通货膨胀和财政赤字并存，而且对资本形成了产生长期的抑制效应，即财政赤字的增加，不仅降低资本形成率，而且提高通货膨胀率。费尔德斯坦试图探索一条在财政赤字稳定或增长的条件下，消除赤字对通货膨胀的加速作用和对资本形成的抑制效应的有效途径。

1. 使财政赤字的增加不影响通货膨胀率

在财政赤字增加的条件下，要使通货膨胀率不变，就不能增加货币供给，只能通过公债券的发行来消除财政赤字。但是，这会导致政府债券和货币的相对利率提高，加强政府债券向私人有价证券的替代效应，从而降低资本形成水平和实际国民收入。可见，在增加财政赤字的条件下，避免高通货膨胀率的代价是资本形成率和国民收入增长率的降低。

2. 使财政赤字的增加影响通货膨胀率

费尔德斯坦认为，在财政赤字增加的情况下，如果扩大货币供给量（央行购买债券），就可以消除政府债券对私人有价证券的替代效应。货币供给量扩大产生的通货膨胀引起名义利率上升，但实际利率下降，提高资本形成的实际净收益，促使厂商增加投资。扩大的货币供给也使得私人有价证券投资增加，最终也会提高资本形成率。

费尔德斯坦试图利用一条曲线，简明地描述财政赤字对通货膨胀、资本形成的影响以及三者之间的关系。这就是"费尔德斯坦曲线"，它表示在既定的财政赤字条件下，通货膨胀率和资本形成率之间的正相关关系。当财政赤字水平变化时，费尔德斯坦曲线会上下移动，如图 10-1 所示。

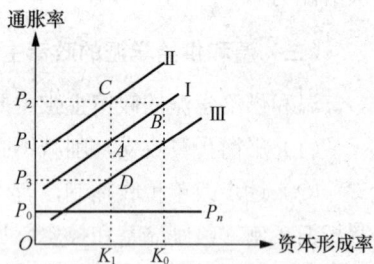

图 10-1　费尔德斯坦曲线

在图 10-1 中，当政府赤字增加时，曲线从 I 上升到 II，这时为了保持原来的资本形成水平 K_1，通货膨胀的代价增加到 P_2；相反，如果财政赤字减少了，曲线从 I 下移到 III，这时用较低的通货膨胀率 P_3 的代价就可以维持原来的资本形成水平。当财政赤字为零时，"费尔德斯坦曲线"就下移为一条和自然通货膨胀率重合的水平线，这种通货膨胀率独立于政府的财政变量，对资本的形成没有影响。

费尔德斯坦根据该模型，推断凯恩斯主义的菲利普斯曲线反映的通货膨胀率和就业之间的替代关系已经不能解释当时的美国经济现状。凯恩斯主义的菲利普斯曲线在于说明一个国家的通货膨胀率与失业率之间的替代关系，其政策含义是指政府可以选择最优的通货膨胀和失业率的组合。费尔德斯坦认为，菲利普斯曲线反映的这种替代关系在经济处于非充分就业的条件下和短期内是存在的、有效的，但是当经济达到充分就业时，菲利普斯曲线的替代关系就消失了，并为"费尔德斯坦曲线"的替代关系所代替。

这时的经济问题就主要表现在供给方面，如果继续推行财政赤字政策，就会使费尔德斯坦曲线向上移动，不仅加强通货膨胀的压力，而且会给资本形成水平的提高带来困难。因此，他认为，在充分就业条件下，凯恩斯的经济政策已经失效了，宏观管理政策应该从需求转到供给方面。政策主要的任务是平衡预算，推行紧缩性的货币政策和刺激性（刺激工作、储蓄和投资的积极性）的财政政策，逐步降低或消除财政赤字，使"费尔德斯坦曲线"向下移动转化为一条水平线，达到自然通货膨胀率的水平。

另外，费尔德斯坦认为，在这里，他的理论观点和政策主张与"拉弗曲线"的思想是完全不同的。虽然他们都认为美国经济停滞的结症在于供给方面，特别是在于储蓄率和资本形成率较低。因此，他们都主张政策应该从刺激需求转到刺激供给。但是，他们在看待抑制通货膨胀的方法以及减税的效应等方面则大相径庭。费尔德斯坦完全不同意"拉弗曲线"所谓减税会自动快速增加政府的收入、抑制通货膨胀和导致经济增长的看法。他认为，减税主要是当作改善目前美国的税制结构，相应压缩政府开支，平衡财政预算的一个重要手段，使"费尔德斯坦曲线"向下移动，来提高资本的供给水平，促进经济增长。

五、供给学派理论的实践和评价

（一）供给学派理论的实践：里根政府的"经济复兴计划"

供给学派的经济理论曾是美国里根政府制定经济政策的理论根据。1981 年，里根上任不久，就向国会提出了具体的"经济复兴计划"。该计划主要包括以下四方面的内容。

（1）削减个人所得税和企业税率，其中个人所得税率自 1981 年 7 月 1 日开始每年削减 10%，三年削减 30%。纳税等级越高的人，得到的税收减免就越多。这是因为供给学派认为，减税的主要目的，在于减轻中高收入阶层的税收负担，因为只有这部分人才有增加储蓄与投资的能力，是美国经济增长的发动机，对增加供给起着决定性的作用。

（2）削减联邦开支，尤其是削减社会福利方面的开支，减少预算赤字，逐年平衡预算。在削减预算法案中，计划 1982 年削减支出 352 亿美元，1983 年和 1984 年分别削减 440 亿和 514 亿美元。从削减的项目内容看，主要是停发食品券，使美国 40 万个家庭失去了购买食品时的政府价格补助；减少儿童营养补贴和对抚养儿童家庭的补贴；降低对低收入的青年人、残疾者等提供的医疗费用补助，废除《全面就业训练法》，削减政府为职工教育和培训计划所负担的经费，等等。供给学派认为，帮助穷人最好的办法，不是由政府给予救济，而是实现经济稳定增长，做大能够供社会享用的收入馅饼。显然，供给学派经济学具有"劫贫济富"性质。

（3）放宽和取消政府对企业的一些限制性规章条例，鼓励自由竞争。例如，1981 年，取消了工资和物价的"自愿限制"，以及国内生产石油和天然气的价格管制；放宽《反托拉斯法》，鼓励合并和建立规模大的企业，淘汰效率低的企业，以提高生产率，加强美国工业企业的竞争能力；放宽环境保护方面的一些条例等。

（4）控制货币信贷，推行有节制的稳健货币供给政策。里根上台不久，就要求联邦储备委员会实施与他的"经济复兴计划"相协调的货币政策。联邦储备委员会从 1980 年起开始大力降低货币供应量的增长率。

当然，"经济复兴计划"的思想基础并不全部属于供给学派的经济理论。里根政府看到，凯恩斯当年面临的主要问题是需求不足，凯恩斯的宏观经济理论提供了被战后资本主义经济发展的实践所证明的、解决需求不足的短期有效的药方。但是，20 世纪 70 年代以来，资本主义市场经济体制面临的经济问题已经不是需求不足，而是供给不足，经济衰退，以及实行凯恩斯主义需求管理政策导致的"停滞膨胀"局面。因此，对于里根政府来说，一方面要努力刺激供给，另一方面必须控制需求。里根的"经济复兴计划"是以供给学派的政策对付经济停滞，用货币主义代表人物弗里德曼关于严格控制货币供给增长速度的理论来抑制通货膨胀，也吸收了其他经济学家关于强调财政平衡预算的观点。因此，所谓以"里根经济学"为理论基础的"经济复兴计划"，不过是供给学派理论、平衡预算论和货币学派理论的混合物。

（二）对供给学派的简要评价

1. 供给学派的合理成分

首先，供给学派对资本主义经济体系所面临的主要结症的看法和实施凯恩斯主义政策的结果的描述，比较符合当时美国等资本主义国家经济发展的现实。

其次，供给和需求、生产和消费是经济生活中相辅相成和不可分割的两个方面。供给学派主张提高人们储蓄、投资和就业，强调增加供给、提高生产率，促进经济增长，把曾经被凯恩斯颠倒了的供给和需求之间的关系又颠倒过来，肯定生产对消费的支配作用，继承和发扬了资产阶级古典经济学中某些合理的成分。

最后，供给学派主张减少政府对经济生活的干预，调整政府干预的内容与作用方向，更多地发挥市场机制的调节作用，也有一定的合理性。

2. 供给学派的局限性

首先，供给学派完全信奉萨伊定律。实际上萨伊定律至少在短期不一定总是成立的。

其次，在经济政策主张方面，供给学派经济学家与凯恩斯主义者都承认当代资本主义经济单纯依靠市场机制不能实现供给和需求的自动均衡，因此，他们都主张国家干预。他们的分歧在于政府干预的内容与方向上。供给学派认为，20 世纪 70 年代出现滞胀以后，资本主义经济的结症在于供给不足，需求过旺。国家必须通过减税政策（实际上就是扩张性的财政政策）来实行供给管理，刺激人们工作、储蓄与投资的热情，增加供给。然而，如果说凯恩斯主义通过实施扩张性的财政与货币政策增加总需求的办法，没有解决供求矛盾的话，那么，走向另一个极端的供给学派通过实施减税政策增加供给的办法，也没有解决这一矛盾。

第四节
新古典宏观经济学

一、新古典宏观经济学的产生与发展

发达资本主义国家在 20 世纪 70 年代初出现的滞胀，导致凯恩斯主义失灵，货币主义开始受到重视，人们开始利用货币主义对凯恩斯主义进行大规模的批判。但货币主义本身也有缺陷。

（1）适应性预期假说与理性人假定相矛盾。在适应性预期中，人们仅仅根据过去的信息来进行预期，完全不考虑现在可能获得的其他信息。此外，当预期变量值与实际变量值不一致时，经济决策主体只能缓慢地修正预期。因此，在适应性预期假说下，如果未来的情况不断变化，人们的预期就会犯系统性的错误，而不能吃一堑长一智，从错误中吸取教训，不再犯同样的错误。根据适应性预期导出的短期菲利普斯曲线与正统凯恩斯主义的菲利普斯曲线都向右下方倾斜，这意味着只要中央银行不断地增加货币供给量，即使在长期，通货膨胀率与失业率也有交替关系，即货币政策在长期也具有真实效应。另外，正统凯恩斯主义也吸收了垂直的长期菲利普斯曲线，使得凯恩斯主义与货币主义逐渐融合，模糊了两者的界限，大大减弱了货币主义对正统凯恩斯主义的攻击力。

（2）固定货币增长率的单一规则的货币政策不一定能够稳定经济。弗里德曼坚持认为货币周转率是相对稳定与可预测的，货币需求函数相当稳定。给定货币周转率的稳定性，货币供给稳定的变化就能转化为名义 GDP 的平稳变化。因此，货币主义者要求用固定货币增长率的单一货币规则来稳定经济。然而 20 世纪 80 年代以来，由于金融市场的变化，美国与其他发达资本主义国家的货币流通速度明显下降，在一定程度上加剧了经济衰退。1980 年的美国通胀率上升到 13.4%，失业率达到8%。1982 年，通胀率虽然有所下降，但失业率达到 10%，形成了严重的滞胀局面。如果货币需求函数本身不稳定，那么，单一规则的货币政策就不一定能够稳定经济。

鉴于货币主义的上述缺陷，在 20 世纪 70 年代初期，美国经济学家卢卡斯等人在货币主义的旗帜下，以理性预期为分析工具，强调经济体系的自我调节机制，主张自由竞争，反对政府干预经济，逐渐形成理性预期学派。但在当时，理性预期学派被看做是货币主义的分支，是一种激进的货币主义。

进入 20 世纪 80 年代，理性预期学派有了广泛的发展，在宏观经济学领域开始了理性预期革命。1985 年，萨缪尔森与诺德豪斯在《经济学》第 12 版中，用理性预期学说重新撰写了宏观经济学，并将理性预期学派正式列入主要经济学流派之中。因此，《经济学》第 12 版的出版，标志着理性预期学派作为一种独立的经济学流派产生。

理性预期学派在 20 世纪 80 年代后期，有了重要的发展，这些发展本质上与新古典经济学的基本观点相一致，使得原来的名称不足以体现该学派的全部特色，于是，很多学者就称其为"新古典宏观经济学"。新古典宏观经济学的基本理论观点和政策主张与理性预期学派大体相同，只是在部分理论分析和政策主张方面有所不同。因此，有的经济学家仍将新古典宏观经济学称为理性预期学派。

新古典宏观经济学的发展过程可以划分为两个阶段。

（1）20 世纪 70—80 年代中期，为新古典宏观经济学发展的第一阶段，当时被称作理性预期学派。其主要代表人物有卢卡斯、萨金特和华莱士。该阶段的主要贡献是：将理性预期假说运用到宏观经济学研究之中；将古典经济学中的弹性价格和弹性工资假说引入宏观经济学；创立了货币经济周期理论；提出了货币政策的无效性命题，等等。

（2）20 世纪 80 年代后期以来，是新古典宏观经济学发展的第二阶段。这一时期的新古典宏观经济学也被称作真实经济周期学派。其主要代表人物有巴罗、基德兰德、普雷斯科特和约翰·泰勒等。他们在该阶段的主要贡献是：创立了真实经济周期理论，提出政策无效性命题，创立了应用宏观经济学，等等。

二、新古典宏观经济学的三大假说

理性预期、持续市场出清和总供给或自然率等三大假说构成新古典宏观经济学的基础。

（一）理性预期假说

理性预期是指追求私人利益最大化的经济决策主体，在充分利用自己所能得到的各种信息基础上，对未来经济事件所做的与相关经济模型或经济理论的预言本质上一致的预期。以通货膨胀的预期为例，理性预期可以用式（10.11）表示。

$$\dot{P}_t^e = E(\dot{P}_t | I_{t-1}) \tag{10.11}$$

式（10.11）中的 $\dot{P}_t^e$ 是第 t 期的预期通货膨胀率。I_{t-1} 是在第 $t-1$ 时期，经济决策主体所能得到的有关信息集合。$E(\dot{P}_t|I_{t-1})$ 为第 t 期的通货膨胀率的期望值。

理性预期不排除存在预期误差的可能性。在一个充满不确定性与经济决策主体得不到完全信息的现实生活中，即使是理性预期，也会产生误差。然而这种预期误差是一种随机误差，它的期望值等于零，且与经济决策主体形成预期时所得到的信息集合没有关系。在理性预期中，经济决策主体对经济变量的预期平均来说是正确的。如果预期有误差，当事人就会从过去的错误中吸取教训并改变他们形成预期的方式，这样就排除了预期中的系统性错误。因此，理性预期形式隐含着：

$$\dot{P}_t^e = \dot{P}_t + \varepsilon_t \tag{10.12}$$

式（10.12）中的 $\dot{P}_t^e$ 是第 t 期的预期通货膨胀率，$\dot{P}_t$ 为第 t 期的实际通货膨胀率，ε_t 为随机误差项，它的平均值为零，且与预期形成时所能得到的信息集合不相关，否则经济决策主体没有充分利用可得到的所有信息。

（二）市场持续出清假设

市场出清是指市场上供给与需求相等，不存在超额供给和超额需求。新古典宏观经济学赞同古典经济学家的看法，认为货币工资、价格与利率都具有灵活性，能对任何冲击做出迅速的反应与调整，确保各种市场的供求相等。因此，所有市场在每一个时点上都是出清的，即经济处于一种持续的一般均衡或瓦尔拉斯均衡状态。

（三）总供给或自然率假说

新古典宏观经济学认为，在正常情况下，各种市场是持续出清的，从而就业量始终是充分就业量，实际收入始终是充分就业收入。如果经济决策主体的预期出现误差，实际就业量会偏离充分就业量，实际收入会偏离充分就业收入。

新古典宏观经济学家认为，在任何时期，工人都会将自己所能自由支配的时间，在工作和闲暇之间进行合理分配。假设工人对正常或预期的真实工资有一主观标准。如果目前的真实工资在正常真实工资之上，工人就会有激励在当期工作更多的时间（消费更少的闲暇），期望在预期真实工资降低的未来减少工作时间，增加闲暇；反之，如果目前真实工资低于正常真实工资，工人就会有激励在当期消费更多的闲暇（工作更少），而期望在预期真实工资较高的未来多工作一些（消费更少的闲暇）。由于工人改变劳动供给是对所察觉的真实工资的变化做出的理性反应，所以，失业都是自愿的。

新古典宏观经济学家假设厂商随时知道自己产品价格的变动，而对别的产品价格变动的了解在时间上滞后。当自己的产品价格提高时，厂商必须确定这种价格变化是否反映相对价格的变化。如果反映相对价格的变化，意味着社会增加了对自己产品的需求，厂商应该（理性地）增加产量；如果自己产品价格的提高不反映相对价格的变化，仅仅是绝对价格的变化，厂商就不应该增加产量。因此，当厂商的产品价格变动时，厂商必须区分这种变动是相对价格变化还是绝对价格变化，以便做出正确的供给反应。实际上，一般价格水平的变化越大，厂商提取一个正确的信号（区分相对价格变化与绝对价格变化）就越困难，从而对价格变化做出正确的供给反应的可能性就越小。综合上面的分析，可以得到意外供给函数：

$$Y - Y_f = \alpha(P - P^e) \text{ 或者 } Y - Y_f = \alpha(\dot{P} - \dot{P}^e) \tag{10.13}$$

式（10.13）表明，实际产量（Y）对它的自然水平（Y_f）的偏离，仅仅是对实际价格水平（P）或实际通货膨胀率（$\dot{P}$）对其预期价格（P^e）或预期通货膨胀率（$\dot{P}^e$）偏离的反应，也就是对没有预期到（意外）的价格水平的上升所做的反应。

三、货币经济周期理论

（一）经济波动的机制

总供给依赖于相对价格的假说是新古典宏观经济学解释产量和就业波动的关键。在货币经济周期理论分析中，影响整个经济的未预期到的总需求冲击（主要由没有预期到的货币供给的变化引起）引起预期价格误差（理性地形成），进而导致产量和就业偏离其长期均衡（自然率）水平。产生这些误差的原因是由于劳动者和厂商拥有的信息不完全（获取信息需要成本，因此，经济决策主体不可能获得完全信息），他们错误地把一般价格变化当成相对价格变化，从而分别变动劳动供给和产出供给。可以用理性预期学派的菲利普斯曲线来说明，如图 10-2 所示。

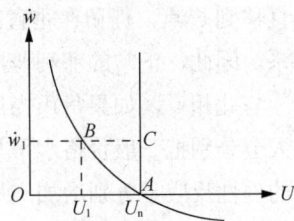

图 10-2　理性预期学派的菲利普斯曲线

在图 10-2 中，设经济初始位于 A 点，失业率等于自然率水平，预期通胀率等于实际通胀率等于零。现在央行为了降低失业率，未加宣布地突然增加货币供给，引起总需求增加和一般价水平上升。私人部门因没有预期到一般价格水平上升而产生货币幻觉。厂商们把他们商品价格的上升，当成他们产品相对价格的上升，从而增加劳动需求量与产量，导致货币工资上升。劳动者则错误地把货币工资的上升当作真实工资的上升，从而增加劳动供给。结果总产量和就业都将暂时高于它们的自然率水平，最终使经济从 A 点走向 B 点，趋于繁荣。反之，在一般价格水平处于较高水平的经济繁荣时期，如果中央银行未加宣布突然减少货币供给，则会产生相反的情况，使经济最终趋于萧条。因此，幻觉的菲利普斯曲线向右下方倾斜。

显然，在新古典的货币经济周期学派看来，产量和就业偏离其自然水平，是未料到的货币供给变化产生的"随机冲击"造成人们对价格预期误差的结果。

但理性预期学派认为，正常的菲利普斯曲线是垂直的，如图 10-2 所示。

在图 10-2 中，设初始的经济位于 A 点，失业率等于自然率水平，预期通胀率等于实际通胀率等于零。现在央行为了降低失业率，公开宣布增加货币供给。货币扩张必然引起总需求增加和一般价水平上升。私人部门理性地预期到了货币供给增加导致的价格水平上升。厂商把自己商品价格的上升仅仅当成绝对价格的上升，相对价格不变，因而不增加劳动需求量与产量。工人则要求增加货币工资，以抵消价格上升引起的实际工资下降。货币扩张的最终结果为，价格、货币工资上升，但就业量与产量不变，即经济从 A 点移动到 C 点。可见，正常的菲利普斯曲线垂直。

这样，理性预期假说和意外供给函数结合起来，就解释了产量和就业会围绕它们的自然水平而随机波动，即解释了经济周期。

（二）宏观经济政策的无效性

将理性预期、持续市场出清以及总供给假说结合在一起，必然可以得出宏观经济政策无效的结论，如图 10-3 所示。

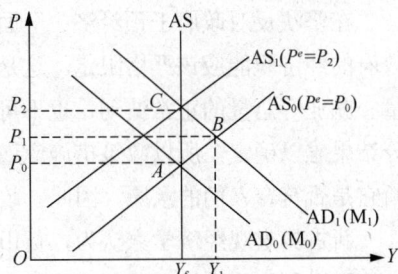

图 10-3　预期的和非预期的货币供给变化
对产量和价格水平的影响

在图 10-3 中，假设经济初始在 A 点运行，该点是总需求曲线 AD_0、短期总供给曲线 AS_0 及长期总供给曲线 AS 的交点。在点 A，价格水平（P_0）被私人部门完全预见（预期的价格水平与实际的价格水平相等），产出和就业处于其自然率水平上。

现在央行公开宣布增加货币供给。理性的经济决策主体在形成他们的预期时会考虑这个信息，完全预见到货币供给增加对一般价格水平的影响，并采取相应的行动，结果产量和就业会停留在自然率水平上不发生变动。货币工资在一个向上的价格预期之后的迅速提高，使得总需求曲线从 AD_0 到 AD_1 朝右的移动被短期总供给曲线从 AS_0 到 AS_1 朝上的移动抵消。在这种情况下，经济将从 A 点径直移到 C 点，停留在垂直的长期总供给曲线上。显然，即使在短期，膨胀率与失业率也没有替代关系。因此，正常的菲利普斯曲线无论短期还是长期，都是垂直的。

与此相反，如果货币当局在未加宣布的情况下增加货币供给。这时，拥有不完全信息的厂商和工人会分别把一般价格水平与名义工资的上升，错误地当做相对价格上升和实际工资上升，他们做出的理性反应是分别增加产量和劳动供给。这样，总需求曲线将从 AD_0 移动到 AD_1，在 B 点与总供给曲线 AS_0 相交。按意外总供给函数，实际价格水平（P_1）偏离其预期水平（P_0）的结果，就是实际产量（Y_1）偏离它的自然率水平（Y_f）。这是当事人的预期误差引起的。

然而，产量或就业的任何对其自然率的偏离，都只是暂时的。一旦当事人意识到相对价格并没有变化，产量和就业就会回到它们的自然率水平。在图 10-3 中，在当事人充分调整了他们的价格预期后，短期总供给曲线就会从 AS_0 向左上方移动到 AS_1，与 AD_1 在点 C 相交。

总之，新古典宏观经济学认为，预期到的货币供给的增加，仅仅提高价格水平，而对真实产量和就业没有任何影响；未预期到的货币意外，虽然会影响短期真实变量值，但这种影响主要表现为增大产量和就业对它们的自然水平的偏离，即加剧经济波动。因此，宏观经济政策对产量与就业的变动没有好的影响。宏观经济活动应该自由运行，政府不要施加任何干预。

（三）卢卡斯批评与政策建议

卢卡斯在 1976 年发表的"计量经济政策评价：一种批判"论文中，批判了凯恩斯主义者企图利用宏观经济政策调节市场经济的做法，认为使用大规模的宏观计量经济模型评价不同政策效果的做法是不妥当的，因为此种政策模拟建立在这种假设之上，即当政策变化时，模型的参数保持不变。实际上，面对政策的变化，大规模的宏观经济计量模型中的参数不可能保持不变。因为具有理性预期的经济决策主体将迅速对公布的政策变化做出反应，调整他们的行为。卢卡斯批评对制定宏观经济政策意义深远。由于政策制定者预期不到新的和不同的经济政策对模型中参数的影响，既定的凯恩斯主义宏观非均衡模型就不能正确地预测新政策实施的后果。因此政府不要干预宏观经济活动。

在坚决反对政府干预经济、全面否定宏观经济政策积极作用的基础上，新古典宏观经济学认为政府的经济职能应该严格限定。这是因为，第一，越来越多的证据表明，宏观经济政策难以消除产量、就业等总量的正常波动，也不可能制服经济周期运动造成的恶果。第二，宏观经济政策的大部分结果难以确定，所以政策措施应谨慎小心。第三，即使某项政策的结果可以确知，但仍然无法判断它是否符合人们的意愿。因此，政府的经济职能应当加以约束。

新古典宏观经济学家认为，货币政策和财政政策的主要任务，仅仅在于为私营经济提供一个稳定的可以预测的经济环境。因此，在面临着公众的理性预期时，政府最好的策略是制定公开宣布并且长期执行的经济政策，以避免理性预期变化产生的私人决策的改变抵消宏观政策有效作用的情况，确保政府预定的政策目标能够实现。

首先，政府制定的宏观经济政策应当公开宣布。按照理性预期假设，即使政策未公开宣布，由于理性预期的作用，公众仍然能够预先清楚地估计到政府可能采取的各种措施，因而能够采取各种防范手段。这样就会抵消宏观经济政策的预期效果。因此，新古典宏观经济学家认为，在这种情况下，政府公开宣布将实施的政策，有助于解除公众与政府的斗智行为和防范心理，并且使人们确知可利用的机会，以及可能产生的结果，最终获得宏观经济政策的预期效果。例如公开的税收政策，可以使公众知道他们的税收负担将会发生什么样的变化，从而帮助人们做出最优决策。

其次，政府制定的宏观经济政策应当长期执行。政策的公开宣传虽然能够淡化人们的防范心理，但还不能完全解除人们对政策多变影响自身利益的顾虑。要使政策能够稳定地发挥作用，必须确定某种有利于人们进行正确预期的可以遵循的规范的政策实施模式，而不能指望依靠频繁的政策变动来迷惑人们。因此，政府采取稳定而长期贯彻执行的政策措施，不但能够克服政策多变难以达到预期效果的弊端，减少经济的不确定性，保证经济的平衡运行，而且能够取得公众的良好信赖和热情合作，从而使政府的预定政策目标在人们的积极配合下得以顺利地实现。

上述政策主张虽然早就为货币主义经济学家所提出，但只有在理性预期学派深入研究、论证和广为宣传之后，才变得更具说服力。

经济学家简介

卢卡斯

罗伯特·卢卡斯（Robert Emerson Lucas）是新古典宏观经济学的创始人。卢卡斯1937年9月15日出生于华盛顿州的亚基马市，父亲是船厂的装配工，母亲是时装设计师。1959年获芝加哥大学历史学学士学位，1964年获芝加哥大学经济学博士学位，1970年，在卡内基-梅隆大学得到教授职位。1975年任芝加哥大学经济学教授。1995年10月10日，由于"他发展与应用了理性预期假说，并因此改变了宏观经济分析和加深了人们对经济政策的理解，并对经济周期理论提出了独到的见解"，而获得诺贝尔经济学奖。曾担任过美国科学院院士、美国经济计量学会会长、美国经济学联合会会长等职务。

卢卡斯的主要著作有：《经济周期理论研究》（1981年）、《理性预期与经济计量学实践》（1981年，与托马斯·萨金特合著）。重要论文有"预期和货币中性""对经济周期的理解"等。

罗伯特·卢卡斯虽然因发展和应用了理性预期假说方面的成就获得诺贝尔经济学奖，但他本人却未能"理性预期"到自己能够获得这一荣誉，而他的前妻芝加哥大学本科时的同学丽塔·莉莉·科恩（Rita Lilli Cohen）却预期到了这一点。他们俩1959年结婚，1982年分居。在1989年办理离婚手续时，丽塔提出若是卢卡斯在1995年年底之前获得诺奖，她应该分得全部奖金的一半。当时卢卡斯认为自己获得诺奖的可能性极小，就漫不经心地答应了。后来当丽塔按照离婚合同拿走他的一半奖金时，卢卡斯后悔莫及，认为丽塔简直是个女巫。

四、真实经济周期理论

1972—1982 年期间，在新古典宏观经济学中，占统治地位的是货币经济周期理论。到了 1982

年，货币经济周期理论同时陷入了理论和经验上的绝境。在理论上，人们广泛地认识到了与信息混乱相关的意外供给函数假说的不合理性。出于方法论上的考虑排除了黏性价格，新古典宏观经济模型对包含货币与产出之间因果关系的经济周期没有做出令人接受的解释；在经验战线上，支持预期到的货币是中性的这一主张的证据并非那么有力。由于这两方面的困难，货币经济周期理论被广泛地认为是不适用的。从 1982 年开始，对总量不稳定原因的新古典解释，主要集中到真实冲击而非货币冲击，这就是所谓的真实经济周期理论。

（一）真实经济周期的含义

在 1982 年之前，凯恩斯主义者、货币主义者与新古典宏观经济学中的货币经济周期理论家，都认为潜在 GDP 增长率是稳定的或平滑的。经济波动是实际 GDP 增长率围绕其潜在趋势的波动，并主要由需求冲击引起。在经济波动过程中，通胀率与失业率的交替，将延缓经济增长步伐，减少社会福利。因此，经济波动是不好的。不同的是，凯恩斯主义者感到实际 GDP 增长率对潜在 GDP 增长率的偏离，可能是剧烈的，而且持续较长的时间，因此有理由要求政府采取矫正性行动。而货币主义，特别是新古典宏观经济学中的货币经济周期理论家，确信市场力量具有保持经济均衡的能力，认为没有必要实施积极的稳定政策。

1982 年，真实经济周期学者纳尔逊和普洛瑟发表了一篇重要论文，对上述传统观点提出了挑战。他们认为，经济波动是由技术冲击引起的潜在 GDP 增长率或充分就业国民收入增长率自身的波动。因此，经济波动与经济增长紧密结合在一起。真实经济周期理论与传统经济周期理论相比较，有以下三大区别。

1. 冲击根源的区别

传统经济周期理论将需求方的变动当作波动的根源。凯恩斯主义重视需求的真实因素（消费与投资）；货币主义与理性预期学派重视总需求中的货币因素。而真实经济周期理论则将供给方中的技术冲击当作经济波动的根源，不重视需求，也不太关注供给方中的其他冲击，例如天灾人祸引起的经济总量变动。

2. 波动内容的区别

传统经济周期理论认为，经济周期是实际收入围绕充分就业收入的波动；真实经济周期理论则认为，经济周期是充分就业收入本身的波动。

3. 对经济波动评价的区别

传统经济周期理论认为，经济周期是不好的。因为波动会产生较高的失业率或通货膨胀率，延缓经济增长，降低社会福利。应设法消除或减轻经济波动。真实经济周期理论则认为，经济波动是私人部门适应经济形势变化而调整自己的最优决策的结果，是帕累托最优本身的变动。经济波动就是经济增长。因此，经济波动是好的。

（二）技术冲击引起经济波动的机制

真实经济周期理论认为，对生产函数的各种供给冲击，造成了就业与总产量的波动。这是理性的经济决策主体通过改变他们的劳动供给和消费决策回应相对价格变化的结果。导致生产率重大变化的供给冲击包括以下几类。

（1）物质环境的一些不利变化对农业产量形成不利的影响。这类冲击主要是指自然灾害，如地震、干旱和洪水。

（2）能源价格的显著变化，如石油价格显著提高。

（3）战争、政治大动荡或者劳动者的骚动，它们打乱了经济运行和现存的经济结构。

（4）政府调控，例如进口配额会破坏激励，使企业家的才能转向寻租活动。

（5）由资本和劳动投入的质量变化造成的生产率冲击，如新的管理手段的采用、新产品的开发以及引进新的生产技术。

真实经济周期理论家撇开前面 4 个因素，仅考虑第 5 个因素，并将其定义为"技术变迁"。"技术变迁"是先进的工业化经济中对供给方的长期主要推动力量。"技术变迁"或技术冲击引起经济波动的机制，如图 10-4 所示。

图 10-4（a）表示使生产函数从 $Y=AF(K,L)$ 移动到 $Y^*=A^*F(K,L)$ 的有利的技术冲击的影响。这种移动对劳动边际产量的影响从而对劳动需求的影响由图 10-4（b）说明。通过提高劳动的实际产量，生产率冲击增加了就业，也提高了产量。就业扩大的程度取决于当时真实工资下的劳动供给弹性。经济周期的"特征事实"表明，真实工资较小的顺周期变动是与就业较大的顺周期变动相联系的。因此，需要一条对真实工资弹性很大的劳动供给曲线，以使真实经济周期理论与这些事实相一致，如图 10-4（b）中的 S_{L2} 所示。在这种情况下，技术冲击将使产量从 Y_0 增加到 Y_2，同时真实工资从 $(w/P)_a$ 上升到 $(w/P)_c$，就业从 L_0 增加到 L_2。如果劳动供给相对缺乏弹性，如 S_{L1} 所示，技术冲击将导致真实工资较大的变动和就业较小的变化，然而这不符合特征事实。

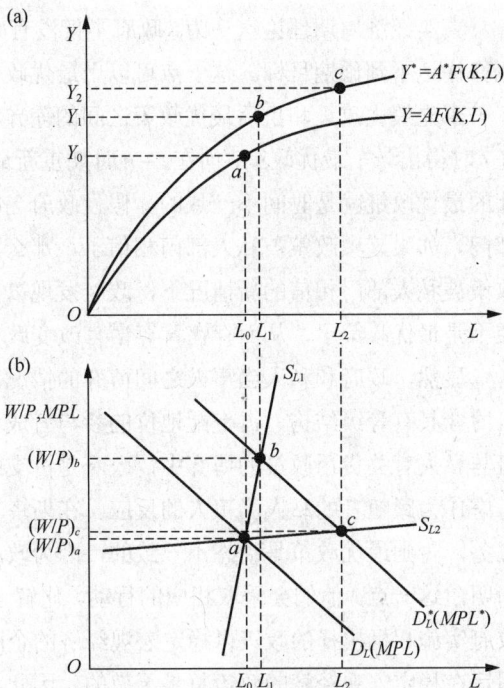

图 10-4　技术冲击引起经济波动的机制

（三）真实经济周期理论家的政策主张

真实经济周期理论家认为，经济波动既然是充分就业收入本身的波动，政府就没有必要为实现充分就业而调控经济。真实经济周期理论家感到使用传统的"经济周期"一词是一种不幸，因为它意味着需要解释与决定经济增长因素无关的一种现象。真实经济周期理论家通过将增长和波动整合在一起的方法表明，在相对较短的时期内，产量和就业的大波动正是标准新古典理论所预言的。相反，如果经济没有表现产量和就业的大波动，那倒是个谜。真实经济周期理论家认为，经济波动是理性经济当事人对主要由技术变迁引起的对生产函数冲击所做出的最优反应的结果，是一般均衡即帕累托最优状态的变动。因此，经济波动不仅不会降低社会福利，而且会增加社会福利，因为经济波动的过程就是经济增长的过程。

如果经济波动主要由技术冲击引起，那么用货币因素来解释经济波动就不再恰当了。实际上，无论在短期还是长期，货币政策不可能有任何真实效应，货币是超中性的。由于工人能够按最大化私人效用的原则，自由决定他们劳动与闲暇的组合，因此，观察到的失业都是自愿的。实际上，所观察到的 GDP 波动的轨迹不过是持续移动的充分就业均衡。政府没有必要为实现"充分就业"等目标而干预、调控宏观经济，因为经济已经到了那里。另外，如果技术变化是同时决定增长和波动的主要因素，我们自然就需要更好地理解包括制度结构和安排的决定技术进步率的因素。真实经济周期理论家认为，凯恩斯主义和货币主义经济学家对于稳定问题的重视是一个代价高昂的错误。在动态世界里，不稳定是人们期望的，正如它是不可避免的一样。

至于财政政策，真实经济周期理论家与货币主义者以及理性预期学派的观点相同，都认为具有极大的挤出效应。

真实经济周期理论家认为，政府不仅没有必要调控宏观经济，而且政府对宏观经济活动的干预，也往往达不到预期目标。这一点可以用最优政策的时间不一致性来说明。

事先最优政策和事后最优政策之间的差异，就是所谓的最优政策的时间不一致性。例如，如果在 t 时得出一个最优政策，而在 $t+n$ 时期重新最优化得到另一个不同的最优政策，那么在时间 t 时估计的最优政策就是时间不一致的。假设政府当时制定了它所认为的最优政策，然后将它宣布给私人部门。如果该项政策被私人部门相信了，那么在随后的时期，它也许不再停留在最优状态。因为在政策被私人部门相信的新情况下，政府发现以前根据当时的情况所制定和实施的最优政策，现在已经不是最优政策了，从而存在背弃诺言改变政策或在以前所宣布的政策上做手脚的激励。

显然，政府和私人当事人之间博弈的情况，是非合作的斯塔克伯格博弈的一个例子。斯塔克伯格博弈具有等级结构，占支配地位的参与者成为领导，其余的参与者对领导的策略做出反应。在政府与私人有关货币政策的博弈中，政府是占支配地位的参与者。当政府决定它的最优政策时，它将考虑作为跟随者的私人当事人的反应。在斯塔克伯格博弈里，除非领导者事先对宣布的政策承诺了义务，否则最优政策是动态不一致的，因为政府可以通过欺骗的手段改进自己的情况。由于私人部门明白这一点，他们会采取相应的行动，化解这种时间不一致性政策给自己可能带来的损害。这样，政府实施相机抉择的政策以稳定宏观经济的企图，不仅不能得逞，而且常常导致经济更大的不稳定，即旨在稳定宏观经济的政策总是无效的。因此，不能赋予政府制定和实施相机抉择的政策权力。增加产量或减少失业的好的政策措施是那些能够增加对微观主体的激励，促使他们供给更多产品和劳动的政策。

第五节 新凯恩斯主义

正统凯恩斯主义先后受到货币主义、供给学派和新古典宏观经济学等学派的攻击。尽管凯恩斯主义在以后的发展和演进过程中，将货币主义的一些观点吸收或者综合到了自己的现存分析框架之中，但在新古典宏观经济学家看来，凯恩斯主义模型仍存在根本性的难题。这些难题主要包括：

（1）非市场出清的观点没有充足的微观基础。

（2）在凯恩斯主义和货币主义模型中采用的都是适应性预期，而不是理性预期，这与经济决策主体的最大化私人利益的行为不一致。

另外，在凯恩斯主义者看来，新古典宏观经济学也存在以下缺陷。

（1）在实际生活中，价格、工资和利率的变动具有一定的黏性，市场不能持续出清，宏观经济政策在短期具有真实效应。

（2）新古典宏观经济学的主要结论与事实不符合。新古典宏观经济学家认为，产量和就业的波动源于当时人的错觉，他们将一般价格水平的变动当作相对价格的变动，而分别错误地调整本来不应该调整的劳动供给与产量供给。因此，失业都是自愿的。然而实际上，20 世纪 30 年代大萧条时期的高失业率，很难用自愿失业来解释。

（3）在实践方面，新古典宏观经济学没有提出良好的政策建议，对经济实践的影响较小。

为了解决凯恩斯主义模型面临的两个难题，修正新古典宏观经济学的缺陷，发展凯恩斯主义，一些经济学家在 20 世纪 80 年代，提出了新的理论，创立了新凯恩斯主义。

一、新凯恩斯主义的基本信念与特征

"新凯恩斯主义"这一概念，是迈克尔·帕金在 1984 年编写的《宏观经济学》教材中首次提出的。新凯恩斯主义有以下主要观点。

（1）追求私人利益最大化的经济决策主体的预期是理性的。

（2）在不完全竞争条件下，价格、工资和利率在短期具有黏性，各种市场可能在一段比较长的时间内是非出清的，即经济体系可能在一段较长的时间内处于失衡状态。

（3）政府稳定宏观经济的政策是必要的，也是有效的。

正统凯恩斯主义和新凯恩斯主义都假定，工资和价格调整对外来冲击的反应迟缓。不过，凯恩斯的 45° 线模型和凯恩斯主义的 IS-LM 模型，都比较武断地假定价格与名义工资是固定的。新凯恩斯主义则试图为工资和价格的缓慢调整提供一个令人信服的建立在微观经济基础上的解释。在新凯恩斯主义学派内部，对工资和价格黏性的解释多种多样，不存在一个统一的新凯恩斯主义模型。但许多解释并非互相排斥，而是互相补充。可将新凯恩斯主义对黏性的解释区分为对名义黏性的解释和对真实黏性的解释两种。

名义黏性是指名义需求扰动时，名义价格水平和名义工资的变动比较缓慢（慢于名义需求变动），以曼昆、罗默等为代表。他们认为，厂商在面对供求因素带来的各种冲击时，由于种种原因，常常进行数量调整，使得名义价格水平和名义工资具有黏性。这些黏性最终导致非自愿失业和经济衰退，并导致宏观经济政策具有真实效应。名义黏性学家主要用菜单成本、长期合同、价格交错调整等理论解释名义黏性。

真实黏性是指供求中的真实因素带来各种冲击时，某些因素阻止了真实工资、真实价格和真实利率（或相对工资、相对价格和相对利率）的调整。真实黏性理论家认为，由于不完全竞争和不完全信息等因素，阻碍了真实工资、真实价格和真实利率的及时快速的调整，产品市场、劳动市场和信贷市场常常会失衡，从而使宏观经济政策具有真实效应。他们主要用隐含合同理论、效率工资理论和局内人—局外人理论来解释实际工资黏性。

二、名义黏性

（一）名义工资黏性

在传统的凯恩斯主义模型中，实际工资之所以不能快速降低以恢复充分就业均衡，是由于货币工资不能及时调整。其原因，传统的凯恩斯主义模型没有说明。早期的新凯恩斯主义以长期劳动合同解释名义工资刚性。

在发达的经济体中，工资常常以长期合同的形式确定，而且各个厂商的工资合同的签订常常是交错的，不是同时签订或变动的。这些长期合同的存在可能产生充分的名义工资刚性，使得货币政策产生效果。因为与劳动合同的重新谈判相比，货币当局能够更为频繁地改变货币供应量。因此，货币政策在短期内可能会有真实效应，尽管在长期是中性的。假定货币当局可以随时对外来冲击做出反应，而工人则不能，那么，即使当事人进行理性预期，需求管理政策也可稳定经济。实际上，如果货币当局对名义需求冲击的反应快于私人部门对名义工资的调整，相机干预就有了存在的理由。不变的名义工资使得货币当局能够影响真实工资率，进而影响就业和产量。

长期劳动合同虽然会增加宏观经济的不稳定性，但建立长期劳动合同对于厂商和工人双方都会带来私人好处。

（1）对于厂商和工人双方来说，工资谈判都费时费力。合同期限越长，劳资双方的交易成本就相对越低，而且在处理与报酬谈判相关的各种复杂问题时，管理层在任何情况下都偏爱一种预先确定的规程。

（2）如果工资谈判破裂，工人可能会求助于罢工活动以加强其谈判地位。而罢工给厂商和工人双方带来的代价都很大。

（3）面临不利的需求冲击，对于厂商来说，将工资率"降至"新的"最终"均衡可能不是最优策略。因为如果其他企业不这样做，该企业就降低了其相对工资，其结果将增加劳动力的流失，这对企业来说成本很大。

（4）货币工资的指数化不利于厂商。为什么劳动合同不与通货膨胀挂钩？对于厂商来说，货币工资完全指数化的风险太大。因为并非所有的外来冲击都是名义需求冲击。如果出现的是石油价格上升等供给冲击引起的通货膨胀，那么厂商将工资率与通货膨胀率挂钩的做法，必然引起工资成本上升，阻止了能源冲击要求的真实工资的必要下降。

（二）名义价格黏性

以名义工资合同为根据的新凯恩斯主义模型很快就受到了激烈批评。批评者指出，这种合同的存在性不能从已有的稳固的微观经济原理中得到解释。而另一个更严重的问题则与名义工资合同模型中真实工资的逆周期变化有关。在名义工资刚性模型中，货币扩张是通过降低真实工资来增加就业的。然而，经济周期的特征事实是，真实工资似乎表现出温和的顺周期性。结果，一些凯恩斯主义经济学家将其注意力转向商品市场的名义价格刚性，而不再继续研究名义工资刚性。

如果价格调整过程没有成本，并且不调整价格将使企业的利润产生较大变化，那么必然存在高度的名义价格灵活性。完全竞争条件下的价格就具有这种灵活性。

但现实世界中的市场常常是不完全竞争市场。在不完全竞争市场中，企业是"价格制定者"，即企业可以根据需求变化自主变动价格。在价格调整过程中，总是存在障碍或者菜单成本。这些菜单成本包括调整价格的实物成本（比如印制新的报价单和产品目录）和宝贵的管理时间成本（如与供应者和用户就购买和销售进行重新谈判和协调的时间）。在总需求下降、单个企业的需求曲线左移以后，如果厂商变动价格引起的菜单成本等于或超过变动价格所得到的额外收益，厂商就不会调整价格。如果所有的企业都这样做，名义价格黏性就会产生显著的宏观效应，如图 10-5 所示。

在图 10-5 中，假定边际成本不随产量变化而变化。如果需求减少，需求曲线从 D_0 移至 D_1。需求下降前利润最大化的价格和产量分别为 P_0 和 Q_0，因为在 X 点的边际收益（MR_0）等于边际成本

（MC_0）。在需求下降之后，企业利润显著下降。面积 SP_0YX 表示需求下降前的企业利润（生产者剩余）。如果在需求下降之后，企业最初并没有降低价格，则其利润下降至 SP_0JT。因为这家企业是一个"价格制定者"，因此它必须决定是否将价格降至 P_1，这是新利润最大化的价格水平，因为在 v 处，$MR_1=MC_0$。与 P_1 对应的新利润最大化的产量水平为 Q_1。在 Q_1 产量水平上，企业利润为 SP_1WV。如果没有价格调整成本，企业会将价格从 P_0 降至 P_1。但是，当存在调整价格的"菜单成本" Z 时，企业可能会保持价格 P_0 不变，仅仅将产量从点 Y 移至点 J。企业决策的结果如图 10-6 所示。

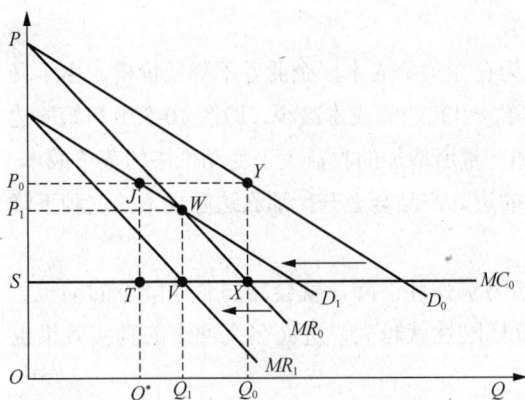

图 10-5　垄断竞争条件下的工资调整　　　　图 10-6　菜单成本与价格调整

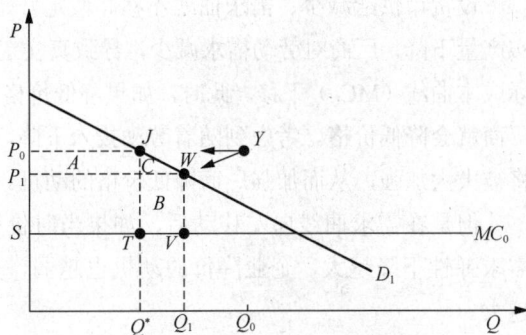

在图 10-6 中，将价格从 P_0 降至 P_1，企业利润将增加（$B-A$）。如果调整价格的菜单成本 $Z > (B-A)$，企业就不会降价。对于社会来说，企业选择产量 Q^* 而非 Q_1 的损失为 $B+C$。如果在需求下降之后，$B+C>Z>B-A$，那么，即使降价对社会是有益的，企业也不会降价。

如果所有的企业都最优地选择保持价格水平 P_0，那么，这种决策可能会产生显著的宏观经济效应。假定总需求下降从而企业的需求曲线向左移动。如果没有菜单成本，追求利润最大化的企业都会降价，即每个企业都将从 Y 移至 W。由于所有企业都降价，每个企业都发现，其投入品价格包括货币工资都在下降。因而每个企业的边际成本曲线都向下移动。这使得各企业进一步降价。在图 10-6 中，随着 MC_0 向下移动，产量将增加。由于所有企业都进一步降价，投入品价格将因此下降，从而导致 MC 的又一次下降。价格降低将增加真实货币余额，从而降低利率，总需求也将增加。这将使每个企业的需求曲线向右移动，从而使产量回到 Q_0。

如果菜单成本和理性行为的存在造成名义价格刚性，那么，名义总需求冲击将导致产量和福利的大波动。因为这种波动是缺乏效率的，所以稳定性政策就为人们所期望。另外，黏性的货币工资（劳动合约）形成黏性的边际成本曲线，会加强菜单成本造成名义价格黏性的效果。

如同长期工资合同对于企业和工人双方都有一些私人好处一样，长期价格协议对于各个企业也有好处。预先制定的价格不仅减少了不确定性，也降低了交易成本，使得稀缺资源被更为经济地使用。如果每种价格都由拍卖决定，那么，市场经济中产品类型和质量的明显异质性将产生很大的不可估量的交易成本。在买卖双方无须实物交割（如金融资产）或产品为同质（如小麦）时，拍卖市场是有效的。拍卖市场必不可少的特点是，买卖双方必须同时到场。由于时间和空间都是稀缺资源，为数众多的产品以这种方式销售，显然是没有效率的。因此，预先制定的比较固定的价格或"价格标签"的使用是对异质性难题的一个理性提高效率的反应。

三、真实黏性

（一）真实价格黏性

一些学者认为，价格调整中比较小的菜单成本很难形成真正的名义价格刚性，这使得一个纯粹的名义冲击不能影响真实均衡。但如果真实价格刚性与菜单成本相结合，就能够引起很大的名义价格刚性，最终使名义冲击影响真实均衡。真实价格刚性主要来源于需求冲击引起的需求价格弹性降低与边际成本下降较少（或劳动的边际产量增加很少）。

设货币供给减少、需求曲线左移。假定开始时因为存在菜单成本，企业并不降低价格。由于真实产量下降，厂商对劳动需求减少，导致真实工资下降，引起边际成本减少，即图10-5中初始的边际成本曲线（MC_0）下移。此时，如果降低价格、增加产量所增加的收益大于变动价格的菜单成本，厂商就会降低价格。考虑到随着劳动投入下降，劳动的边际产品会上升，那么边际成本的这种下降将被大大加强，从而加强厂商降低价格的动机。

但是在需求曲线向左移动后，如果当时价格处的需求弹性下降，就会减弱企业降价的动机。需求弹性下降越大，企业降价的动机也越弱，真实价格刚性就越大，进而名义冲击的真实效果也越大。

参考一下成本加成定价方程，上述观点就更易于理解。对于不完全竞争厂商来说，有以下公式成立。

$$MR = P(1 + \frac{1}{E_d}) \tag{10.14}$$

利润最大化要求在企业选择的产量水平上，边际收益等于边际成本，从而有：

$$MC = P(1 + \frac{1}{E_d}) \tag{10.15}$$

整理式（10.15）得：

$$P = MC(1 - \frac{1}{E_d + 1}) \tag{10.16}$$

因为 $E_d < 0$，式（10.16）也可以写作：

$$P = MC(1 + \frac{1}{|E_d| - 1}) \tag{10.17}$$

设要素市场是完全竞争市场，边际要素成本等于要素价格，则边际成本等于名义工资（w）除以劳动的边际产品（MP_L）。于是可得到：

$$P = \frac{w}{MP_L}(1 + \frac{1}{|E_d| - 1}) \tag{10.18}$$

在式（10.18）中，$\frac{1}{|E_d| - 1}$ 表示加成率，其大小与需求价格弹性负相关。式（10.18）说明，在 w 不变、MP_L 增大从而 MC 降低时，如果需求弹性下降足够多，以至于加成上升足够大时，P 将不会下降；在需求弹性下降不多，从而加成上升不多，从式（10.18）可知，如果随着劳动投入的减少，MP_L 上升不大，存在菜单成本时，企业改变价格的动机就比较弱。

显然，边际成本对产量变动的低敏感性和顺周期的需求弹性有助于真实价格刚性。新凯恩斯主义经济学也找到了真实价格刚性的其他几个潜在来源。

1. 密集市场外部性

在现实世界中，买卖双方走到一起的过程必然会带来搜寻成本（search costs）。消费者必须花费时间在市场中寻找自己需要的产品，而厂商也必须做广告吸引顾客。在经济活动高涨时期，市场"密集（thick）"，因而搜寻成本似应低于经济活动低迷从而市场"稀薄（thin）"的时期。实际情况也是这样：人们更愿意进入交易活动频繁发生的密集市场。这就导致了策略互补性（strategic complementary），即一家企业的最优经济活动水平取决于其他企业的活动。如果这些密集市场的外部性促进了衰退时期边际成本曲线的上升和繁荣时期边际成本曲线的下降，就会导致真实价格刚性。

2. 顾客市场模型

大多数产品是通过商店销售的。假定对市场的搜寻成本不可忽略，那么购买者对市场中的最低价格总是有不完全（有限）信息。由于存在与购买过程相联系的搜寻成本，所以即使市场上销售类似产品的企业数目很多，销售者也具有某种程度的垄断力。由于大量的顾客进行重复性购买，那么一个企业为了自己的利益，也应当设法阻止顾客搜寻市场以找到更好的价格。因此企业常常不敢频繁地调整价格，否则就为顾客到别的地方看看提供了激励。价格的上升将立即被自己的顾客注意到，但价格下降引起的最初反应却很小，因为这个新信息被其他企业的顾客得到需要时间。顾客对价格上升和下降反应速度的差别，以及企业企图留住其经常性顾客的愿望，就会产生相对价格黏性或真实价格黏性。

3. 价格刚性与投入—产出表

一般而言，在一个经济中，成千上万家企业从无数其他企业购买成千上万种产品，而每一种产品又包括许多成分或许多个零部件。每一家企业都通过复杂的投入—产出表与成千上万家其他企业联系在一起。显而易见，对于制定价格的企业来说，在任何时期，理性定价行为必需的信息要求都是很苛刻的。他们不仅需要知道自己的需求曲线和成本曲线的位置与形状，还要预测投入—产出表中所有其他企业的定价行为。由于企业的需求曲线和成本曲线受总需求的影响，企业还必须预测影响总需求的所有有关的宏观经济变量值。简言之，垄断竞争市场上的企业决策者必须是一个具有完全信息的一流的一般均衡理论家。在如此复杂的情形下，企业采取简单的成本加成定价原则可能就接近最优了。如果其他企业也采取这种定价原则，企业遵循这种原则的激励就受到了加强，因为这使得企业能够维持其相对价格，进而最小化其损失。处于复杂的投入—产出世界中的企业可能遵循的另一个简单原则是，等其他企业提高或降低其价格之后再调整价格。这导致价格调整交错，而这又意味着在总需求冲击之后，价格调整的时间将更长。

4. 资本市场的不完全性

寻求外部财源的企业所面临的一个重要障碍是借款人与贷款人之间的信息不对称问题。对于投资项目的可行性和质量，借款人比贷款人具有更多的信息。结果，对于企业来说，外部财源将比内部财源更为昂贵。在繁荣时期，企业获得较高利润，因而就有更多的内部资金可以支持各种项目。在衰退时期，由于对外部财源的依赖性更大，所以其融资成本上升。如果资本成本是逆周期的，企业成本在衰退期的上升，就会延缓价格下降，导致真实价格黏性。

5. 根据价格判断质量

顾客常常认为商品的价格与商品的质量正相关。在市场上，如果顾客对他所希望购买的产品特点具有不完全信息，价格可能被视为质量的标志。企业如果降低价格，它的顾客（或潜在顾客）可能会认为是商品质量下降的标志，因而减少购买量。这种情况也会产生真实价格黏性。

（二）实际工资刚性

新凯恩斯主义者斯蒂格利茨把市场均衡定义为这样一种状态，在这种状态下，任何当事人都没有改变其行为的激励。因此，均衡未必意味着市场出清，即需求等于供给。在新凯恩斯主义的真实工资刚性模型中，劳动市场长期均衡时能够产生非自愿失业，这与新古典模型相反。在新古典模型中，完全而即时的价格和工资变动，保证了劳动市场总是在均衡的真实工资水平上出清。因此，均衡状态下的失业是一种自愿失业。

新凯恩斯主义对真实工资刚性的解释，主要有隐含合同理论、效率工资理论和局内人—局外人理论三类。

1. 隐含合同模型

隐含合同理论试图理解，是什么样的"经济胶水"将工人和厂商长期结合在一起。由于厂商试图保持职员对它的忠心，他们发现有必要与工人达成一种默契。这种"看不见的握手"为每个工人提供了一种保证——保证在各种情形下的工作关系。在这些情形下，工资率不仅代表了对劳动服务的报酬，还是对各种冲击下收入变动风险的一种保险。不变的真实工资使单个工人的收入流或消费流变得平稳，而企业提供这种"保险"是因为它能更为便利地进入资本市场和保险市场，从而在经济波动中的处境比工人优越。厂商提供并被工人接受的比较稳定的真实工资，平均来看低于由各种市场力量左右的那个高度变化的工资率。但在萧条时期，这种工资率必然高于使劳动市场出清的工资率。

隐含合同理论存在的一个主要问题是，它认为在经济状况恶化时，厂商会与工人同患难，而非解雇一部分工人。这个理论也没有解释厂商为什么不对新工人支付低工资。在尝试对真实工资刚性的这种解释的弱点和其他一些缺陷进行修补过程中，新凯恩斯主义经济学提出了关于真实工资刚性的效率工资模型和局内人—局外人模型。

2. 效率工资模型

任何合理解释非自愿失业的理论都必须说明，为什么无法将工资降至使劳动市场出清的均衡水平。效率工资理论认为，工人的生产率（努力或效率）并非与工资无关，相反，真实工资和工人的努力是互相依赖的。因而在经济萧条、失业率上升时，降低工资不符合厂商的利益。现代效率工资理论一般都与选择或激励问题有关。效率工资理论可分为逆向选择模型、劳动力流失模型、偷懒模型和公平模型4种。

（1）逆向选择模型

在逆向选择模型中，提供高工资的企业将吸引最优秀的工人。因为劳动市场上聚集了异质的个人，厂商对工作申请者的生产率高低具有不完全信息，即被雇佣工人对自身能力、忠诚和承诺的信息比雇主多，并将试图把那些传递关于其自身素质（如教育程度、以前的工作记录和目前要求的工资等）的信息的各种标志提供给潜在的雇主。由于招聘和辞退的成本不可忽视，厂商不愿意在雇到工人之后才发现他们得辞退那些生产率低的人。在弄明白某些工人无法满足生产要求因此必须辞退以前，厂商可能需要投入大量资源培训新工人。避免这一问题的一种方法是，企业以高工资的形式向劳动市场发送一个信号。厂商提供的工资同时影响工作申请者的数量和质量。如果工人的能力与其要求的工资相一致，那么高工资将吸引生产率最高的工作申请者，而在低于效率工资的工资水平下还愿工作的人，将被看作一个潜在的"劣等品"。因此，即使在现行工资下存在劳动力的过度供给，厂商也不愿降低工资，因为这很可能导致生产率最高的工人自愿辞职。结果就出现就业不足均衡。

（2）劳动力流失模型

企业可能提供高于市场出清工资水平的效率工资的第二个原因，是为了减少劳动力流失的成本。如果厂商提供的工资高于现行工资，工人辞职的愿望将显著降低。由于辞职率是真实工资的减函数，而职员流失对于厂商来说代价很大，所以厂商就有激励支付效率工资以减少劳动力的流失。因为所有企业都需要提高工资以防止工人辞职，结果使得实际工资高于市场出清工资，导致非自愿失业。在失业增加的情况下，防止劳动力流失所需的工资贴水将下降。

（3）偷懒模型

多数职业中的劳动合同是不完善的，工人能够自行决定其努力程度，且工人对其努力程度比雇主了解得多。由于收集单个工人生产率的信息和连续监督工人对厂商来说成本很大，那么支付高于均衡工资的效率工资，可能提供一种防止工人偷懒的激励（在以团队工作为特征的场合中，这种偷懒行为可能特别难以监督和查出）。在市场出清工资下，工人能够迅速找到一个新工作，故解雇对工人来说就不是一个有效的威胁。如果企业支付的工资高于现行工资率，那么偷懒被抓住的话，工人就面临真实的惩罚。如果一家企业通过提高工资获利，那么所有企业都可通过提高工资获利。一旦所有企业都支付高于市场出清的工资，经济中就会存在失业，从而工人就会有不偷懒的激励。因为此时被解雇有一真实成本，面临长期失业的可能性，使得偷懒对每个工人都变得风险更大。

（4）公平模型

由于劳动合同是不完备的且团队工作是经常情况，因此工人的自愿合作就是企业通常必须获得的东西。新凯恩斯主义者认为，工人常常会"按酬付劳"。人都有一种内在的心理需要，那就是希望自己得到了公平待遇，否则其士气就会受到不利影响。工人的努力程度是其士气的增函数。影响士气的一个主要因素，就是工人从被看做正常状况的给定工作标准上得到的报酬或工资。如果企业付给工人的工资高于市场工资，工人的反应将是提高其群体工作的质量标准，从而向企业提供一个高生产率礼物，以与高工资相交换。那些看重自己的名声、希望获得其劳动力的更高士气和更多忠心的企业，将付出被认为是公平的效率工资。由于公平工资超过市场出清工资，结果必然产生非自愿失业。

3. 局内人—局外人模型

局内人—局外人模型试图解释存在非自愿失业时，为什么工资刚性会持续存在。局内人是指在业工人。局外人是指企业以外的工人。局内人的权力来源于职员变动成本，包括招募和辞退雇员的成本（如搜寻劳动市场的成本、广告和筛选成本、就工作条件谈判的成本、法定的解除就业支付和诉讼成本）以及培训新雇员的成本。除此之外，还有一种新型的成本，即局内人有时不仅不与来自局外人的新雇员合作，而且压制他们的能力和激励。如果局内人感到其地位受到局外人的威胁，他们可能拒绝与新工人合作并培训他们，且使其工作生活极不愉快。通过提高工作的负效用，使得局外人索取的工资上升，这使得企业较不愿意雇佣他们。由于对局外人是合作还是压制由局内人控制，他们通过其自身行为对职员变动成本有着显著的影响。另外，职员变动率较高的企业既缺乏工作保障，又缺乏发展机会，工人们就缺乏甚至没有在其雇主心目中建立起声誉的激励。低激励伤害了生产率，而这又成为劳动力高变动率的另一种成本。

企业用局外人替换现有职工的代价很大，局内人就有一种力量可以用来抽取一份由职员变动成本所产生的经济租金，即要求高工资。同时，企业也有激励支付这种高工资，以避免代价很大的职员变动。

拓展阅读

2008年金融危机产生原因的新凯恩斯主义经济学分析

资本市场的不完备是解释2008年世界金融危机产生原因的一个重要视角。金融市场的自由化是新自由主义体制的一个显著特点。在20世纪30年代，鉴于1929—1933年大危机的教训，罗斯福政府要求国会通过的"证券交易法"，阻碍了金融机构与实体经济的联系，使美国经济的金融化进展被阻止。而在自由主义体制下，美国经济的金融化进程明显加快，从而引发了2008年美国金融危机的产生。新凯恩斯主义经济学关注资本市场的不完备性，是观察和分析美国次贷危机产生和传递的重要视角。美国的次贷市场，存在严重的信息不对称。首先，发放次级贷款的银行或公司与次级贷款借款人之间存在较严重的信息不对称，发放次级贷款的银行或公司不如借款人自己对其个人信用和还款能力清楚。其次，次级贷款被证券化后，变成次级债券，次级债券投资者与出售次级债券的投资银行之间存在较严重的信息不对称。最后，次级债券衍生品的投资者与出售次级债券衍生品的投资银行之间也存在严重的信息不对称。美国资本市场信息不对称的存在，是2008年金融危机产生的重要原因。资本市场的信息不对称会产生严重的道德风险问题。这种道德风险问题，不仅仅集中在大型金融机构的高管人员身上，实际上几乎处处都是，包括借次贷的老百姓、向老百姓发放贷款的银行、从银行手里购买次贷证券的金融机构，乃至最大的金融机构，都存在道德风险。换句话说，从最底层的次贷借款者，层层往上，所有的债务人和债权人都显示了特别强的道德风险问题，大家都不顾一切地举债，每一层金融机构都有特别高的杠杆率。债务杠杆程度空前之高，这也是2008年金融危机产生的一个重要原因。美国政府试图通过促进房地产行业的发展，拉动经济增长。因此，在连续多年房地产信贷需求不断增长的情况下，并不提高房地产信贷的利率，导致美国家庭负债大幅度提高。从2000年到2005年，美国家庭债务与可支配收入的比率从91.0%上升到120.0%。家庭负债与家庭资产的比率从13.3%升到16.9%，债务实际支付比率从12.6%升至13.7%（David M.Kotz, 2006）。过高的家庭负债对2008年的美国次贷危机产生了推波助澜的作用。

资料来源：胡少华. 全球金融危机与新凯恩斯主义经济学. 新金融，2009（7）.

四、新凯恩斯主义的经济周期理论和政策主张

（一）新凯恩斯主义的经济周期理论

新凯恩斯主义经济学家承认，对经济总量的冲击既可能来自供给方面，也可能来自需求方面。经济运行中存在的一些摩擦和缺陷，将放大这些冲击，从而导致真实产量和就业较大的波动，如图10-7所示。

设货币供给量减少，图 10-7（a）中的总需求曲线从 AD_0 移至 AD_1。如果调整价格的菜单成本和真实价格刚性的共同作用，使得价格水平在 P_0 处保持不变，那么总需求的下降使经济从 E_0 移至 E_1 点。产量下降减少了劳动需求。在图 10-7（c）中，劳动的有效需求曲线 D_{Le}（也可理解为短期总产量曲线）表示不同的产量水平所需的劳动数量。例如生产 Y_1 产量需要的劳动量为 L_1。因为价格水

平和真实工资分别固定在 P_0 和 w_0，企业就偏离对劳动的观念需求曲线 D_L，而处于图 10-7（d）中以 NKL_1 表示的有效劳动需求曲线上。在刚性的真实工资 w_0 下，企业愿意雇佣的劳动量为 L_0。但是如果真的雇佣这样多劳动的话，生产的产品却卖不出去。因此，实际雇佣的工人量为 L_1。总需求冲击导致的非自愿失业量为 L_0-L_1。在固定价格水平下，新凯恩斯主义的短期总供给曲线 SRAS（P_0）是完全有弹性的。最终，产品市场与劳动市场存在的超额供给产生的价格和工资向下的压力，将使经济从 E_1 点移动到 E_2 点，但这个过程可能长得令人无法忍受。因此，新凯恩斯主义经济学家也提倡实施将总需求曲线移回 AD_0 的扩张性政策。这样，在新凯恩斯主义模型中，货币冲击在短期内是非中性的，尽管在长期货币是中性的，如图 10-7（a）中垂直的长期总供给曲线（LRAS）所示。

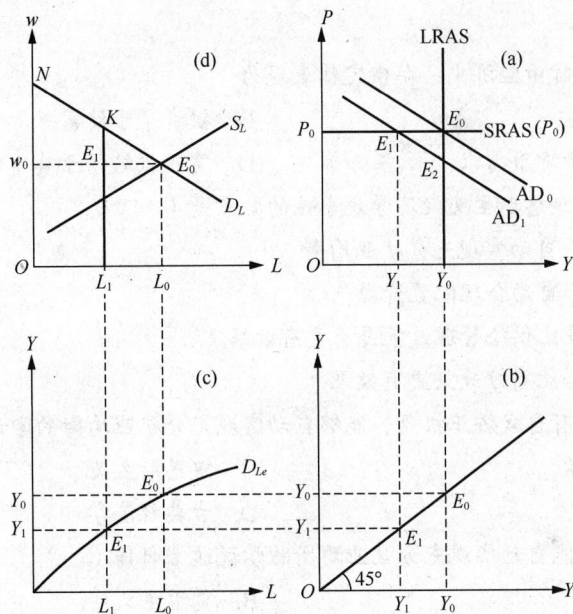

图 10-7 新凯恩斯主义模型中总需求冲击的作用

在一个分散化的经济体系中，当事人无法成功地协调他们的行动，最终产生对所有当事人都不利的结局，出现协调失灵。在图 10-7 中，虽然降价与增加产量对所有企业都有利，单个企业也不可能降价。因为在假定其他当事人都不采取行动的前提下，任何单个企业都没有削减价格增加产量的激励。新凯恩斯主义经济学家认为，宏观经济不稳定的根本原因与协调失灵问题有关。

（二）新凯恩斯主义的政策主张

新古典宏观经济学关于政府需求管理政策是无效的结论，不依赖于理性预期的假定而依赖于市场即时出清的假定。在强调黏性价格的新凯恩斯主义模型中，货币不再是中性的，从而政策的有效性至少在理论上被重新确立了。

在市场经济中，内生因素常常放大外生冲击产生的影响。新凯恩斯主义更关心的是经济对冲击的反应方式，而非冲击之源。经验数据证明，经济可能从需求方面，也可能从供给方面受到干扰。在新凯恩斯主义模型中，波动是不规则的、不可预测的。对于政府针对总量波动实施的相机抉择的调控政策，新凯恩斯主义并没有统一的观点。有些新凯恩斯主义者（如曼昆）并不十分支持政府微调宏观经济的企图，他们接受货币主义者对老牌凯恩斯主义以及动态不一致性所造成的问题的批评。不过，多数新凯恩斯主义者认为政府介入是必要的，因为存在市场失灵，尤其当经济处于深度衰退时。由于未来经济可能遇到的问题方面存在着不确定性，几乎没有新凯恩斯主义者赞成均衡理论家和大多数货币主义者所鼓吹的单一规则。如果说货币主义者和新古典主义者成功地消除了微调的理由，那么新凯恩斯主义者则成功地支持了"粗调"——即实施用于消除或避免严重的宏观经济问题的政策。新凯恩斯主义分析的推论是，由于市场经济中自发的调整过程过于缓慢，当出现将导致持久效应的巨大冲击时，政府有必要采取宏观经济政策进行干预。

练习题

一、单项选择题

1. 在只有两部门的货币经济中，萨伊定律表现为（　　　）。
   - A. 投资小于储蓄
   - B. 投资等于储蓄
   - C. 货币供给小于货币需求
   - D. 货币供给等于货币需求

2. 古典经济学说与凯恩斯主义经济学说争论的焦点是（　　　）。
   - A. 市场机制能否自动实现充分就业均衡
   - B. 市场机制能否自动合理配置资源
   - C. 需求管理政策比供给管理政策是否更有效果
   - D. 货币政策是否比财政政策更有效果

3. 强调市场经济具有自我矫正机制、能够自动实现充分就业均衡的学说叫作（　　　）。
   - A. 凯恩斯经济学
   - B. 凯恩斯主义
   - C. 新凯恩斯主义
   - D. 古典经济学

4. 强调市场经济不能自动实现充分就业均衡的学说通常叫作（　　　）。
   - A. 凯恩斯主义
   - B. 货币主义
   - C. 古典学说
   - D. 新古典宏观经济学

5. 古典经济学的理论基础是（　　　）。
   - A. 奥肯定律
   - B. 蒙代尔定律
   - C. 萨伊定律
   - D. 李嘉图等价定理

6. 在欧文·费雪的交易方程与剑桥方程中，货币数量的变动仅仅影响（　　　）。
   - A. 实际收入
   - B. 实际工资率
   - C. 一般价格水平
   - D. 总就业量

7. 凯恩斯主义认为，货币数量的变动（　　　）
   - A. 仅仅影响价格水平
   - B. 会同时影响价格水平和实际收入
   - C. 仅仅影响实际收入
   - D. 对价格水平和实际收入没有任何影响

8. 货币主义认为，货币数量的变动（　　　）。
   - A. 在短期，会影响价格水平与实际收入
   - B. 在长期，会影响价格水平与实际收入
   - C. 在短期仅仅影响一般价格水平
   - D. 在长期仅仅影响实际收入

9. 货币主义者相信货币流通速度（　　　）。
   - A. 相当易变
   - B. 短期内比较稳定，在长期会剧烈变动
   - C. 相当稳定
   - D. 短期内剧烈变动，在长期比较稳定

10. 古典经济学认为（　　　）。
    - A. 货币数量的变动不影响真实变量值
    - B. 货币数量的变动影响真实变量值

C. 货币数量的变动影响就业量　　　　　　D. 货币数量的变动影响商品的相对价格

11. 新古典宏观经济学认为，（　　　）向右下方倾斜。

  A. 短期菲利普斯曲线　　　　　　　　　B. 长期菲利普斯曲线

  C. 正常的菲利普斯曲线　　　　　　　　D. 幻觉的菲利普斯曲线

12. 新古典宏观经济学认为，失业都是（　　　）。

  A. 非自愿的　　　　B. 自愿的　　　　C. 结构性的　　　　D. 周期性的

13. 真实经济周期理论认为，经济波动是（　　　）。

  A. 实际收入围绕充分就业收入的波动　　B. 名义收入围绕充分就业收入的波动

  C. 充分就业收入本身的波动　　　　　　D. 主要由货币冲击引起的经济波动

14. 新凯恩斯主义试图为解释工资和价格的缓慢调整提供（　　　）。

  A. 一个经济基础　　　　　　　　　　　B. 一个中观经济基础

  C. 一个宏观经济基础　　　　　　　　　D. 一个微观经济基础

15. 效率工资的偷懒模型认为，（　　　）。

  A. 工人的生产率与真实工资率负相关　　B. 工人的生产率和真实工资率正相关

  C. 工人的生产率与名义工资率负相关　　D. 工人的生产率与名义工资率正相关

16. 效率工资的公平模型认为，工人常常（　　　）。

  A. 被"按劳付酬"　　　　　　　　　　　B. 会"按酬付劳"

  C. 在低工资下辞职　　　　　　　　　　D. 在寻找工作时被逆向选择

17. 局内人—局外人模型认为，来源于职员变动成本的局内人的权力使得（　　　）。

  A. 实际工资高于市场出清工资　　　　　B. 实际工资低于市场出清工资

  C. 名义工资不断降低　　　　　　　　　D. 实际工资不断降低

18. 货币"超中性"的含义是指货币数量的变动（　　　）。

  A. 只能在短期影响实际变量值　　　　　B. 无论短期与长期，都能影响实际变量值

  C. 只能在长期影响实际变量值　　　　　D. 无论短期与长期，都不能影响实际变量值

19. 与"经济人假定"相一致的预期是（　　　）。

  A. 静态预期　　　B. 适应性预期　　　C. 理性预期　　　　D. 外插型预期

20. 真实经济周期理论认为，通胀率是（　　　）。

  A. 顺经济周期的　B. 逆经济周期的　　C. 滞后于经济周期　D. 领先于经济周期

二、名词解释

1. 萨伊定律　2. 古典货币数量论　3. 费雪交易方程　4. 剑桥方程　5. 货币中性　6. 新古典综合派　7. 庇古效应　8. 适应性预期　9. 理性预期　10. 短期菲利普斯曲线　11. 长期菲利普斯曲线　12. 幻觉的菲利普斯曲线　13. 卢卡斯批评　14. 最优政策的时间不一致性　15. 真实经济周期　16. 菜单成本

三、简答题

1. 凯恩斯主义者与自由主义经济学家争论的核心问题有哪些？

2. 凯恩斯的《通论》被认为是对古典宏观经济学的革命。试问凯恩斯革命有哪些主要特征？

3. 适应性预期与理性预期的区别主要有哪些？

4. 为什么弗里德曼认为，货币数量论首先是关于货币需求的理论？

5. 关于反通货膨胀率的成本问题，正统货币主义者与理性预期学派的观点有何不同？

6. 卢卡斯的意外总供给函数建立在哪两个正统的微观经济学假说基础之上？

7. 在真实经济周期理论中，技术冲击是如何引起经济波动的？

8. 真实经济周期理论与传统经济周期理论的区别主要有哪些？

9. 在新凯恩斯主义者看来，名义工资刚性的主要原因是什么？

10. 在新凯恩斯主义理论中，菜单成本是如何导致名义价格黏性的？

11. 关于市场非出清假说，新凯恩斯主义与正统凯恩斯主义有何主要区别？

四、论述题

1. 简述激进的供给学派的政策主张与经济理论。

2. 简述温和的供给学派的政策主张与经济理论。

3. 新古典宏观经济学的政策无效性命题建立在哪些关键性假说基础之上？

4. 简述理性预期学派的菲利普斯曲线及其政策含义。

5. 简述弗里德曼的货币需求函数稳定性的原因与意义。

6. 简述货币主义的货币数量影响经济的机制与时滞。

7. 正统凯恩斯主义、货币主义与理性预期学派的菲利普斯曲线及其政策含义有何不同？

8. 简述最优政策的时间不一致性及其启示。

9. 简述4种不同的然而相互补充的效率工资理论。

10. 新凯恩斯主义对真实工资黏性的解释，采用了哪三种模型？

五、案例分析题

1. 现代世界各国政府，都程度不同地信仰凯恩斯主义，对宏观经济活动实施相机抉择的总需求调控政策。然而自由主义经济学家却始终反对这种做法。

现代货币主义者认为，资本主义私人经济活动具有内在稳定性，货币在长期对实际产出没有任何影响。在短期，相机抉择的货币政策虽然能影响实际产出，但这种影响常常加剧宏观经济波动。因此，为了保障宏观经济沿着充分就业轨迹稳定运行，货币主义者主张央行应该实施单一规则的货币政策，即固定货币增长率不变。

新古典宏观经济学家进一步认为，总需求管理政策的相机抉择是个陷阱和骗局。在经济预测方面，政策制定者并不比私人部门更具优势。当政策制定者对新闻做出反应时，在信息充分的买主与卖主聚集的市场上，灵活的价格已经做出改变，并达到了新的有效的供求均衡。在这种情况下，政府已经没有什么机会可通过实施相机抉择的需求管理政策以改善市场，或防止由暂时的错觉或实际商业周期冲击所引起的失业。尽管政府相机抉择的需求管理政策无法使情况变好，但绝对可以使情况变得更糟。它们可以通过不可预见的相机抉择的需求管理政策发出误导性的信号，使人们产生困惑，做出错误的决策，并造成浪费。因此，新古典宏观经济学家认为，政府应该完全避免任何相机抉择的政策。

（资料来源：保罗·萨缪尔森，威廉·诺德豪斯. 经济学（第19版）. 北京：商务印书馆，2014. ）。

问题：请结合我国近十年来的宏观经济运行情况，评价凯恩斯主义、货币主义与新古典宏观经济学的得失。你更赞同哪一种主张？

2. 我国的供给侧结构性改革。

我国经济增速自2010年以来波动下行，持续时间已有5年多，经济运行呈现出不同于以往的态势和特点。其中，供给与需求不平衡、不协调的矛盾和问题日益凸显，突出表现为供给侧对需求侧变化的适应性调整明显滞后。这就需要在适度扩大总需求的同时，加快推进供给侧结构性改革，用改革的办法矫正供需结构错配和要素配置扭曲，减少无效和低端供给，扩大有效和中高端供给，促进要素流动和优化配置，实现更高水平的供需平衡。

（1）我国需求结构已发生明显变化。一是"住"、"行"主导的需求结构发生阶段性变化。2013年我国城镇常住人口户均达到1套房，2014年每千人汽车拥有量超过100辆。根据国际经验，这个阶段"住"、"行"的市场需求会发生明显变化。二是需求结构加快转型升级。随着收入水平提高和中等收入群体扩大，居民对产品、质量和性能的要求明显提高，多样化、个性化、高端化需求与日俱增。三是服务需求在消费需求中的占比明显提高。随着恩格尔系数持续下降、居民受教育水平普遍提高和人口老龄化加快，旅游、养老、教育、医疗等服务需求快速增长。四是产业价值链提升对研发、设计、标准、供应链管理、营销网络、物流配送等生产性服务提出了更高要求。

（2）我国供给结构明显不适应需求结构的变化。一是无效和低端供给过多。一些传统产业产能严重过剩，产能利用率偏低。2015年钢铁产量出现自2000年以来的首次下降，水泥产量出现自1990年以来的首次负增长。二是有效和中高端供给不足。居民对高品质商品和服务的需求难以得到满足，出现到境外大量采购日常用品的现象，造成国内消费需求外流。三是陈旧的体制束缚了供给结构调整。受传统体制约束，供给侧调整表现出明显的黏性和迟滞，生产要素难以从低效率领域向高效率领域、从低端领域向中高端领域配置，新产品和新服务的供给潜力没有得到释放。

（资料来源：王一鸣，陈昌盛，李承健．人民日报人民要论：正确理解供给侧结构性改革．人民网-人民日报，2016年03月29日．）

问题：试比较我国的供给侧结构性改革与供给学派主张的异同。

参 考 文 献

[1]〔美〕保罗·萨缪尔森，威廉·诺德豪斯．经济学（第 19 版）．北京：商务印书馆，2014．

[2] 刘涤源等．当代西方经济学说（上）．武汉：武汉大学出版社，1990．

[3] 宋承先．现代西方经济学．上海：复旦大学出版社，1996．

[4] 布赖恩·斯诺登，霍华德·R·文，彼得·温纳奇克．现代宏观经济学指南——各思想流派比较研究引论．北京，商务印书馆，1998．

[5] 尹伯成．现代西方经济学习题指南（宏观经济学）第八版．上海：复旦大学出版社，2014．

[6] 周加来．宏观经济学．海口：南海出版公司，2006．

[7] 方福前．当代西方经济学主要流派．北京：中国人民大学出版社，2004．

[8]〔英〕凯恩斯．就业、利息和货币通论．北京：商务印书馆，1981．

[9] 约翰．伊特韦尔，默里·米尔盖特，彼得·纽曼．新帕尔格雷夫经济学大辞典（The New Palgrave: A Dictionary of Economics）．北京：经济科学出版社，1996．